KB069530

프로이트와 함께하는
세계문학일주

:: 이병욱 지음

학지사

문학을 사랑했던 아버지의 영전에
이 책을 바친다.

들어가는 말

우리는 한 편의 시를 읊으며 그 어떤 감정의 늪에 빠져 보기도 하고 한 권의 소설을 읽으면서 끝없는 상념에 몰입하기도 한다. 이처럼 문학은 우리의 생각과 감정을 뒤흔드는 마력을 지닌다. 모든 예술 장르 가운데 특히 문학은 주로 언어 및 문자의 기능에 의존한다는 점에서 인류 문명의 발전 과정과 뗄 수 없는 관계에 있다고 하겠다. 예술적 측면에서 본다면 새들도 노래하고 춤을 춘다. 자연과 더불어 살아가는 동물의 세계는 그 자체가 살아 숨 쉬는 한 편의 드라마다. 그러나 인간만이 시를 읽고 소설을 쓴다. 이처럼 문학 활동은 인간 고유의 특이한 심리적 현상이기도 하다.

문학의 가치에 대해서는 여러 말이 필요 없을 것이다. 보통 인간의 삶을 유지하는 가장 소중한 자산으로 예술과 종교 그리고 과학을 거론하기 마련이다. 그러나 그중에서도 문학은 그 어떤 고정된 틀에 얽매이지 않고 자유분방하게 인간의 심리적 갈등과 삶의 모습을 있는 그대로 묘사함으로써 색다른 감동을 선사한다. 우리가 문학에 심취하는 이유도 알고 보면 우리 스스로가 안고 있는 갈등과 고뇌를 작품 속의 주인공들을 통하여 해소하거나 그들에게서 그 어떤 동질감을 느끼기 때문일 것이다. 인간의 삶을 각본 없

3

는 드라마에 비유한다면, 문학은 그 각본 없는 드라마를 그야말로 드라마틱하게 재구성해서 우리에게 되돌려 주는 작업일 것이다. 그런 점에서 문학은 바로 우리 자신에 관한 이야기일 수밖에 없다.

문학이 인간의 삶을 이야기한다면 정신분석 역시 한 개인이 겪어 온 삶의 역사를 재정리한다는 점에서 이 상이한 두 분야는 비록 그 목적과 기법은 다를지 모르나 그 탐구 대상은 공교롭게도 일치한다. 그리고 문학과 정신분석은 자연스레 서로에게 지대한 관심을 기울이게 되었다는 점에서도 같은 배를 탔다는 인식에 도달한다. 오늘날에 이르러 정신분석을 배제한 문학비평은 속 빈 강정처럼 허전한 감이 드는 것도 사실이다. 따라서 인간의 심층 세계를 철저히 탐색해 온 정신분석의 이론적 관점은 임상적 가치뿐 아니라 사회, 문화, 정치, 예술, 종교 등 다양한 분야에까지 그 손을 뻗치고 있다. 그런 점에서 문학에 대한 분석적 탐구는 물리치기 어려운 유혹에 속한다.

프로이트의 정신분석은 무의식의 존재를 인정하는 것에서부터 시작한다. 즉, 정신분석은 우리의 의식 저편에 몸을 숨긴 채 수시로 보이지 않는 영향력을 행사하는 무의식의 존재를 깨닫고 그로 인해 나타난 심리적 갈등과 고통에서 벗어날 수 있는 방법을 찾아보자는 목적에서 탄생한 것이며, 그러기 위해서는 인간 심리나 성격의 구조를 이해해야만 했기 때문에 복잡한 방어기제나 갈등의 구조를 밝히기 위한 노력에 온 힘을 기울여 온 것이다.

물론 프로이트는 모든 노이로제의 기원을 오이디푸스 콤플렉스에서 찾고 근친상간 욕망이나 부친 살해 욕구, 거세공포와 남근선망 등 일반인에게 거부 반응을 일으키기 쉬운 용어로 설명했기 때문에 불필요한 오해의 소지를 남기기도 했지만, 실제로 인간의 심리를 깊게 파고들어 가다 보면 어린 시절에 해결하지 못한 갈등이 성인이 된 후에 나타나는 경우가 많은 것이 사실이다. 그러나 그것만으로는 모든 갈등을 설명하기 어렵다고 보았기 때문에 프로이트의 뒤를 이은 후계자들에 의해 대상관계 이론이 나오게 되었으며, 프로이트가 미처 다루지 못했던 모자관계의 실체가 보다 명확하게 드러나게 되었다고 본다.

비록 정신분석 이론이 처음에는 강한 반발에 부딪치기도 했지만, 오늘날에 와서는 특히 문학과 영화 비평 분야에서 그 진가를 발휘하고 있다. 더군다나 문학이 정신분석과 마찬가지로 인간의 삶에서 빚어진 갈등 문제를 다룬다고 볼 때, 어쩌면 한 배를 탔다고 볼 수도 있는 문학 영역에서 정신분석 이론을 적용함으로써 작가의 의도를 보다 분명하게 이해할 수 있다고 볼 수 있으며, 따라서 프로이트의 업적이 단순히 환자 치료에만 국한된 것이 아니라는 사실도 인정하지 않을 수 없게 된다. 다만 일반 독자에게 생소하게 느껴질 수도 있는 정신분석 이론이나 용어 등이 문제가 될 수 있으므로, 이 책에서는 마지막 부분에 '정신분석 용어 해설'을 추가하여 다소나마 독자들의 이해를 돕고자 했다.

물론 문학은 허구요 가공의 세계에 불과하다. 하지만 그 세계는 실제의 삶보다 더욱 큰 감동을 안겨 주는 마력을 선사한다. 왜냐하면 단순히 삶의 단면을 있는 그대로 보여 주는 게 아니라 작가의 뜨거운 혼과 깊은 성찰이 담겨 있기 때문이다. 그것은 마치 누구나 보는 똑같은 풍경이라도 위대한 화가의 손을 거쳐 묘사된 그림에서는 남다른 감동을 받는 것과 비슷하다. 다만 문학은 읽는 독자로 하여금 많은 생각과 감정을 불러일으키는 동시에 작가와 주인공 그리고 독자가 함께 삼위일체를 이루며 각자의 삶을 되돌아보게 만드는 기회를 제공한다는 점에서 다른 예술 장르와 차이가 있다.

자, 그럼 이제부터 『네버엔딩 스토리』의 바스티안 소년이 팔코의 등에 올라타고 미지의 세계를 찾아 나서듯 필자 역시 프로이트의 등에 살짝 올라탄 채 흥미진진한 세계 문학 탐색에 나서 볼까 한다. 물론 그것은 무모한 시도일지도 모르지만 언젠가는 반드시 한 번 해 보고 싶었던 모험이기도 했다. 그런 점에서 다소 무리한 소견이 보이더라도 독자들의 너그러운 이해를 바랄 뿐이다.

이병욱

⇢⊷ 차례 ⊶⇠

Part 1

영국 문학

셰익스피어 4대 비극

영국의 대문호 윌리엄 셰익스피어(William Shakespear, 1564~1616)는 영국인들이 감히 인도와도 맞바꿀 수 없다고 호언장담할 정도로 그들의 자긍심을 대표하는 희곡 문학의 귀재다. 그의 작품은 인간의 불가사의한 비극적 운명을 주로 다룬 그리스 비극과는 달리 비극적 상황에 휘말린 인간들의 내면적 동기와 욕망에 초점을 맞춘다는 점에서 단연 돋보인다.

따라서 그의 대표적인 비극의 주인공들이 보여 주는 몹시 이율배반적이고도 모순된 행동의 이면은 지그문트 프로이트(Sigmund Freud)가 말한 인간의 잠재의식 또는 무의식적 동기를 반영하는 것이기 쉽다. 셰익스피어의 비극들이 주목받는 점도 바로 그런 인간의 보편적인 무의식적 동기를 엿볼 수 있는 기회를 제공해 주기 때문이 아닐까 한다.

〈햄릿〉

셰익스피어의 대표작 〈햄릿〉은 처음부터 끝까지 긴박하게 돌아가는 심리적 갈등 상황을 보여 주는 걸작 복수극이다. 프로이트는 부친 살해욕과 관련해서 자신에게 가장 큰 영감을 준 작가로 소포클레스, 셰익스피어, 도스토예프스키의 세 인물을 들었는데, 특히 소포클레스의 〈오이디푸스 왕〉, 셰익스피어의 〈햄릿〉, 도스토예프스키의 『카라마조프가의 형제들』 등의 작품들을 통해 자신이 주장한 무의식적 부친 살해 욕구가 단지 독단적인 추론에 의한 게 아니라 보편적인 현상임을 입증하고자 했다.

물론 오이디푸스는 자신의 생부인 줄 모르고 아버지를 살해했으며, 햄릿은 아버지의 복수를 맹세했으나 실행에 옮기지 못하고 오히려 그 자신이 삼촌의 흉계에 말려들고 말았다. 반면에 카라마조프 일가는 아버지의 의문사로 더욱 큰 혼란에 빠져들고 말았다. 그러나 프로이트는 외형적으로는 서로 아무런 공통점이 없어 보이는 이들 사건의 이면에는 엄연히 부친 살해라는 공통분모가 존재함을 간파한 것이다.

그중에서도 〈햄릿〉은 주인공의 강박적인 성격 구조를 토대로 근친상간적 욕망, 부친 살해욕, 거세공포 및 죄의식 등 오이디푸스 갈등 고리의 열쇠를 풀 수 있는 다양한 요인이 고루 내포되어 있다는 점에서 프로이트의 구미에 딱 들어맞았을 게 분명하다. 프로이트는 『꿈의 해석』에서 햄릿이야말로 오이디푸스 왕의 갈등 상황과 동일선상에 있다고 파악했지만, 〈햄릿〉이 진정한 비극이 될 수 있는 이유는 햄릿과 함께 비극적인 최후를 맞이하는 모든 사람이 자신들의 비극적 사건의 원인을 알지도 못한 채 이 세상을 등졌다는 사실에 있다.

덴마크의 왕자 햄릿은 매우 우울하고 염세적인 인물로, 어느 날 선친의 유령을 목격하고 그로부터 엄청난 음모의 전말을 전해 들으면서 복수를 결심하게 된다. 즉, 그의 삼촌이 부친을 독살하고 왕위에 올랐으며, 그렇게 해서 자신의 어머니마저 차지했다는 사실을 알게 된 것이다. 복수심에 불탄 그는 수시로 삼촌을 살해할 기회만을 엿보지만 결국 실행에 옮기지 못하는 우유부단함을 보인다.

그는 결단성 부족으로 오필리아의 사랑도 선뜻 받아들이지 못할 정도였다. 그 와중에 그는 실수로 오필리아의 아버지를 죽게 만들고, 그 결과 오필리아는 실성한 상태로 자살에 이른다. 상황은 예상치 못한 파국으로 치닫게 되고, 그는 결국 원치 않는 결투에 응하게 되는데, 이 결투를 오히려 역이용하려 했던 왕을 포함해 햄릿과 그의 어머니 모두가 죽음을 초래하고 만다는 비극적 결말로 끝을 맺게 된다.

햄릿의 불행은 "사느냐, 죽느냐, 그것이 문제로다."라는 그의 유명한 독백에서도 보듯이 고질적인 강박적 사고와 우유부단함, 그리고 감정적 교류의 단절에서 비롯된 것이다. 따라서 햄릿의 진정한 문제는 감정적 교류에 대한 두려움이라 할 수 있다. 그에게는 사랑을 주고받을 여력이 없었으며, 더군다나 사랑은 그에게 금기 사항이었기 때문에 오필리아의 사랑도 받아들일 수 없었다. 왜냐하면 그의 본질적 사랑은 어머니에 대한 사랑이었으며, 그런 원초적 사랑을 앗아 간 부친에 대한 원망과 두려움 때문에 그는 항상 죄의식에 시달렸기 때문이다. 상황이 그러니 부친을 독살한 삼촌에 대해서도 그는 매우 양가적인 감정을 가질 수밖에 없었다.

햄릿에게 심적인 동요를 일으킨 두 가지 요인을 다음과 같이 제시할 수 있다. 첫째, 그가 갖고 있던 거세공포는 왕위에 오른 삼촌을 살해하고자 하는 욕구에 무의식적으로 저항하게 만들었다고 볼 수 있다. 둘째, 그 자신은 결코 행동으로 옮길 수 없었던 근친상간적 욕구를 과감하게 실천한 삼촌에 대해 자신이 과연 징벌을 가할 수 있느냐 하는 회의를 느꼈을 수도 있다. 왜냐하면 근친상간이라는 측면에서 그 자신과 동일한 범죄를 저지른 삼촌이기 때문이다.

어쨌든 햄릿의 이야기는 셰익스피어 이전에도 이미 여러 차례 공연된 것으로, 억울하게 살해된 왕의 원한을 그 아들이 대신 풀어 준다는 상황 설정과 삼촌과 어머니 사이의 불륜 문제가 셰익스피어에게는 상당히 매력적인 주제로 다가왔을 법하다. 결국 이상적인 아버지상과 부정적인 아버지상 사이에서 고민하는 햄릿의 핵심 문제는 자신을 배신한 어머니와 관련된 양가적 감정이라 할 수 있다. 이처럼 해결되지 못한 죄의식과 우울한 감정 때문에 그에게는 오필리아의 사랑을 받아들일 여력이 없었으며, 따라서 사랑이란 대단히 위험하고 믿을 수 없는 그 무엇이었던 셈이다. 또한 그의 거세공포는 부정적 아버지상을 대표하는 삼촌에 대한 두려움으로도 나타난다.

그는 삼촌을 살해할 수 있는 절호의 기회를 맞이했으면서도 순간적으로 자기 회의에 빠져들어 결정적인 기회를 놓치고 만다. 이런 의구심은 결국 이 모든 일이 자기 스스로 만들어 낸 무의식적 환상에서 비롯된 것은 아닌가 하는 의혹 때문이다. 햄릿은 자기가 쳐 놓은 덫에 스스로 걸려든 것인지도 모른다. 그리고 그 진실은 결코 밝혀지지 않은 채 영원히 어둠 속에 묻혀 버린다. 그 어두운 진상의 주인공들이 모두 죽음을 맞이하기 때문이다.

〈맥베스〉

스코틀랜드의 장군 맥베스는 황야에서 우연히 마주친 세 마녀의 예언을 믿은 나머지 자신의 아내와 공모하여 던컨왕을 살해하고 왕위에 오르지만 후환이 두려워 항상 전전긍긍한다. 두려움에 사로잡힌 맥베스는 다시 마녀들에게 의지하게 되고, 마녀들은 버넘 숲이 움직이기 전까지는 그가 멸망하지 않을 것이며, 여자의 몸에서 정상적으로 태어난 인물은 결코 그를 해치지 못할 것이라고 예언한다.

그러나 맥베스의 폭정에 시달린 반란군이 맥더프의 인솔하에 버넘 숲의 나뭇가지로 위장한 채 성을 공격하기에 이르고, 아내가 미쳐서 죽었다는 소식마저 접한 맥베스는 마지막 용기를 내어 필사적으로 저항해 보지만 맥더프가 어머니의 배를 갈라 출생한 사람이라는 사실을 알고 결국 절망에 빠져 그의 손에 살해당하고 만다.

그러나 극의 전개상 계속해서 관객들로부터 긴장감을 유도하는 것은 맥베스의 야심과 그 결과로 인한 최후의 파멸이 아니라 한 개인의 내면에서 충돌하는 불가피한 갈등 상황이다. 왕위를 찬탈한 이후에도 맥베스는 끊임없는 악몽과 죄책감에 시달리다 결국 정의의 심판을 받는다. 그리고 그로 하여금 왕을 살해하도록 끊임없이 부추긴 아내 역시 견딜 수 없는 악몽에 시달리다 죽음을 맞이한다.

결국 맥베스를 응징한 장본인은 정상적인 분만으로 태어나지 않은 인물이다. 정상 분만아인 맥베스와 비정상 분만아인 맥더프의 존재는 묘한 대조를 이룬다. 여성의 생식기를 통해 출생하지 않았다는 것은 모성적 영향권에서 그만큼 독립적으로 벗어나 있는 사람을 상징하는 것으로, 맥베스처럼 사악한 여성들의 농간에 놀아나는 남성과는 달리 매우 독립적이고 강인한 남성상을 나타내는 것일 수 있다.

물론 맥베스 자신은 원래부터 그렇게 사악한 인간은 아니었지만, 아내의 사주로 왕을 살해한 이후부터는 보복과 후환이 두려워 온갖 악행을 저지르게 된다. 반면에 원래부터 사악한 심성의 소유자였던 아내는 왕권을 찬탈한 이후에 악몽과 죄의식에 사로잡혀 괴로움을 당하다가 결국 자살로 생을 마감하고 만다.

그러나 문제는 맥베스가 세 마녀에게 이끌렸듯이 사악한 여성을 아내로 선택한 배경에 있을 것이다. 그는 자신의 모자관계 경험에서 결코 만족스러운 행복감을 느껴 보지 못한 인물임에 틀림없다. 여성에 대한 그의 강한 불신감은 자신의 유아적 좌절감에 기인한 것으로 보이는데, 그것이 자신의 사악한 측면을 외부로 투사하여 마녀의 이미지에 집착하도록 이끌었을 것이다. 그를 사주하고 부추긴 마녀들의 존재는 결국 맥베스 자신의 내면에 감추어진 악의 표상들이며, 그런 성격적 결함이 그의 배우자 선택에도 영향을 주었음직하다.

맥베스는 자신의 부친 살해 욕구를 실행에 옮기지만 그를 압도하는 거세공포가 너무도 강력했기에 그 후환이 두려워 온갖 악행을 반복하는 우를 범한 셈이다. 결국 스스로 징벌당하고자 하는 그의 무의식적 소망은 진정으로 홀로서기에 성공한 맥더프라는 존재에 의해 최후를 맞이하게 됨으로써 마침내 실현되기에 이른다.

더군다나 〈맥베스〉에 나타난 여인상은 매우 부정적이다. 여인들은 자신의 욕구를 실현하기 위해 자신이 직접 나서지 않고 대신 무기력한 남성을 충동질하여 실행에 옮기도록 부추긴다. 맥베스의 아내와 세 마녀가 그렇다. 사악한 여인들의 농간에 놀아난 맥베스는 마치 희생양처럼 이용당한 제물과 같은 존재로 비쳐진다. 마지막에 그를 응징하는 맥더프의 출현도 이미 마녀들의 예언에 숨겨져 있는 각본에 불과했다.

이처럼 여성들이 미리 짜 놓은 각본에 따라 움직이는 남성들의 존재야말로 모든 남성의 무기력한 허세를 방증해 준다. 왜냐하면 모든 남성은 여성의 몸을 통해 이 세상에 나왔기 때문이다. 이 회피할 수 없는 조건은 모든 남성다움의 허구성과 취약성을 입증하는 것이며, 살인과 복수라는 극단적인 행위를 통하여 구체적인 모습으로 등장한다. 맥베스의 부친 살해욕과 거세공포는 여성이라는 존재가 개입되지 않으면 일어날 수 없는 현상이다. 그런 점에서 맥베스 부부가 공유했던 미해결의 오이디푸스 갈등은 신경증적으로 맺어진 부부의 비극적 말로를 암시하는 것이기도 하다.

〈오셀로〉

베니스 공국 명문가의 딸 데스데모나는 무어인 출신의 장군 오셀로를 연모하여 아버지의 반대를 무릅쓰고 어렵게 결혼한다. 하지만 오셀로는 자신에게 앙심을 품은 부하 이아고의 흉계에 넘어가 아내의 부정을 의심하고 결국 침대 위에서 그녀의 목을 졸라 살해한다. 아내가 죽고 난 후 모든 진상이 밝혀지자 죄의식과 회한에 사로잡힌 오셀로는 결국 자살로 생을 마감하고 이아고는 극형에 처해진다. 인간의 불완전한 사랑과 질투가 빚어낸 비극적 과정을 보여 주고 악의에 가득 찬 모함이 얼마나 위험한 것인가에 대해 경종을 울리는 작품이다.

여기서 문제는 정숙한 아내를 의심함으로써 스스로 파멸에 이른 오셀로 자신에게 있다고 보지만, 그 비극의 씨앗은 이미 데스데모나의 선택에 내포되어 있었다. 굳이 아버지의 반대를 무릅써 가면서까지 흑인과의 무리한 결혼을 강행했던 것이 문제의 발단일 수 있기 때문이다.

데스데모나가 백인 남성에게서 볼 수 없는 특이한 성적 매력을 느낀 것일 수도 있고, 아버지에 대한 양가적 감정의 극복에 실패함으로써 아버지에게 복수하는 차원에서 자신의 뜻을 더욱 강하게 밀어붙인 것일 수도 있다. 또는 그녀가 현실적으로 이룰 수 없는 자신의 근친상간적 욕망을 누구나 가까이 할 수 없는 흑인 장군을 통해 보다 안전한 방식으로 성취하고자 했을 수도 있다. 그런 점에서 애정의 대상으로 무어인을 선택한 배경에는 그녀 자신의 근친상간적 욕망을 안전하게 성취함과 동시에 그로 인한 죄의식을 피할 수 있는 무의식적 소망이 있다고 해석할 수 있는 것이다.

한편 오셀로의 입장에서는 흑인이라는 인종적 열등감을 아리따운 백인 여성을 아내로 맞이함으로써 충분히 만회할 수 있는 기회를 얻었지만, 자신의 그 뿌리 깊은 열등감이 항상 자신의 백인 아내를 누군가 넘보고 훔쳐갈 수 있으리라는 피해의식을 자극했을 수 있다. 그런 오셀로의 심리적 취약점을 간파한 그의 부하 이아고는 그 약점을 이용하여 자신의 복수심을 실천에 옮긴 것이다. 편집증적 질투심에 불타오른 나머지 데스데모나의 목을 졸라 살해한 오셀로의 행동은 확고한 자기 신뢰의 결여를 의미하는 동시에 뿌리 깊은 불신의 그림자가 오래전부터 그의 내면 한가운데 자리 잡고 있었음을 나타내는 것이기도 하다. 병적인 질투라는 측면에서는 이아고 역시 오셀로와 다를 바 없다.

여기서 편집증 문제와 관련된 또 하나의 중요한 논점이 빠질 수 없다. 바로 동성애와 관련된 부분이다. 프로이트는 슈레버 증례에서 그의 발병 원인과 잠재된 동성애적 경향의 관련성에 대한 언급 때문에 많은 비판을 받아야 했다. 특히 그는 경쟁적 질투, 투사적 질투, 망상적 질투의 세 가지 유형의 질투를 언급하는 가운데 오셀로의 경우를 망상적 질투로, 그리고 데스데모나의 경우는 투사적 질투로 간주하고, 다음과 같은 데스데모나의 노래를 인용하면서 그들 모두에게 동성애적 욕구가 존재했음을 주장하기도 했다.

내 사랑 거짓이라 했더니, 그때 님은 뭐라 했던가.
내 다른 여자 사랑하거든, 당신도 다른 남자 데려와 자라(4막 3장).

흔히 독자들은 사악한 이아고의 복수심을 그 동기가 불분명한 수수께끼 같은 것으로 받아들이기 쉽다. 그러나 데스데모나에 대한 이아고의 질투는 결국 오셀로의 애정을 빼앗기지 않으려는 무의식적 동기에서 나온 것일 수도 있다. 그렇다면 이아고의 질투는 경쟁적 질투에 속한다고 볼 수 있다.

그뿐 아니라 오셀로 자신의 성적인 무능도 짐작해 볼 수 있다.

다른 한편으로는 셰익스피어 자신의 개인적 갈등과 연결시킬 수도 있겠다. 그는 불과 18세의 나이에 자기보다 8년이나 연상인 앤 해서웨이와 결혼했는데, 당시 그녀는 딸 수잔나를 이미 임신 중이었다. 더구나 그는 연상의 아내에게서 모성적인 부드러움을 느끼지 못하고 집을 떠난 채 오랜 세월 런던에 머물며 별거생활을 지속했으며, 자신이 세상을 떠날 때 쓴 유언장에서도 아내에 대한 언급은 거의 하지 않고 장녀 수잔나에게 재산을 상속한다는 말만 남겼다.

더욱이 그가 남긴 방대한 양의 소네트는 동성애적 내용을 담고 있는 것으로 오랜 세월 알려져 왔는데, 그 내용은 주로 셰익스피어가 사랑하는 아름다운 청년과 그 청년이 사랑하는 흑발 여인에 대한 증오심을 드러내는 것이다.

요약하자면, 결국 아버지와의 사이에 해결되지 못한 오이디푸스적 갈등이 발단이 되어 데스데모나는 오셀로를 선택하게 되었고, 예기치 못한 데스데모나의 출현으로 오셀로와의 사이에 존재했던 무의식적 동성애 관계가 위협을 받게 되자 이아고는 사악한 음모를 갖게 되었다. 그리고 오셀로의 의심을 자극한 결정적 단서가 되었던 손수건 자체도 이아고의 어머니가 아들에게 선물로 준 것으로, 그녀는 일종의 마력이 담겨 있는 그 손수건을 통해 아들의 동성애적 성향이 저지될 수 있기를 바랐다. 그러나 손수건의 마력은 오히려 그녀가 원했던 것과는 정반대의 방향으로 전개되고 만 것이다.

〈리어왕〉

나이가 들어 노쇠해진 리어왕은 자신의 왕위를 물려줄 아들이 없자 결국 국토를 세 딸에게 나누어 줄 생각으로 자신에 대한 애정이 어느 정도인지 떠보기로 했다. 위의 두 딸은 아버지에 대한 애정을 과장되게 부풀려 말함으로써 그에 상응하는 보상을 얻었으나, 막내딸 코델리아는 겸손하게 진심을 드러내 보임으로써 왕의 미움을 사게 되고 결국에는 해외로 추방되고 만다.

국토를 절반씩 나누어 가진 두 딸은 리어왕을 노골적으로 냉대하고, 결국 이를 참지 못한 왕은 궁을 빠져나와 폭풍우가 몰아치는 황야를 배회하며 불효한 딸들을 저주한다. 아버지의 참상을 전해 들은 코델리아는 아버지를 구하기 위해 군사를 모으고 영국으로 진격해 전투를 벌였으나 패배하여 리어왕과 함께 포로로 잡히고, 결국 병사의 손에 살해당하고 만다. 늙고 병든 왕은 죽은 딸의 시체를 부둥켜안고 슬픔에 겨워하다가 결국 숨을 거두고 만다.

물론 리어왕의 불신과 편애는 그 자신의 성격적 결함에 기인한 것이다. 그의 조급함과 완고함은 세 딸에 대한 편향된 시각에서 여지없이 드러난다. 리어왕의 처참한 말로는 결국 스스로 초래한 결과였다. 리어왕의 이야기는 단순한 부모 공경 문제나 부녀 갈등에서 빚어진 비극적인 내용처럼 보이지만, 자세히 살펴보면 효의 문제뿐 아니라 가족 구조상의 역동적인 배경에 주목하게 된다.

리어왕의 결말은 의외로 악의 승리라 할 수 있다. 권선징악의 구도에서 벗어나 있기 때문이다. 탐욕에 젖은 사악한 두 딸에 대한 응징은 보이지 않는다. 또한 자신의 의사에 반하는 직언을 접하기 어려울 뿐만 아니라 항상 가식적인 말에 익숙한 채로 살았던 왕이라는 특수한 신분을 통해 진실과 거짓의 분별이 얼마나 어려운 것인가 하는 문제를 부각시킨다.

그런 점에서 왕의 신분은 매우 유아적인 전지전능감을 강화시킬 뿐 아니라 자신의 위치를 누군가 항상 넘볼 수 있다는 편집증적 경향을 조장할 수 있는 소지가 다분히 많다. 그러니 끝없는 음모와 숙청의 반복은 불가피한 현상이다. 무기력해진 아버지의 모든 특권을 박탈하고 황야로 내몰았던 두 딸의 행동은 일종의 부모 유기인데, 실제로 그와 유사한 행동은 오늘날 우리 주위에서도 심심치 않게 벌어지고 있지 않은가.

리어왕의 비극은 적절한 힘의 균형이 배제되어 있다는 점에 기인한다. 다시 말해서, 어머니와 아들의 존재가 누락되어 있기 때문이다. 아들이 존재했다면 세 딸에게 국토를 분배할 이유도 없을 것이며, 왕비가 존재했다면 자신의 노후에 대한 걱정도 덜 했을 것이다. 그러나 중요한 중심축이 빠지게 되면서 왕의 불안이 배가된 셈이며, 그 때문에 판단력에도 혼란이 생긴 것이다.

실제로 리어왕은 평소에 막내딸을 가장 귀여워했으며 자신의 여생을 그녀와 함께 지내고 싶다는 소망을 지니고 있었다. 왕비가 없는 대신 코델리아의 시중을 받으며 여생을 편히 보내고 싶다는 꿈이 있었지만, 언니들처럼 입에 발린 소리를 하지 못하는 고지식한 코델리아의 태도에 크게 실망하고 배신감을 느낀 나머지 극언을 서슴지 않은 것이다. 왕의 분노는 상식을 뛰어넘는 수준에 달했는데, 그것은 그만큼 막내딸을 사랑하고 그녀에 대한 기대가 컸기 때문이다.

그런데 어떻게 보면 〈리어왕〉의 불가해한 구도는 심리적 접근이 불가능하다는 느낌도 든다. 실제로 〈리어왕〉의 내용은 분명한 메시지를 파악하기 어려운 것이 사실이다. 부모에 대한 효도를 강조하는 것인지, 아니면 자식 편애에 대한 경종을 울리는 것인지 그 동기가 분명치 않기 때문이다. 그런 점에서 굳이 생각해 볼 수 있는 단서라고 한다면 구약 창세기의 낙원 추방 설화에서 찾아볼 수 있겠다. 그 낙원은 무제한의 나르시시즘적 만족을 제공하던 엄마 품과 같은 원초적 공간이다. 그곳에서 인간은 그 어떤 부족함도 모르고 살았으나 금지된 선악과를 몰래 따 먹은 이후부터는 영원히 추방되어 두 번 다시 되돌아갈 수 없는 운명에 처하게 된 것이다.

그런 점에서 인간의 편협한 이기적 욕망 때문에 신의 저주를 받고 낙원에서 추방된 아담처럼 리어왕도 자신의 안락한 성에서 추방된 것이다. 그러나 신의 저주를 받고 광야를 배회하는 오이디푸스에게 그를 돌보는 딸 안티고네가 있었듯이 리어왕에게는 그를 구출하고자 애쓰는 딸 코델리아가 있었다. 이는 오이디푸스 갈등의 구도가 엿보이는 대목이기도 하다. 그렇게 볼 때, 리어왕과 코델리아의 비극적 최후는 현세에서 결코 이루어질 수 없는 오이디푸스적 소망이 낳은 비극이었던 셈이다.

비극의 본질

셰익스피어 4대 비극의 기본 구도는 복수극의 형태를 띠고 있지만, 엄밀히 말하면 인간의 추악한 이면을 다룬 것이다. 그의 경쾌하고 익살맞은 희극들은 물론 귀족들을 즐겁게 하기 위한 목적으로 쓰였지만, 그의 비극들은 일견 고상하고 품위 있어 보이는 귀족들의 위선적 태도와 그 이면에 놓인 무의식적 욕망, 그리고 악에 물든 정신세계를 여과 없이 드러내 보여 줌으로써 갈등의 타협에 실패한 인간들의 처절한 비극적인 말로를 통해 인간 심리의 불완전성을 여지없이 폭로한다.

그러나 그의 진면목은 이야기의 전개에 있는 것이 아니라 인생의 모든 요소를 적재적소에 담으면서도 매우 시적인 대사의 의미심장함에 있다. 그리고 그토록 비장한 장면들은 관객들이 자신들의 내면에 간직된 부분들과 교류하도록 이끈다. 그것은 선과 악, 욕망과 환상, 복수와 회오, 음모와 저주, 살인과 죄의식, 삶과 죽음, 권력과 무상함, 배신과 절망 등으로 점철된 인간 내면의 지옥 세계 자체가 무대 위에 재연되는 순간이기도 하다.

셰익스피어는 〈당신 뜻대로 하세요〉에서 "모든 세상은 무대요, 모든 남녀는 배우에 지나지 않는다."고 했다. 우리의 인생은 세상이라는 무대 위에 올려진 연극이요, 우리는 한낱 배우에 지나지 않는다는 셰익스피어의 명언은 카우치라는 무대 위에 누워 자유연상을 통한 독백으로 자신의 인생을 회고하고 정리하는 환자들의 모습을 떠올리게 한다. 그런 점에서 프로이트는 셰익스피어의 작품에 더욱 큰 매력을 느꼈던 것이다.

물론 셰익스피어 자신은 본래부터 그의 비극에 나오는 주인공들처럼 그렇게 염세적이거나 회의적인 사람은 아니었다고 짐작된다. 그의 전성기에 겉으로 드러난 성격적 특성은 오히려 매우 낙천적인 것으로 알려져 왔다. 다만 그가 4대 비극을 쓰던 시기에는 분명히 우울하고 비관적인 인생관으로 기울어 가던 과정에 있었던 것 같다. 그러나 여기서 주목하고자 하는 부분은 그의 치밀한 성격 묘사다.

물론 그의 비극은 권선징악이라는 차원에서 본다면 그리스 비극의 전통을 그대로 답습한 것처럼 보일 수도 있지만 반드시 그렇지만은 않다. 악을 응징하기 위한 복수극의 형태를 띠고는 있으나 셰익스피어의 극에서는 선과 악의 첨예한 대립과 투쟁이 생각처럼 그렇게 선의 승리로만 귀결되지 않는다. 〈오셀로〉 〈햄릿〉이 그렇고 〈리어왕〉도 마찬가지다.

맥베스도 본래부터 악한 인간은 아니었다. 근본이 사악했던 맥베스의 부인이 오히려 그보다 먼저 죄의식을 이기지 못하고 자살하고 만다. 따라서 그의 극에서는 선악의 대결 구도보다는 차라리 각 인물들의 내면에 간직된 이율배반적인 심리적 모순과 혼돈, 갈등이 부각된다. 셰익스피어의 내면에는 항상 선을 압도하는 악의 포악하고 파괴적인 힘에 대한 두려움이 깔려 있는 듯하다.

괴테의 파우스트 박사는 자신의 완성을 위해 악의 힘을 잠시 빌리려 했지만, 셰익스피어의 비극에서는 악이 주도적으로 선을 굴복시킨다. 오셀로는 본래 선량하고 용기 있는 장군이었지만 천성이 교활하고 사악한 이아고의 흉계에 놀아나 악의 대행자 역할로 전락하고 만다. 그는 단지 손수건 한 장이라는 믿기 어려운 증거만으로 자신의 아내를 의심하고 목 졸라 살해할 정도로 단순하기 짝이 없는 인물이다.

순진하기로는 맥베스 역시 마찬가지다. 마녀들의 예언을 순진하게 믿고 사악한 아내의 충동질에 따라 순순히 악의 대행자 역할을 도맡은 것이다. 귀가 얇기는 리어왕도 다를 바 없다. 두 딸의 듣기 좋은 감언이설에 손쉽게 넘어가 비참한 상황을 자초한 셈이다. 햄릿은 선한 인물이지만 우유부단함 때문에 악을 응징하는 데 행동으로 옮기지 못하고 자신이 역으로 당하고 만다. 그는 모든 것을 잃고 평소에 스스로 말했듯이 일개 먼지 덩어리로 돌아간 것이다.

비극적 결말은 관객들에게 씁쓸한 뒷맛을 남기기 마련이지만 인생의 본질과 실상을 깨우치게 한다는 점에서 깊은 감동을 선사한다. 이처럼 셰익스피어는 선과 악의 대결 구도나 단순한 권선징악적 차원에 머물지 않고, 인간의 있는 그대로의 취약한 심성 문제를 다루고 보여 준다. 그런 이유로 셰익스피어의 비극은 시대적 한계를 뛰어넘어 지금도 여전히 공연이 이어지고 있으며, 또 그런 점 때문에 셰익스피어가 영원한 동시대인으로 기억되는지도 모른다.

셰익스피어 극의 관객들은 배우의 입에서 대사가 나오기도 전에 이미 그 내용을 알고 있으며, 어떤 경우에는 극중 대사를 따라 하기도 한다. 그럼에도 불구하고 반복해서 그의 연극을 보는 이유는 그것이 시대와 문화의 차이를 뛰어넘는 보편적 내면의 갈등 세계를 다루고 자극하기 때문일 것이다. 관객의 호응이 없는 연극은 무대 위에 올릴 수 없다.

그런 점에서 셰익스피어의 4대 비극은 복잡 미묘한 인간의 심층 세계를 극적 전개를 통해 파헤치면서 관객들 자신의 개인적 갈등과 욕망, 환상 세계의 재경험을 유도하는 동시에 관객과 배우가 혼연일체를 이루는 분위기를 이끌어 낸다. 그렇게 볼 때, 셰익스피어는 무대 위의 독백을 통해, 그리고 프로이트는 무대를 대신한 카우치 위의 자유연상을 통해 다양한 인간 심리의 진면목을 드러내 보여 준 셈이다. 그럼에도 불구하고 우리는 결국 그 어떤 확신에도 도달할 수 없는데, 우리가 아무리 필사적인 노력을 기울인다 해도 햄릿, 맥베스, 오셀로, 리어왕의 어린 시절을 결코 알 수 없기 때문이다.

찰스 디킨스의 유산

1 9세기 영국 문학을 대표하는 소설가 찰스 디킨스(Charles Dickens, 1812~1870)는 영국 남부에 위치한 군항 포츠머스의 해군 경리국에서 일하는 하급관리의 8남매 중 차남으로 태어났다. 아버지가 호인이었지만 채무관계로 빚을 지어 감옥에 가는 바람에 그는 어린 시절부터 매우 궁핍한 생활에 허덕이며 구두약 공장에서 하루 10시간의 중노동에 시달려야 했다. 다니던 학교를 도중에 그만두고 15세 때부터 변호사 사무실에서 급사 노릇을 하면서도 속기를 배워 그 후 신문기자로 활동하기 시작했다.

이때부터 그는 본격적으로 소설을 쓰기 시작해서『올리버 트위스트』『골동품 가게』『크리스마스 캐롤』『데이비드 코퍼필드』『두 도시 이야기』『위대한 유산』등 문제작을 계속 발표해 대중적으로 큰 인기를 얻었다. 오늘날에 이르기까지 변함없이 영국에서 가장 사랑받는 작가로 셰익스피어와 찰스 디킨스를 꼽는 데 주저하는 영국인은 아마 드물 것이다. 그만큼 그는 셰익스피어와 더불어 영국 문학의 자존심을 지키는 존재이기도 하다.

『올리버 트위스트』

찰스 디킨스 하면 우선 올리버 트위스트의 이름을 떠올리기 쉽다. 태어나자마자 어머니를 잃고 구빈원에 맡겨진 올리버는 한마디로 말해서 천애고아다. 자신의 부모가 누군지도 모르고 다른 고아들과 함께 구빈원에서 자란 올리버는 배고픔과 학대에 시달리다 어느 장의사에게 헐값으로 팔려나가는 신세가 되지만 그곳에서도 괴롭힘을 당한 나머지 도망치고 만다. 무작정 길을 떠난 올리버가 도착한 곳은 런던이었다.

그러나 오갈 데 없는 신세의 올리버를 그나마 받아 준 곳은 런던 빈민굴의 소매치기 집단으로, 유대인 페이긴이 그 우두머리였다. 그에게서 소매치기 기술을 배운 올리버는 곧바로 현장에 투입되는데 단짝인 도저와 함께 어느 점잖은 노신사의 호주머니를 털다가 경찰에 붙들리고 만다. 법정에 서게 된 올리버를 가엾이 여긴 노신사는 올리버를 데려다 키우기로 작정한다. 그러나 자신들의 정체가 탄로날까 봐 두려워진 소매치기 집단은 올리버를 다시 납치해 악당 빌 사이크스의 강도짓을 돕도록 한다.

낸시를 살해하고 경찰의 추적을 피해 도망치던 빌은 결국 비참한 최후를 맞이하고, 감옥에 간 페이긴은 교수형에 처해진다. 올리버는 다시 노신사 브라운로 씨의 품 안으로 돌아가 안정된 생활을 누리게 된다. 그리고 나중에 밝혀진 사실은 브라운로 씨가 실은 올리버의 친부모를 잘 알고 있던 인물이었으며, 한때 부상을 입은 올리버를 극진하게 돌봐 주고 보호해 준 적이 있는 로즈 메일리는 올리버의 친이모였다는 것이다. 우연치고는 기막힌 우연이 아닐 수 없다.

이처럼 기구한 운명을 맞이했던 올리버의 이야기는 결국 해피엔딩으로 끝나지만, 선과 악의 이분법적 구도가 너무도 분명하고 그 사이에 벌어지는 인간적인 고뇌나 갈등의 여지가 거의 없다는 점에서 극적 긴장감은 다소 떨어지는 감이 없지 않다. 물론 올리버에게 있어서 가장 중요한 화두는 따스한 정이 감도는 가족의 울타리라 하겠다. 그러나 그에게 그런 행운은 너무도 우연히 그리고 너무도 손쉽게 다가왔다. 올리버 자신의 노력이나 각성의 결과로 주어진 것이 아니라는 뜻이다. 순진무구한 올리버는 그저 이리저리 정신없이 끌려 다니다 어느 날 갑자기 행운을 맞이하게 된 셈이다.

더군다나 태어나자마자 보살펴 주는 부모도 없이 온갖 박해를 받으며 구빈원에서 자라난 올리버의 성격은 흠잡을 데가 없을 정도로 천진스럽고 선량하기만 하다. 타고난 천성 때문이라면 아무런 할 말이 없겠지만, 발달심리학적으로 본다면 다소 무리가 있다. 결과적으로만 본다면 오히려 구빈원에서 너무도 잘 키운 셈이 되기 때문이다. 그토록 힘겹게 살아온 올리버에게서 세상에 대한 원망이나 반항심의 흔적을 조금도 찾아보기 어렵다는 사실을 우리는 과연 어떻게 해석해야 옳은가.

찰스 디킨스는 그 자신이 어릴 때부터 공장 노동일에 종사하며 적절한 부모의 보살핌을 받지 못한 것이 사실이다. 중산층에서 하층민으로 전락한 집안 사정으로 그는 이루 말할 수 없는 모멸감과 수치심을 극복해 나가야 했다. 그런 와중에 부모에 대한 원망은 물론 불공평한 세상에 대해 상당한 불만과 반감을 지닐 수밖에 없었을 것이다.

하지만 그의 소설들이 그토록 대중에게 큰 환영을 받고 폭발적인 인기를 얻은 것은 부당한 현실에 고통받으며 살아가는 일반 서민들의 애환을 적절히 묘사했기 때문이며, 게다가 결말 부분에서는 그런 고통에 대한 보상을 항상 제공했기 때문이다. 일반 대중은 그런 주인공들의 모습과 자신들을 동일시하고, 결과적으로 적절한 보상이 주어지는 결말로 인해 대리 만족을 얻게 된다는 점에서 매우 흐뭇한 심정으로 그의 소설들을 읽을 수 있었던 것이다. 결국 디킨스가 제공해 준 두 가지 중요한 선물은 행복한 가정과 부의 축적이었던 셈인데, 그것은 일반 대중이 가장 절실하게 원하던 소박한 꿈이기도 했다.

『데이비드 코퍼필드』

　찰스 디킨스의 자전적인 소설이기도 한 『데이비드 코퍼필드』는 작가 자신이 가장 아끼던 작품으로 방대한 분량의 소설이다. 주인공 데이비드는 아버지가 세상을 떠난 뒤 태어난 유복자이지만 자상한 어머니와 하녀의 보살핌 덕분에 행복한 어린 시절을 보낸다. 그러나 어머니가 머드스톤과 재혼하게 되면서 그의 삶은 불행의 길로 접어든다.

　마음이 여린 어머니는 머드스톤과 그의 누이 제인의 학대로 병석에 앓아눕게 되고, 어린 데이비드는 계부의 매질에 견디다 못해 그에게 달려들어 물어뜯고 결국 규율이 엄한 기숙학교 세일렘 하우스로 쫓겨난다. 그곳에서 학생들을 괴롭히는 선생 때문에 힘겨운 학교생활을 보내고 있던 데이비드는 어머니가 갑자기 세상을 떠났다는 소식을 듣고 황급히 집으로 돌아오지만 계부는 곧바로 데이비드를 런던의 한 공장으로 보내 버린다.

　어린 나이에 형편없는 대우와 중노동에 시달리며 힘겹게 살아가던 데이비드는 친절한 하숙집 주인 미코버 씨에 의지해 그나마 위안을 얻고 삶을 지탱하지만, 그마저 파산해 감옥에 가게 되자 더 이상 의지할 데 없는 그는 결국 공장에서 도망을 치고 멀리 도버에 사는 고모를 찾아 나선다. 길을 가는 도중에 도둑에게 돈을 털리는 등 우여곡절 끝에 간신히 당도한 고모의 집에서 그는 비로소 안정을 취하고 새출발을 다짐한다. 고모는 다소 급하고 괴팍한 성격이지만 그래도 어린 조카를 딱하게 여겨 든든한 후원자 역할을 맡아 준다. 데이비드는 그녀의 보살핌에 힘입어 사랑과 이별을 반복하면서도 굳세게 살아간다.

여기에 등장하는 인물 가운데 매우 낙천적인 기질의 하숙집 주인 미코버 씨는 디킨스 자신의 아버지를 모델로 삼은 캐릭터로, 손대는 일마다 파산을 거듭하면서도 항상 유머러스한 농담을 잃지 않는 어떻게 보면 매우 속없는 인간이다. 그러나 무엇보다도 데이비드 주변의 다양한 인물상이 인상적인데, 그중에는 선한 인간도 있고 사악한 인물도 있지만 중요한 것은 그럼에도 웃음과 여유를 잃지 않고 꿋꿋하게 살아 나간다는 점일 것이다.

비록 통속적인 내용이긴 하나, 찰스 디킨스는 이처럼 데이비드 코퍼필드의 기구한 삶의 여정을 통해 자신의 불행했던 어린 시절을 재구성하는 동시에 다양한 인물상을 창조함으로써 자신이 처한 시대상을 파노라마 형식으로 보여 준다. 그리고 다른 무엇보다도 인간의 선한 의지와 사랑이야말로 우리 삶을 지탱해 주는 가장 중요한 원천임을 강조하는 듯 보인다.

『위대한 유산』

주인공 핍은 부모를 일찍 여의고 성격이 거칠고 못된 누이의 집에 얹혀 사는 신세다. 다행히 그녀의 대장장이 남편은 핍에게 다정히 대해 주지만 핍은 항상 외롭기 그지없다. 그러던 어느 날 부모의 묘지 앞에서 홀로 울고 있던 어린 핍에게 쇠사슬에 묶인 한 사나이가 나타나 자신에게 먹을 것과 줄칼을 가져다주지 않으면 죽이겠다고 위협한다. 그는 방금 죄수 호송선에서 탈출한 탈옥수였다. 겁에 질린 핍이 그에게 먹을 것과 줄칼을 가져다주지만 그는 도망치다 경찰에 다시 붙들리고 만다.

그 후 핍은 인근에 사는 부유한 은둔녀 미스 해비셤의 대저택 새티스하우스를 오가며 그녀를 시중드는 일을 맡는다. 그녀는 남자로부터 버림받은 후 항상 웨딩드레스를 걸치고 지내며 남자에 대한 복수심에 가득 찬 여인이었다. 핍은 그녀와 함께 살고 있는 양녀 에스텔라를 사랑하게 되지만 차갑고 냉담하기만 한 그녀는 천한 신분의 핍을 무시한다. 수치심과 모멸감에 사로잡힌 핍은 비로소 신분의 장벽을 실감한다.

그러나 핍에게도 행운이 찾아왔다. 미스 해비셤의 변호사 재거스 씨로부터 자신이 막대한 유산을 물려받을 것이라는 말을 전해 들은 것이다. 새로운 희망을 안고 들뜬 마음으로 런던으로 향한 그는 신사교육을 받은 후 사교계에 드나들며 사치와 허영에 빠져든다. 그곳에서 아름다운 숙녀로 변모한 에스텔라를 만나게 되지만 그녀는 다른 남자와 결혼해 버린다. 핍은 그녀에 대한 짝사랑과 질투심으로 고통의 나날을 보낸다.

그러던 어느 날 갑자기 어릴 때 도와준 탈옥수가 나타나 지금까지 뒤에서 그를 후원했던 장본인이 바로 자신임을 밝힌다. 그 말을 듣는 순간 핍은 큰 혼란에 빠진다. 핍은 자신의 후원자가 미스 해비셤이라고 굳게 믿고 있었기 때문이다. 설상가상으로 에스텔라가 실은 변호사 재거스 씨의 하녀 몰리와 바로 그 탈옥수 사이에서 태어난 딸이었다는 사실을 알게 된 핍은 미스 해비셤을 찾아가 에스텔라를 그토록 냉담한 여성으로 키운 사실에 대해 비난을 퍼붓는다. 하지만 그녀는 에스텔라를 이용해 의도적으로 그에게 사랑의 상처를 심어 준 사실을 고백하고 용서를 구한다.

한편 탈옥수 아벨 매그위치는 핍의 도움으로 국외로 탈출하려다 다시 붙들려 감옥에 갇히고 처형당하기 직전에 마지막으로 핍을 만나 자신의 아이가 살았다는 말을 듣고 조용히 숨을 거둔다. 그리고 그가 남긴 막대한 유산은 모조리 국고로 환수되고 만다. 다시 빈털터리가 된 핍은 모든 것을 잃고 병까지 얻어 고향으로 돌아가 다정한 매형의 보살핌을 받는다. 그 후 핍은 이미 폐허가 되어 버린 새티스하우스를 찾았다가 그곳에서 결혼에 실패한 에스텔라가 실의에 빠져 예전의 미스 해비셤처럼 은둔생활을 하고 있는 모습을 발견한다. 마침내 두 사람은 서로의 사랑을 확인하고 새로운 출발을 다짐한다.

여기서도 우리는 부모 없이 자란 한 고아의 성장 과정을 만나게 된다. 그리고 예기치 못한 계기와 행운으로 인생의 전환점을 맞이하게 된다는 지극히 비현실적인 구도에 다소 어리둥절하게 된다. 신분상의 장애를 극복하고 옛사랑을 회복한다는 해피엔딩이지만, 단지 먹을 것을 제공했다는 이유 하나만으로 탈옥수가 그 은혜를 잊지 않고 온갖 역경과 위험을 무릅쓰면서까지 막대한 유산을 남긴다는 설정 자체부터가 실로 억지에 가깝다.

그런 억지는 에스텔라가 바로 그 탈옥수의 딸이었다는 사실에서 절정에 이른다. 미스 해비셤의 복수심 또한 억지에 가깝다. 단지 남자에 대한 복수심 때문에 나이도 어린 핍을 복수의 대상으로 선정한 점도 그렇고, 자신의 양녀 에스텔라로 하여금 고의적으로 상처를 주게 만들었다는 점도 손쉽게 납득하기 어려운 대목이다.

물론 핍은 에스텔라를 그토록 냉담하고 오만하게 되도록 키운 미스 해비셤을 원망하고 비난하지만, 그것은 의도적이라기보다는 그녀 자신이 마음을 닫고 살았기 때문이 아니겠는가. 그렇다면 누이의 온갖 구박에 마음의 상처를 받으며 자란 핍은 어떻게 비정한 성격의 소유자가 되지 않았는가. 에스텔라는 자신의 떳떳치 못한 출생 배경에 따른 열등감 때문에 겉으로는 더욱 오만하고 냉담한 태도를 보인 것이기 쉽다.

이처럼 앞뒤가 맞지 않는 구도의 억지스러운 설정에도 불구하고 『위대한 유산』은 지금까지도 많은 독자에게 변함없는 사랑을 받고 있다. 그 이유는 역시 앞서 언급한 대로 현실에서 이루지 못한 꿈의 성취에 있을 것이다. 영국 사회는 민주화된 오늘날에 와서도 신분상의 장벽이 엄연히 존재한다. 물론 사회 일각에서는 군주제의 폐지를 요구하는 목소리도 있지만 전통과 관습을 자기 목숨처럼 중요시하는 뿌리 깊은 사회통념은 여전히 힘을 얻고 있다.

핍과 에스텔라는 모두 천한 신분 출신으로, 비록 신사숙녀 교육을 받고 상류 사회로 진출할 기회를 얻었지만 자신들의 허영심 때문에 실패를 자초한다. 두 남녀의 공통점은 자신들의 노력을 통해서가 아니라 후원자들의 도움에 힘입어 상류 사회에 진출했다는 것이다. 그리고 뼈아픈 실패와 좌절을 통해 깨달은 사실은 자신들 스스로 행복을 일궈 나가야 한다는 것이었다. 찰스 디킨스가 말하고 싶었던 것도 바로 그런 자각이야말로 진정으로 위대한 유산이 아니겠느냐는 것이었을지도 모른다. 그는 물질적으로 막대한 유산을 남기는 일보다 정신적으로 위대한 유산을 남기는 일이 더욱 가치 있는 행위임을 강조하고 싶었던 것으로 보인다.

찰스 디킨스의 소설 『올리버 트위스트』 『데이비드 코퍼필드』 『위대한 유산』 등은 일종의 성장소설로 영국 영화의 단골 메뉴가 될 정도로 대중의 인기를 독차지해 왔다. 물론 작가 자신의 불행했던 어린 시절이 중요한 창작 동기를 이룬 점도 무시할 수 없겠지만, 무엇보다도 그가 살았던 시대적 배경을 토대로 힘겹게 살아가는 다양한 인간 군상을 접할 수 있다는 사실만으로도 그의 소설은 수많은 독자에게 독서의 재미를 안겨 주기에 충분하다. 비록 통속적인 내용에 해피엔딩이라는 뻔한 결말이긴 하나, 그럼에도 불구하고 디킨스는 당대의 어두운 사회상을 따스한 시선으로 감싸며 인간에 대한 신뢰를 끝까지 잃지 않고 있기에 대중의 사랑을 그만큼 받아 온 것으로 볼 수 있다.

그가 살았던 19세기 영국은 세계 최초로 산업혁명을 이룩하였지만 산업화의 어두운 그늘을 그 어느 나라보다 먼저 겪은 나라다. 특히 어린 아동들에 대한 학대와 노동력 착취는 심각한 사회적 병폐이기도 했다. 실제로 어린 시절에 그런 고통을 몸소 겪었던 디킨스는 창작 활동을 통해 자신의 그토록 낭비된 아동기를 보상받고 싶었는지도 모르겠다. 그리고 당대 최고의 작가로서 성공한 디킨스는 그에 상응하는 보상을 충분히 받은 셈이다.

브론테 자매의 비극

샬럿, 에밀리 그리고 앤 브론테 자매는 영국 문학사에서 매우 특이한 존재들이다. 이들 세 자매는 모두 과작에 머물고 일찍 요절했지만, 그녀들이 남긴 소설은 오늘날에 이르기까지 수많은 독자에 의해 읽히고 있을 만큼 명작으로 손꼽힌다. 한 집안에서 세 사람씩이나 유명 소설가를 배출했다는 사실도 매우 희귀한 일이지만, 에밀리 브론테처럼 단 한 편의 소설만으로 계속해서 오랜 기간 명성을 유지한다는 것도 그리 흔치 않은 일이라 하겠다.

브론테 자매의 생애

브론테 자매는 목사의 딸들이다. 세 자매인 샬럿, 에밀리, 앤은 아일랜드계 성공회 목사인 아버지 패트릭 브론테와 어머니 마리아 브랜웰 사이에서 태어났다. 아일랜드 태생이었던 아버지는 가난한 농부의 아들로 태어나 오로지 가난을 피하기 위해 성직자의 길을 택했던 인물이다. 그는 학창 시절에 본래의 성인 브런티를 브론테로 바꾸고 부유한 상인의 딸 마리아 브랜웰을 만나 결혼하게 되었다.

당시 마리아는 부모를 여의고 교사로 일했으며 지적이고 신앙심이 깊은 침례교도였다. 종교적 배경이 다름에도 불구하고 이들은 만난 지 불과 3개월 후에 결혼했는데, 그 후 마리아는 자궁암으로 세상을 떠나기 직전까지 9년의 세월 동안 6남매를 낳았다. 어머니는 막내딸 앤을 낳은 후 38세의 젊은 나이로 먼저 세상을 떠나고 말았다. 원래 말수가 적은 아버지는 아내를 잃고 난 후 더욱 말이 없어지고 홀로 지내는 시간이 많았으며, 따라서 어머니 없이 자란 자매들은 오로지 독서에 파묻혀 제각기 상상의 나래를 펴는 가운데 글쓰기를 통해 위안을 얻고자 했다.

장녀 샬럿 브론테(Charlotte Brontë, 1816~1855)는 아버지 밑에서 부목사로 일하던 아서 니콜스와 혼인했지만, 일 년도 채 못되어 38세의 나이로 첫아이 임신 중에 세상을 떠났으며, 에밀리 브론테(Emily Brontë, 1818~1848)는 폐결핵으로 30세의 짧은 생애를 마감했다. 『폭풍의 언덕』은 그녀가 남긴 유일한 장편소설이다. 막내딸 앤 브론테(Anne Brontë, 1820~1849)는 세 자매 중 가장 이른 나이인 29세에 사망했는데 그녀 역시 폐결핵으로 죽었다.

이들 세 자매 위로 두 언니인 마리아와 엘리자베스가 있었지만, 그녀들 역시 어린 나이에 결핵으로 같은 해에 세상을 떠났다. 결국 브론테 일가의 다섯 딸 모두가 결핵으로 죽은 셈인데, 브론테 일가의 유일한 아들 패트릭 브랜웰도 만성 기관지염과 알코올 중독으로 인한 영양실조로 세상을 떠났지만, 샬럿은 남동생 역시 결핵으로 사망한 것으로 믿었다.

하지만 브랜웰은 아편에도 중독된 것으로 알려졌으며, 우울증에 빠진 그는 간간이 정신적 발작 상태를 보여 가족들을 힘들게 하기도 했다. 그런 오빠가 죽은 지 불과 3개월 후에 에밀리도 세상을 떠났다. 그녀는 오빠의 장례식에 참석했다가 감기에 걸려 고생하다가 죽었는데, 의사의 진료를 한사코 거부했다. 그리고 일 년 뒤에는 앤마저 세상을 떠났다. 모든 형제를 잃고 오직 늙은 아버지와 더불어 홀로 남은 샬럿은 상실의 아픔과 외로움에 힘겨워하면서도 오로지 아버지 곁에 머물러 있기를 원했다. 그녀는 7년 후에 부목사 아서 니콜스와 결혼했으나 행복도 잠시일 뿐, 임신 중에 그녀 역시 폐결핵에 걸려 아기와 함께 세상을 뜨고 말았다.

세 자매가 어머니를 잃은 시점은 샬럿이 5세, 에밀리가 3세, 앤은 1세 때였다. 어머니 사망 후 자녀들 양육은 주로 이모 엘리자베스 브랜웰이 맡았지만 그녀는 완고하고 엄격했을 뿐 사랑을 베풀지는 않았다. 다만 예외적으로 이모와 한방을 썼던 앤은 그녀와 긴밀한 관계를 유지했는데, 이런 점이 앤의 성격 형성에도 영향을 준 것으로 보인다. 그러나 브론테 일가에는 항상 죽음의 그림자가 드리워져 있어서 집안 분위기는 마치 무덤처럼 음산했다. 그런 분위기는 『폭풍의 언덕』과 『제인 에어』에 잘 드러나 있다.

1842년 이모의 죽음을 시작으로 패트릭 브랜웰과 에밀리, 앤, 샬럿 등이 그녀의 뒤를 이어 세상을 떠났다. 같은 해에 연이어 오빠 브렌웰과 언니 에밀리를 잃은 앤은 더욱 건강이 악화되어 언니 샬럿과 함께 스카버러로 요양차 여행을 떠나지만 결국 그곳에서 세상을 떠남으로써 영원히 집으로 돌아가지 못하고 말았다. 자신의 죽음을 예감한 앤은 여행을 떠나기 전에 이미 아버지와 작별의 인사를 나누었다. 그래도 앤은 언니 에밀리와는 달리 의학적 치료를 거부하지 않고 어떻게든 더 살려고 무진 애를 썼지만 소용이 없었다. 앤을 저세상으로 떠나보내고 홀로 집에 돌아온 샬럿은 그야말로 큰 상심에 빠졌다.

이처럼 죽음의 기운이 항상 감도는 집안 분위기에서 살았던 샬럿과 에밀리, 앤은 1846년 공동 시집을 출간했지만 단 두 권만 팔렸다. 그리고 이듬해에는 제각기 『제인 에어』『폭풍의 언덕』『아그네스 그레이』 등 대표작을 남기고 일찍 죽었다. 이들 세 작품은 여러 차례 출판사로부터 거절당하다가 1847년 같은 해에 그것도 남성의 이름을 빌린 필명으로 발표되었다. 아내와 자식들을 모두 일찍 떠나보낸 아버지 패트릭 브론테는 1861년에 84세로 외롭게 숨을 거두었으며, 브론테 일가 중에서는 그래도 유일하게 장수했다.

『제인 에어』

부모를 모두 잃고 고아가 된 제인 에어는 외삼촌 리드 씨 집에 들어가 살게 된다. 그러나 외삼촌이 죽자 제인은 외숙모와 그녀의 아들 존으로부터 극심한 학대를 받기 시작한다. 괴롭히는 존에게 대들어 싸웠다는 이유로 외숙모는 제인을 어두운 골방에 가두고 굶기기도 한다. 결국 어린 제인은 구호시설인 로우드 학교로 보내진다. 엄격한 규율로 숨 막힐 듯한 그곳에서 제인은 그래도 헬렌을 비롯한 몇몇 급우와 우정을 쌓는다.

혹독한 시련 속에서도 품위를 잃지 않고 참는 법을 배운 제인은 가정교사가 되어 손필드 장원에 취업해 들어간다. 그곳에서 그녀는 집주인 에드워드 로체스터를 만나 그를 사모하게 되고, 결국 결혼 직전까지 가지만 예기치 못한 사건으로 그 집을 떠난다. 그가 그동안 정신이상인 부인을 골방에 숨겨 둔 사실을 알게 된 제인은 양심의 가책을 받아 결국 결혼을 포기하고 야반도주한다.

자포자기의 심정으로 여기저기를 배회하던 그녀는 기진맥진하여 쓰러진 상태에서 젊은 목사 센트 존 리버스의 도움으로 기력을 되찾지만, 자신과 결혼하여 인도로 함께 가자는 그의 청혼에 잠시 망설인다. 인도로 떠나기 전에 마지막으로 한 번 에드워드를 만나기 위해 손필드를 다시 찾은 제인은 잿더미로 화한 모습에 놀라고 장님이 된 그의 모습에 다시 놀란다. 제인이 떠난 뒤 정신발작을 일으킨 부인이 집에 불을 지르고 뛰어내려 죽었으며, 에드워드는 부인을 구하려다 부상을 입고 장애인이 된 것이다.

제인은 결국 자신보다 20년이나 연상인 그를 돌보며 평생을 함께하기로 작심한다. 이는 마치 아버지에 대한 샬럿 자신의 오이디푸스적 욕망을 실현한 것처럼 보이기도 한다. 에드워드 로체스터는 제인과 결혼한 후 어느 정도 시력을 회복하고 자신의 첫아들을 볼 수 있게 된다. 이처럼 소설은 해피엔딩으로 끝난다.

『제인 에어』는 크게 보아 다섯 부분으로 나뉜다. 불행한 아동기, 기숙학교의 시련기, 로체스터 경과의 인연, 정신적 방황과 젊은 목사와의 만남, 그리고 에드워드 로체스터와의 재회. 일찍 어머니를 여의고 냉담한 이모의 보살핌을 받으며 컸던 샬럿 브론테는 자신의 어두운 아동기 경험을 소설에서는 다소 과장되고 극적인 모습으로 묘사했다. 그것은 자신이 다녔던 학교를 모델 삼아 묘사한 로우드 기숙학교 역시 마찬가지다.

그러나 어린 시절 이들 자매가 다녔던 기숙학교의 열악한 환경도 문제였지만, 같은 학교를 다녔던 두 언니 마리아와 엘리자베스가 영양실조와 결핵으로 한꺼번에 사망한 일이 샬럿에게는 무엇보다 큰 상처였을 것이다. 그러한 상처는 제인 에어의 가장 절친했던 친구 헬렌의 죽음으로 묘사된다. 그리고 실제로 샬럿은 잠시나마 기혼자를 사랑하다 실패한 경험이 있다. 그것은 유부남을 사랑한 제인 에어의 모습으로 나타난다.

그러나 아내를 잃고 불구가 된 에드워드 로체스터 곁에서 그를 돌보며 지내기로 결심한 제인과 마찬가지로 샬럿 역시 아내와 자식들을 줄줄이 잃고 홀로 남은 늙은 아버지 곁에 계속 남아 돌보기를 원했지만, 그녀 역시 자신의 행복을 찾고 싶은 욕구에서 자유롭지는 못하였다. 그러나 아버지와 똑같은 직업을 지닌 목사 아서 니콜스와의 결혼은 결국 그녀의 죽음을 재촉하는 결과를 낳고 말았다. 불행에 익숙한 그녀에게 행복은 일종의 사치였는지도 모른다.

『폭풍의 언덕』

『폭풍의 언덕』의 원제는 『워더링 하이츠』로, 실은 언덕이 아니라 언쇼 일가가 살던 저택 이름을 가리킨다. 요크셔 지방의 황량한 언덕 위에 자리 잡은 시골 저택 워더링 하이츠에 주인 언쇼 씨가 어느 날 여행길에서 주워 온 집시 꼬마 아이를 데리고 나타나 식구들 앞에 소개한다. 그 집시 아이는 검은 머리에 검은 눈을 지닌 지저분한 몰골을 하고 있었는데, 물론 가족들은 펄쩍 뛰고 입양을 반대하지만 어쨌든 그 아이는 히스클리프로 불리며 그 집에서 자란다.

그를 무시하고 학대하는 다른 식구들과는 달리, 언쇼가의 딸 캐서린은 히스클리프와 친오누이처럼 아주 가깝게 지낸다. 캐서린의 오빠 힌들리는 유독 히스클리프를 미워하지만 아버지가 두려워 내색하지 못하다가 언쇼 씨가 세상을 떠나고 자신이 그 집의 주인이 되자 노골적으로 히스클리프를 학대하고 종처럼 부려먹는다.

어느 날 이웃에 사는 부유한 린튼 일가의 아들 에드가가 캐서린에게 청혼을 하고, 두 사람의 약혼이 발표되던 날 히스클리프는 갑자기 집을 나가 종적을 감춰 버린다. 그 후 돈을 모아 다시 돌아온 히스클리프가 복수의 칼을 뽑아들게 되면서 언쇼가와 린튼가 모두 몰락의 길을 걷기 시작한다. 그리고 마침내 히스클리프는 힌들리를 파멸로 이끌고 워더링 하이츠도 자기 소유로 만들어 버린다.

더 나아가 그는 연적인 에드가의 누이동생 이자벨라를 유혹해 혼인하고 자식까지 낳는다. 자신이 꾸민 음모로 히스클리프는 두 일가의 재산을 모두 차지하는 데 성공하지만, 이미 죽은 캐서린을 잊지 못해 나중에는 정신마저 이상해진다. 그는 밤마다 혼자 중얼거리며 캐서린의 무덤을 찾아 돌아다니는 행동을 보이다가 조용히 숨을 거둔다.

　『폭풍의 언덕』은 인간의 증오심을 주축으로 한 일종의 복수극을 다룬 내용이다. 캐서린과 히스클리프의 광적인 사랑과 열정은 황야에 몰아치는 광풍과도 같이 시종일관 독자들을 사로잡는 마력을 발산한다. 그로테스크한 분위기로 인해 처음에는 일종의 괴기소설로 평가되기도 했다. 더욱이 히스클리프의 악마적인 속성과 캐서린의 전혀 길들여지지 않은 듯한 야성적인 특성의 기묘한 조합은 당시 보수적인 빅토리아 시대 사조에 전혀 어울리지 않는 것으로, 한 가녀린 여성이 쓴 작품이라고는 도저히 믿어지지 않을 정도로 격렬한 분위기로 가득 차 있다. 따라서 주인공들은 시종일관 조용히 대화를 나누는 법이 없다.

　처음부터 끝까지 그들은 소리쳐 외친다. 어떻게 보면 캐서린과 히스클리프는 마치 사도마조히즘적 관계에 있는 것처럼 보이기도 한다. 가학적인 히스클리프와 마조히즘적인 캐서린이 연출하는 기묘한 애정관계는 히스클리프가 죽은 캐서린의 무덤을 파헤치는 장면에서 정점에 달한다. 또한 캐서린은 죽어서도 유령이 되어 배회하고 히스클리프 역시 그녀의 유령과 대화를 나눌 정도로 이들은 서로에 대한 광적인 집착에서 벗어나지 못한다.

　『폭풍의 언덕』에 나오는 등장인물들은 한결같이 죽음을 맞이하는데, 마치 브론테 일가의 사람들이 줄줄이 죽음을 맞이하듯이 언쇼 부부, 린튼 부부, 캐서린과 힌들리, 에드가 린튼, 이사벨라, 히스클리프의 아들 린튼, 히스클리프 등이 차례로 세상을 떠난다. 모두 죽고 사라진 워더링 하이츠에서 유일한 생존자는 캐서린의 딸 캐시와 힌들리의 아들 헤어튼뿐이다.

이처럼 소설에서 결혼한 사람은 모두 죽는다. 그리고 이들 결혼은 숱한 문제를 안고 출발한다. 힌들리와 프랜시스, 캐서린과 에드가, 히스클리프와 이사벨라, 캐시와 린튼, 그리고 캐시와 헤어튼의 결혼이 모두 그렇다. 이처럼 복잡다단하게 뒤얽힌 혼인과 출산 그리고 이어지는 죽음을 빼면 소설 전체를 통해 남는 것은 오로지 복수와 증오심뿐이다.

그리고 더욱 중요한 사실은 사랑의 부재라 하겠다. 그것은 캐서린과 히스클리프에게도 해당되는 말이다. 두 사람의 격정적인 사랑을 과연 진정한 사랑이라 할 수 있겠는지에 대해서도 논란의 여지가 있을 수 있다. 그것이 사랑인지 혹은 과도한 집착에 불과한 것인지는 물론 간단히 결론 내리기 어렵겠지만, 성격적으로 미숙한 사람들이 지닌 가장 큰 문제는 진정한 애정의 교류와 유지에 실패하기 쉽다는 점이라 하겠다.

사악한 복수심에 사로잡힌 히스클리프는 비천한 신분의 집시 출신으로, 태어난 이래 한 번도 진정한 사랑을 접해 본 적이 없는 인간이다. 그를 따뜻이 대해 준 인물은 캐서린밖에 없었다. 그런데 격정적인 캐서린처럼 작가인 에밀리 역시 대단한 집념의 소유자였다. 병약했던 그녀는 7년을 오로지 소설 한 편을 완성하는 데 바쳤다. 그리고 모든 의학적 치료도 거부한 채 자신의 거실에서 침대에 눕지도 않고 앉은 자세로 죽음을 맞이했다고 전해진다.

『아그네스 그레이』

앤의 소설 『아그네스 그레이』는 그녀 자신의 소원 성취적 욕구를 담은 반자전적 작품이다. 그러나 낭만주의적 경향을 가진 두 언니와는 달리 앤의 소설은 매우 사실주의적 예리함을 보여 준다. 또한 절제된 유머와 적절한 풍자는 제인 오스틴의 작풍을 닮았다는 평을 듣기도 한다. 주인공 아그네스는 앤 브론테와 마찬가지로 가난한 목사의 딸로, 생계를 위해 어쩔 수 없이 부유층의 버릇없는 자제들의 교육을 맡는 가정교사 노릇에 애를 먹는다. 그녀는 독립심이 강하고 이상을 추구하지만 그녀의 현실은 그렇지 못해 낙담하기도 한다. 아버지가 사망하자 그녀는 어머니와 함께 고향에 작은 학교를 세워 자신의 이상을 실현할 뿐만 아니라 사랑하는 남성과 결혼하여 세 아이를 두고 행복한 생활을 누린다.

여기에 등장하는 어머니 그레이 부인은 지주의 딸임에도 불구하고 영국 북부 지방의 가난한 목사를 사랑하여 고생을 자초한 여성으로, 결혼해서 여섯 아이를 낳지만 모두 일찍 죽고 메리와 아그네스 둘만 살아남는다. 그렇지만 그레이 일가는 항상 겸손하고 교양 있으며 경건한 믿음으로 행복한 생활을 누린다. 물론 그레이 부인은 앤 자신의 어머니를 모델로 한 것이다. 자식을 여섯 낳았다는 점도 그렇고 가난한 목사와 결혼했다는 점도 그렇다. 그리고 자신이 갓난아기 시절에 이미 세상을 떠난 어머니와 함께 세 자매가 그토록 열망하던 학교를 세워 이상적인 교육을 펼친다는 꿈을 소설 속에서 성취한 것이다.

앤 브론테는 한때나마 아버지의 목회 일을 거들던 20대 중반의 젊은 목사 윌리엄 웨이트먼을 남몰래 짝사랑했던 적이 있는데, 그는 매우 활달하고 유머 감각이 있는 청년으로 항상 어둡고 음산한 브론테 일가에게는 신선한 매력으로 다가왔을 것이다. 그런 그의 모습은 소설 주인공 아그네스 그레이의 마음을 사로잡은 에드워드 위스턴과 매우 닮았다고 할 수 있다. 그러나 윌리엄 웨이트먼은 콜레라에 걸려 일찍 죽고 말았으며, 앤 브론테는 결국 자신이 현실 속에서 이루지 못한 사랑에 대한 열망을 작품을 통해 완성시킨 셈이라 할 수 있다. 그녀는 소설 『아그네스 그레이』를 발표하고 2년 후에 세상을 떠났다.

세 자매의 갈등

황량한 요크셔 지방 한 오지의 목사관에서 어머니 없이 자란 브론테 자매는 애정의 굶주림과 외로움을 오로지 글쓰기를 통해 달래야만 했다. 물론 이들 자매는 서로 굳게 의지하며 지냈지만 허약한 체질과 결핵으로 말미암아 많은 시간을 공유할 수조차 없었다. 사별의 아픔과 안타까움은 그만큼 이들 자매를 더욱 창작 활동에 매달리게 했다.

일과 사랑의 두 가지 중요한 삶의 목표에서 세 자매는 비록 일찍 요절함으로써 지속적인 사랑의 혜택을 받지는 못했지만 자신들의 문학적인 열정을 통해 세계 문학사에 불멸의 작품들을 남기게 되었으며, 그럼으로써 나름대로 충분한 보상을 받은 셈이 되었다. 그러나 이들 자매는 동일한 조건에서 살았지만 자신들의 창작 활동을 통해 드러낸 주제 및 갈등 양상은 다소 차이가 있다고 하겠다. 샬럿이 시련의 극복 과정에 중점을 두었다면 에밀리는 복수와 증오심에, 그리고 앤은 꿈과 이상의 성취에 중점을 두었기 때문이다.

그렇게 본다면 에밀리가 묘사한 극도로 사악한 복수극의 동기를 어디서 찾아야 할지 난감해진다. 아버지는 과묵하고 우울한 성격이긴 하나 조용하고 온후한 인물이다. 굳이 찾는다면 힌들리처럼 술과 마약에 젖어 폐인으로 살다 숨을 거둔 오빠 브랜웰밖에 없어 보인다. 그가 간혹 보였던 발작 증세 경험을 통해 샬럿 역시 그녀의 소설에서 로체스터 부인의 광기를 묘사했는지도 모른다. 그러나 광인의 죽음은 모든 것을 폐허로 만들었지만 새로운 행복의 시발점이기도 했다. 물론 브랜웰은 어머니를 일찍 죽게 만든 아버지에 대한 원망과 세 자매의 문학적 재능에 대한 시기심을 자학적인 방법으로 해소하고자 한 것은 아닌지 모르겠다. 실제로 그의 문학적 재능은 별로 신통치 않았던 것이다. 일곱 식구 모두가 일찍 죽고 오로지 아버지만이 꿋꿋하게 살아남아 천수를 다 누렸으나 아무도 돌보는 이 없었던 그는 죽을 때까지 몹시도 외로웠을 것으로 보인다.

테스의 운명

영국 작가 토머스 하디(Thomas Hardy, 1840~1928)의 『테스』는 순박한 어느 시골 처녀의 비극적인 운명을 다루었다는 점에서 매우 어두운 분위기를 담고 있는 소설이다. 비록 테스는 자신의 운명을 가로막은 알렉을 살해한 죄로 사형에 처해지지만, 하디는 오히려 잘못된 세상을 단죄하고 그녀의 무죄를 주장하는 것처럼 보인다. 비록 소설의 배경은 19세기 영국 웨섹스 지방의 한 시골이긴 하나, 남성들의 이기적인 욕망 때문에 희생된 한 가녀린 여성의 불행한 삶을 집요하게 추적하는 가운데 그 시대의 모순상을 고발함으로써 오늘날의 독자들에게도 커다란 감동을 안기는 작품이다.

그런 점에서 『테스』는 남성들의 횡포에 희생당하고 소리 없이 사라져 간 힘없는 한 여성의 운명을 고발한 최초의 본격적인 페미니즘 소설이라 할 수도 있겠다. 그러나 남녀의 성과 애정 문제뿐 아니라 죄와 순결, 구원과 악, 운명과 도피의 주제를 중심으로 전개되는 테스의 삶에 대한 이야기는 복잡한 현대 산업사회를 살아가는 우리에게도 여전히 많은 질문을 던지고 있다.

얄궂은 운명

테스의 삶을 통하여 토머스 하디는 마치 인간의 의지로 제지할 수 없는 거대한 운명의 굴레가 인간의 삶을 지배하고 있음을 암시하는 듯하다. 그 것은 육안으로 확인할 수 없는 보이지 않는 세계에 속하는 강력한 힘이며, 인간의 의지로 극복할 수 없는 초자연적 힘이다. 소포클레스의 비극 〈오이디푸스 왕〉에서도 그런 힘은 신탁의 저주에 따른 운명으로 돌려졌다. 베르디의 오페라 〈운명의 힘〉도 저주받은 운명으로 비극을 자초하는 돈 알바로와 레오노라의 이루어질 수 없는 애절한 사랑을 묘사한 작품이다. 종교에서도 그런 힘은 신의 의지로 돌리거나 또는 업의 탓으로 돌린다.

이처럼 하디의 운명론은 전통적으로 이어져 내려온 오랜 통념을 충실히 계승한 것으로 보일 수도 있겠지만, 정통 기독교 신앙이라는 측면에서 본다면 마치 신의 존재를 인정하지 않는 것처럼 비쳐질 수도 있다. 실제로 하디의 숙명론은 신에 대한 철학적 투쟁으로 이어졌다. 비록 그는 신앙을 버린 것은 아니었지만, 삶의 비극적 아이러니가 그를 신의 존재에 대한 의문으로 이끌었으며, 결국에는 우리가 인식할 수 없는 강력한 우주적인 힘을 인식하기에 이른 셈이다. 그런 점에서 그는 불가지론과 영성주의가 혼합된 믿음을 유지한 것으로 보인다.

하디는 다윈의 진화론에도 영향을 받았는데, 그에게 가장 직접적인 영향을 준 인물은 그와 절친했던 도체스터 지방의 모울 목사였다. 모울 목사는 문자적인 성경 해석에 반대하고 하디에게 새로운 관점의 성서해석학 및 과학 지식을 소개한 장본인이다. 어린 시절 한때 목사를 꿈꾸기도 했던 하디는 모울 목사의 영향으로 점차 전통 신앙에 대해 회의적인 시각을 지니게 되었으며, 설상가상으로 모울 목사가 자살했다는 소식을 듣고 큰 충격을 받은 후 그의 염세적인 경향이 더욱 두드러지게 되었다.

이처럼 매우 불안정한 신앙 및 염세주의적 태도로 인해 반기독교적인 작가라는 오명을 얻기도 했지만, 하디는 기독교 전통에 강한 애착을 보였다. 그러면서도 그가 신의 존재에 대한 불가지론적 입장과 기독교 신앙 사이에서 혼란을 느끼고 있던 것만은 분명하다. 그런 점에서 하디의 기독교적 신앙관은 매우 혼란스러운 상태에 있었음을 알 수 있으며, 그런 특성이 그의 작품에 그대로 반영된 것으로 볼 수 있다. 그러나 분명한 사실은 인간의 불행한 삶에 빛을 던지고 그 진보를 위해 그나마 공헌하는 것은 진지한 회의론이지 결코 무책임한 낙관론은 아니라는 것이다.

젊은 시절 건축가로 활동한 경력이 있던 하디는 자신의 소설에서도 그 실력을 십분 발휘하여 마치 집을 지을 때 정교하게 초석을 쌓아 올리듯이 『테스』를 썼는데, 그것은 테스의 운명을 엇갈리게 만든 결정적인 계기들을 작품 여기저기에 교묘히 숨겨 놓는 방식을 통해 이루어졌다. 그중에서도 가장 결정적인 운명의 갈림길은 더버필드 가문이 귀족의 후예라는 잘못된 정보를 제공해 준 목사의 귀띔에 있었다. 어머니의 어리석은 심부름에 저항하지 못한 것 또한 그녀에게 운명의 갈림길이 되고 말았다.

더군다나 결혼식 전야에 일어난 테스의 편지 사건과 첫날밤의 고백 역시 그녀의 운명을 엇갈리게 만들었다. 아버지의 갑작스러운 죽음은 파탄 직전에 몰린 가족을 구하기 위해 알렉의 유혹에 굴복하게 만든 계기가 되었다. 이런 불운의 연속 때문에 모든 것이 마치 우연의 결과인 것처럼 보이고 결국 인간은 우연의 장난감일 뿐이라는 하디의 염세적 인생관이 작품 전체의 기조를 이루고 있다고 볼 수 있겠다. 비록 하디는 테스의 운명에 신의 적극적인 개입이 없었다고 푸념을 늘어놓았지만, 사실 테스가 빠져든 운명의 덫은 제도적인 함정일 수도 있고 시대정신의 함정일 수도 있다. 그리고 그런 함정은 특히 힘없는 약자들에게는 더욱 치명적인 결과를 가져오기 쉽다.

하디는 테스의 운명을 불행에 빠트린 두 남성 알렉과 엔젤 그리고 그녀의 무지한 부모가 저지른 어리석음을 통해서 특히 타락한 귀족계급 및 성직자들의 도덕적 위선을 우회적인 방식으로 폭로하는 동시에, 단지 무지하고 비천하다는 이유만으로 악의가 전혀 없음에도 자신들의 후손들마저 불행에 빠트리는 하층민들의 비극적 악순환의 고리를 부각시키고자 했다. 하지만 당시 보수적인 빅토리아 시대 영국 사회는 그 정도의 완곡한 암시조차 매우 민감하게 받아들였으며, 하디는 자신에게 쏟아진 비난 섞인 혹평들로 인해 결국 소설을 포기하고 시로 전향하고 말았다.

하디가 『테스』를 발표한 시점이 프로이트의 정신분석 이론이 출현하기도 전인 1891년이었다는 점을 고려한다면, 그가 그런 불가항력적인 힘을 운명으로 인식한 것은 어쩌면 당연할지도 모른다. 그러나 오늘날의 관점에서 본다면 테스의 운명은 곧 무의식의 힘을 드러낸 것으로 볼 수 있다. 물론 항간에는 프로이트가 '숙명 노이로제(운명강박)'라는 용어를 사용한 인물로 알려져 있기도 한데, 얼핏 들으면 마치 노이로제는 운명적으로 정해진 팔자소관이라는 뜻처럼 들리기도 한다. 그러나 프로이트는 자신이 언급한 내용에서 그 어떤 악의적인 운명이 따라다니거나 악마적인 힘에 사로잡힌 듯이 보이는 불행한 사건들에 반복적으로 노출된 환자들에 대해 설명하고자 했을 뿐, 실제로 운명을 믿었던 것은 아니다.

프로이트가 의도했던 것은, 마치 불변의 시나리오에 따라 전개되는 것 같은 불행에 휘말린 당사자가 그것을 숙명으로 받아들이고 그러한 불행의 원인이 외부에서 비롯된 불가항력적 요소라고 느끼기 때문에 어떤 점에서는 악마적인 힘의 지배를 받는다고 여길 수도 있음을 설명하고자 했을 뿐이다. 그런데 이는 곧 하디의 생각과 일치하는 부분이다.

일반적으로 종교를 가진 신앙인들은 그럴 경우 신의 뜻으로 받아들이거나 마귀의 장난 탓으로 돌리기도 하며, 불교에서는 전생의 업보 탓으로 돌리는 경향이 짙다. 동양에서는 흔히들 타고난 팔자소관 탓으로 돌리기도 한다. 그러나 프로이트가 강조한 것은 운명 자체가 아니라, 오히려 겉으로는 마치 숙명처럼 보이지만 내면적으로는 끊임없이 반복으로 내모는 무의식적 힘이 존재한다는 사실이다. 단지 그것이 주어진 운명처럼 보일 뿐이라는 얘기다.

프로이트는 의식적으로 저항할 수 없는 무의식적 힘의 존재를 입증하고자 했을 뿐만 아니라, 인간의 자아를 이드의 욕망과 초자아의 금지 사이에 끼어 현실과 타협하며 살아가는 매우 고달픈 존재로 묘사하기도 했다. 분석적으로 본다면, 테스를 유혹해 파멸에 이르게 했던 사악한 알렉은 이드의 대변자요, 엄격한 도덕률을 강요했던 엔젤은 초자아의 대변자라 할 수 있다. 이들 사이에서 테스의 자아는 매우 큰 정체성의 혼란을 일으키며 동요를 거듭했다. 더군다나 원래 테스의 초자아는 취약한 구조를 지니고 있었다.

순진무구하고 순박하기만 했던 그녀에게는 옳고 그름의 판단이 그다지 큰 문제가 되지 않았다. 부모가 시키는 대로 주어진 일만 하면 되었기 때문이다. 그녀의 부모는 딸의 교육이나 훈육에는 전혀 신경을 쓰지 않았다. 예의범절이나 윤리·도덕 따위는 부유한 상류층에게나 필요한 것일 뿐, 하루 끼니를 염려하며 살아가는 하층민들에게는 그런 것들이 일종의 사치로 여겨졌기 때문이다.

알렉은 방탕하고 타락한 귀족이었으며, 엔젤은 엄격한 기독교 윤리의식에 투철한 목사 집안의 아들이었다. 이처럼 상이한 집안 배경을 지닌 두 남자 사이에서 테스는 무엇이 옳고 그른지 판단하기 매우 어려웠을 것이다.

그녀에게는 두 남자 모두가 나름대로의 매력이 있었기 때문이다. 그러나 두 가지 특성을 겸비한 인물은 그녀 앞에 나타나지 않았다. 다시 말해, 지성과 야성 모두를 갖춘 인물은 그녀의 삶에 등장하지 않았다.

그녀의 선택은 항상 극단에서 극단으로 치달았다. 타락한 삶에서 지고의 삶으로, 그리고 지고의 삶에서 다시 타락한 삶으로 그렇게 그녀의 선택은 오고 갔다. 그녀가 타락을 선택했을 때는 현실적으로 충분한 보상이 주어졌다. 알렉이 그녀 가족의 생계를 보장해 주었기 때문이다. 테스는 가족을 위해 자신이 희생한다는 명분으로 성적 쾌락에 탐닉하지만, 단지 순결을 잃었다는 사실 때문에 자신을 버리고 종적을 감춰 버린 엔젤에 대한 원망과 그리움, 그리고 이 모든 복잡한 감정을 이겨 낼 수 있는 힘은 오로지 자신에게 주어진 현실에 충실히 적응하는 것이라는 자기 합리화일 뿐이었다. 그것이야말로 힘없고 가진 것 없는 자들이 의지할 수 있는 유일한 논리적 근거였다.

차라리 테스를 가만히 놔두었더라면 그녀는 나름대로 만족하며 살았을지도 모른다. 그러나 알렉과 엔젤은 모두 자신들의 욕망 때문에 테스를 그대로 놔두지 않았다. 하디는 그런 점에서 테스의 무고함을 주장한 것이며, 남성들의 이기적인 허영심을 고발한 것이다. 그러나 순박한 테스는 자신의 꿈을 이루어 보지도 못하고 구조적 모순의 희생양이 되어 이 세상을 하직한다. 그녀의 꿈은 단지 사랑하는 사람과 함께 행복하게 사는 것뿐이었다.

결국 하디의 소설은 그 핵심이 비극적 운명에 놓인 인간의 불행에 있으며, 이상과 현실의 괴리에서 오는 비극, 낭만적 사랑의 비극, 성격적 문제의 비극, 사회적 구조상의 모순에서 비롯된 비극 등을 모두 포함하는 총체적 인간사의 비극을 다루어 나간 것으로 볼 수 있다. 따라서 소설 『테스』처럼 그의 작품들은 비록 아름다운 자연을 배경으로 하고 있지만, 그 안에 몸담고 살아가면서 부질없는 싸움에 휘말리게 되는 인간들의 가련한 모습을 드러내 보여 줌으로써 더욱 큰 비장미를 안겨 준다고 할 수 있다.

성녀와 마녀

테스의 원제는 『더버빌가의 테스』이며, 처음 발표될 때는 '순결한 여성'이라는 부제가 붙여져 있었는데, 이유야 어쨌든 살인을 저질러 사형이 집행된 한 여인에 대해 순결한 여성이라는 부제를 붙였다는 점에서 이미 작가의 의도를 엿볼 수 있다. 그것은 잘못된 사회적 고정관념에 대한 도전이며, 동시에 논쟁의 불씨를 던지기 위함이다.

과연 테스는 성녀인가 마녀인가. 작가 하디는 그녀에게 주어진 마녀의 혐의를 벗겨 주고자 한다. 세상은 그녀에게 살인을 저지른 악녀의 혐의를 씌우고 처형하지만, 작가는 그녀에게 무한한 동정심을 지니고 테스의 무고함을 전한다. 그러나 미혼모인 테스가 사생아를 키우며 젖을 물리는 모습을 바라보는 농부들의 시선은 따스하기 그지없다. 농부들은 측은지심이라 할 수 있는 연민의 감정을 보여 주고 있는데, 그것은 불행한 운명을 공유할 수 있는 일종의 동병상련과 같은 공감적 태도에 속하는 것이기도 하다.

반면에 알렉과 엔젤은 그런 공감 능력이 결여되어 있음을 알 수 있다. 두 사람은 가난하고 비참하게 살아가는 민중의 삶에는 관심도 없고 이해할 능력도 없다. 알렉은 타락한 귀족이고, 엔젤은 신앙심이 깊은 지식인이지만, 이들의 유일한 공통점은 불행한 운명에 빠진 사람들에 대한 공감 능력의 결핍과 처녀성에 대한 집착이라 할 수 있다. 알렉은 순진한 여성의 처녀성을 빼앗는 일에서 쾌감을 느끼는 데 반하여, 엔젤은 처녀성을 잃어버린 여성에게 혐오감을 느끼고 미련 없이 버린다. 두 인물 모두가 처녀성에 집착한다는 점에서는 동전의 양면과 같다고 할 수 있다.

그런 점에서 남성의 욕망에 맞추어 여성다움의 기준을 정의할 때, 남성과의 결합을 통하여 비로소 여성성이 확립된다는 전통적 견해는 결국 여성의 순결성을 고집하는 남성들의 환상에 기인한 것으로 볼 수 있다. 이는 곧 처녀성과 성자다움을 여성들에게 요구하는 남성 본위의 발상이라는 비판을 면하기 어려울 것이다. 그러나 여기서 보다 중요한 점은 단순히 여성성의 확립에 있는 것이 아니라 남성 본위의 일방적인 가치관을 강요함으로써 빚어진 한 가련한 여성의 비극적인 파멸에 있는 것이라 할 수 있다.

현대를 대표하는 탁월한 여성 분석가이면서 프로이트의 애정론을 비판하고 사랑이야말로 개인적 성장의 가장 중요한 밑거름이라고 설파한 에델퍼슨은 이처럼 소중한 사랑을 파괴하는 두 가지 요인으로 상대에 대한 이상화의 상실과 공감 능력의 실패를 들었다. 실제로 많은 성격장애 환자의 특징적인 공통분모는 애정생활의 유지에 어려움을 보인다는 것이라 하겠다.

그런 점에서 알렉과 엔젤은 모두 테스의 순진무구한 사랑을 파괴한 장본인들이며, 어떻게 보면 하디 자신의 내면적 이중성을 표상하는 상징적 존재들이라 할 수 있다. 다시 말해서, 두 사람은 쾌락지향주의와 금욕주의라는 상호 모순된 측면을 상징하는 존재들이다. 비록 하디는 테스를 세속적인 마녀재판에서 구해 내어 성녀의 반열에 올리고자 했지만, 실상은 그 자신의 이중성을 은폐하기 위한 수단으로 무고한 테스를 순교자로 만든 셈이다.

테스와 엔젤 클레어가 마지막으로 찾은 도피처는 그 유명한 스톤헨지였다. 그곳에서 테스는 깜박 잠이 든다. 엔젤의 부탁으로 그들을 에워싼 경찰들은 테스가 잠이 깰 때까지 기다려 준다. 새벽녘에 잠에서 깨어난 테스는 결국 체포되어 감옥으로 끌려간다. 작가는 무슨 이유로 이들이 마지막 밤을 스톤헨지에서 보내게 설정했을까. 물론 이 수수께끼 같은 유적지는 고대인의 의식 장소라는 점에서 신성한 장소임에 틀림없지만, 하디가 굳이 교회가 아닌 이교적인 장소를 마지막 무대로 설정한 심리적 배경은 기독교에 대한 그의 반발심에서 찾아볼 수 있을지도 모른다.

그러나 좀 더 다른 시각에서 하디는 일종의 통과의례 절차로서 이 죄 많은 여성을 그곳으로 인도한 것일 수도 있다. 죽음을 눈앞에 둔 이 가련한 여성의 모든 과오를 신성한 힘으로 씻어 주고 그녀를 달래 주고 싶은 작가의 의도가 숨어 있는 것은 아닌가. 또는 더 이상 피할 곳이 없는 극한의 상황에서 가장 안전한 도피처로서 어머니의 자궁을 상징하는 스톤헨지의 돌무덤 위에 웅크리고 잠든 테스의 심리적 퇴행을 암시한 것일 수도 있다. 어머니의 자궁 속에 든 태아는 선과 악을 초월한 상태에 있다. 그 세계에는 성녀도 없고 마녀도 존재할 수 없다. 자연 그대로 보존된 상태, 인위적인 사람의 손이 미치지 못한 곳, 그 상태야말로 무엇보다 완전한 상태가 아니겠는가.

소설 『테스』의 내용에는 극적인 사건의 전개나 치열한 시대정신 등이 별로 눈에 띄지 않는다. 그저 담담한 필체로 한 여인의 운명을 뒤따르며 기록할 뿐이다. 그러나 『테스』는 작품의 완성도로 보자면 막판 지루한 설교조로 일관한 톨스토이의 소설 『부활』을 훨씬 능가하는 수작으로 볼 수 있다.

특히 경찰에 끌려가면서 엔젤 클레어에게 그녀의 사랑스러운 여동생 리자를 돌봐 줄 것을 부탁하고 자신이 죽고 난 후 리자와 결혼해 줄 것을 당부하는 장면, 그 후 엔젤과 리자가 윈체스터 감옥이 먼발치에 보이는 언덕에서 테스의 교수형을 알리는 검은 깃발을 바라보고 서로 두 손을 꼭 잡은 채 다시 길을 떠나는 마지막 장면은 힘없고 가난한 약자들의 비극적인 삶에서 우러나는 신비한 감동을 전한다.

테스의 비극적인 운명은 실로 가슴 아프다. 비록 작가의 상상력으로 창조된 가공의 인물임을 잘 알지만, 그럼에도 불구하고 독자들의 심금을 울리는 것은 그녀와 비슷한 가혹한 운명이 이 세상에 너무도 흔하기 때문일 것이다. 어떤 점에서는 작가가 원망스러울 정도로 테스의 운명은 잔인하다. 그러나 하디에 의해 정교하게 짜인 비극적 운명의 덫은 오늘날의 분석적 시각에서 본다면 무의식적 욕망과 환상에 이끌려 벌어진 삶의 모순으로 이해할 수 있겠다.

테스의 얄궂은 팔자소관은 그녀 자신의 혼란된 내면세계 및 환경과의 충돌에서 빚어진 총체적 심리 현상의 결과로 이해할 수 있기 때문이다. 따라서 테스를 살인자로 만든 것은 보이지 않는 운명의 힘이라기보다는 혼란스러운 자아를 가진 테스의 입장에 공감을 하지 못한 매우 이기적이고도 나르시시즘적인 알렉과 엔젤이라는 두 남성이었던 셈이다. 하디가 고발하고자 했던 것도 바로 그런 자기중심적인 인간의 탐욕과 위선이었다.

버지니아 울프의 마지막 유서

2 0세기 영국 문단에서 가장 독보적인 위치를 차지했던 여성 작가 중의 한 사람인 버지니아 울프(Virginia Woolf, 1882~1941)는 충격적인 자살로 생을 마감함으로써 세상을 놀라게 했다. 그녀의 존재는 1960년대 말부터 일기 시작한 페미니즘 운동에 힘입어 새롭게 조명되기 시작했으며, 오늘날에 이르기까지 수많은 추종자로부터 남성 본위의 가부장적 체제에 맞서 싸운 가장 선도적 입장에 서 있던 작가로 폭넓은 추앙을 받고 있다.

여성들의 정신적, 경제적 독립을 강력히 주장했던 버지니아 울프는 뛰어난 문학적 재능을 지닌 작가로, 의식의 흐름 기법을 이용한 소설들을 계속 발표하여 세계적인 명성을 얻었으며 평론에도 일가견이 있었다. 그녀의 필력은 당대의 제임스 조이스나 프루스트와 어깨를 나란히 할 만한 것이었다. 하지만 심각한 조울병을 앓았던 그녀는 수시로 증상이 재발해 망상과 환청에 시달렸으며, 여러 차례 자살을 시도하기도 했다. 다행히 헌신적인 남편 레너드의 지극한 정성과 보살핌이 그나마 그녀의 창작 의욕을 계속 유지하게 할 수 있었지만, 끝내 그녀의 자살을 막지는 못하고 말았다.

강둑에 남긴 유서

버지니아 울프는 제2차 세계대전이 한창이던 1941년 3월 28일 이른 아침, 영국 남부 서섹스 지방 로드멜 마을에 있는 그녀의 집 몽크하우스를 떠나 산책을 나갔다가 두 번 다시 돌아오지 않았다. 그녀는 60의 나이에 자신이 그토록 사랑하던 우즈강에 투신 자살함으로써 고통스러운 생을 마감했던 것이다. 사랑하는 남편 레너드에게 마지막 서한을 남기고 강물로 뛰어든 그녀의 심정은 참담하기 이를 데 없었을 것이다. 그녀가 마지막으로 남긴 편지는 사실상의 유서나 다름없는 것으로 그 내용은 다음과 같다.

사랑하는 여보, 나는 내가 뭔가 다시 미쳐 가고 있다는 것을 느낍니다. 나는 우리가 또다시 그런 끔찍한 순간들을 극복해 나갈 수는 없다고 생각합니다. 그리고 이번에는 다시 회복되지 못할 것입니다. 내게는 그 어떤 음성들이 들리기 시작했으며, 그래서 집중할 수가 없습니다. 나는 최선을 다해 노력하고 있습니다. 당신은 최대한으로 가능한 행복을 내게 주셨습니다. 그러기 위해 당신은 모든 방법을 취하셨습니다. 나는 이처럼 끔찍한 질병이 내게 오기 전까지는 우리 두 사람보다 더 행복한 경우를 상상도 할 수 없었습니다. 나는 이제 더 이상 병마와 싸울 수가 없습니다. 내가 당신의 삶을 망치고 있고, 내가 없어야 당신도 일을 계속 해 나갈 수 있다는 것을 나는 잘 알고 있습니다. 당신도 그렇겠지요. 당신은 내가 제대로 글조차 쓸 수 없다는 것을 알고 있습니다. 나는 제대로 책을 읽지도 못하게 되었습니다. 내가 말하고 싶은 것은 당신에게 내 인생의 모든 행복을 빚졌다는 점이지요. 당신은 놀라울 정도로 나를 참아냈고, 내게 너무나 잘 해 주셨습니다. 모두가 그 사실을 알고 있다고 말하고 싶군

요. 누군가 나를 구할 수 있었다면, 그것은 바로 당신이었을 겁니다. 당신의 호의에 대한 확신 이외의 다른 모든 것이 나를 떠났습니다. 나는 당신의 인생을 더 이상 망치고 싶지 않습니다. 나는 우리보다 더 행복했을 그 어떤 두 사람의 존재도 감히 상상조차 할 수 없습니다.

자살하기 직전 그녀의 정신 상태는 우울과 망상 그리고 환청으로 혼란이 극에 달하였다. 울프는 자신의 광기를 잘 알고 있었으며, 끝이 보이지 않는 증세의 악화에 대한 극도의 공포심을 지니고 있었다. 그래서 그녀는 자신이 남편에게 더 이상의 짐이 될 것을 걱정하고 그런 부담을 덜어 주기로 작정한 것이다.

물론 그녀는 자신의 곁을 항상 떠나지 않고 변함없는 애정으로 희생적인 봉사를 다해 온 남편 레너드에게 고마움을 느끼고 있었다. 하지만 그녀는 다른 무엇보다도 정신병적 증세의 악화 및 히틀러의 침공으로 벌어질지도 모르는 재앙에 대한 두려움에 전율하고 있었다. 왜냐하면 그녀의 남편 레너드가 유대인이었기 때문이다.

나이 60에 이른 그녀의 자살은 당시 많은 사람에게 충격을 안겨 주었으며, 숱한 억측을 낳는 결과도 만들었지만, 그녀의 죽음을 목격한 사람은 아무도 없었다. 3주 후인 4월 18일에나 발견된 그녀의 시신은 곧 화장되었으며, 남겨진 재는 집 앞의 느릅나무 밑에 뿌려졌다. 그리고 28년 후 남편 레너드가 죽었을 때에도 그녀와 똑같이 화장되어 같은 장소에 뿌려졌다.

하지만 그녀의 죽음에 대한 비판이 없는 것도 아니었다. 특히 당시에는 전시 중이었기 때문에 오로지 자신만을 생각하고 스스로 목숨을 끊는 것은 조국과 가족을 위해 전쟁터에 나가 기꺼이 목숨을 바친 수많은 사람을 욕되게 하는 것이라는 비판적 여론도 만만치 않았다. 물론 평소에 그녀는 모든 전쟁에 반대했지만, 그렇다고 해서 전쟁의 불가피성을 이해하지 못하는 어리석음을 지닌 여성은 아니었다. 분명한 사실은 그녀가 전쟁에 반대하고 절망해서가 아니라 자신의 광기를 극복할 수 없다는 두려움과 절망감에서 스스로 목숨을 끊었다는 점이다.

물론 그녀는 결혼하기 이전에도 여러 차례 정신병적 발작을 일으켰으며, 그럴 때마다 주체할 수 없는 자살 충동에 시달리기도 했다. 그런 경향은 아버지 레슬리 스티븐에서도 발견된다. 명망 있는 전기작가로 알려진 그녀의 아버지 레슬리 역시 심각한 우울증과 자살 충동에 시달렸던 사실을 감안한다면, 스티븐 일가에 전해지는 우울 성향의 가족력을 추정해 볼 수도 있겠다. 그럼에도 불구하고 그녀의 자살 배경으로는 정신병적 문제뿐 아니라 성장 과정에서부터 해결하지 못한 너무도 복잡다단한 심리적 상처와 좌절 그리고 갈등적 요인들이 그녀의 심성을 더욱 혼란케 만들었던 것으로 보인다.

결혼과 성

울프 부부의 결혼생활은 세속적 관점에서 볼 때 선뜻 이해하기 어려운 모습을 띠고 있다. 성생활을 배제한다는 양자 합의하에 이루어진 혼인생활이었기에 더욱 그렇다. 이성과의 성적 접촉에 대한 버지니아의 혐오감 및 두려움은 이미 정도를 넘어선 것이었지만, 그녀에 대한 레너드의 지극한 사랑은 성생활을 희생시키는 한이 있더라도 평생 반려자로서 그녀 곁을 지켜주고자 하는 그의 바람을 굳건히 지탱해 주는 버팀목이 되기에 충분했다.

아내의 동성애적 경향까지도 묵인해 주었던 그의 헌신적인 태도는 동서고금을 통하여 그 유례를 찾아보기 어려울 정도라 해도 무리가 아닐 것이다. 버지니아가 결혼을 승낙했던 레너드 울프는 그녀가 사랑했던 오빠 토비의 친구로 온화하고 성실한 인품을 지닌 유대인이었다. 케임브리지 대학에서 공부한 그는 작가이자 편집인으로도 활동했으나 큰 명성을 얻지는 못했다. 그는 버지니아와 결혼한 이후 그녀의 창작 활동을 돕기 위해 호가스 출판사를 따로 설립하기까지 했는데, 울프 부부는 함께 출판사를 운영하면서 버지니아의 작품뿐만 아니라 프로이트 전집을 출간하여 더욱 유명해졌다.

버지니아가 정신병적 발작을 수차례 겪고 난 이후 그녀 앞에 나타난 레너드 울프의 존재는 그녀에게 새로운 희망을 준 계기가 되었다. 비록 유대인이긴 했으나 다정한 오빠 토비의 모습을 연상시키는 레너드의 자상함이 그녀의 마음을 흔들었는데, 결국 성생활을 하지 않는다는 조건하에 두 사람은 결혼하는 데 성공했으며, 레너드는 아내의 건강과 창작을 위해 자신이 할 수 있는 최선의 노력을 기울였다. 이처럼 그녀를 위해 온갖 희생을 마다한 남편 레너드의 존재야말로 그녀에게는 아버지와 오빠의 이미지가 하나로 합쳐진 것이었다고 추정된다.

그들이 결혼한 이듬해인 1913년, 그녀는 처녀작 『출항』의 원고를 완성한 후 다시 증세가 악화되어 요양소에 들어갔으나 퇴원한 직후 다시 자살을 기도하는 소동을 벌이기도 했다. 그러나 당시는 조울병 치료제가 존재하지 않던 시기였기 때문에 그녀의 상태는 아무런 호전도 보이지 않았다. 결국 우여곡절 끝에 『출항』은 덕워스사의 간행으로 세상에 빛을 보게 되었으며, 그 후로 그녀는 상당히 자신감을 되찾고 안정된 상태를 보이기도 했다.

그런데 역설적인 상황이긴 하지만 그녀의 처녀작을 간행해 준 인물은 다름 아닌 어릴 적 그녀를 추행했던 의붓오빠 제럴드로, 당시 덕워스사를 운영하고 있던 장본인이었으니 그녀의 말 못할 고충이 어땠을지 짐작이 가고도 남는다. 그래서 그녀가 자신만의 독자적인 출판사를 설립할 필요성을 더욱 절실하게 느꼈는지도 모르겠다.

어쨌든 버지니아 울프의 결혼생활은 상당히 자기중심적인 방식으로 이루어졌다는 인상을 받는다. 그녀는 남편과의 성생활도 거부했으며, 당연히 자녀를 낳고 양육하는 번거로움에서도 벗어날 수 있는 특권을 누리며 살았다. 그녀는 60 평생을 다른 사람을 돌보고 뒷바라지해 본 적이 전혀 없는 여성으로, 모성적 보살핌의 능력이 결여된 듯 보이기도 한다. 게다가 남편과의 성생활은 거부하면서도 동성애적 관계를 애써 감추려 하지도 않았다.

버지니아 울프는 자신이 원래 부모가 원하던 아이가 아니었다는 사실을 잘 알고 있었다. 그녀의 부모는 바네사와 토비까지 낳고 그만둘 생각이었으나 본의 아니게 그 후에도 버지니아와 동생 애드리언까지 낳고 말았던 것이다. 또한 아버지 레슬리는 집안에서 절대적 권한을 행사하는 특권을 누렸으며, 어머니는 자식들에게 별다른 신경을 쓰지 않았다.

어려서부터 버지니아는 학교 교육조차 제대로 받지 못했으며, 그녀를 따뜻이 감싸 주는 가족은 오빠 토비 이외에는 아무도 없었다. 더군다나 언니 바네사와는 무언의 경쟁적 관계에 있었다. 따라서 버지니아 울프는 자신의 어머니와 건전한 동일시를 할 수 있는 기회마저 잃은 셈이다. 아버지의 사랑을 얻고는 싶었지만 엄격하고 고지식하기만 했던 아버지는 가까이 할 수 없는 절대 권력자였기에, 오빠 토비를 잃은 후에 그녀가 의지할 사람은 이 세상에 아무도 존재하지 않았다. 그녀의 역설적 상황은 바로 남자를 한없이 경멸하면서도 의지할 남자를 원했다는 것이다.

그녀는 평생 결혼을 하지 않을 것 같았지만, 결국 유대인 레너드를 배우자로 선택했다. 그러나 그녀는 사랑에 이끌렸다기보다는 결혼으로 도피했을 가능성이 매우 높다. 솔직히 말해 그녀가 내걸었던 금욕을 전제로 한 무리한 조건을 당시 앵글로색슨계 남성들 가운데 과연 누가 선뜻 받아들이고 결혼에 응했겠는가. 결국 한없이 순박하고 헌신적인 유대인 레너드를 선택한 것은 강한 남성상에 대한 무의식적 반감에서 비롯된 것이었는지도 모른다.

어쨌든 자신의 모든 요구 조건을 받아 준 레너드와의 결혼은 버지니아 울프의 삶에서 새로운 전기를 맞게 해 준 획기적인 사건이었다. 실제로 레너드는 공직에 대한 자신의 포부도 접어 둔 채 오로지 아내의 건강과 집필 활동의 뒷바라지에 전념했으니 말이다. 그 덕분에 1912년 결혼 이후 버지니아는 잇따라 그녀의 대표작들을 쏟아내기 시작했다.

1915년에 간행된 처녀작 『출항』을 필두로 『밤과 낮』『제이콥의 방』『댈러웨이 부인』『올랜도』『자기만의 방』『파도』『세월』『3기니』『막간』등이 연달아 발표되었다. 특히 『등대로』에서는 어린 시절 자신이 겪었던 부모와의 갈등관계를 완곡한 필체로 재현하고 있는데, 특히 어머니와의 관계에서 겪었던 애증이 교차하는 모순된 감정적 경험이 이 작품을 통해 더욱 두드러져 보인다.

결국 그녀는 일찍 여읜 어머니와의 건전한 동일시 경험의 부재로 인해 모성적 능력의 발휘에 어려움을 느낄 수밖에 없었는데, 그런 문제는 그녀의 결혼생활에도 결정적인 영향을 끼친 것으로 생각된다. 하지만 의식의 흐름 기법을 사용한 이 소설에서 가장 주목되는 부분은 현재가 과거의 지배하에 놓여 있다는 것이다. 다시 말해서, 죽은 사람들의 환상이 살아남은 사람들의 마음속에 생생하게 남아 그들의 생각과 행동을 좌지우지한다는 것이다.

비교적 후기 작품에 속하는 『3기니』에서는 그녀의 정치적 입장을 보다 적극적으로 드러내 보이기도 했는데, 여기서 그녀는 여성들에게 애국심 따위가 과연 무슨 의미가 있을 것인가의 의문을 표시하고 "사실 여성인 내게 조국이란 없다. 여성으로서 나는 조국을 원하지도 않는다. 여성으로서 내

조국은 전 세계이기 때문이다."라고 외침으로써 당대의 남성들로부터 편협한 여성해방론의 전형으로 지탄받기도 했다.

파시즘의 발흥으로 전운이 감돌기 시작한 사회적 분위기에서 그녀의 음성은 단호했지만, 시대적 상황에 어울리지 않은 탓에 당시로서는 큰 호응을 받기 어려운 처지였다. 이 때문에 문단에서 그녀의 입지도 매우 흔들리기 시작하면서 버지니아는 더욱 초조해졌으며, 막상 전쟁이 발발하자 그녀는 더 이상 발붙일 곳이 없어져 버리고 말았다. 그녀의 목소리는 우렁찬 구호와 포성의 매연에 가려져 제대로 들리지 않게 되고 말았다.

성적 외상

버지니아 울프의 극심한 남성 혐오는 어릴 때 두 의붓오빠로부터 겪은 성적 추행이 직접적인 원인이 된 것으로 보인다. 버지니아 자신도 그녀의 자서전적인 글에서 어릴 때 겪었던 성적 외상 및 그로 인한 후유증에 대해 기록하고 있는데, 어머니 줄리아가 아버지 레슬리와 재혼하기 전에 낳았던 두 아들 제럴드 덕워스와 조지 덕워스는 어릴 적부터 줄곧 버지니아와 언니 바네사를 치근대며 괴롭힌 장본인들이었다.

최초의 사건은 버지니아가 백일해를 앓고 난 직후인 6세 때 벌어졌다. 당시 이미 20대 초반이었던 의붓오빠 제럴드는 어린 버지니아의 성기를 수시로 만지고 들여다보는 행동을 통해 그녀에게 깊은 상처를 남겼는데, 그녀는 수치심에 온몸을 떨었지만 아무런 저항도 할 수 없었다. 아버지는 갑자기 말이 없어지고 혼자 있으려고만 드는 어린 딸의 태도가 단지 백일해 후유증 때문일 것으로 여기고 무심코 넘겨 버렸다.

그러나 문제는 여기서 그치지 않았다. 버지니아가 열세 살이 되었을 때 어머니가 사망했으며, 그 충격으로 그녀는 정신이상 증세를 보였는데, 이때부터 또 다른 의붓오빠 조지가 자매를 괴롭히기 시작한 것이다. 어머니가 죽은 후 상심한 아버지는 더욱 신경질적이고 우울한 상태에서 가족들에게 전혀 신경을 쓰지 않았기 때문에 그들의 추행은 아무런 제지 없이 지속될 수 있었다. 이처럼 악몽 같은 세월은 아버지가 세상을 떠날 때까지 10여 년에 걸쳐 이어졌다.

이런 끔찍한 경험은 버지니아가 자신의 육체를 수치심과 증오의 대상으로 인식하게끔 만들었으며, 그녀의 마음속에는 권위주의적인 아버지에 대한 양가적 감정뿐 아니라 짐승만도 못한 두 의붓오빠로부터 당한 치욕적인 경험이 남성에 대한 뿌리 깊은 증오심과 혐오감의 터전을 마련해 주었을 것으로 보인다.

두 의붓오빠에 의한 지속적인 성추행은 버지니아뿐 아니라 언니 바네사에게도 똑같이 가해졌지만, 바네사는 그런 충격을 잘 극복해 나갈 수 있었던 반면에 버지니아는 일생을 두고 그 충격에서 헤어나지 못하고 말았다. 물론 두 자매는 성격 면에서도 서로 매우 달랐다. 바네사가 모성적인 측면이 강했다면 버지니아는 전혀 그러지 못했으며, 오로지 지적인 면에서 언니를 능가했을 뿐이다. 다만 버지니아는 자신의 문학적 재능을 발휘해 그녀의 내면에 들끓는 갈등과 고통을 해소하고자 했다는 점에서 두 자매는 제각기 다른 길을 걸었다.

그러나 남성 본위로 운영되던 당시의 출판사들은 한 무명 여성에게 좀처럼 기회를 주지 않았다. 반면에 정규대학 교육을 받은 남성들은 학벌과 인맥을 통해 손쉽게 작가의 길을 걷는 모습을 그녀는 매우 참담한 심정으로 지켜봐야만 했다. 처녀작 『출항』을 출판할 때도 자신을 성추행한 의붓오빠의 도움을 받을 수밖에 없었던 그녀의 심정이 과연 어땠을지 짐작이 가고도 남는다. 울프 부부가 자신들의 고유한 출판사를 기획한 것도 그런 사정이 배경에 깔려 있었기 때문이다.

예고된 죽음

우리는 일찍부터 박인환의 시 '목마와 숙녀'를 통해 버지니아 울프의 이름에 이미 친숙해 있다. "한 잔의 술을 마시고/ 우리는 버지니아 울프의 생애와/ 목마를 타고 떠난 숙녀의 옷자락을 이야기한다."로 시작되는 그의 시는 버지니아 울프의 서러운 사연을 암시하고 있는 듯 보인다. 그러나 사실 대부분의 독자는 그녀의 죽음을 매우 감상적인 페미니즘 차원에서 받아들일 뿐, 그녀가 일생을 두고 조울병에 시달리며 수시로 자살 충동에 휘말린 점에 대해서는 제대로 주목하지 못한 듯싶다.

하지만 실제로 그녀의 기분 변화는 계절적 변화에 따른 순환장애의 특징을 보여 준 것으로 알려져 있는데, 특히 1월부터 3월까지는 우울기, 여름에는 조증기, 그리고 9월부터는 다시 우울기로 접어드는 경향이 두드러져 있음을 알 수 있다. 평소 사교생활이나 교우관계에서 보인 그녀의 모습은 매우 말이 많고 재치가 있었으며 유머 감각이 흘러넘치는 편이었기 때문에 매우 가까운 친지들이 아닌 사람들로서는 그녀의 상태를 정확히 알 수 없었던 게 사실이다.

그러나 그녀의 시중을 들던 하녀의 증언에 의하면 그녀는 심지어 혼자 있을 때도 계속해서 말을 했으며, 혼자 목욕 중에도 쉴 새 없이 묻고 대답하는 행동을 보였는데, 그런 행동은 분명 환청 증세를 의미하는 것이기도 했다. 물론 그녀의 병적인 상태를 직접 목격한 사람들은 매우 드물 수밖에 없었는데, 그것은 아내의 증세를 이미 잘 알고 있던 남편 레너드가 전구증상이 나타날 조짐이 보이기만 하면 미리 손을 써서 대인 접촉을 못하게 말렸기 때문이다.

그녀가 자살할 당시의 상황은 시기적으로도 매우 좋지 않았다. 블룸스베리에 있던 그녀의 옛집은 독일 공군의 폭격으로 이미 잿더미로 화했으며, 게다가 나치 독일의 영국 침공 소문은 유대인이었던 남편 레너드의 입지마저 몹시 불안정하게 만드는 요인이 되었다. 그래서 울프 부부는 히틀러가 영국 본토에 상륙하게 될 경우 동반 자살하기로 이미 약속한 터이기도 했다. 결국 극도로 신경이 과민해진 버지니아 울프는 마침내 피해망상과 더불어 환청 증세까지 나타날 정도로 상태가 악화되고 말았다. 이미 그녀에게는 선택의 여지가 없는 상황이었다고 본다.

물론 그녀의 정신적 문제를 소급해 올라가다 보면 어릴 적부터 겪었던 부모와의 갈등 및 좌절감, 그리고 성적 추행으로 인한 돌이킬 수 없는 상처, 사랑하는 대상들과의 이별로 인한 정신적 충격, 동성애적 경험에 따른 양가감정 및 배신감, 여성으로 태어났기 때문에 겪을 수밖에 없었던 불이익에 대한 불만과 반항, 뿌리 깊은 남성 혐오증에 따른 결혼생활의 불안정성, 사랑하는 남편에 대한 양가감정 및 죄책감 등이 복잡하게 뒤엉켜 그녀의 정서적 불안정을 더욱 악화시켰을 것이다. 결국 그녀의 자살은 전혀 예기치 못한 의외의 죽음이 아니었으며, 이미 오래전부터 예견된 일이었다.

다른 한편으로는 버지니아 울프가 죽기 직전까지 열심히 읽었다는 프로이트의 정신분석 이론에 대해 언급해 볼 수 있겠다. 프로이트에 대한 그녀의 반응은 한마디로 부정적이었던 것만은 분명하다. 그녀는 날이 갈수록 미궁 속에 빠져드는 자신의 정신적 갈등과 고통에서 벗어나기 위한 자구책으로 프로이트의 저작을 읽기 시작했지만, 프로이트에게서 뭔가 희망을 찾았던 그녀로서는 더욱 큰 절망과 좌절에 빠지고 말았다.

그녀에게 있어서 가장 큰 미해결의 상처는 결국 어릴 적 두 의붓오빠들에게 당했던 성적 추행이었지만, 일찌감치 외상이론을 포기하고 리비도(libido) 이론 및 갈등이론으로 나아간 프로이트의 이론에서 그녀의 화두가 되었던 성적 외상은 더 이상 발붙일 데가 없게 된 것이다. 결국 그녀는 프로이트의 저작을 읽게 되면서 더욱 큰 혼란에 빠져 갈피를 잡지 못하게 되고 말았다. 자신의 일기에서 버지니아 울프는 "프로이트는 나를 더욱 혼란스럽게 하고 소용돌이에 휘말리게 만든다."라고 쓰고 있다.

그녀는 1940년 내내 프로이트의 저작을 읽었지만, 결국 자신의 기억에 확신을 갖지 못하고 스스로 미쳐 가고 있다고 판단했다. 이제 노년에 접어든 그녀의 해묵은 상처는 해결의 기미가 더욱 보이지 않게 되고 말았다. 그러나 비할 데 없는 지성의 소유자였던 그녀조차도 깨닫지 못한 사실은 갈등의 치유나 해결은 이론이나 그에 관한 저서를 읽고 공부함으로써 이루어지는 것이 아니라는 점이다.

더욱이 그녀가 분석을 받겠다고 원했더라도 심각한 정신병을 앓고 있던 그녀를 선뜻 나서서 치료하겠다는 분석가도 없었을 것이다. 조울병은 정신분석으로 치유될 성질의 질환이 아님을 누구나 다 알고 있기 때문이다. 조울병에 특효가 있는 치료제 리튬은 그녀가 사망한 이후인 1950년대에 가서야 비로소 발견된 것이다. 따라서 버지니아 자신은 물론 남편 레너드 역시 그야말로 이럴 수도 저럴 수도 없는 곤경에 처했다고 볼 수 있다. 그런 점에서 울프 부부의 비극은 당시로서는 그들만이 감당할 수밖에 없는 불가항력적 문제였음에 틀림없다.

성과 지성의 수호천사
D. H. 로렌스와 T. S. 엘리엇

2 0세기 영문학을 대표하는 동시대의 작가로서 T. S. 엘리엇과 D. H. 로렌스는 작품 경향이나 삶의 진로 및 성격 면에서 전혀 상반된 길을 걸었던 특이한 예에 속한다. T. S. 엘리엇(Thomas Stearns Eliot, 1888~1965)은 미국 태생이지만 영국으로 귀화해 한평생 영예로운 삶을 누렸다. 반면에 D. H. 로렌스(David Herbert Lawrence, 1885~1930)는 영국의 탄광촌에서 태어나 작가의 길로 들어섰지만, 급진적인 에로티시즘을 표방함으로써 보수적인 영국 사회에서 따돌림을 당한 끝에 결국 조국을 떠나 해외를 전전하다 미국의 뉴멕시코 땅에 묻혔다.

엘리엇과 로렌스는 이처럼 삶의 행로도 전혀 반대였지만, 그들이 작품에서 보인 사상이나 성향도 서로 양극단에 위치한다. 엘리엇은 주지주의를, 로렌스는 반지성을 대표하는 작가였기 때문이다. 보수 노선을 대표하는 엘리엇이 노벨상이라는 명예를 거머쥐고 영국 왕실로부터 귀족 칭호까지 받는 영예를 안았으며, 죽은 후에도 유명 인사들만 묻히는 대성당 묘지에 묻히는 등 온갖 사회적 예우를 다 받고 살다 간 행운아였다면, 진보적 노선을 걸었던 로렌스는 일찍부터 자신이 속한 공동체로부터 심한 모욕과 추방까지 당하는 수모를 감수하며 살아야 했으니 참으로 얄궂은 운명의 작가라 하겠다.

성과 지성의 변증법

지성파 시인으로서 엘리엇은 주지주의(主知主義)를 대표하는 작가다. 반면에 동시대를 살았던 D. H. 로렌스는 성을 찬미하는 반지성의 선두 대열에 올라선 작가였다. 부유하고 교양 있는 명문가에서 태어난 엘리엇과는 달리 탄광촌에서 가난한 광부의 아들로 태어난 로렌스는 상류층이나 지성인들의 허구적인 기만성에 강한 반발과 혐오감을 보였다는 점에서 두 사람은 사실상 물과 기름 관계일 수밖에 없었다.

부유한 환경에서 자란 엘리엇에게 가장 중요한 것이 지성과 도덕적 질서였다면, 하층민 출신인 로렌스에게는 육체적 쾌락과 희열 그리고 자유가 더욱 중요했다. 당연히 엘리엇은 프로이트의 이론에 찬성할 수 없었던 반면에 로렌스는 정신분석을 지지했다. 더욱이 두 인물이 가장 의욕적인 활동을 보였던 20세기 초반의 서구 사회는 사상적으로도 극도의 혼란을 보였다. 특히 제1차 세계대전은 서구의 몰락이 현실로 다가온다는 위기의식을 더욱 가속화하는 결과를 낳았으며, 그런 점에서 1921년에 미국인 부크먼이 일으킨 도덕재무장 운동(MRA)은 그런 시대적 위기의식을 반영한 것으로 볼 수도 있다.

어쨌든 20세기 전반부는 정치적 혼란 못지않게 서구 지식인 사회 내에서조차 극도의 혼미 상태를 보이고 있었던 점이 특징이라고 할 수 있다. 정치적으로는 마르크스주의가, 학문적으로는 프로이트주의가 서구인들의 가치관에 큰 영향을 끼치면서 세계관의 변화에 엄청난 지각 변동을 일으키고 있던 시대였다. 특히 성에 대한 태도 변화는 프로이트의 이론에서 큰 영향을 받았는데, 지성과 반지성 문학을 대표하는 T. S. 엘리엇과 D. H. 로렌스의 성에 대한 태도는 당연히 그런 시대적 혼란상을 대표하는 매우 상반된 양극단의 가치관을 드러낸 것으로 볼 수 있다.

로렌스의 작품들은 당시만 해도 외설로 취급되어 출판이 금지되는 수모를 겪어야 했던 반면, 성적 타락을 경고하고 도덕적 가치의 정립을 강조했던 엘리엇은 보수적 성향의 사회 지도계층과 종교계의 지지를 얻으며 승승장구하는 가운데 노벨 문학상까지 수상하는 영예를 안았다. 그래서 엘리엇은 1923년에 발표한 그의 대표작 『황무지』에서 다음과 같이 노래했다.

사월은 가장 잔인한 달
죽은 땅에서 라일락을 키워 내고
추억과 욕정을 뒤섞고
잠든 뿌리를 봄비로 깨운다.
겨울은 오히려 따뜻했다.

인간의 모든 욕정이 움트는 4월의 봄을 그는 냉소적인 시선으로 바라보면서 만물이 얼어붙은 추운 겨울이 오히려 더 따뜻했다고 실토한다. 차가운 지성을 지닌 금욕주의자가 던지는 경고의 메시지처럼 들리기도 한다. 그러나 D. H. 로렌스는 그의 '겨울 이야기'라는 시에서 추위도 아랑곳하지 않는 인간의 욕망을 다음과 같이 찬미한다.

어제 들판은 오직 흩어진 눈으로 희뿌옇더니
지금은 가장 긴 풀잎도 거의 내다보이지 않는다.

허나 그녀의 깊은 발자국은 눈을 밟고

흰 언덕 끝 솔밭을 향해 걸어갔구나.

눈 위에 드러난 여인의 발자국을 뒤따르는 한 남자의 모습이 추위마저 물리치는 듯하다. 차가운 눈의 감촉과 남자의 뜨거운 열정이 하얀 솔밭 길을 따라 서로 갈등하며 끝없이 이어진다. 마치 이성과 감성의 대립과 반목에 번뇌하는 인간 심성의 보편적 갈등을 나타내는 장면처럼 보이기도 한다. 이처럼 현대 영국 문단의 두 거물이 성에 대한 태도 면에서 극명한 대조를 보인다는 사실은 매우 흥미롭다.

20세기 전반은 엘리엇의 승리인 듯 보였다. 그러나 후반부로 갈수록 성에 대한 대중의 인식이 급변함으로써 그 분위기는 반전되었다. 이른바 성의 혁명이 일어난 것이다. 물론 그런 혁명의 불씨는 단연 프로이트에서 시작된 것으로 보는 견해들이 많다. 하지만 프로이트는 로렌스처럼 성을 찬미한 게 아니라 성의 중요성을 강조한 것일 뿐이다.

전통적으로 서구 사회는 '아는 것이 힘'이라는 모토 아래 지식을 인간의 삶에서 가장 강력한 무기로 간주해 왔다. 그런데 정신분석에서는 지식이나 지성조차도 자아를 방어하는 기제의 일부로 이용될 수 있음을 주장한다. 소위 지성화(intellectualization)의 방어기제는 특히 강박적 성격에서 흔히 동원되는 방어 수단으로, 그 주된 목적은 한마디로 감정을 회피하는 데 있다. 실제로 매우 강박적인 사람들은 강렬한 성적 흥분이나 불안, 분노 등의 감정적 소용돌이에 휘말리는 것을 가장 두려워하는데, 이러한 감정을 회피하는 데 가장 효과적인 수단은 오로지 합리적인 사고의 세계로 도피하는 것이다.

물론 합리적인 지성은 인간의 삶을 유지하는 데 매우 중요하다. 하지만 프로이트는 오로지 이성과 지성만을 내세우며 인간의 원초적인 욕망을 억압하기만 할 때 노이로제가 발생한다고 주장했으며, 반대로 욕망에 사로잡혀 이성이 마비된 경우도 바람직한 현상이 아니라고 했다. 그래서 그가 요구한 가장 바람직한 상태는 자아가 건전하고도 탄력적인 기능을 하는 것이다.

하지만 인간은 언제나 영과 육의 갈등에서 결코 자유롭지 못하다. 프로이트는 그런 인간적 갈등의 근원을 탐색하는 데 일생을 바쳤지만, 그렇다고 해서 지성의 무가치성을 주장한 것은 결코 아니었다. 그는 오히려 진정한 정신적 건강은 강력한 압력을 가하는 이드와 가혹한 초자아 사이에서 갈등하는 자아의 적절한 심리적 균형 유지 능력에 달려 있다는 점을 누누이 강조했다. 그런 점에서 프로이트는 성에 대한 무조건적인 억압이 아니라 오히려 자아 기능의 탄력적인 운영의 묘를 더욱 강조한 셈이다. 다시 말해서, 이는 욕망 충족과 금지 사이에서 변증법적 발전의 과정을 중요시한 주장이라 할 수 있다.

아무리 시대가 바뀌어도 영육의 갈등이나 성과 지성의 문제는 청소년기적 갈등의 주된 핵심이라 할 수 있다. 그런 점에서 미국의 정신분석가 피터 블로스가 청소년기 갈등 상황을 변증법적 단계로 파악한 것은 아주 적절하다고 할 수 있다. 청소년기는 아이도 아니고 어른도 아닌 어중간한 시기에 부모에 대한 의존에서 벗어나 점차 독립을 추구해 나가는 과도기적 혼란을 극복해야 하는 변증법적 노력의 시기이기 때문이다.

그런데 엘리엇과 로렌스는 모두 성과 지성의 양극단에 위치함으로써 그런 대립과 반목에서 비롯된 변증법적 갈등 해결에 적절히 대응하지 못한 것으로 보이기도 한다. 왜냐하면 엘리엇이 지성과 품위, 이성과 질서의 땅을 찾아 천박한 미국 문화를 등지고 고상한 귀족들의 나라 영국에 귀화한 것과는 정반대로, 로렌스는 혐오스러운 귀족 사회를 등지고 반지성을 외치며 푸에블로 인디언들이 살던 황무지 땅에 정착했기 때문이다.

이처럼 엘리엇은 미국에서 영국으로, 로렌스는 영국에서 미국으로 삶과 죽음의 행로가 정반대였듯이 그들의 신념 또한 정반대의 길을 걸었다. 한 사람은 질서를 찾아서, 다른 한 사람은 자유를 찾아서 제각기 다른 길을 찾은 셈이다. 그러나 엄밀히 따지자면 성에서 자유롭지 못한 것은 두 사람 모두 마찬가지였다. 로렌스는 지나치게 성에 집착하면서 원시적인 삶을 꿈꾸었지만 현실적인 장벽에 부딪혀 좌절했으며, 엘리엇은 지나치게 성을 혐오하고 회피하는 동시에 지성으로 과대 포장하고자 했기 때문이다. 성 일변도의 찬양이나 지성 일변도의 강요보다는 성과 지성의 적절한 변증법적 과정을 통한 조화와 통합적 노력이 더욱 바람직하겠지만, 두 사람은 일체 타협의 여지를 보이지 않고 계속해서 극단으로만 치달았던 것이다.

T. S. 엘리엇의 주지주의

엘리엇의 대표작이며 그에게 노벨 문학상의 영예를 안겨 준 장시 『황무지』는 사실 매우 난해한 시다. 고도의 전문적 지식이 없으면 이해가 불가능하기 때문이다. 어찌 보면 매우 현학적으로 보이기까지 하는 『황무지』는 특히 무수히 동원되는 라틴어 및 고대 신화의 내용들로 인해 고전 지식이 짧은 대중으로서는 손쉽게 접하기 어려운 부분이 많아서 자세한 주석이 없이는 이해하기 어렵다는 특징이 있다.

따라서 엘리엇의 시는 감정을 노래하는 것이 아니라 생각을 강요하는 시라 할 수 있다. 그것을 세간에서는 주지주의 또는 지성주의라고 부른다. 하지만 시인 자신이 시도한 감정적 교류의 회피는 고도의 지적 활동을 요구하는 작업을 통해 일단은 성공한 듯 보인다. 이는 곧 강박적인 시인이 자신의 노래에서조차 감정적 요소를 과감히 삭제하는 데 성공했음을 의미하는 것이기도 하다.

그러나 엘리엇의 『황무지』는 사실 알고 보면 그 자신의 황폐해진 결혼생활의 산물이라 할 수 있다. 부모의 반대를 무릅쓰고 강행한 결혼이었지만, 아내 비비언의 극심한 히스테리는 완벽주의적인 성격의 엘리엇으로서는 실로 감당하기 어려운 지옥 체험이었기 때문이다. 결국 극도의 신경쇠약과 우울증에 빠진 엘리엇은 스위스의 정신과 의사 비토즈 박사에게 치료를 받고 회복되면서 장시 『황무지(The Waste Land)』를 쓴 것인데, 쓸모없는 땅이란 뜻의 제목에서 알 수 있듯이 강박적인 성격의 엘리엇이 가장 두려워한 낱말은 낭비(waste)라는 것이었다. 시간 낭비, 정력 낭비, 재능 낭비, 인생 낭비야말로 당시 그에게는 가장 끔찍한 화두였기 때문이다. 다시 말해, 황무지란 엘리엇 자신의 황폐한 결혼생활을 상징한 제목이 아니겠는가. 결국 아내 비비언은 오랜 투병 끝에 정신병원에서 생을 마치고 말았다.

이처럼 성에 대한 극도의 혐오감을 지녔던 금욕주의자 엘리엇이었으니 그에게 성을 찬미한 로렌스의 존재가 온전한 인물로 보이기 어려웠을 게 분명하다. 그는 1930년대 초 버지니아 대학 강연에서 로렌스를 가장 역겨운 인물이라고 혹평하기도 했다. 더 나아가 「이신(異神)들을 찾아서(After Strange Gods)」라는 글에서는 로렌스를 전통과 권위를 파괴하는 위험인물로 평가하고, 특히 불건전한 『채털레이 부인의 사랑』은 폐기시켜 마땅하다고까지 극언을 서슴지 않았다. 그뿐 아니라 그는 혐오스러운 불결함과 오염으로부터 세상을 지키기 위한 대책 마련이 시급하다고 역설하기도 했다.

엘리엇은 그런 의미에서 자신이 태어난 미국 사회를 '자유주의라는 벌레가 갉아먹는 사회'라고 조롱하면서 '외국 인종의 침략'으로부터 보호해야 한다는 호소까지 했다. 게다가 그는 이상적인 국가의 형태로 다른 인종과 뒤섞이지 않은 순수한 혈연관계의 단일민족국가를 내세웠는데, 그런 이유 때문에 지구상에 흩어져 사는 유대인이 많은 것은 결코 바람직하지 못하다고 했다. 우리는 결국 이 부분에서 당시 득세하던 나치즘의 아리안 인종주의와 맞닿는 주장임을 확인하게 된다.

그는 이후에 가서도 유대인에 대한 자신의 언급을 결코 철회하지 않았는데, 적어도 그에게는 순수와 청결 그리고 질서에 반하는 가장 주된 대상이 다름 아닌 여성과 유대인이었다. 지성에 반하는 그들의 존재야말로 엘리엇이 지향하는 이상적 사회, 즉 경건함과 순결성, 도덕성 및 질서의 세계로 나아가는 데 있어서 가장 큰 걸림돌이 된다고 인식했기 때문이다.

순결과 질서에 대한 그의 집착은 단순히 그가 살았던 시대적 분위기의 영향에 기인한 것만은 아니다. 물론 엘리엇의 활동이 최고의 황금기를 맞고 있을 당시의 유럽은 파시즘 열풍에 휘말리고 있었으며 반유대주의 분위기가 팽배해진 상태이긴 했지만, 이미 그 이전부터 엘리엇의 강박적 성격은 이 세상의 모든 무질서, 불결함, 타락성, 혼합성, 혼잡성, 불순함 등에 대한 근본적인 거부감을 지니고 있었던 것이다.

그러나 엘리엇의 주지주의는 동시대의 도덕적 타락과 전쟁의 광기에 혐오감을 느낀 데다 서구의 몰락이라는 위기감에 빠져 있던 수많은 지식인의 열광적인 호응을 얻었을 뿐만 아니라, 그의 엄격한 기독교 신앙과 도덕성의 회복을 구하는 경건주의는 종교계의 전폭적인 지지를 얻어 내기도 했다. 엘리엇의 귀족정신은 속물근성에 대한 혐오감을 노골적으로 드러낸 것이기도 한데, 문제는 그런 경향이 독단으로 치달을 경우 또 다른 파시즘을 낳기 쉽다는 데 있다.

지성 그 자체는 인간 고유의 특성이면서 동시에 인류의 소중한 자산이다. 지성주의를 표방한다는 것 자체는 아무런 문제가 없을뿐더러 오히려 권장되어야 할 사항이기도 하다. 문제는 지성을 지나치게 강조함으로써 인간의 또 다른 중요한 본성인 성을 억압하고 혐오하도록 강요하는 분위기를 조장하는 것이라 할 수 있다.

인간의 윤리적, 도덕적 태도를 결정짓는 초자아의 기능은 지나치게 확대되어도 곤란하고 지나치게 위축되어도 문제다. 초자아 기능이 탄력성을 잃고 심하게 경직될 때 인류는 가혹한 고통을 겪는 경우가 많았으며, 풍부한 감정의 표현보다 잔혹한 초자아의 징벌 때문에 온갖 비극이 초래되는 경우가 많았음은 인류 역사가 증명해 주고 있지 않은가.

지성이 반대하는 것은 인간의 야수성 및 야만성이지 순수한 욕망이나 환상 자체는 아닐 것이다. 그러나 엘리엇이 살았던 시대는 그가 그토록 외치던 지성은 사라지고 오히려 야수성이 활개를 치던 시기였다. 그래서 순수한 도덕성의 회복을 희구하던 엘리엇의 입장에서는 그러한 야만성을 부추기고 인간의 지성을 파괴하는 원흉의 하나로 프로이트와 로렌스를 지목할 수밖에 없었던 것 같다. 인간의 본성, 특히 성을 그토록 강조했던 장본인들이었기 때문이다.

엘리엇은 성에 대하여 상당히 강박적인 태도로 일관했는데, 그것은 마치 성직자나 수도승의 금욕적인 태도와 비슷한 데가 많다. 그는 성이야말로 인간을 타락시키는 원흉이라고 간주하면서, 마치 타락한 인류를 지키기 위한 마지막 수호천사와도 같이 인간의 도덕적 타락을 질타했다. 하지만 정작 타락한 인간들의 마비된 도덕성으로 인해 억압받고 온갖 희생을 겪은 피해자들에 대해서는 별다른 관심이나 동정심도 보이지 않았다는 점에서 그는 매우 냉담한 심성의 소유자로 보이기까지 한다.

실제로 그는 차갑고 냉소적이며 농담을 할 줄 모르는 신경질적인 사람으로서 그 자신이 정서적으로도 매우 불안정한 인물이었다. 그런 점에서 엘리엇의 작품들은 자전적인 요소를 다분히 내포하고 있으며, 동시에 그 자신의 불완전한 삶을 반영한다고 볼 수 있다. 따라서 겉으로 드러난 그의 완벽주의는 오히려 자신의 불완전한 내면세계에 대한 반동형성이었을지도 모른다.

엘리엇의 주지주의는 성을 배제한 순수한 영적 진화를 추구한 것이다. 물론 오늘날의 시각에서 본다면 그가 보낸 경고는 매우 시의적절한 것이었다고 생각된다. 그러나 현대의 성적 타락은 오히려 프로이트가 우려했던 부분이기도 했다. 프로이트가 진정으로 바란 것은 성본능과 초자아의 횡포에 대해 견고한 자아가 적절히 타협해 나갈 수 있도록 하는 것이었기 때문이다. 그런 점에서 엘리엇과 로렌스는 너무 극단적인 방향으로 앞서 나간 것 같다. 성의 탐닉이나 성의 배제 모두 통합적 자아의 발전과는 거리가 있기 때문이다.

D. H. 로렌스의 에로티시즘

로렌스는 귀족적 인간 및 지식인들의 위선과 기만에 염증을 느끼고 인간의 본성에 충실하고자 했다. 그의 모토는 결국 모든 위선을 떨쳐 버리고 원시 자연으로 돌아가자는 것이었다. 그의 에로티시즘을 대표하는 소설 『채털레이 부인의 사랑』은 산지기의 원초적인 사랑에 힘입어 성의 희열에 눈뜬 귀부인의 애정 행각을 그리고 있다. 하지만 정신분석적으로 보자면 남편이 모르는 사이에 산지기와 불륜의 관계를 벌이는 두 사람은 금지된 관계인 동시에 위험한 관계임을 상징하는 로렌스 자신의 밀착된 모자관계를 드러낸 것일 수 있다.

무의식 속에 억압된 금지된 사랑은 영원히 깰 수 없다. 그것을 파기할 수 있는 유일한 길은 환상의 세계를 통해서나 가능할지 모른다. 로렌스의 에로티시즘 찬미도 그런 관점에서 생각해 볼 수 있는 부분이다. 왜냐하면 로렌스 자신이 그런 성의 희열에 탐닉하며 인생을 즐길 만한 처지가 아니었기 때문이다. 실제로 로렌스가 어려서부터 허약한 체질과 폐질환으로 고통받았으며, 결국 폐결핵으로 40대 한창 나이에 사망했다는 점을 생각해 본다면, 그가 자신의 작품에서 보여 준 왕성한 성적 활동을 실제 생활에서도 이루었는지 의구심이 든다. 투병생활로 오랜 기간 지중해 연안을 전전해야했던 그의 신체적 상태로 보아 로렌스 자신의 성적 활동은 한계가 있었을 것으로 여겨지기 때문이다. 그런 점에서 그의 에로티시즘은 전적으로 머릿속에서 그려진 상상의 산물이기 쉽다.

오히려 소설 속의 남편 클리포드가 전쟁터에서 입은 부상으로 하반신이 마비되어 휠체어에 의지할 수밖에 없는 신세로 등장하는 묘사가 더욱 의미심장하게 보인다. 왜냐하면 그런 설정 자체가 거세된 남성을 상징하는 것일 수도 있기 때문이다. 전쟁터에서 입은 부상 때문이라는 설정도 매우 시사적인데, 그 전쟁은 어머니를 사이에 둔 부자간의 치열한 전쟁을 의미할 수도 있기 때문이다. 결국 아버지의 존재로 인한 거세공포에 대해 작품 속에서는 거꾸로 아버지를 불구로 만들어 버림으로써 안심하고 어머니를 차지한다는 무의식적 소망을 나타낸 것으로 보인다.

그런 소망을 드러낸 로렌스의 대표작 『아들과 연인』은 그 자신의 가족적 배경에서 비롯된 오이디푸스 콤플렉스를 그대로 반영한 소설이다. 즉, 아버지에 대한 반항 및 적개심, 어머니에 대한 근친상간적 욕망과 구원 환상, 이성관계에서 드러난 미해결의 콤플렉스 등의 요소가 골고루 담겨 있어서, 마치 로렌스 자신의 성장 배경 자체가 정신분석 이론의 교과서 내용처럼 보이기까지 한다. 결국 그는 자신의 아버지로부터 어머니를 탈취할 수 없는 대신에 스승의 아내이자 연상의 여인이었던 프리다를 유혹하고 빼앗음으로써 아버지에게 상징적인 복수를 가한 셈이 되었다.

이처럼 로렌스가 성장 과정에서 겪게 된 부모와의 갈등은 마치 프로이트의 이론을 증명하기라도 한 것처럼 전형적인 삼각 구도를 보여 준다. 그런 점에서 로렌스 자신도 프로이트의 이론에 공감하고 『정신분석과 무의식』 『무의식의 판타지』 등을 쓰기도 했지만, 그렇다고 해서 그가 정신분석 이론의 모든 것에 동조한 것은 아니었다. 로렌스는 『무의식의 판타지』에서 다음과 같이 말한다.

> 프로이트가 말한 것의 일부분은 진실이다. 빵이 없는 것보다는 반쪽이라도 있는 게 낫다. 그러나 빵이 없는 다른 반쪽도 생각해야 한다. 성이 모든 것은 아니다. 논쟁할 필요도 없이 성적인 동기가 모든 인간 활동에 기여하지 않는다는 것을 우리는 안다. 대성당을 세우는 것이 과연 성교 행위를 위해서인가? 융은 대학교의 가운을 벗고 성직자의 흰옷을 택했으나 프로이트는 과학자 편이다.

여기서 로렌스는 성의 가치를 인정하면서도 성적 동기에 대해서는 저항하고 있음을 알 수 있다. 성적 동기를 인정한다는 것은 그 자신에게는 횃불을 들고 기름독 안으로 뛰어드는 것이나 다름없기 때문이다. 그런 점에서 그는 자신의 심층 내면을 직면할 준비 태세가 마련되어 있지 못한 것으로 보인다. 비록 그는 성을 찬미하는 데 일생을 바쳤지만, 자신의 근원적인 소망과 욕구를 인정하는 데는 여전히 두려움을 안고 있었는지도 모른다.

물론 성은 대부분의 사람이 공개하기 꺼리는 은밀한 그 무엇이며, 인간은 누구나 그런 내밀한 부분과 연계되는 것에 대하여 원초적인 불안을 지니기 마련이다. 그런데 로렌스가 누구나 잊고 싶어 하는 부분을 계속해서 두드리고 자극하기 때문에 특히 그런 부분에 과민한 사람들은 로렌스의 문학을 외설이라고 비난하고 익숙한 사람들은 예술이라고 찬미하는 것인지도 모르겠다.

상반된 삶의 행로

엘리엇과 로렌스의 삶의 행적을 추적해 보면 기이하게도 두 사람이 전혀 상반된 노선을 따라 살았음을 알 수 있다. 엘리엇은 원래 미국인이었으나 천박한 미국이 싫어 영국으로 귀화한 후 주지주의 시인으로 명성을 떨치다가 유서 깊은 교회 묘지에 묻혔고, 반대로 지성을 타파하고 성을 찬미했던 로렌스는 영국에서 태어났지만 위선적인 귀족들의 나라 조국을 등지고 여기저기를 전전하다 결국 미국 뉴멕시코 주의 황폐한 인디언 땅에 묻혔다.

특히 엘리엇은 성에 대해 마치 수도승과 같은 금욕적 자세를 견지하면서 성에 오염되고 타락한 현대인의 모습을 계속해서 조소하고 냉소적인 태도로 일관했는데, 결국 이단으로부터 정통을 보호하고자 애쓰며 기독교의 수호자임을 자처했던 그의 입장에서는 로렌스야말로 전형적인 이단자로 비쳐질 수밖에 없었을 것이다. 성이야말로 인간의 유일한 구원이라고 믿었던 로렌스와는 달리 엘리엇은 성에 대한 반대 입장을 분명히 했던 인물이었다는 점에서 로렌스가 주정파(主情派)라면 엘리엇은 주사파(主思派)에 속한다고 하겠다.

죽어서도 엘리엇은 교회에 묻혔고, 로렌스는 원시의 땅 황무지에 묻혔다. 엘리엇이 신의 품에 귀의했다면 로렌스는 자연으로 돌아간 것이다. 이처럼 상반된 태도로 각기 다른 삶의 행로를 걸었음에도 불구하고 두 사람모두 성장 과정에서 겪게 된 부모와의 갈등 문제를 적절히 해결하지 못했으며, 그 결과로 나타난 내면적 갈등을 자신들의 창작 활동을 통해 해소했다는 점에서 그들은 결국 한 배를 탄 오월동주였던 셈이다.

오웰과 헉슬리의 디스토피아

영국의 소설가 조지 오웰(George Orwell, 1903~1950)과 올더스 헉슬리 (Aldous Huxley, 1894~1963)는 20세기 영국 문학을 대표하는 작가들 이다. 비록 그들은 서로 이념이 같지는 않았지만 현실에 대한 환멸과 좌절 에서 출발한다는 점에서 공통분모를 지닌다. 20세기에 접어들어 수많은 서 구의 지식인이 몰락의 징조를 보이기 시작한 서구 문명에 대한 실망으로 다른 대안을 찾아 나섰듯이, 오웰과 헉슬리 역시 자신들의 작품 활동을 통 해서 각자의 이상향과 대안을 찾고자 했다.

그러나 이들 두 사람은 서로 제시하는 방향이 너무도 달랐다. 오웰이 최 악의 가상적 전체주의 사회를 통해 인간성의 비극적 말로에 대한 절망적인 경고를 한 반면에, 헉슬리는 신비적인 몽환의 세계로 도피했기 때문이다. 물론 이들이 제시한 가상적 미래 세계는 그 어떤 해답을 주고자 한 것이 아 니라 문제를 제기한 것으로 받아들여야 하겠지만, 실제로 오늘날의 현대 문명 세계가 그들이 예견한 모습대로 되어 가고 있는 듯해 더욱 전율을 느 끼게 된다.

천국과 지옥

인간이 꿈꾸는 이상향을 유토피아라고 부른다. 종교적으로는 천국 또는 극락 세계로 불리기도 한다. 토머스 모어의 『유토피아』에서 유래된 이 명칭은 인간이 꿈꾸는 가장 이상적인 형태의 지상 낙원을 의미한다. 그리고 근대에 이르러서는 공산주의 이념에 따른 노동자들의 천국을 꿈꾸기도 했다. 그러나 인간의 문명사회가 고도로 산업화되어 가면서 긍정적이고 가장 바람직한 형태로서의 유토피아는 점차 자취를 감추고 대신에 부정적 형태의 반유토피아적인 경향이 그 모습을 드러내기 시작했는데, 우리는 그것을 디스토피아라고 부른다.

유토피아가 보다 이상적으로 완벽한 사회를 의미한다면, 디스토피아 역시 부정적인 입장에서 완벽한 사회다. 따라서 디스토피아는 단순히 유토피아에 반대되는 의미보다는 현 사회에 대한 비판과 풍자의 의미가 크며, 개인을 압도하는 집단적 횡포와 언어적 파괴를 통한 집단의 통제 및 인간성의 말살, 그리고 과학적 성과의 역기능에 대한 경고의 의미가 모두 포함되었다고 봐야 한다.

영국 최초의 사회주의 작가인 윌리엄 모리스가 미래에 다가올 사회주의적 이상향을 매우 낭만적인 시각으로 묘사한 바 있듯이, 거의 모든 유토피아적 문헌에서는 사랑에 대한 과대평가와 동시에 공격성에 대한 과소평가로 일관한다. 그리고 모든 디스토피아적 문헌에서도 사랑과 미움의 감정을 통제하고 제도적으로 완벽하게 금지한다는 점에서 마찬가지로 인간의 뿌리 깊은 공격성을 가볍게 다루고 있다. 그러나 이처럼 매우 근원적인 인간의 공격성은 말처럼 그렇게 단순히 극복될 성질의 문제가 아니다. 그래서 프로이트는 『환상의 미래』에서 인간의 공격성은 손쉽게 해결할 문제가 아니며, 인류의 미래를 보장할 수 있는 확실한 대안은 환상을 조장하는 종교가 아니라 환상을 배제한 과학임을 주장한 것이다.

　미래의 불확실성에 대한 불길한 예감을 가졌던 것은 오웰과 헉슬리뿐만이 아니었다. 공상과학 소설의 원조 가운데 한 사람인 H. G. 웰즈는 19세기 말에 이미 『타임머신』『우주전쟁』『투명인간』『모로 박사의 섬』 등을 통해 미래 과학 문명의 암울한 가상적 현실을 그렸다. 그러나 새로운 냉전 시대가 시작된 1949년에 때맞춰 나온 오웰의 『1984년』에서는 미래에 다가올지도 모르는 강력한 독재적 지배자 빅 브라더(Big Brother)의 출현을 경고하였다. 다만 오웰은 다가올 미래에 자신이 살고 있는 영국 사회도 사회주의적 전체주의로 이행할 것임을 확신했는데, 물론 그의 예견은 빗나가고 말았다.

　당시만 해도 사회주의적 이상에 불타고 있던 오웰은 1936년 스페인 내전에 뛰어들어 프랑코 군대에 대항하는 공화파 정부군을 위해 싸웠다. 그는 파시즘을 상대로 투쟁하는 가운데 무정부주의적인 마르크스 노동당에 가입했다. 하지만 그의 이상적 사회주의는 당연히 관료 독재로 치달은 스탈린에 대한 실망으로 이어졌으며, 그 결과 그는 『동물농장』을 통하여 스탈린을 혹독하게 조롱했던 것이다.

　그러나 오웰의 대표작은 누가 뭐래도 『1984년』이라 하겠다. 그는 스탈린을 염두에 두고 빅 브라더의 존재를 창조해 냈다고 하지만, 특히 민중의 사고와 감정을 통제하는 빅 브라더의 지배 전략은 실로 가공할 정도다. 그 중에서도 오웰이 명명한 이중사고는 정신병리적 관점에서도 충분히 주목할 가치가 있다. 빅 브라더가 지배하는 대양국 진리성의 벽에 걸린 3대 슬로건인 '전쟁은 평화, 자유는 예속, 무지는 힘'은 사고의 전도 그 자체다. 이처럼 전도된 가치의 세뇌 교육을 통해 지배자는 완벽하게 민중을 구속한다.

무지가 곧 힘이라는 교육을 통해 자유 의지를 말살하고 전적으로 수동적인 인간으로 개조하는 체제의 구속은 바로 지옥 그 자체다. 이는 매우 부정적인 사고 내용을 긍정적 사고 내용으로 변화시키고자 노력하는 인지행동 요법과는 정반대의 혼란을 초래하는 매우 비도덕적인 전략이 아닐 수 없다. 그런 이중사고의 주입은 거의 집단적 망상 단계로까지 발전시킨다. 이는 곧 모든 민중을 파블로프의 개로 만들어 버리는 결과를 초래한다. 이처럼 자동 인형화된 민중은 학습된 사고와 개념 및 정의 이외에 존재할 수 있는 다른 가능성에 대해서는 상상조차 하지 못한다.

　　영국의 인류학자 그레고리 베이트슨은 가족 구성원들 간에 이루어지는 이중구속적 메시지의 부정적인 영향에 대하여 언급한 적이 있는데, 그가 말한 이중구속(double bind)이란 상호 모순된 메시지를 동시에 전달함으로써 극도의 혼란을 가져오는 것이다. 예를 들어, 전쟁은 나쁜 것이지만 적이 쳐들어오면 나가서 싸워야 한다, 자유는 반드시 필요하나 평등을 위해서는 희생이 불가피하다 등과 같이 그 어떤 결론도 내릴 수 없고 혼란만 가중시키는 것이 이중구속이다. 반면에 오웰이 말한 이중사고는 그 어떤 선택의 여지조차 주어지지 않고 정반대의 의미를 조합시키는 일방적으로 강요된 세뇌 작업을 의미한다.

　　소설 속 주인공 윈스턴은 그런 집단적 세뇌에 끝까지 저항해 보지만, 빅 브라더의 하수인인 오브라이언의 간교하고도 잔혹한 고문과 세뇌로 결국에는 자신의 패배를 인정하고 기쁨의 눈물을 흘리며 죽음을 맞이한다. 이처럼 『1984년』에서는 강요된 세뇌 작업으로 인간성을 상실한 민중의 비극적인 모습을 보여 준다. 물론 여기서 말하는 세뇌란 급진적인 행동주의 심리학자들이 주장하는 것처럼 실험자가 원하는 사고 및 행동을 피실험 대상에게 자유자재로 주입할 수 있는 학습의 행태를 뜻하는 것이다. 공산주의 국가에서 채택한 유일한 심리학이 왜 파블로프의 학습심리학일 수밖에 없었는지 그 이유를 알 만도 하다.

소련뿐 아니라 미국에서도 행동주의 심리학자 스키너가 인간의 자유 의지란 근원적으로 존재할 수 없다고 감히 단언했지만, 그것은 그만큼 인간이 환경의 영향에서 자유로울 수 없음을 강조하기 위함이었다. 우연의 일치인지 모르나 1985년 고르바초프가 소련 공산당 서기장에 오른 것이 공산 독재 및 사회주의 체제의 붕괴를 알리는 전조가 되었는데, 결국 오웰이 예언한 빅 브라더의 지배는 적어도 서구 사회에서는 1984년을 끝으로 종말을 고한 셈이다. 매우 역설적인 현상이 아닐 수 없다.

이처럼 정치·사회적 이념에 몰두한 오웰과는 달리, 헉슬리는 혼탁한 창밖의 세상을 관조하는 방관자적 입장에 머물며 오로지 개인주의 차원에서 신비주의에 경도되었다. 헉슬리가 가장 이상적인 세계로 묘사한 것은 자타의 구분이 없는 관념적 황홀경으로, 이는 1960년대 미국 사회를 뒤흔들었던 히피 운동의 효시가 되었다고 해도 과언이 아니다. 따라서 그의 소설 『멋진 신세계』는 흔히들 오늘날의 파괴적인 문명 세계를 예언한 것으로 인용되기도 한다.

그러나 헉슬리가 전하고자 하는 진정한 의도가 무엇인지는 솔직히 말해서 분명치가 않다. 과연 그는 다가올 지옥을 역설적인 표현으로 천국이라 묘사한 것일까. 계급과 신분의 차별에 구애됨이 없이 소마라는 약물에 의해 아무런 고통도 갈등도 느끼지 않는 세계. 미리 정해진 계획에 따라 대량 생산되는 인간 제조 기술은 마치 현대의 인간 복제술을 예견한 듯이 보인다. 집단적 섹스 파티 역시 그렇다. 더군다나 헉슬리는 최초로 환각제인 LSD를 통한 의식의 확장 및 영적인 황홀경을 직접 체험하고 그 경험을 기록으로 남긴 사람이다. 그래서 한때 미국의 히피들은 그가 보고한 환각제

경험을 바이블처럼 읽기도 했다.

흔히들 헉슬리를 동양 철학적 신비주의를 추구한 범신론 차원에서 신의 존재를 탐구한 구도자로 보는 경향이 없는 것도 아니지만, 그런 신적 존재의 경험이 환각제 복용에 힘입은 것이라면 과연 진정한 영적 차원의 깨달음인지 재고해 볼 필요는 있겠다. 더 나아가 프로이트가 이미 지적했듯이 타조 기제(ostrich mechanism)에 의한 현실 부정과 합리화의 가능성도 고려해 볼 필요가 있겠다. 타조는 위기 상황을 모면하기 위해 모래 속에 얼굴을 처박고 자신이 더 이상 위험하지 않다고 굳게 믿기 때문이다.

그럼에도 불구하고 현대 과학기술 문명의 비참한 말로를 예견하고 경고해 주었다는 점에서, 그리고 비록 그 해결책을 동양적 신비주의와 환각제 의존에서 찾는 현실 도피적 제안을 했지만 서구인들이 그동안 잊고 있던 진정한 인간성의 회복과 자연과의 친화성을 강조했다는 점에서, 헉슬리는 문제의 핵심을 정확히 파악하고 있었다고 본다.

헉슬리의 『멋진 신세계』에서는 인간들이 알파, 베타, 델타 등으로 사전에 미리 정해진 계급에 순응하며 살아간다. 그것은 마치 인도의 카스트 제도처럼 누구도 함부로 뜯어고칠 수 없다. 다만 계급 간의 차별이나 우열에 따른 갈등 및 고통이 존재하지 않을 뿐이다. 그것은 소마라는 약물로 해결된다. 저열한 계급에 속한 인간들도 자신의 계급을 사랑하고 만족하며 살아간다.

멋진 신세계는 외형적으로는 매우 안정된 사회다. 참된 진리를 찾고자 하는 버나드는 소마의 힘을 빌리지 않고서도 행복할 수 있는 자유를 갈망하지만, 총통이 제시하는 안정되고 완벽한 사회에서는 계급 선택의 고민도 없고 실패와 성공의 갈림길에서 좌절할 필요도 없으며 희로애락에서 완전히 해방된다. 그리고 아이들은 자유롭게 성행위를 즐기며 놀 수 있고, 서로 다른 계급끼리는 쓸데없는 간섭을 하지 않으며 각자의 일에만 몰두한다.

다만 헉슬리는 그 자신이 명문가의 후예로서 엘리트 귀족 교육의 수혜자일 뿐 아니라 가난과 폭정에 시달리는 하층민의 정신적·물질적 고통을 이해하지 못했다는 점, 그리고 전쟁의 참상을 직접 겪어 보지 못했다는 점 등이 약점으로 꼽힌다. 물론 그는 어려서부터 고도의 시력장애를 가져서 보다 넓은 시야로 세상을 인식하는 데 어려움을 겪기도 했겠지만, 그런 이유로 특히 그의 시선이 외부가 아닌 자신의 내면으로 더욱 향하게 된 것일지도 모른다.

그런 점에서 헉슬리의 삶은 한마디로 빛을 찾는 기나긴 여정이었다고 결론지을 수도 있겠다. 그러나 현대인의 영적인 타락을 염려한 헉슬리가 그 해결책으로 제시한 것은 결국 환각제와 신비주의였다. 물론 그는 빛을 찾는 지름길로서 환각제를 강력히 추천한 것이겠지만, 과학적 만능의 위험을 경고한 입장에서 과학의 산물인 환각 약물의 이점을 강조했다는 점에서 헉슬리 역시 우리에게 이중구속적인 메시지를 전한 것으로 보인다. 상극인 것처럼 보이는 과학과 신비주의를 하나로 결합시키고자 했기에 더욱 그렇다.

명문가에서 성장한 헉슬리에 비해 오웰은 보잘것없는 평민 출신으로 태어나 자라면서 사회적 계급제도의 불평등에 일찍이 눈을 떴으며, 그 때문에 젊은 시절부터 사회주의 이념에 매력을 느꼈다. 그러나 그가 비판적 태도를 보인 대상은 사회주의적 평등제도 자체가 아니라 자유를 희생시키는 평등 사회였던 것이다. 반면에 헉슬리는 불평등에 기초한 계급제도를 탓하지는 않으면서 오히려 계급 간의 갈등과 마찰을 약물로 통제하는 과학적 기술에 초점을 맞추었다. 그런 점에서 헉슬리는 뿌리 깊은 카스트 신분제도에 무관심하면서도 깨달음을 통한 희열의 경지에 도달하고자 애쓰는 인도의 성자들 모습을 닮았다고 할 수도 있겠다.

사고의 자유냐 혹은 감정의 자유냐 하는 문제에 있어서 오웰은 사고 쪽에, 그리고 헉슬리는 감정 쪽에 더욱 큰 관심을 보였지만, 결국 헉슬리와 오웰이 보여 준 천국과 지옥은 완벽한 사회를 이룩한다는 것이 얼마나 인간을 비극적인 상황으로 몰고 갈 수 있는지를 경고하는 것이기도 하다. 사고와 감정의 자유가 차단된 사회야말로 지옥 그 자체라 할 수 있기 때문이다.

천국이든 지옥이든 『1984년』과 『멋진 신세계』의 사회는 인간의 사고와 감정을 세뇌 작업으로 지배하고 통제하는 비인간적 사회라 하겠다. 이들 세계의 공통점은 인간 내면의 주관적 경험 세계를 철저히 무시하고 오로지 권력자의 의도대로 인성을 조작하는 것이 가능하다는 점일 것이다. 마치 행동주의 심리학자 존 왓슨이 한 살배기 앨버트를 대상으로 한 실험에서 인위적인 공포증을 마음먹은 대로 만들어 낸 것과 동일한 학습 방식이 두 세계에서도 그대로 적용된 것이다.

모든 진보에는 반드시 희생이 뒤따를 수밖에 없음을 잘 알면서도 막상 그 희생의 당사자가 되려는 사람들은 거의 없다. 그런 점에서는 오웰이나 헉슬리도 예외가 아니다. 그들은 비록 뛰어난 상상력으로 미래 사회를 예견하고 경고하기도 했지만, 그럼에도 불구하고 자신들의 이념적 한계를 극복하지는 못하고 말았다. 그들은 여전히 제국주의적 지배 구조라는 인식론의 틀 안에 갇혀 있을 수밖에 없는 한계를 보였기 때문이다. 이런 점들이 오웰과 헉슬리도 뛰어넘지 못한 막강한 이중구속적 권력인 셈이다.

정신분석적 배경을 지닌 인물 가운데 이상적인 사회 건설에 가장 큰 열정을 보였던 사회주의 성향의 분석가 에리히 프롬은 오웰과 헉슬리가 제시한 미래 세계에 대해 논평을 하였다. 즉, 그는 두 사람이 비록 부정적 관점의 유토피아를 제시하긴 했으나 실제로 그런 세계가 도래하리라고 믿은 것은 아닐 것이며, 오히려 인류의 미래에 대한 경고의 목소리로 받아들여야 할 것이라고 했다. 그러면서 결국 오웰은 히틀러나 스탈린 등이 보여 준 광기의 확산을 경계한 것이며, 헉슬리는 서구 산업사회의 비극적인 말로를 경고한 것이라고 했다. 그런 점에서 오웰이 상상한 지옥과 헉슬리가 제시한 천국의 모습은 비록 그 묘사가 과장되긴 했으나 실제로 우리가 몸담고 사는 이 세상의 모습일지도 모른다.

물론 이 세상이 너무도 복합적으로 얽혀 있는 구조적 모순을 안고 있기 때문에 단순 논리로 천국과 지옥을 구분 짓기는 어려울 것이다. 그러나 실제로 경험하지 못한 현실을 단지 상상력에만 의존하여 그토록 세밀하고도 정교한 필체로 묘사할 수 있겠는가. 단지 천재적인 상상력으로만 돌리기에는 설명하기 어려운 부분이다. 그런 점에서 우리는 오웰과 헉슬리의 내면에 간직된 무의식적 환상의 세계에 주목할 필요가 있다. 감수성이 예민한 예술가는 결국 자신의 내면의 목소리에 더욱 민감하게 반응하기 때문이다.

오웰의 삶에서 아버지의 존재는 빅 브라더와 같이 눈앞에 보이지는 않지만 항상 배후에 숨어서 막강한 지배력을 행사하는 존재다. 그는 어린 시절 주로 어머니와 누이들과 함께 살면서 아버지가 던져 준 신분적 한계 때문에 상당한 나르시시즘적 상처와 열등감에 젖어 지내야만 했다. 그가 아버지의 지배 영역을 벗어나고 또한 아버지를 능가할 수 있는 유일한 탈출구는 세상을 변혁시키는 길밖에 없었다.

그가 처음에 사회주의에 기울어진 이유는 평등을 실현하고자 하는 열망 때문이었지만, 평등을 얻어도 자유가 말살된 소비에트 사회는 그의 이상에 맞지 않았다. 결국 그는 다소간의 불평등을 인정하더라도 자유가 보장된 자본주의 사회로 돌아서 반공주의자가 되었다. 그의 이념적 전향은 마치 어머니와 아버지 둘 중의 하나를 선택해야만 하는 아들의 입장과 비슷하다. 그는 피지배자인 어머니를 구원하기 위해 평등을 얻고자 싸웠으나 어머니를 사랑할 수 있는 자유가 박탈된 세상을 도저히 참을 수가 없었다. 따라서 자유를 위해서는 평등을 희생시키는 수밖에 없었던 것이다.

오웰은 어머니처럼 자신을 돌봐 줄 사람이 없는 현실을 상상조차 할 수 없었다. 그는 죽음이 목전에 다가온 순간까지 그런 여성을 갈망하고 있었는데, 실제로 그는 숨을 거두기 직전 소냐와 재혼했다. 그런데『1984년』의 주인공 윈스턴 역시 최후의 순간 자신의 모순을 인정하고 빅 브라더의 넘치는 사랑과 은총 앞에 기쁨의 눈물을 흘리며 죽음을 맞이한다.

윈스턴은 이성에 대한 쾌락을 추구했다는 이유만으로 감옥에 갇힌 상태에서 잔혹하고 끔찍한 쥐 고문을 당한 후 회심하게 된다. 물론 이것은 오웰 자신의 쥐에 대한 공포증을 반영하는 것일 수도 있지만, 마치 프로이트가 분석했던 쥐 사나이의 거세공포를 연상시킬 정도로 유사한 측면이 많다. 왜냐하면 공포에 질린 윈스턴이 결국 처음으로 사랑을 느꼈던 줄리아를 포기하고 빅 브라더만을 사랑하기로 마음을 돌린 것은 어머니에 대한 독점을 포기하고 아버지의 권력에 따르기로 회심한 어린 소년이 오이디푸스 단계를 극복하는 과정과 매우 유사하기 때문이다.

반면에 헉슬리는 어린 시절 인간의 삶에서 가장 중요한 두 가지를 거의 동시에 잃었다. 어머니와 시력이 그것이다. 심리적으로는 어머니라는 존재를, 그리고 육체적으로는 시력을 동시에 모두 잃은 것이다. 보이지 않는 세계, 불투명한 세계, 그리고 자신을 보듬고 달래 주며 보호해 줄 어머니가 없는 세계란 그에게는 몹시 두렵고도 믿을 수 없는 지옥일 뿐이었다. 아버지는 재혼했고, 그는 이 세상에 홀로 남겨졌다.

그는 결국 신뢰할 수 없는 이 세계보다 자신의 고통을 보상해 줄 제3의 영적인 이상향을 마음속에 그리게 되었는데, 환각제와 신비적 세계로의 도피야말로 그에게 허용된 유일한 해결책이었다. 물론 그는 아버지보다 더욱 유명한 작가로 성공함으로써 아버지에 대한 승리를 구가하고 만족을 느낄 수 있었지만, 그럼에도 불구하고 채워지지 않는 공허함이 항상 존재했다. 그것은 어머니가 남겨 둔 빈자리였다. 그는 그 빈자리를 자신의 상상력으로 메우고자 애썼으며, 『멋진 신세계』는 바로 그런 노력의 결과였다.

그런 점에서 신세계에서 벌어지는 모든 현상은 헉슬리 자신의 유아적 환상을 드러내는 것이며, 멋진 신세계라는 공간 자체가 그의 유아적 심리의 공간을 의미한다. 인간은 누구나 어머니와 분리되어 홀로서기에 이르는 과정에서 극심한 불안을 경험한다. 아기에게 가짜 젖꼭지를 물리는 것은 그런 분리불안을 가라앉히기 위한 일종의 방편이다. 따라서 모든 고통과 갈등을 잠재우는 소마라는 약은 곧 어머니라는 존재 자체를 상징한다. 그곳에서 모든 성은 자유롭다. 총통으로 상징되는 아버지의 통제에도 불구하고 갈등을 느끼지 않아도 될 정도로 자유롭기 때문이다.

헉슬리는 죽을 때까지 LSD에 의지했는데, 환각의 세계는 그에게 유아적 전지전능감을 제공할 뿐만 아니라 무한대의 자유 또한 보장해 주었다. LSD를 통한 자아 경계의 상실 경험은 임상적으로도 이미 확인된 사실이지만, 특히 헉슬리에게 LSD는 잃어버린 모성적 세계와의 일체감 및 합일의 경지를 열어 주었을 것으로 생각된다. 그것은 가장 중요한 내적 대상과의 단절된 소통을 원활하게 도와주는 촉진제 역할을 했을 것으로 보인다.

사실 따지고 보면 우리의 진정한 유토피아는 어머니의 자궁이다. 출생 이후 우리에게 주어진 세계는 디스토피아일 수밖에 없다. 원초적 모자관계에서 벗어나 아버지의 존재가 출현하는 시점은 본격적인 디스토피아의 시작을 알리는 서막에 불과하다. 대양국의 빅 브라더, 그리고 세계국가의 총통이 절대 권력을 행사하는 세계는 아버지가 지배하는 디스토피아와 다를 바 없다.

오웰과 헉슬리의 무의식적 환상은 그런 가부장적 지배 체제에 반기를 들고 모권 사회적 유토피아를 갈망하는 것이다. 결국 그들에게 어머니는 천국이요, 아버지는 지옥인 셈이다. 오웰과 헉슬리에게는 어머니가 존재하지 않는 세계 그 자체야말로 지옥이며, 아버지의 보복과 감시를 두려워하며 전전긍긍해야만 하는 세상은 단지 악몽일 뿐이다. 따라서 그들에게 어머니는 유토피아의 상징이며 아버지는 디스토피아의 상징이 되는 셈이다.

대양국 애정성의 규칙을 어기고 윈스턴은 모처럼 진정한 사랑에 눈뜨지만, 혹독한 고문과 세뇌로 결국 빅 브라더에게 굴복하고 만다. 세계국가의 버나드 역시 총통의 압제에서 벗어나 자유가 보장된 새로운 세상을 원하지만, 결국 모든 고통과 갈등을 잠재우는 소마의 힘 앞에 무릎을 꿇고 만다. 윈스턴은 고통스러운 사고에서 벗어나고, 버나드는 고통스러운 감정에서 벗어난다. 모든 고통이 사라진 세계는 천국으로 불린다. 그러나 지옥을 천국으로 착각하는 것도 심각한 문제다.

오웰의 『1984년』과 헉슬리의 『멋진 신세계』는 정치, 사회, 문화적인 측면에서 미래 세계를 살아가는 인간들의 삶을 그렸다는 점에서 일종의 문명 비판적인 가상 보고서인 동시에 인류 운명에 대한 경고의 목소리로 받아들여지고 있다. 그러나 단순한 문명 비판이기 이전에 왜곡된 인간 정신의 병리적인 현상들을 예고했다는 점에서 전혀 생소한 주제는 아닐 것이다. 통제된 사회는 이미 오래전부터 존재해 왔기 때문이다.

그러나 오웰이 능동적인 현실 참여를 통해 세계의 변화를 꾀하고 전체주의에 대한 성고를 했던 반면에, 헉슬리는 환각과 신비주의로 도피함으로써 현실을 애써 외면하려 들었다. 가난한 관리의 아들이었던 오웰은 계급적 신분 차이에서 오는 불평등에 매우 민감했던 반면에, 명문가에서 부족함이 없이 귀하게 자란 헉슬리는 과격한 변화를 매우 두려워했다.

다시 말해서, 오웰의 강력한 창작 원동력은 적개심과 분노에 있었으며, 헉슬리의 원동력은 억압된 성과 죄의식에 있었다. 보다 이념적으로 말하자면, 오웰은 이타적 유물론적 평등주의를 추구한 반면에 헉슬리는 이기적 유심론적 신비주의에 몰입한 것이다. 따라서 오웰의 미래 세계는 평등이 주어졌으나 사고의 자유를 상실한 사회이며, 헉슬리의 신세계는 불평등 사회에 살면서도 아무런 고통이나 감정을 느끼지 못하는 세상이다.

물론 그들이 묘사하고자 했던 미래의 세계가 천국이든 지옥이든 결국 그것은 오웰과 헉슬리 모두가 어린 시절 겪었던 과거의 경험과 무관치 않으며, 그들이 그리고자 했던 미래의 세계는 단순한 미래가 아니라 과거의 불행을 재연한 투사된 공간인 셈이다. 따라서 두 작가는 현재는 과거의 결과이며 동시에 미래는 현재의 결과라는 사실을 자신들의 소설을 통해 입증해 준 셈이다. 다만 오웰이 염세적인 반면에 헉슬리는 보다 낙관적인 메시지를 전한다는 점에서 차이가 있을 뿐이다.

해럴드 핀터의 〈생일파티〉

현대 극단의 총아로 등장한 해럴드 핀터(Harold Pinter, 1930~2008)는 영국 런던에서 가난한 유대계 재봉사의 외아들로 태어나 어려서부터 시를 썼으며, 17세에 이미 시집을 출간했다. 처음에는 극단의 배우로 활동하다 극작가의 길로 들어섰는데, 배우로서는 별다른 인정을 받지 못했으며, 게다가 그가 주로 맡은 역할도 사람들의 이목을 끌기 어려운 악역뿐이었다. 따라서 그에게는 극작가로 선회한 것이 전화위복이 된 셈이다.

특히 그의 진가는 폐쇄적인 공간, 제한된 무대 설정에서 더욱 빛을 발하는데, 현대 부조리 연극을 대표하는 그의 희곡은 주로 밀실 안에서 벌어지는 절망적인 상황을 보여 주면서도 역설적으로 희극적인 양상을 띠고 있다는 특징이 있다. 악역과 희생자가 단골 메뉴로 등장하는 그의 작품에는 보이지 않는 사회적 압력에 굴복함으로써 자신의 인격을 스스로 포기하는 다양한 인간 군상이 자주 나타나는데, 이를 통해 작가는 은밀히 감추어진 인간 내면의 진면목을 가감 없이 들춰내고자 한다.

하지만 핀터의 이러한 작업은 그 자신의 유대적 기원과도 결코 무관치 않다. 왜냐하면 그가 즐겨 묘사한 장면들은 유대인들이 오랜 세월 마주쳐

온 극한적 상황과 매우 유사하기 때문이다. 그것은 곧 핀터 자신이 겪었던 정체성 혼란과 관련된 갈등을 암시하는 것이기도 하다. 실제로 그는 자신의 작품이 카프카의 영향을 받은 것이라고 실토한 바 있으며, 처녀작 〈방〉을 비롯해서 〈생일파티〉 〈관리인〉 〈귀향〉 〈침묵〉 등의 대표작들은 카프카적인 소외와 역설적 분위기로 가득하다. 그는 결국 2005년 노벨 문학상을 수상했지만 이미 그때부터 건강에 적신호가 켜졌으며, 그로부터 3년 후 간암으로 세상을 떠났다.

〈생일파티〉

해럴드 핀터의 대표작으로 그에게 세계적인 명성을 안겨 준 〈생일파티〉는 전 3막으로 되어 있다. 우선 1막은 신원이 불분명한 스탠리 웨버가 묵고 있는 해변가의 한 허름한 하숙집을 무대로 막이 오른다. 하숙집 주인인 노부부 피티와 메그는 아침 식사를 준비하며 오후에 찾아오기로 약속된 두 손님에 대해 이야기를 나누다가 그 사실을 스탠리에게 말한다. 그 말을 듣는 순간 그는 의심스러운 표정에 휩싸이며 몹시 불안해한다.

그리고 메그가 잠시 집을 비운 사이 두 명의 낯선 남자 골드버그와 맥캔이 찾아온다. 두 사람이 서로 은밀히 나누는 대화를 문 뒤에 숨어 몰래 엿듣는 스탠리는 그들의 행동을 유심히 살핀다. 때마침 메그가 돌아와 그들을 맞이하고 묵을 방을 정해 준 뒤 스탠리에게는 룰루가 보낸 생일선물을 전한다. 바로 그날은 스탠리의 생일로, 메그는 그를 위한 생일파티 준비를 하기 시작한다.

2막은 그날 저녁 장면으로, 골드버그와 맥캔은 스탠리와 서로 인사를 나누고 집주인 피티가 옆집에 놀러가 자리를 비우는 바람에 세 사람만 남는다. 그 틈을 노려 골드버그는 스탠리의 과거 행적을 추궁하며 그를 계속 압박한다. 원래 아일랜드의 비밀 단체에 몸담고 있다가 조직을 빠져나온 스탠리는 그동안 숨어 다니느라 극도의 신경쇠약 증세를 보이고 있었는데, 골드버그는 그런 스탠리를 배신자로 몰아세우며 무슨 이유로 조직을 이탈해 자신들을 배신한 것이냐고 다그쳤다. 그러다 마침 생일파티를 위해 드레스로 갈아입은 메그가 나타나자 그는 갑자기 시치미를 떼고 아무 일도 없었다는 듯이 태연한 모습으로 함께 파티에 참석해 술을 마신다. 그리고 때마침 합석한 룰루의 제안으로 이들은 장님 놀이를 하게 되는데, 골드버그와 맥캔은 스탠리의 안경을 거칠게 벗겨 깨트리고 그의 눈을 가린 채 벽 앞에 세우고는 재미있다는 듯이 킬킬대며 웃기 시작한다.

3막은 다음 날 아침 장면이다. 전날 파티로 지친 메그가 스탠리를 찾지만 그는 아침 늦게까지 방에서 나오지 않는다. 메그가 장을 보러 간 사이 피티는 골드버그에게 스탠리의 안부를 묻지만 그는 단순한 신경쇠약일 뿐이라고 대답한다. 그러고는 골드버그와 맥캔 두 사람은 갑자기 스탠리를 데리고 대기하고 있던 차에 태워 어디론가 사라진다. 스탠리는 아무런 저항도 없이 그들에게 끌려가고, 피티는 불길한 심정으로 단지 그들이 떠나는 것을 지켜볼 뿐이다.

정확한 신원을 알 수 없는 스탠리가 역시 정체불명의 두 남자에게 어디론가 끌려가는 이 장면은 카프카의 소설을 연상시킨다. 그러나 보이지 않는 권력의 횡포에 무기력하게 희생당하는 약자의 모습은 가해자나 희생자 모두가 유대인임을 암시하는 듯한 대목에서 더욱 혼란을 가중시킨다. 가해자인 골드버그나 희생자인 웨버라는 이름이 모두 유대인을 암시하기 때문이다. 그리고 수수께끼 같은 폭력 앞에서 속수무책으로 방관만 할 수밖에 없는 노부부는 홀로코스트의 반인륜적 만행을 무기력하게 지켜봐야만 했던 서구인을 상징하는 것처럼 보인다.

더구나 스탠리 웨버를 위한다는 생일파티 역시 풀리지 않는 수수께끼로 남는다. 실제로 그날이 스탠리의 생일이라는 증거는 어디에도 나타나지 않는다. 정작 스탠리 자신은 그날이 자신의 생일임을 부인하고 있다. 그의 생일파티는 순전히 안주인인 메그의 상상에서 비롯된 것이며, 그래서 맥캔은 오히려 메그가 미쳤다고 주장한 것이다. 비록 생일파티는 메그의 순박한 동기에서 비롯된 축하 모임으로 시작되었지만, 결과는 폭력이 난무하는 악몽의 자리로 변해 버렸다.

그렇게 볼 때, 수백만의 유대인을 목욕시켜 준다고 속이고 가스실로 몰아넣어 몰살시킨 나치 독일의 행위는 집단적 생일파티였던 셈이다. 스탠리의 생일도 곧 그날이 그의 죽음을 예고한 날이라는 점에서 그가 갇힌 하숙방은 아우슈비츠 수용소와 하나도 다를 바 없는 것이다. 그가 탈출할 의지를 전혀 보이지 않은 점이나 그날이 자신의 생일과 무관하다고 주장한 점에서 홀로코스트의 상황과 비슷하다.

물론 해럴드 핀터는 홀로코스트를 염두에 두고 작품을 쓴 것은 아니었을 것이다. 그러나 부당한 권력의 횡포와 폭력 앞에 무력하게 희생당한 인간의 모습을 상징한다는 점에서, 그리고 출구가 보이지 않는 상황에서 폭력에 무방비로 노출된 인간의 나약한 모습을 그렸다는 점에서 우리는 작가 자신의 부조리한 현실에 대한 분노와 저항의식을 엿보게 된다.

실제로 그는 어릴 때 겪었던 런던 공습의 악몽을 술회하면서 한때 유럽 대륙을 아수라장으로 만들었던 반유대주의야말로 자신을 극작가로 만든 가장 강력한 동기가 되었다고 주장할 만큼 폭력에 대해 과민 반응을 지닌 작가였다. 그런 점에서 그는 결코 세상을 밝은 모습으로 볼 수 없었던 인물이며, 따스한 온기로 가득 찬 세계를 겪어 보지 못한 사람이다. 그가 젊은 시절 군대 입대를 거부하고 재판을 받아 벌금형에 처해진 것도 전쟁이라는 폭력에 대해 지독한 염증을 지니고 있었기 때문일 것이다.

그의 다른 작품들을 살펴보더라도 그의 일관된 주제를 얼마든지 확인할 수 있다. 그의 처녀작 〈방〉에서는 아무런 예고도 없이 불쑥 찾아든 손님 때문에 이유를 알 수 없는 폭력과 마주치고 그로 인해서 주인공들은 이루 말할 수 없는 상처를 받는다. 지하실에 머물던 흑인이 갑자기 찾아온 뒤부터 실로 다정다감했던 아내의 눈까지 멀게 되는데, 그런 재앙을 가져온 흑인의 정체는 끝내 밝혀지지 않는다.

그 방은 아내가 마지막까지 지켜내고자 한, 따스한 온기로 채워진 안정된 공간이었지만, 결국에는 어두운 암흑만이 감도는 차디찬 공간으로 변하고 만다. 그 방은 곧 살아 있는 어둠 속의 지옥이요, 산 자를 가둔 관이나 다름없는 것이었다. 이처럼 시도 때도 없이 나타나 선량한 인간들을 괴롭히는 폭력의 실체는 그야말로 수수께끼 그 자체라 하겠다.

핀터의 이름을 세계적으로 유명하게 만든 출세작 〈관리인〉은 과거에 정신질환을 앓은 경력이 있는 애스턴이 자신의 집으로 한 뜨내기 남자를 데리고 들어오면서 벌어지는 형제간의 불화를 다룬 작품이다. 여기에 등장하는 떠돌이 부랑자 데이비스는 형과 동생 사이를 오가며 살아남기 위한 줄타기를 계속하는데, 의사소통에 어려움이 있는 애스턴과 다소 거칠고 화를 잘 내는 믹은 결국 타협과 화해를 하고 불청객 데이비스에게 집안일을 맡기게 된다.

물론 여기서 불청객의 존재는 유대인을 상징하는 것으로 보인다. 백인 사회에 불쑥 나타난 유대인의 존재 자체가 불청객이기 때문이다. 하지만 고집 세고 다소 괴팍한 불청객의 관리 능력을 인정하게 되면서 집안일을 전적으로 맡기는 과정은 백인 사회에서 남다른 능력을 발휘하며 생존을 보장받은 유대인의 적응 과정과 매우 닮았다. 그런 점에서 이 작품에서는 평소에 작가 자신이 지니고 살았던 은밀한 고충을 엿볼 수 있다.

이처럼 권력을 차지한 힘 있는 자와 그에 대항하는 힘없는 자 사이에 가로놓인 권력의 불균형은 갑자기 나타난 며느리로 인해 부자지간에 격렬한 언쟁이 벌어지는 〈귀향〉을 포함해 동료들 간의 불화를 묘사한 〈벙어리 웨이터〉, 그리고 어긋난 애정관계에서 비롯된 역할 게임을 통해 부부관계의 취약한 구조를 폭로한 〈티타임의 정사〉나 〈배신〉 등에서도 여지없이 드러난다. 이들 작품에서는 항상 상대방을 길들이려 하는 인물과 그것을 거부하는 인물이 서로 짝을 이루고 나타난다.

따라서 복종을 강요하며 힘으로 억누르는 측과 이에 대해 배신과 저항으로 응수하는 상대측 간에는 항상 긴장감이 감돌기 마련이지만, 결국에는 그런 부당한 체제에 순응하고 마는 인물들의 무기력한 패배로 인해 그 뒷맛은 씁쓸하기 그지없다. 이처럼 느닷없이 나타난 불청객들로 인해 파탄을 맞이하는 얼핏 평범해 보이는 중산층 가정의 실체란 것도 알고 보면 그 기반이 매우 취약한 모래성에 불과한 것이며, 가족 구성원들의 내부 사정 역시 자세히 들여다보면 서로에 대해서 소외되어 있다는 것이 핀터의 주장이기도 하다. 결국 낯선 이방인에 대한 이 같은 극도의 경계심은 작가 자신의 피해의식을 반영하는 것으로 볼 수 있는데, 이는 물론 핀터 자신이 겪은 개인적 경험에서 비롯된 결과로 보인다.

따라서 해럴드 핀터의 극들은 단순한 부조리극의 차원을 벗어나 매우 불안정한 요인들로 가득 찬 삶의 모호성을 드러내는 것으로, 항상 부당한 권력의 폭력과 위협, 불안과 소외, 역설과 불가해성이 서로 뒤엉킨 복잡다단한 세계를 보여 준다. 그리고 그의 극중 인물들이 보이는 특징 가운데 하나는 그토록 불안하고 어두운 방에서도 좀처럼 벗어나려 들지 않는다는 점인데, 그 이유는 밖의 현실이 더욱 춥고 어두우며 폭력과 무질서로 뒤덮여 있기 때문이다. 그런 점에서 그 방들은 문이 있어도 출구가 없는 공간인 셈이다. 이것이야말로 해럴드 핀터가 우리에게 보여 주고자 하는 실제 인간의 모습이 아닐까 한다.

아일랜드 문학의 비극

아일랜드인은 속칭 '하얀 유대인'으로 불리기도 한다. 물론 그들을 비하하는 모욕적인 표현이지만, 그만큼 아일랜드인들은 오랜 기간 영국의 통치하에서 온갖 착취와 수모를 당하며 살았던 민족이다. 더욱이 19세기 중반 아일랜드를 덮친 대기근으로 수많은 사람이 굶어 죽었고, 그 뒤를 이어 수백만에 달하는 아일랜드인이 굶주림과 질병으로 인한 죽음을 피해 미국 등 해외로 탈출함으로써 유대인에 못지않은 대대적인 민족 대이동을 겪어야 했다.

그뿐 아니라 20세기 초에 힘겹게 이룬 독립 과정에서도 숱한 인명의 손실을 입었으며, 국론의 통일에도 실패함으로써 북아일랜드는 계속 영국령으로 남게 되는 등, 아일랜드의 역사는 그야말로 피와 땀으로 얼룩진 한 맺힌 역사였다. 그런 점에서 아일랜드의 역사는 우리 한국의 근현대사와 매우 흡사한 점이 많다. 수백 년에 걸친 영국의 압제에 대항한 아일랜드인들의 끈질긴 저항정신은 아직도 그 명맥을 유지하고 있다. 그리고 부당한 억압에 대한 그들의 민감성과 반항심은 아일랜드 문학의 중요한 특성을 이루기도 했다.

살아남기 위한 방편으로 영국에 귀화하거나 혹은 영국인 행세를 하며 지낼 수밖에 없었던 수많은 아일랜드인이 있었는가 하면, 끝까지 동화를 거부하고 투쟁하다 희생을 당한 이들도 많았다. 또 자신이 살기 위해서 동족을 밀고하고 학대하며 영국의 앞잡이 노릇을 마다하지 않는 배신자들도 있었다. 이처럼 복잡하게 뒤얽힌 역사적 배경을 업고 태어난 아일랜드 특유의 문학은 역설과 이율배반, 양가적 이중성을 그 특성으로 한다. 또한 상대의 허점을 찌르는 날카로운 풍자와 유머, 그리고 예리한 독설 속에 감추어진 깊은 통한과 슬픔을 드러낼 뿐 아니라 그들 자신이 겪을 수밖에 없었던 정체성 혼란의 문제도 동시에 드러낸다.

아일랜드인의 한과 슬픔

아일랜드의 역사는 실로 가난과 고통으로 점철된 기나긴 여정이었다. 정복자 대영제국은 가장 가까운 이웃 아일랜드에 대해 가혹한 통치로 일관했으며, 토지는 물론 언어까지 빼앗았다. 대다수의 아일랜드인은 가난하고 비참한 소작농으로서 생을 꾸려 가야 했으며, 인간 이하의 대우를 받으면서 영국인의 압제와 착취를 참고 견디어 내야 했다.

아일랜드는 영국의 앵글로색슨족과는 달리 원주민이 켈트족으로, 12세기부터 이어진 영국인들의 침입에 굴복하여 마침내 영국의 식민지로 전락하고 말았다. 그 후 7백여 년에 달하는 오랜 기간 동안 아일랜드인들은 모멸적인 삶을 살아야만 했다. 더욱이 19세기 중반(1845~1849)에 아일랜드를 덮친 대기근(The Great Famine)은 그야말로 아일랜드 땅을 아비규환의 생지옥으로 만들었으며, 적어도 100만 명 이상의 아일랜드인이 목숨을 잃었다. 그리고 아사 직전의 상태에서 탈출하기 위한 대대적인 민족 대이동이 시작되었으며, 그 결과로 1871년에 아일랜드의 인구는 절반 이하로 줄어들고 말았다.

이러한 재앙이 가져온 가장 큰 후유증 가운데 하나는 언어의 소멸이었다. 원래 아일랜드인들은 자신들의 고유 언어인 게일어(Gaelic)를 사용해 왔는데, 실제로 게일어는 이미 오래전부터 웨일즈와 스코틀랜드에까지 상당한 영향을 미쳤다. 영국의 오랜 통치에도 불구하고 아일랜드에서 대기근 이전까지 게일어 사용자는 400만 명에 가까웠으나, 대다수의 게일어 사용자가 죽거나 해외로 이주하는 바람에 그 사용 인구가 절반 이하로 줄어든 것이다.

자기 고유의 언어를 잃어버리는 것은 결국 자신의 정체성 상실과도 직결되는 문제이기 때문에 아일랜드의 독립이 그만큼 더 큰 진통을 앓았는지도 모른다. 독립에 대한 그들의 열망과 투쟁은 실로 무수한 인명 손실과 희생을 감수해야 했다. 그리고 그 와중에 동족끼리도 의견이 사분오열됨에 따라 어렵게 독립을 쟁취했음에도 불구하고 북아일랜드만은 영국에 귀속되기를 원하게 되어 오늘에 이르고 있다.

대기근의 여파는 아일랜드인의 심성에도 큰 변화를 초래했다. 가난했어도 순박하고 정이 많던 인심이 혹독한 시련을 겪고 난 이후에는 자기중심적이고 독선적이고 비타협적인 이기주의로 변모했으며, 모든 일에 냉소적이고 허무주의적인 태도가 더욱 두드러지게 되었다. 그래서 아일랜드는 예로부터 유난히 술주정뱅이가 많기로 소문이 난 것인지도 모른다.

아일랜드는 그 유명한 기네스 흑맥주 맛처럼 부드러운 거품 속에 톡 쏘는 강렬한 맛을 풍기는 역설적인 운명을 지녔던 나라다. 그런 가혹한 운명 때문인지 가족과 친구 등의 의리와 전통적 가치를 중시하는 아일랜드인들은 자신의 뿌리에 대한 집착이 유달리 강하며 오랜 시련에도 불구하고 술과 노래를 좋아하고 매우 성질이 급하면서도 낙천적인 기질을 지녔다는 점에서 한국인의 정서와도 잘 들어맞는 것 같다.

대적하기에 너무도 강한 상대를 바로 이웃하고 있다는 점에서 아일랜드의 역사는 실로 한 맺힌 세월로 점철된 가혹한 것이었다. 그런 점에서 아일랜드의 비틀린 역사는 바로 이웃한 섬나라 일본에 의해 강점되어 온갖 고초를 겪은 바 있는 우리 민족에게도 남다른 감회를 불러일으킨다. 아일랜드인과 한국인은 치욕적인 모멸의 역사를 공유한다는 점에서, 그리고 그러한 깊은 상처의 흔적에서 아직도 완전히 자유롭지 못하다는 점에서 서로 공감대를 이루기 쉽다. 하지만 항상 이웃한 상대를 의식하지 않을 수 없다는 약점도 함께 지니고 있다. 열등감과 자긍심, 분노와 화해, 복수심과 죄의식 등이 복잡하게 맞물려 있는 미묘한 정서적 갈등관계가 마치 운명처럼 주어진 관계이기 때문이다.

아일랜드 문학의 특성

서양 문학에서 특히 폭정과 가난에 시달린 민족들, 예를 들면 러시아인, 아일랜드인, 유대인이 배출한 작가들의 작품 경향을 살펴보면 나름대로의 공통점을 찾아볼 수 있다. 신랄한 풍자정신이 바로 그것이다. 그중에서도 아일랜드 작가들이 보여 주는 예리한 독설은 사람들의 간담을 서늘케 할 정도로 날카롭기 짝이 없다. 그들은 세상에 대해 헐뜯고 빈정거리며 비꼬는가 하면, 상대의 허를 찌르는 기발한 발상으로 웃거나 놀라게 만들기도 한다.

이런 특성들은 동시대에 활동했던 대니얼 디포와 조너선 스위프트를 비교해 보면 확연히 드러난다. 디포의 『로빈슨 크루소』는 백인우월주의 및 식민제국주의의 당위성을 주장하는 작품으로, 점잖고 교양 있는 전형적인 영국인의 특성과 문명인으로서의 우월성을 여지없이 과시한다. 반면에 스위프트의『걸리버 여행기』는 매우 신랄한 필치로 영국 귀족 사회를 비꼬면서 그들의 위선과 어리석음을 마음껏 조롱하고 비웃는다. 어찌 보면 스위프트의 이런 태도는 매우 이율배반적이라 할 수 있다. 남다른 출세욕에 사로잡혀 있으면서도 다른 한편으로는 자신이 속한 영국 사회를 비하하는 그의 상반된 태도는 아일랜드인 특유의 현실적 모순을 반영하는 것이기도 하다.

영국인의 입장에서 본다면, 이러한 특성을 지닌 아일랜드인들은 뭔가 심성이 비틀리고 인격적으로도 원만치 못한 사람들이라는 인상을 갖기 쉽다. 상호 불신과 모함 그리고 매우 비타협적인 반골정신은 물론 불합리한 모순과 증오심에 가득 찬 아일랜드인들의 모습은 결코 긍정적이지 않지만, 그들이 살아온 비참한 삶의 조건들을 고려해 본다면 조금은 수긍이 갈지도 모른다.

흔히 아일랜드 문학을 논할 때는 켈트적 요소에 대해 언급하는 경우가 많다. 일반적으로는 튜톤족 이미지가 남성적이라면 켈트족 이미지는 여성적인 것으로 비교되어 왔다. 또한 주로 이성과 합리성을 추구하는 튜톤족에 비하여 켈트족은 매우 감성적이며 비합리적인 특성을 지닌 것으로 일컬어져 왔다. 물론 이러한 대비는 지나친 단순화의 위험을 안고 있는 것이기는 하지만 그렇다고 전혀 근거 없는 것도 아니다.

실제로 아일랜드 문학을 통하여 접할 수 있는 인간상은 매우 무질서하고 불합리하며 모순투성이인 부조리의 늪에 빠져 고통받는 모습으로 넘쳐난다. 아일랜드인들은 자신들의 오랜 조상인 드루이드 교도들처럼 신비주의적이며 미신적인 경향을 아직도 지니고 있다. 아일랜드 작가들 역시 논리적 전개를 통한 설득이나 비판보다는 감성적인 극적 대비를 통한 상호 모순된 내용의 충돌을 선호하는 경향이 매우 높다.

　물론 이런 기법들은 논리적 사유나 판단 이전에 직관적인 통찰이나 감성에 의존하는 것이며, 순수 아일랜드인 작가뿐 아니라 영국계 아일랜드인 작가의 작품 경향에서도 드러나는 특성이기도 하다. 정체성 혼란의 문제에 있어서는 오히려 영국계 아일랜드인 작가들에서 더욱 두드러진 갈등적 핵심을 이루는 부분일 수도 있다. 그들은 스스로 아일랜드인임을 주장하지만 실제로는 아일랜드인도 아니고 그렇다고 해서 영국인이라고 할 수도 없는 애매모호한 위치에 놓여 있기 때문이다.

아일랜드 작가의 갈등과 정체성

　아일랜드인들의 갈등과 정체성 혼란 문제는 매우 복잡하게 얽혀 있는 역사적 전개 과정과 밀접한 관련이 있다. 우선 아일랜드가 독립을 얻은 이후에도 본국으로 돌아가지 않고 조상 대대로 이어받은 영국계 혈통과 재산을 그대로 소유하며 눌러앉은 영국인들의 후손들 역시 자신들은 아일랜드인임을 주장한다는 점, 그리고 순수 아일랜드인 가운데서도 자신들은 영국 시민이지 아일랜드인이 아니라고 우기는 사람들이 존재한다는 점 등이 상황을 더욱 어렵게 만드는 요인이다. 더군다나 대부분의 아일랜드 작가가 영어로 작품을 썼기 때문에 영국 작가로 알려진 경우가 허다한데, 그런 사실조차 아일랜드인들에게는 매우 곤혹스러운 부분이 될 것이다.

　조너선 스위프트(Jonathan Swift, 1667~1745)는 더블린에서 아버지의 얼굴조차 모르는 유복자로 태어나 큰아버지 밑에서 성장했다. 더블린의 트리니티 대학을 졸업한 후 영국성공회 신부가 되었으나 정치에도 야심을 품고 휘그당과 토리당을 오가며 정계에 접근했다. 하지만 이들 모두에게 위험한 논

객으로 인식되어 따돌림을 당했으며, 가까스로 더블린의 사제장에 임명되긴 했으나 결과적으로는 런던에서 영구적으로 쫓겨난 셈이 되고 말았다.

이처럼 그의 이중적인 접근 태도는 여성관계에서도 반영되는데, 그는 스텔라와 바네사라는 두 여성과의 관계를 동시에 오래도록 유지하기도 했다. 말년에는 실어증과 심각한 정신착란 증세를 보이다가 78세를 일기로 삶을 마쳤다.『걸리버 여행기』는 그의 고질적인 인간혐오증을 대표하는 일종의 우화소설이며, 세상에 대한 극도의 불신과 인간에 대한 혐오감은 그의 모든 작품 기조를 이루는 특징이기도 하다.『통 이야기』는 자신이 몸담았던 영국 국교회를 옹호하고 정통 가톨릭과 개신교 및 정치 세계의 부패와 타락상을 신랄하게 조소하고 공격한 풍자소설이다.

스위프트의 풍자정신은 소설뿐 아니라 시에서도 나타나는데, 상류 사회의 위선과 세상에 대한 불만, 혐오감 등이 주조를 이루고 있다. 인간 및 세상에 대한 스위프트의 불신감은 그 자신의 불우했던 출생 및 성장 배경과도 밀접한 관련이 있겠지만, 인간 이하의 취급을 받으면서 비참한 생활을 영위해 나가는 동포들의 실상에 대한 분노 또한 주된 동기를 이루는 것이기도 하다.

오스카 와일드(Oscar Wilde, 1854~1900)는 소위 예술을 위한 예술을 표방하는 탐미주의 작가로서 예술지상주의를 대표하는 작가에 속한다. 더블린에서 유명한 안과의사이며 고고학자인 아버지와 시인이었던 어머니 사이에서 태어난 그는 비록 유복한 영국계 신교도 집안 출신이지만, 어린 시절부터 운동을 싫어하고 친구를 멀리하며 고독한 아동기를 보냈다.

그러나 성장하면서 점차 반항적으로 변한 와일드는 옥스퍼드 대학 시절에도 괴상한 머리 모양과 옷차림으로 화제가 되기도 했으며, 뛰어난 재치와 말솜씨로 좌중을 사로잡는 능력을 발휘하는 등 명성이 자자했다. 하지만 탁월한 사교술에도 불구하고 세상과의 타협을 거부한 채 항상 기득권 세력에 정면 도전하는 자세로 일관하며 빅토리아 시대 영국 사회의 위선을 날카로운 필치로 풍자하기도 했다.

결국 전통 사회의 미움을 산 그는 1895년 동성애 혐의로 기소되어 유죄 선고를 받고 2년간 레딩 교도소에 수감되었다. 그 기간에 쓴 『옥중기』는 일종의 참회록이기도 하다. 출옥한 후에도 보수적인 영국 사회로부터 철저하게 따돌림을 받는 가운데 세상의 따가운 눈총과 비웃음을 견딜 수 없었던 그는 해외로 피신할 수밖에 없었다. 영국 국적마저 박탈당한 상태로 가난과 정신적 고통 속에 유럽 각지를 전전하며 떠돌던 와일드는 친구들의 도움으로 힘겹게 생활을 꾸려 나가다 파리에서 뇌막염으로 쓰러져 외롭게 사망했다.

『도리언 그레이의 초상』, 동화집 『행복한 왕자』, 시극 〈살로메〉 등에서 보듯이 아름다운 문체로 유명한 와일드는 결국 그 자신의 욕망과 반항심때문에 스스로 문학적 생명을 단축시킨 결과를 초래했다고 볼 수 있다. 그가 남긴 유명한 격언 중에 "빼앗는 것보다는 구걸하는 편이 더 안전하다. 그러나 구걸하는 것보다는 빼앗는 편이 더 기분이 좋다."라는 말은 지배와 피지배의 관계에서 겪었던 아일랜드인의 참담한 심경을 대변한다고 볼 수 있다.

유명한 독설가인 버나드 쇼(Bernard Shaw, 1856~1950)는 더블린 태생이지만 영국계 지주 집안 출신이다. 신교도 지배층의 아들로서 다른 가톨릭 교도 아일랜드 친구들과 함께 학교를 다닌 것이 그에게는 일종의 지옥 체험과도 같이 끔찍했다. 결국 그는 20세에 더블린을 떠난 이후 94세로 죽을 때까지 생의 대부분을 영국에서 보냈다.

입센의 영향을 크게 받은 그는 〈인간과 초인〉〈성녀 존〉〈시저와 클레오파트라〉〈악마의 제자〉 등의 걸작 희곡을 남겼으며, 1925년에 노벨 문학상을 받았다. 그는 일찍부터 사회적 문제에 관심을 갖고 중도 좌익 단체인 '페이비언 협회'를 설립하기도 했으며, 제1차 세계대전 시에는 반전론을 펼치기도 했다. 그런 버나드 쇼에게도 아일랜드와 영국 관계의 문제는 항상 중요한 화두였는데, 그것은 마치 권위를 강요하는 부모에게 반항하는 자식의 입장처럼 갈등과 화해라는 좀처럼 풀기 어려운 난제이기도 했다. 그 역시 다른 아일랜드인들과 마찬가지로 정체성 혼란의 문제를 안고 있었기 때문이다.

스스로 아일랜드인임을 자처했지만 끝까지 영국인으로 살았고, 아일랜드에 대한 환멸과 애정을 동시에 지니고 살았던 그는 항상 양자택일의 기로에서 방황할 수밖에 없었던 아일랜드인의 정체성 혼란 문제에 대해 죽어서까지도 그 흔적을 남김으로써 사람들에게 일침을 가했다. 바로 그 자신의 묘비명에 기록된 경구가 그런 갈등을 여지없이 드러낸다. "우물쭈물하다가 내 이럴 줄 알았지." 이 말은 곧 이도 저도 아닌 어중간한 입장에 놓여 살아가는 아일랜드인들의 고충을 대변하는 말이기도 하다. 아일랜드인으로 남아 비참하게 살 것이냐, 아니면 영국인으로 살면서 출세의 길을 보장받을 것이냐 하는 문제는 모든 아일랜드인이 겪어야 할 일종의 성장통과도 같은 것이었기 때문이다.

따라서 버나드 쇼가 가르치는 가장 확실한 성공의 길은 '로마에 가면 로마의 법을 따르라'는 것이었다. "비겁자가 되지 않고는 영웅이 될 수 없다."거나 "살아 있는 실패작이 죽은 걸작보다 낫다."는 그의 말도 결국은 자신이 목격하고 체험했던 힘없는 약자들의 입장을 대변하는 것이라 하겠다. 그는 애국심에 대해서도 빈정대는 말을 남겼는데, "애국심이란 자신의 조국이 다른 모든 나라보다 우월하다고 믿는 신앙을 말한다."라며 조롱하기도 했다. 이처럼 냉소적인 시각은 온갖 멸시와 천대 속에 살아온 아일랜드인 특유의 자조적인 심경을 그대로 드러내는 것이 아닐 수 없다.

더블린 태생인 윌리엄 버틀러 예이츠(William Butler Yeats, 1865~1939)는 영국계 신교도의 집안에서 화가의 아들로 태어났다. 그러나 어릴 때 런던으로 이사한 후에 영국계임에도 불구하고 아일랜드 출신이라는 이유로 친구들에게 상당한 놀림감이 되곤 했으며, 그런 고통스러운 기억이 항상 그를 괴롭히기도 했다. 한때는 아버지처럼 화가가 되려고 하다가 방향을 선회하여 시인이 된 그는 켈트적 요소가 짙은 신비주의적 작풍으로 유명하며, 아일랜드의 문예부흥 운동을 주도했다.

그와 교류했던 조이스가 더블린에 염증을 느끼고 조국을 등진 것과는 달리 예이츠는 아일랜드인의 정체성 확립을 위한 문필 활동에 몰두했으며, 아일랜드 연극 발전에도 힘을 기울였다. 또한 그에게 이상적 여성의 모델이 되었던 미모의 독립운동가 모드 곤을 도와 아일랜드의 독립운동에도 참가하고 아일랜드 자유국으로 독립한 이후에는 원로원 의원으로 활약하기도 했다. 하지만 예이츠는 30대 중반 이후 어머니의 사망과 모드 곤의 결혼으로 상당한 정신적 위기를 맞이해야 했다. 그는 이미 30대 초반부터 미의 화신인 모드 곤에게 청혼했다가 거절당한 후 실의에 빠져 지냈는데, 그 후에도 오랜 기간에 걸쳐 여러 차례 구혼했지만 번번이 좌절하고 말았다. 이처럼 괴로운 실연의 아픔과 고독에도 불구하고 그는 계속 삶을 관조하는 태도로 영원불멸의 초월적 세계를 추구하는 시를 써서 결국 1923년 노벨문학상을 받기에 이르렀다. 그러나 말년으로 갈수록 그는 심령술에 심취되어 지내기도 했다.

자신에게 주어진 현실적 부조리와 모순을 타파할 수 있는 유일한 자기 치유책으로 영적인 구원을 추구했던 예이츠의 시 세계는 프로이트식 관점으로는 억압된 성 본능과 공격성의 승화 차원에서 이해할 수 있다. 또한 부성으로 상징되는 현실 원리를 뛰어넘어 쾌락 원리에 입각한 부드럽고 따스한 모성에 대한 강한 향수, 그리고 보다 근원적인 모태로의 퇴행과 동경을 나타낸다고 할 수 있다. 이처럼 세속적인 욕망에서 벗어나기 위해 애쓴 예이츠의 시에 가장 강력한 영감을 제공한 인물들은 당연히 그의 이상적인 두 여성인 어머니와 모드 곤이었음이 분명하다.

제임스 조이스(James Joyce, 1882~1941)는 더블린 태생으로, 아버지는 낭비벽이 심했지만 호인이었으며 어머니는 매우 온순한 여성으로 독실한 가톨릭 신자였다. 그는 어려서부터 규율이 엄하기로 소문난 예수회 계통의 학교에서 교육을 받았는데, 아버지는 아들이 법관이 될 것을 바랐지만 조이스는 자신의 뜻대로 문과를 지망해서 작가의 길을 걷기로 작심했다. 그는 단편집 『더블린 사람들』로 문단의 인정을 받았다.

하지만 그 후에 나온 『율리시즈』가 외설 시비에 휘말리면서 곤경에 처하였으며, 설상가상으로 고질적인 녹내장이 발병하여 여러 차례 수술을 받는 등 어려움을 겪었다. 그런 가운데서도 그는 자전적인 소설 『젊은 예술가의 초상』 『피네간의 각성』 등 걸작을 남겼다.

그의 대표작 『율리시즈』는 1904년 6월 16일 더블린을 무대로 유대계 광고 대행업자 레오폴드 블룸이 단 하루 동안에 겪은 일을 추적하는 내용이지만, 소위 의식의 흐름 기법을 사용한 이 작품의 진정한 주인공은 더블린이라는 혼돈스러운 도시 그 자체라 하겠다. 블룸은 하루 종일 더블린 시를 여기저기 배회하다가 마지막에 사창가에서 작가 지망생인 디댈러스를 만나게 되는데, 교사 디댈러스는 바로 조이스 자신의 분신이다.

오늘날 더블린 시민들은 그날을 블룸즈데이라고 부르며 조이스를 기념하는 축제일로 삼고 있지만, 작품 속의 블룸은 호메로스의 영웅 오디세우스와는 달리 초라하고 볼품없는 유대인일 뿐이며 아내 몰리의 불륜에도 속수무책인 무기력한 사내다. 유대인으로 살기를 거부한 그는 몰리와 결혼하기 위해 가톨릭으로 개종까지 하지만 어려서 이미 개신교도로 세례를 받은 상태였다.

그런데 조이스가 소설에서 하필이면 유대인을 주인공으로 내세운 이유는 어쩌면 뚜렷한 정체성 없이 온 세상을 떠도는 유대인의 처지와 아일랜드인의 처지가 비슷하다고 여겼기 때문일지도 모른다. 앞에서도 언급했듯이 아일랜드인은 '하얀 유대인'으로 불릴 정도로 오랜 세월 천대를 받아 온 민족이었으니 말이다. 영국의 지배하에 살면서 그저 하루하루 목숨을 부지하기 위해 먹고 마시며 떠드는 일에만 몰두하는 아일랜드인의 삶에 회의와 환멸을 느낀 조이스는 결국 더블린을 떠나 스위스에서 생을 마쳤다.

하지만 조국을 떠난 타지생활은 그에게 더욱 큰 어려움을 주었을 뿐이다. 그 자신이 녹내장으로 고통받았을 뿐만 아니라 그의 딸 루시아마저 정신분열증을 앓고 있었기 때문이다. 당시 루시아를 분석했던 카를 융은 소설 『율리시즈』를 읽고 아버지인 조이스 역시 정신분열증 환자임에 틀림없다고 단언했다. 다른 점이 있다면 아버지는 스스로 강물에 뛰어든 사람이고 그 딸은 강물 속에 떨어진 사람이라는 것이 융의 설명이었다. 그러나 조이스가 정신분열증 환자라는 주장은 전혀 터무니없는 말일 뿐이다.

프랭크 오코너(Frank O'Connor, 1903~1966)는 본명이 마이클 오도노반으로 아일랜드의 코어크에서 출생했다. 영국 군대에서 근무한 아버지는 형편없는 술주정뱅이로 항상 빚에 쪼들렸으며, 힘겨운 가정부 일로 생활을 꾸려가는 어머니를 잔인하게 학대하고 괴롭혔다. 오코너는 그런 어머니를 따르고 숭배했으며 스스로 마마보이임을 인정하기도 했다. 어머니는 자기 앞에서 아들이 아버지를 욕하고 흉보는 것을 절대로 용납하지 않았지만, 오코너는 항상 아버지에 대한 적개심과 분노에 가득 차 있었다.

폭군 아버지 밑에서 성장한 오코너는 책을 싫어하는 아버지의 눈치를 보느라 독서조차 마음대로 할 수가 없었으며, 학교 수업도 12세로 끝나고 말았다. 교육을 제대로 받지 못한 그는 도서관에서 홀로 공부했는데, 영국에 협조했던 아버지와는 달리 10대의 어린 나이로 아일랜드 독립군에 가담하여 싸우다가 포로로 붙들려 옥고를 치르기도 했다. 물론 아일랜드의 문화적 전통에서는 모자간의 긴밀한 유대관계가 매우 자연스러운 것이긴 했으나, 그에게 아버지와의 전쟁은 일생 동안 지속된 싸움이기도 했다.

이처럼 오코너 자신이 처했던 갈등적 상황에 힘입어 가장 대중적으로 잘 알려진 그의 단편집 『오이디푸스의 후예들』이 나오게 된 것으로 보이는데, 이는 전적으로 그 자신의 실제 아동기 경험과 프로이트 이론에 대한 공감을 토대로 태어난 작품이라 하겠다. 아일랜드의 비극적 상황에 초점을 맞춘 영화 〈크라잉 게임〉은 그의 초기 대표작 『국가의 손님들』을 토대로 만든 작품이기도 하다.

오코너는 아일랜드를 대표하는 최고의 단편소설가로 손꼽히며, 따라서 그에게는 '아일랜드의 체호프'라는 별칭이 주어지기도 했다. 그는 아일랜드인들의 소박한 생활을 풍부한 유머와 세련된 문장으로 묘사하는가 하면, 아일랜드의 비참한 역사 과정에서 일어난 가슴 아픈 이야기들을 매우 사실적인 수법으로 표현하여 대중의 사랑을 받았다.

1969년 노벨 문학상을 받은 새뮤얼 베케트(Samuel Beckett, 1906~1989)는 더블린의 영국계 신교도 집안 출신이다. 트리니티 대학을 졸업하고 파리 고등사범학교 영어 교사로 있다가 일시 귀국한 적이 있으나, 1938년 이후에는 프랑스에 정착하며 전위적인 희곡들을 발표하기 시작했다. 제2차 세계대전 이후에는 오로지 프랑스어로 작품을 썼으며, 1952년에는 〈고도를 기다리며〉가 크게 성공하여 소위 반연극의 선두주자로 각광받으면서 일약 세계적인 극작가로 주목을 끌었다.

그의 허무주의적인 작품은 부조리한 세계 한가운데 무의미하게 주저앉아 죽음만을 기다리는 절망적인 인간 조건을 극명하게 드러내 보인다는 점에서 매우 우울한 뒷맛을 남기는 특징이 있다. 베케트는 자신의 친구이자 스승이기도 했던 제임스 조이스로부터 많은 영향을 받았지만, 자신만의 특이한 허무적인 언어로 부조리한 세상의 모습을 극화시킨 매우 독특한 작가라 할 수 있다.

베케트가 창조한 부조리 연극은 실로 부조리한 상황 속에서 온갖 절망적인 악조건을 헤쳐 나온 아일랜드인 특유의 삶의 체험이 반영된 것이라 해도 과언이 아닐 것이다. 현대 부조리극을 대표하는 양대 기둥이라 할 수 있는 베케트와 이오네스코가 각기 아일랜드인과 유대인이라는 점을 고려해 본다면 부조리한 현실로 고통받은 민족이 아니고서는 그런 발상 자체가 힘들 것이라는 생각을 해 본다.

Part 2

독일 문학

괴테의 〈파우스트〉
카프카의 심리
헤세의 『데미안』
토마스 만의 사랑과 죽음
귄터 그라스의 『양철북』

괴테의 〈파우스트〉

독일이 낳은 대문호 괴테(Johann Wolfgang von Goethe, 1749~1832)는 신성로마제국 시절 프랑크푸르트에서 태어나 82세를 일기로 바이마르에서 세상을 떠났다. 그는 『젊은 베르테르의 슬픔』 『빌헬름 마이스터의 수업시대』 〈파우스트〉 등 독일 낭만주의 문학을 대표하는 걸작들을 남겼다. 작가로서 명성을 얻었을 뿐 아니라 색채론과 식물학 등 자연과학에 대해서도 깊은 조예를 지녔던 다재다능한 천재였으며, 정치가로서도 명성을 누린 행운아이기도 했다.

괴테의 걸작 〈파우스트〉와 슈베르트의 가곡으로 유명한 그의 시 〈마왕〉의 공통점은 두 작품 모두 악마를 다루고 있다는 점이라 하겠다. 〈마왕〉에서는 아버지가 악마의 손길에서 필사적으로 아들을 지키고자 애쓰지만, 〈파우스트〉에서는 주인공이 오히려 악마와 흥정을 벌인다는 점이 다르다. 하지만 괴테의 시와 희곡을 대표하는 두 작품 모두 악마를 다룬다는 점에서 악마에 대한 괴테의 지대한 관심을 엿볼 수 있다.

물론 악마의 존재는 악을 인격화한 가공의 존재로 볼 수도 있다. 하지만 정신분석에서는 이를 도덕적으로 용납하기 어려운 원초적이고도 사악

119

한 욕망의 세계를 상징하는 것으로 보기 때문에, 결국 천사와 악마의 싸움은 곧 한 개인의 내적 대상끼리의 치열한 싸움으로 간주되기도 한다. 따라서 여기서는 이처럼 악과의 대결과 타협 그리고 파멸과 구원에 강한 집착을 보인 괴테 자신의 내면적 갈등에 초점을 맞추어 보기로 한다.

파우스트의 욕망과 갈등

파우스트 전설에 기초한 괴테의 비극 〈파우스트〉는 1808년에 제1부가 발표된 이후 무려 24년이 지난 1832년 괴테가 죽기 직전에 가서야 비로소 제2부가 완성될 정도로 오랜 기간에 걸쳐 태어난 대작이다. 그러나 괴테가 소년 시절부터 파우스트 이야기를 작품으로 만들겠다고 꿈꿨으며, 그 결과 1774년 〈파우스트 초고〉를 작성한 후 이를 다시 개작하는 과정 등을 포함한다면 〈파우스트〉 전편의 완성에는 무려 60년이라는 긴 세월이 걸린 셈이다. 다시 말해서, 괴테는 자신의 전 생애를 〈파우스트〉의 완성에 바친 것이다. 그만큼 그는 혼신의 힘을 다해 자신의 모든 사상과 지식을 〈파우스트〉를 통해 집대성하고자 했다.

파우스트 전설은 원래 오래전부터 독일에서 전해 내려오던 연금술사 및 마술사에 관한 이야기로, 인형극 등을 통해 독일 민중에게는 이미 잘 알려져 있었다. 그러나 전설상의 파우스트는 쾌락지상주의자로 금욕적인 중세 기독교 신앙에 따르자면 악마숭배주의자에 해당되며, 따라서 지옥에 떨어져 파멸의 길을 걸을 수밖에 없는 운명을 맞이한다. 물론 괴테는 이와 같은 권선징악적 단순 구도를 지양하고 보다 심오한 차원에서 인간적 모순의 근원을 탐색하는 동시에 구원의 길을 모색했다는 점에서 그 문학적 향기를 더욱 높인 것이다.

'제1부'의 내용은 구약성서의 〈욥기〉와 매우 흡사한데, 그 줄거리는 대충 다음과 같다. 악마 메피스토펠레스는 신이 총애하는 파우스트 박사를 유혹할 수 있다고 신과 내기를 건다. 나이 든 학자 파우스트는 인간 지식의 허망함을 깨닫고 절망에 빠져 자살까지 생각한다. 이때 메피스토펠레스가 나타나 그의 영혼을 담보로 온갖 향락과 무한대의 지식을 제공하겠노라고 파우스트를 유혹하고, 결국 둘 사이에 계약이 이루어진다.

젊은 20대 청년으로 돌아간 파우스트는 여행길에서 만난 어린 소녀 그레첸을 사랑하고 임신까지 시키지만 그와의 만남으로 인해서 그녀는 예기치 못한 불행에 빠진다. 그레첸은 영아 살해 혐의로 감옥에 갇히고 곧 처형당할 운명에 처하게 된다. 파우스트는 그녀를 구출하고자 애쓰지만 모든 노력이 허사로 돌아가고, 결국 그의 이름을 간절히 외치는 그레첸을 감옥에 남겨 둔 채 어쩔 수 없이 그녀의 곁을 떠난다.

'제2부'는 그 무대가 독일을 떠나 전 우주적으로 확대된다. 절망과 고뇌에 빠진 파우스트는 알프스의 자연을 통하여 마음의 상처를 달래고 그리스 신화의 아름다운 여신 헬레네를 불러내어 그녀와 결혼한다. 그러나 둘 사이에 태어난 아들이 하늘을 날다가 바위에 떨어져 죽는 사건이 일어나고, 이 때문에 상심한 헬레네도 저승으로 돌아간다.

그리스를 떠나 독일로 돌아온 파우스트는 반란군을 진압하는 공을 세워 황제로부터 토지를 하사받고 그 땅을 개발하는 과정에서 독실한 신자인 노부부를 죽게 만든다. 100세가 된 파우스트는 시력을 잃고 장님이 되지만, 그의 혜안은 날로 밝아져 미래의 낙원을 이루기 위해 마법을 물리칠 결심까지 하나 결국 그는 숨을 거둔다. 그때 천사들이 파우스트의 영혼을 천국으로 데려가고 그레첸이 나타나 그를 맞이한다.

이처럼 제1부와 제2부는 서로 그 성격이 매우 다르다. 제1부는 지적 허영심에 사로잡힌 파우스트가 악마의 힘을 빌려 온갖 쾌락에 탐닉하는 반면에, 제2부에서는 육체적 향락뿐 아니라 세속적 욕망과 철학적 탐색을 거쳐 범신론적 구원의 문제까지 광범위하게 다루고 있는 것이다. 그리고 악마에게 영혼을 팔고 대신에 지혜를 얻은 파우스트 박사는 선과 악의 대립 사이에서 오랜 기간 갈등을 겪어 온 인간의 정신적 방황과 고뇌를 반영한다. 그와 유사한 악마의 유혹이나 시험은 예수나 석가모니도 겪었고, 심지어는 욥기에 나타나는 것처럼 신조차도 사탄과 흥정하는 모습을 보이지 않았는가.

악마는 이처럼 항상 인간을 유혹하고 흥정하려 든다. 악마가 제시하는 미끼는 주로 성적인 마력 또는 무제한의 권력이나 지식이다. 물론 괴테는 지식과 성을 죄악시하는 당시 기독교 전통에 대해 감히 도전장을 던진 것으로 볼 수도 있겠다. 그것은 자살을 죄악시하던 시절에 젊은 베르테르의 자살을 통하여 일대 파란을 일으킨 것과 비슷한 성질의 도전이기도 했다.

그럼에도 불구하고 〈파우스트〉의 결말은 결국 영적 구원으로 끝난다는 점에서 다소 진부하다는 느낌을 지우기 어렵게 한다. 그것은 온갖 악에 탐닉한 자가 주일마다 교회에 가서 회개하고 구원받는 일을 끝없이 반복하는 모습처럼 진부하기까지 하다. 물론 모든 문학 작품에서 그 결과가 반드시 중요한 것은 아니지만, 갑자기 하늘로 승천한 파우스트의 무책임한 해피엔딩은 아무리 인내심이 많은 독자들이라 할지라도 닭 쫓던 개 지붕 쳐다보기 식의 허탈감을 느낄 수밖에 없을 것이다. 어쨌든 괴테와 파우스트를 선으로 인도하고 구원한 주체는 여성들이었다. 그곳에 남성들이 개입할 여지는 전혀 없어 보인다.

괴테의 생애와 심리

괴테는 프랑크푸르트 암마인에서 궁정 평의원인 아버지 요한 카스파르 괴테와 시장의 딸인 어머니 카타리나 사이에서 태어났다. 괴테에게는 형제들이 많았지만 어린 나이에 모두 일찍 죽고 한 살 아래인 누이동생 코르넬리아가 유일한 형제로 남았다. 유복한 집안의 아들로 태어난 괴테는 하인들을 거느린 대저택에 살면서 남부러울 것 없는 환경에서 성장했다. 교육열에 불탄 아버지는 일찍부터 어린 괴테에게 개인 교수를 받게 하면서 다양한 분야에 걸친 교양을 쌓게 했는데, 교회를 매우 싫어했던 괴테는 문학과 미술에만 흥미를 느끼고 일찍부터 열애에 빠져 학업을 소홀히 하기도 했다. 그는 라이프치히에서 법학을 공부하던 10대 사춘기에 이미 자신보다 두 살 연상인 소녀와 사랑에 빠져 연애시를 쓰기도 했지만, 그 사랑은 불발로 그치고 말았다.

법학에 별다른 흥미를 갖지 못한 그는 공부에 진척이 없자 도중에 집으로 돌아와 일 년 반 동안이나 빈둥거리며 세월을 보냄으로써 아버지와의 관계도 나빠졌다. 결국 인내심의 한계를 느낀 아버지의 화가 폭발하는 바람에 어쩔 수 없이 학업에 복귀한 괴테는 마침내 22세에 변호사 자격을 따지만 결국에는 작가의 길을 걷기로 마음먹는다. 그리고 그의 나이 불과 25세 때 발표한 소설 『젊은 베르테르의 슬픔』은 주인공 베르테르를 모방한 젊은이들의 자살이 줄을 이을 만큼 엄청난 사회적 파장을 불러일으키며 괴테의 이름을 전 유럽에 떨치도록 만들었다. 그렇게 해서 그는 세계 최초의 베스트셀러 작가가 된 셈이다.

그의 명성이 자자해지자 바이마르공국의 젊은 대공 카를 아우구스트의 초대를 받고 그 밑에서 대신이 되어 일하기 시작한 그는 외교 활동으로 분주한 나날을 보내느라 사실 집필 활동에는 많은 지장을 받았다. 1806년 나폴레옹 군대가 괴테의 집을 점령했을 당시 그는 이미 크리스티아네와 18년째 동거하면서 여러 아이까지 낳은 상태였지만, 이때 비로소 합법적인 결혼식을 올렸다. 아내 크리스티아네는 1816년 먼저 세상을 떠났는데, 그 후 괴테의 나이 74세 때 심장 발작에서 회복된 그는 울리케 폰 레베초프와 사랑에 빠져 결혼하고자 했으나 그녀의 어머니가 한사코 반대하는 바람에 그 뜻을 이루지 못하고 말았다. 그리고 1832년 바이마르에서 83세를 일기로 세상을 떠났다.

괴테의 어린 시절은 외관상으로만 본다면 남부러울 것이 없는 그야말로 온실 속의 삶이었다. 하지만 그의 내면에 간직된 남다른 열정만큼은 그 어떤 지식이나 신앙심만으로는 주체하기 어려울 정도로 강했다. 10대 소년 시절부터 70대 노년기에 이르기까지 괴테가 보여 준 지치지 않는 열정과 정력은 그의 리비도가 얼마나 강했는지 입증해 주고도 남는다. 그것은 시인 바이런의 열정을 능가하는 수준으로, 괴테 자신도 그런 사실을 잘 알고 있었다.

그가 지닌 왕성한 정력은 괴테 자신의 고백을 통해서도 드러나는데, 어느 날 그는 아내에게 보낸 서한에서 자신이 여행길에 잠시 들른 여인숙의 하녀와 동침하는 자리에서 결정적인 순간에 발기가 되지 않아 크게 낭패를 보고 말았다는 일화를 소개한 것이다. 자신의 성적 일탈 행위를 아내에게 솔직히 고백한 것은 그가 얼마나 자유분방한 기질의 소유자인지 알 수 있는 대목이기도 하지만, 다른 한편으로는 그가 자신의 정력에 대해 그만큼 과신하고 있었다는 사실도 엿보게 한다.

어쨌든 그 사건은 괴테 스스로도 이해하기 힘든 것이었는데, 분석적으로 말하자면 양심의 가책에 따른 순간적인 죄의식 때문에 발기가 되지 않은 것으로 볼 수 있다. 다시 말해서, 괴테의 이드와 초자아 사이에 갈등이 생긴 것이다. 그런데 이와는 전혀 반대의 경우도 있다. 프로이트에게 분석을 받았던 작곡가 구스타프 말러는 오히려 아내와의 잠자리에서 발기가 되지 않아 고민했던 것이다. 물론 그것은 아내와 어머니의 이름이 같다는 사실에서 비롯된 오이디푸스 갈등 문제에 따른 현상이었음이 밝혀졌지만, 괴테는 프로이트보다 100년 전에 태어난 인물이었으니 그런 심리적 관련성을 이해했을 리가 없다.

그렇다면 괴테 역시 그와 유사한 갈등이 있었을까. 당시 수많은 젊은이로부터 베르테르의 죽음을 모방한 자살 돌풍을 일으켰던 그의 소설 『젊은 베르테르의 슬픔』은 한마디로 이루어질 수 없는 사랑의 애절한 비극을 다룬 내용이다. 베르테르가 그토록 애타게 그리던 롯데는 이미 그녀보다 11년이나 연상인 알베르트와 혼인한 몸으로, 이룰 수 없는 사랑에 절망한 베르테르는 결국 알베르트에게서 빌린 권총으로 자살하고 만다. 자신의 영원한 연인 롯데에게 작별 인사를 고하면서 자정을 알리는 시계 소리에 맞추어 방아쇠를 이마에 대고 당긴 것이다.

베르테르가 간절히 원하던 롯데는 지적인 매력과 강한 모성애적 따스함을 겸비한 여성이다. 베르테르는 어머니와 관련된 문제를 정리하기 위해 고향을 떠나 머물던 마을에서 불우한 처지에 있던 롯데를 처음 본 순간 사랑에 빠졌는데, 결국 괴테는 자신의 오이디푸스 갈등 문제를 주인공 베르테르를 통해 드러낸 것으로 볼 수 있다. 물론 여기서 롯데는 어머니를 대리하며 그녀를 차지한 알베르트는 아버지를 상징한다.

이룰 수 없는 사랑에 절망한 그가 자살에 이용한 권총은 상징적으로 아버지에게서 빌린 남근을 뜻하며, 그는 금지된 사랑을 어겼다는 죄의식 때문에 그것으로 스스로를 징벌함으로써 자신의 거세공포에서도 벗어난다.

물론 이 소설은 괴테 자신이 젊은 시절에 실제로 겪었던 샤를로테 부프와의 연애 실패담을 토대로 쓴 것이다. 당시 그는 이미 약혼자가 있는 처녀를 사랑하다 거절당한 아픔을 겪었는데, 당연히 그것은 이루어질 수 없는 사랑이었다. 이처럼 괴테가 벌인 숱한 애정 편력을 살펴보면 현실적으로 이룰 수 없는 삼각관계에 빠진 경우가 많았는데, 친구의 약혼녀나 이미 결혼한 유부녀 혹은 자신보다 신분이 매우 낮은 여관집 딸들이 주된 상대들이었다. 물론 그것은 자신의 어머니와 누이동생에 대한 무의식적 소망과 더불어 오이디푸스 삼각관계에서 빚어진 갈등의 연장처럼 보이기도 한다.

어머니를 아버지의 손에서 구한다는 괴테의 구원 환상은 악마의 유혹에 빠져 20대 청년으로 되돌아간 파우스트가 자신의 아기를 낳은 어린 소녀 그레첸이 유아살해죄로 감옥에 갇히자 그녀를 구하려고 애쓰지만 결국 실패하고 만다는 〈파우스트〉 제1부 내용을 통해서도 확인할 수 있다. 어머니와의 금지된 사랑을 이루기 위해서는 악마의 힘을 빌릴 수밖에 없기 때문이다. 파우스트가 악마와 계약을 맺고 핏방울로 서명한 후에 제일 먼저 저지른 행위는 10대 소녀와 관계를 맺고 임신을 시킨 것이었는데, 이는 곧 현실에서 이룰 수 없는 근친상간적 욕구를 마법의 힘으로 시간을 되돌려 놓음으로써 성취해 보고자 하는 무리한 시도였다. 아기를 죽게 만든 설정 또한 죄의식이 작용했기 때문이다.

제2부에서도 오이디푸스 상황은 재연된다. 파우스트는 모든 것이 완전 무결한 어머니의 나라로 가서 아름다운 헬레네에 빠진 나머지 파리스에게서 그녀를 빼앗으려 하다가 정신을 잃는다. 우여곡절 끝에 헬레네를 다시 찾은 파우스트는 그녀와 결혼하여 행복을 누리지만 그들에게서 태어난 아이가 죽게 되자 상심한 헬레네는 천국으로 가 버린다. 여기서도 제1부와 마찬가지로 파우스트의 아기는 죽음을 맞이한다.

그리고 황제로부터 하사받은 땅을 개간한답시고 주민들을 강제 철거시키고 그 땅에 불을 질러 신심이 두터운 노부부를 불에 타 죽게 만드는데, 그에 대한 징벌로 그는 두 눈을 실명한다. 물론 여기서 그가 죽게 만든 노부부는 파우스트의 부모를 상징한다. 그 후 파우스트는 진정한 삶의 의미를 깨닫고 죽음을 맞이하는데, 그때 하늘에서 천사들이 내려와 그의 영혼을 천국으로 데려가고 그곳에서 그는 그레첸을 만난다. 그리고 그녀는 성모 마리아에게 간청하여 그가 구원받도록 이끈다.

이처럼 〈파우스트〉는 얼핏 보면 매우 종교적인 메시지를 전하는 듯 보인다. 하지만 어떤 측면에서는 남성적인 원리의 독주와 횡포에 맞서는 여성적 원리의 위대함을 드러내는 동시에, 완전한 인간 사회를 이루기 위해서는 이 두 가지 원리가 조화를 이루어야 함을 강조하는 것처럼 보이기도 한다. 물론 이런 사상은 음양의 조화를 강조하는 동양 사상과도 일맥상통하는 측면이 있다고 하겠다.

괴테는 그의 나이 40세부터 동거를 시작한 크리스티아네와 1806년 뒤늦게 결혼식을 올렸는데, 이때 그의 나이 57세였으니 이 또한 그 자신의 오이디푸스 갈등과 무관치 않아 보인다. 오랜 세월 크리스티아네와 동거하며 아이들까지 낳았으면서도 그는 그동안 정식 결혼도 않은 채 살았던 것이다. 물론 인습에 얽매이지 않는 괴테 자신의 자유분방한 기질도 그렇지만 단순한 가치관의 문제 이전에 그가 지닌 무의식적 갈등이 더욱 큰 영향을 끼친 것으로 보인다.

그의 아버지는 괴테가 33세 때 이미 세상을 떠났지만, 어머니 카타리나는 1808년에 77세를 일기로 세상을 떠났으니, 나폴레옹 군대가 침입하지 않았으면 그의 결혼식은 더욱 지연되었을지도 모른다. 왜냐하면 어머니가 살아 있는 한 그녀 앞에서 결혼식을 치른다는 것은 일종의 배신 행위에 해당되기 때문이다. 어머니의 존재는 그에게 성모 마리아에 우선하는 여성 원리의 상징이었던 셈이다. 그녀는 불과 17세 때 20년 연상인 요한 카스파르와 혼인하여 괴테를 낳았던 것이다.

괴테의 작품에 나오는 여주인공들이 모두 10대 소녀들인 점을 감안한다면 그는 순결한 상태의 어머니 모습을 가장 이상적인 형태의 여성상으로 마음속에 간직하고 있었던 것으로 보인다. 그리고 그런 무의식적 환상은 꿈의 형태가 아닌 작품의 형태를 통해 형상화되어 나타난 것으로 볼 수 있다. 그런 점에서 "영원히 여성적인 것이야말로 우리를 끌어올린다."는 〈파우스트〉의 구절은 괴테의 여성 지향적 태도를 한마디로 대변하는 것으로, 괴테의 삶을 지배한 가장 중요한 좌우명이었던 셈이다.

물론 이런 내용과 상반된 주장도 없는 것은 아니다. 괴테 연구로 정평 있는 오스트리아 태생의 정신분석가 쿠르트 아이슬러는 오히려 괴테가 자신의 어머니에 대한 살해 욕구로 갈등을 겪었음을 주장했다. 그러나 이미니에 대한 지나친 이상화와 평가절하는 동전의 양면이나 다름없다고 본다. 특히 나르시시즘에 기초한 과대적 이상화는 손쉽게 나르시시즘적 상처로 이어져 엄청난 분노와 좌절로 돌변하는 경향을 보이기 때문이다. 괴테는 분명 나르시시즘적 전지전능감에 사로잡혀 있었다. 그 누구도 넘볼 수 없는 지적 야망을 성취하기 위해 악마의 힘을 빌려서라도 그런 무제한의 능력에 도달하고자 했던 파우스트 박사는 바로 괴테 자신이기 때문이다.

반면에 괴테의 창의력에 가장 큰 동기를 부여한 것은 누이동생에 대한 질투심과 경쟁심이라고 보는 견해도 있다. 특히 〈파우스트〉의 주된 창작 동기를 형제간의 경쟁심에서 찾았던 미국의 정신분석가 찰스 클리거만은 괴테의 그런 질투심은 그가 법학도 시절이었던 17세 때 뜨겁게 불이 붙었던 안네트와의 로맨스에서 이미 그 흔적을 읽을 수 있다고 주장했다.

물론 괴테의 자서전이라 할 수 있는 『시와 진실』에서도 그는 자신의 누이동생 코르넬리아에 대한 미묘한 양가적 감정에 대해 기술하고 있긴 하지만, 그렇다고 해서 그런 감정이 〈파우스트〉의 주된 창작 동기가 되었다고 보기에는 너무 미흡한 감이 든다. 오히려 어머니에 대한 양가적 감정이 더욱 중요한 동기가 되었다고 보는 것이 타당할 것이다.

바이마르 시절 궁정관의 부인 샤를로테 폰 슈타인은 그런 점에서 괴테에게는 어머니를 대신할 수 있는 유일한 정신적 인도자였다. 그는 무려 1,500통에 달하는 편지를 보낼 정도로 슈타인 부인을 이상적 존재로 삼고 숭배했다. 물론 그녀는 괴테에게 호감을 지니고 있었지만 자신에게 뜨거운 열정과 헌신을 보이는 괴테에게 그 어떤 선을 넘지 않도록 자제심을 촉구하기도 했다. 적어도 그녀는 괴테로 하여금 미덕에 기초한 승화의 개념을 가르친 셈이다.

그러나 괴테는 끓어오르는 열정을 도저히 삭힐 수가 없었다. 이루어질 수 없는 사랑에 대한 괴테의 끊임없는 추구는 그 후에도 계속 멈출 줄을 몰랐다. 이런 현실에서 도피하고자 잠시 머물렀던 베츨러에서조차 그는 또다시 임자 있는 나룻배를 타려다가 실의에 빠지기도 했다. 그곳에서 괴테는 약혼자가 있는 샤를로테 부프라는 처녀를 사랑하게 되었지만, 그것은 이미 실패와 좌절을 예고한 사랑이었다. 그리고 이때의 쓰라린 경험이 『젊은 베르테르의 슬픔』을 낳은 것이다. 젊은 베르테르로 하여금 자살에 이르게 만들었던 롯테의 원형은 사실상 샤를로테 폰 슈타인 부인이자 샤를로테 부프였으며, 두 샤를로테는 곧 어머니의 상징적 대리인이었던 셈이다.

이 모든 금지된 욕망으로 고통받은 괴테는 노후에 들어서도 여전히 그 뜨거운 열정에서 자유롭지 못했다. 〈파우스트〉가 완성되기까지 그토록 오랜 세월이 걸린 이유도 괴테 스스로가 타협과 화해에 도달하는 데 많은 시간이 걸렸기 때문이었기 쉽다. 그러나 악마에게 영혼을 팔아가면서까지 감히 신적인 위치에 오르고자 했던 파우스트 박사는 온갖 쾌락과 지식을 만끽하는 행운을 얻지만, 결국에는 파멸 직전에서 성모 마리아와 그레첸의 도움을 받고 용서를 받는다. 그것은 곧 금지된 욕망의 세계를 초월하여 승화된 영적 세계로의 진입을 의미하는 것이기도 했다.

그렇게 〈파우스트〉는 다소 어설픈 해피엔딩으로 싱겁게 마무리되지만, 그것은 그야말로 질풍노도와 같은 괴테 자신의 청소년기적 갈등과 방황의 종식을 뜻하는 것이다. 남성 원리로 대변되는 아버지를 극복하고 여성 원리의 상징인 어머니를 지향하는 태도는 물론 보편적인 현상의 일부이긴 하지만, 특히 괴테에게는 북독일의 지적이고 도덕적인 엄격성을 지닌 아버지와 남독일의 자유분방한 예술적 감수성을 지닌 어머니 사이에서 나타나는 상반된 특성들이야말로 주된 갈등의 핵심이 되었던 것이다. 〈파우스트〉는 결국 그런 양극성의 조화로 마무리된 것이 아니라 여성 원리의 승리에 대한 찬가로 끝을 맺는다.

그러나 괴테의 작품 가운데서 시와 소설을 제외하고 특히 〈파우스트〉를 읽고 감상한다는 것은 매우 고단한 작업임에 틀림없다. 솔직히 말해서, 그것은 일종의 지루한 고역일 수도 있다. 독일어 운문 특유의 묘미를 느낄 수 없으니 지겨울 수밖에 없는 건 당연한 노릇이다. 우리는 단지 번역된 내용만을 상대로 괴테의 사상을 접할 수 있을 뿐이니, 노래의 멜로디를 모르고 오로지 가사만 외우고 있는 학생의 모습과 크게 다를 바 없다. 더구나 실로 방대한 고대 그리스-로마 신화 및 철학에 대한 사전 지식 없이는 괴테의 심오한 사상을 이해하기 어려운 것이 사실이다.

카프카의 심리

오스트리아 – 헝가리 제국에 속하는 보헤미아에서 부유한 유대인 상인의 아들로 태어난 프란츠 카프카(Franz Kafka, 1883~1924)는 결핵 요양소에서 41세라는 젊은 나이에 생을 마칠 때까지 세상에 전혀 알려지지 않은 무명 작가였다. 그는 매우 내성적인 성격의 소유자로 말수도 지극히 적었던 은둔형 인물이었다.

부친의 뜻을 거역하지 못하고 프라하 대학에서 마지못해 법률을 공부한 카프카는 그런 폭군적인 부친에 대해 불만이 많았다. 졸업 후 재해보험국 직원으로 일하면서 틈틈이 작품을 썼지만 정작 그 자신은 스스로를 작가라고 생각하지도 않았으며, 따라서 문단에 정식으로 데뷔할 생각조차 지니고 있지 않았다.

제1차 세계대전 중에 폐결핵을 앓기 시작한 그는 결국 보험국을 그만두고 스위스, 발틱 해안 등을 전전하며 요양생활을 보냈지만 병세는 진전이 없었다. 그의 애인 도라 디만트와 동거하면서 창작에 몰두했으나 병세가 더욱 악화되어 결국 빈의 키어링 요양소에 들어가 투병생활을 계속하다가 사망했다.

그는 작가로서의 자신감이나 자부심도 적어서 유일한 친구였던 막스 브로트에게 자신이 죽고 난 후 자신의 모든 작품을 불태워 달라고 유언했다. 그러나 브로트는 카프카의 예술적 가치를 고려한 나머지 고인의 뜻을 어기고 카프카 사후에 그의 원고들을 정리하여 세상에 내놓게 된 것인데, 그 후 브로트는 나치 독일의 눈을 피해 카프카의 원고들을 국외로 안전하게 빼돌리는 데 성공하기도 했다. 브로트가 아니었으면 카프카의 존재는 지상에서 영원히 사라지고 없었을 것이다.

또한 카프카가 죽을 때까지 곁에서 헌신적으로 간호했던 도라 디만트 역시 그가 죽고 난 후 나치스의 박해를 피해 천신만고 끝에 런던으로 도피할 수 있었다. 그녀는 제2차 세계대전이 끝난 후 곧바로 세상을 떠났지만, 그녀가 목숨을 다해 지키고 간직했던 카프카의 중요한 기록들 덕분에 우리는 다행히 카프카라는 존재의 일부를 접할 수 있게 된 것이다.

『심판』

성실한 은행원 요제프 K는 어느 날 갑자기 신분을 알 수 없는 관리에게 영문도 모른 채 체포된다. 그리고 그 후의 사태는 갈수록 수수께끼처럼 오리무중이 되어 간다. K는 어떻게든 자신이 처한 곤경에서 빠져나가 보려고 무던히도 애를 쓰지만 방법은 전혀 없었다. 결국 K는 두 사람에게 개처럼 끌려가 무참하게 처형당하고 만다. 아무런 저항도 못해 보고 소문도 없이 이 세상에서 사라져 버린 것이다.

『심판』은 1915년에 완성되었다. 즉, 나치 독일이 출현하기 전에 나온 작품이지만, 이미 이 소설에서 카프카는 자신의 동족들 앞에 어떤 운명이 기다리고 있는지 미리 예감이라도 한 것처럼 절망적인 상황을 묘사하고 있다. 카프카가 죽고 난 후 그의 세 누이동생 모두 나치 수용소의 가스실에서 아무런 저항도 하지 못한 채 비극적인 최후를 맞이하고 말았으며, 그의 약혼녀였던 밀레나 역시 죽음의 수용소에서 목숨을 잃었기 때문이다.

소설『심판』의 작중 인물 K는 바로 카프카 자신이다. Kafka의 첫 문자를 따서 붙인 이름 K의 독일어 발음은 '카'다. 소설 속에 나타나는 주요 등장인물에는 판사와 변호사, 신부 그리고 처형자가 있다. 판사는 법을 수호하는 사람이고 형을 언도한다. 그리고 변호사는 전혀 도움이 되지 않는다. 신부는 계속 K의 죄에 대해서 말하지만, K는 끝내 자신의 죄명도 알아내지 못하고 변호도 제대로 받지 못한 채 개처럼 들판으로 끌려 나가 처형된다.

그러나 과연 누가 누구를 심판하고 또 그런 자격은 누구로부터 부여된 것이며, 더군다나 정당한 자격이 적절한 인물에게 주어진 것인지 여부에 대해서는 그 누구도 알 수 없다. 그렇게 주인공은 정확한 이유도 모른 채, 또한 상대의 신원도 제대로 알 기회조차 주어지지 않은 상태에서 영문도 모르고 죽어 간다.

그런데 보이지 않는 가해자들의 실체와 아무런 이유도 모른 채 죽어야만 하는 주인공의 운명은 마치 오랜 세월 동안 유대인들이 서구 사회에서 겪었던 부당한 핍박과 고난에 대해 항변하는 목소리처럼 들린다. 의도적으로 설정된 모호한 상황은 마치 부조리한 운명의 조건을 감수하며 살아가는 고통받는 현대인 또는 유대인을 상징하는 듯이 보인다. 동시에 그것은 카프카 자신의 모습일 수도 있다.

그런 점에서『심판』은 카프카 자신에게 이중의 사슬을 채운 상태로 몰고 간 유대인 아버지에 대한 반항과 분노 그리고 그에 따른 죄책감으로 자학적인 최후를 맞이하는 비극적 운명에 놓인 아들의 처절한 몸부림이라고 할 수 있다. 카프카의 부친은 자신의 아들이 법관이 되기를 바랐지만, 결국 카프카는 작가의 길을 선택하였다. 아버지의 뜻을 감히 거스른 것이다. 가부장적 사회의 법과 세속 법을 함께 거부한 셈이다.

법정은 죄를 심판하고 형벌을 내리는 곳이다. 개인적인 측면에서 『심판』은 아버지의 뜻을 거역한 죄로 카프카 스스로 자신에게 형벌을 내리는 극단적인 자기 징벌 환상으로 점철된 소설이라고 할 수 있다. 또한 인위적인 도그마나 이데올로기를 강요하는 아버지를 포함한 모든 권위적인 대상에 대한 통렬한 조소와 자학적인 복수극이라고 볼 수도 있다.

『성(城)』

아무도 접근할 수 없는 성안으로 들어가기 위한 주인공 K의 노력과 시도는 결국 실패하고 만다. 누구도 그를 초대한 사실이 없음에도 불구하고 K는 집요할 정도로 성안에 관심을 지니고 그 안으로 들어가려고 무던히 애쓴다. 소외된 인간의 좌절과 고독이 작품 속에 짙게 배어 있다. 비록 막스 브로트는 소설 제목이 가리키는 성이란 결국 신을 상징한다고 해석하기도 했지만, 과연 카프카의 의도가 진정 그랬던 것인지는 아무도 알 수 없다.

다만 학창 시절부터 자신의 내면세계와 외부 현실 사이에는 자신과 아버지 사이만큼이나 그 무엇으로도 메울 수 없는 크나큰 간격이 존재함을 인식했던 카프카였다는 점에서 그 자신의 절망적인 상황을 드러낸 것으로 추정해 볼 수는 있겠다. 실제로 그는 모든 기성세대, 기득권자, 권위주의적인 제도 등에 반발하고 적대감을 보였다. 그리고 일찍부터 사회주의자 또는 무신론자, 무정부주의자를 자처했으며, 성인이 된 이후에도 무정부주의자 회합에 참석하거나 사회주의적인 시오니즘 운동에 동조하기도 했다.

그런 점에서 본다면 K가 추구하는 바가 브로트가 주장하는 것처럼 신을 상징한다기보다는 차라리 자신의 운명을 좌지우지하는 불합리하고 부당한 사회제도 내지는 아버지의 권력 또는 실체를 알 수 없는 미지의 존재인 여성을 상징한다고 보는 것이 타당할지도 모른다. 다만 신의 존재와 율법에 대한 카프카 자신의 고뇌를 우회적으로 표현한 단편『율법 앞에서』를 고려해 볼 때, 신학적 주제로 받아들일 여지는 충분히 있다.

『성』을 포함한 이들 작품에는 문과 문지기, 그리고 문을 열고 그 안으로 들어가려고 필사적인 노력을 기울이는 신원을 알 수 없는 주인공이 등장한다는 것이 특징이다. 유대인들 역시 카프카의 아버지처럼 자신들이 속한 사회의 중심부 또는 상층부에 접근하기 위해 필사적인 노력을 기울였지만 대개의 경우 실패와 좌절이 돌아오기 일쑤였다.

다수의 유대인을 오랜 세월 비좁고 더러운 게토 안에 가두고 경멸해 왔던 당대의 사회적 분위기로 볼 때, 카프카 역시 유대인의 접근이 철저히 차단된 서구 기독교 문명의 허구성과 모순에 일찍 눈떴으며, 영원히 중심부에 접근할 수도 없고 접근이 허용되지도 않는 서구 사회의 변방을 배회하는 자신의 소외된 모습을 작품화한 것일 수 있다. 만일 그게 아니라면 도저히 다가갈 수 없는 힘과 권위의 상징으로서 아버지라는 존재를 의미한 것일지도 모른다.

알 수 없는 그 어떤 음모가 진행되는 핵심 권력의 상징으로서 성은 무력한 K가 감히 넘볼 수 없는 불가항력적인 억압 체제를 의미할 수 있으며, 정신분석적으로는 카프카 내면의 어두운 무의식 세계를 뜻한다고 볼 수도 있다. 소용없는 짓인 줄 알면서도 K는 포기하지 않고 보이지 않는 그 실체에 접근하고자 무진 애를 쓴다.

K는 카프카 자신의 이름 첫 문자와도 일치하는데, 생존을 위해서는 자신이 속한 생활권에 맞춰 수시로 이름도 바꾸어야만 했던 유대인들에게 정확

한 이름은 어차피 중요한 문제가 아니다. 따라서 정확한 이름은 끝내 밝혀지지 않는다. 신분도 명확하지 않다. 신원이 철저히 은폐된 주인공은 무조건 성안으로 들어가려고만 든다. 그 모습은 거의 필사적이기까지 하다.

여기에 카프카 자신의 혼란스러운 정체성 문제가 드러난다. 독일어를 사용하지만 독일인도 아니고, 체코인들에게는 독일인 행세를 해야 되고, 같은 독일어를 사용해도 결국 유대인일 수밖에 없는 혼란된 정체성의 문제는 카프카의 삶에 항상 따라다니는 꼬리표 같은 것이 되었다. 그의 작품에 일관되게 나타나는 불확실성, 통렬한 자기 분석, 심판에 대한 강박적인 집착, 외부 현실로부터의 단절과 소외, 자유에 대한 희구 등은 카프카 개인의 특성뿐 아니라 항상 좌절과 수모, 그리고 정체성의 갈등을 겪으며 살 수밖에 없는 유대민족의 특성이기도 하다.

『변신』

어느 날 갑자기 흉측한 벌레로 변신한 자신의 모습에 놀란 외판원 그레고르 잠자는 어디에도 속하지 못하고 결국에는 가족마저 그를 따돌리는 상황에서 어이없는 죽음을 맞이한다. '잠자(Samsa)'나 '카프카(Kafka)'는 모두 체코어로 외롭다는 뜻을 갖고 있다. 즉, 잠자는 항상 주변인으로서 외롭게 살았던 카프카 자신을 상징한다.

벌레로 변함으로써 가족의 생계를 부양하는 짐에서 잠시 벗어난 주인공은 뜻하지 않게 죽음으로 그 대가를 치르고 만다. 그는 자신의 존재를 알리고자 필사적인 노력을 기울이지만 가족은 그의 말소리를 듣지 못한다. 끔찍한 의사소통의 단절이 그들 사이에 가로놓인 것이다. 결국 주인공은 아버지가 내던진 사과에 몸을 맞고 중상을 입은 후 시름시름 앓다가 죽음을 맞게 된다.

카프카는 스스로를 표현할 때 벌레의 상징을 자주 사용하였다. 그는 "독충의 세계에서는 자기의 생명을 유지하기 위해서 상대방의 피를 빤다."거나 "나는 침대에 누워 있을 때, 가끔 커다란 딱정벌레나 풍뎅이 모습을 한 나 자신을 생각한다."라는 표현을 하기도 했다. 그 자신을 하잘것없는 벌레 같은 존재로 생각하는 자학적인 경향을 엿볼 수 있는 대목이다.

무엇보다 중요한 점은 유대인은 서구 기독교 사회에서 항상 벌레와 같은 취급을 받아 왔다는 사실이다. 벌레 같은 유대인은 당연히 박멸의 대상이었기에 나치 독일은 아무런 양심의 가책도 받지 않고 수백만의 유대인을 상대로 잔악한 인종청소를 자행할 수 있었다. 유대인이었던 카프카 역시 그런 벌레 같은 인간에서 예외가 될 수 없었다. 결국은 독일인도 아니고 체코인도 아니면서 한낱 벌레 같은 취급을 당하는 유대인일 수밖에 없다는 냉엄한 현실을 깨닫게 된 카프카의 심리가 『변신』의 배경을 이루고 있는 것이다.

그러나 개인적으로는 적대적 관계에 있던 부자간의 갈등을 집약한 상징일 가능성도 많다. 해충으로 변한 아들에 대해서 아버지는 공격적으로 대하며 그를 죽음으로 내몬다. 아버지를 향한 살해 욕망은 도저히 용납될 수 없는 것이었기에 카프카는 항상 죄책감에서 자유롭지 못했으며, 따라서 그의 작품에 나오는 주인공들은 한결같이 죽음을 맞는다. 카프카는 항상 자신을 억압한 아버지를 가해자로 인식하고 극도의 피해의식에 젖어 살았던 것으로 보이는데, 결국 소설에서도 아들은 아버지에게 죽임을 당하고 만다.

세상과 가족으로부터 버림받은 주인공이 다시 인간이 되고자 몸부림치며 필사적인 노력을 기울이지만 그런 노력도 헛되이 죽음을 맞이하고, 집 안을 온통 뒤집어 놓은 벌레가 죽자 그의 가족은 드디어 기쁨과 안도감에 휩싸여 교외로 산책을 나간다. 카프카는 이처럼 가정과 사회에서 모두 배척당한 나약한 한 유대인 남자에게 주어진 비극적인 운명을 동화적인 수법으로 잘 묘사했다.

카프카 개인에게 주어진 조건은 노력으로 바꿀 수 있는 성질의 것이 아니었다. 절대적 권위와 힘으로 군림한 아버지는 그에게는 불가항력적인 존재였으며, 그의 유일한 구원자였던 어머니조차 그런 아버지 앞에서는 무력하기 짝이 없는 존재였기에 그를 도울 수 없었다. 그야말로 대책 없이 내버려진 존재로서의 유대인 카프카가 혼자만의 힘으로 신분적 불이익을 감수하면서 헤쳐 나가야만 했던 삶의 조건은 너무도 벅찬 짐이 되었을 것이다. 따라서 카프카는 감당키 어려운 삶의 조건에서 벗어날 수 있는 유일한 해법은 사람들 눈에 띄지 않는 벌레로 변신하는 것밖에 없다고 상상했을지 모른다. 결국 소설 『변신』은 카프카 자신의 매우 자학적인 환상을 통한 자기 극복의 한 수단으로 동원된 성인동화라 할 수 있다.

당시의 시대상으로 볼 때 벌레 같은 존재로 취급된 유대인은 결국 최악의 파국을 맞게 되는데, 그것은 다름 아닌 카프카가 죽은 지 불과 20년 뒤에 실행으로 옮겨진 소위 유대인 박멸 사업이라는 것이었다. 그의 세 누이도, 사랑하던 연인도 모두 유대인 박멸 사업의 일환으로 죽음의 수용소에서 비참하게 죽어 갔다. 해충과도 같은 유대인 문제를 일거에 해소할 수 있는 유일한 최종 해결책으로 제시된 박멸 사업은 한 개인의 환상이 아니라 집단적으로 이루어진 인종청소였다는 점에서 카프카의 『변신』은 마치 예언적인 메시지를 담고 있는 것으로 보이기까지 한다.

〈빨간 피터의 고백〉

1970년대 우리나라에서 선풍적인 인기를 끈 바 있던 연극배우 추송웅의 모노드라마 〈빨간 피터의 고백〉의 원작이 되는 작품이 바로 카프카의 『학술원에 드리는 보고』라는 단편소설이다. 『변신』에서는 인간이 벌레로 바뀌는 데 반해서 이 작품에서는 거꾸로 동물의 인간화가 주제로 다루어지고 있는데, 피터라는 이름의 원숭이를 통해 낮에는 인간처럼 살고 밤에는 동물적 본능으로 사는 이중적인 삶의 실체를 폭로하고 있다.

피터는 어떤 학술 모임에 초대되어 자신의 전생과 인간화 과정에 대한 강연을 하게 되는데, 예상치 못한 출세에 들뜬 나머지 자기도취와 교만에 빠진다. 그렇게 자기기만에 사로잡힌 피터이지만 사실 그는 원숭이도 아니고 그렇다고 인간이라고 볼 수도 없는 존재인데, 이는 마치 당시 서구 사회에서 인간도 아니고 짐승도 아닌 어중간한 잡종에 불과한 존재로 취급당해 온 유대인의 처지와 비슷하다.

피터는 밤과 낮이 다른 이중적인 생활에 젖어 있다. 낮에는 쇼 무대에서 공연을 하며 돈을 벌고, 밤에는 다른 침팬지와 어울려 동침함으로써 동물적 본성을 그대로 유지하고 있는 것이다. 그런데 이는 마치 이중적인 사고와 태도를 강요당한 상황에서 살아가는 유대인들의 정신적 혼란을 상징하는 것처럼 보이는 동시에, 실제로 이중적인 생활을 했던 카프카 자신의 모습을 드러낸 것일 수도 있다.

카프카는 그 자신이 낮에는 어쩔 수 없이 보험회사 직원으로 일하고 밤에는 전혀 딴 사람이 된 듯이 정신없이 글을 쓰는 이중생활을 계속했다. 빨간 피터처럼 그는 낮에는 부모와 주위 사람들에게 자신이 정상적인 생활인임을 보여 주기 위한 일종의 쇼 공연을 하였으며, 밤에는 창작에 몰두하는 동시에 자신과 같은 유대인 친구들과 어울리며 살았던 것이다.

물론 피터처럼 어설픈 인간화는 다윈의 진화론을 조롱한 것으로 해석할 수도 있고, 인간의 동물적 본성이나 불완전성을 풍자한 것으로 볼 수도 있지만, 자유를 속박당하고 살아가는 인간들이 한계에 부닥친 상황을 표현한 것으로 보는 게 더욱 타당할지도 모른다. 카프카는 특히 비참하고 절망적인 인간 심리의 극한적 상황을 동물 우화의 형태를 빌려 묘사하는 데 천부적인 자질을 지녔는데, 벌레, 원숭이, 까마귀, 개, 독충, 기생충, 딱정벌레 등이 그가 즐겨 사용한 비유에 속한다. 그러나 원숭이 피터로 묘사된 반인반수의 모습은 정신분석적 관점에서 카프카 자신의 거세공포, 성적 결핍 또는 억압으로 볼 수도 있다. 그의 아버지는 분명 권위적인 독재자였으며, 카프카가 그런 아버지와 상당한 갈등관계에 놓인 것만은 사실이기 때문이다.

하지만 그의 작품은 단순히 자신의 개인적 문제만을 형상화한 것이 아니라 그가 속한 사회 전체의 문제를 포괄적으로 함축하고 있다는 점에서 더욱 가치가 있는 게 아닐까 한다. 그런 점에서 개종을 통해서라도 환경에 적응해 보려는 유대인의 동화 노력에 대한 조롱일 수도 있으며, 동시에 다른 인간과는 별개의 종에 속한 것으로 보는 카프카 자신의 자학적인 몸부림과 그 한계를 극복하려는 노력으로 볼 수도 있다. 사실은 이 점이 카프카에게는 일생 동안 가장 뼈저린 아픔이었으며 정신적 방황의 근원이기도 했던 것이다.

『아메리카』

아메리카는 유럽 대륙에서 영원한 아웃사이더로 살 수밖에 없는 유대인들에게는 마지막 기회의 땅이요, 인간답게 살 수 있는 유일한 탈출구였다. 따라서 20세기에 들어 아메리카를 찾는 유대인들의 행렬이 끊임없이 이어졌다. 카프카에게도 아메리카는 기나긴 좌절과 굴욕을 피해 안착할 수 있는 구원의 땅으로 비쳐졌을 것이다. 그러나 결국 『아메리카』는 미완의 작품으로 남게 되었다.

『아메리카』의 원래 제목은 『실종자』였지만 친구 막스 브로트가 임의대로 『아메리카』라는 제목을 붙여 출판했는데, 그런 제목만으로는 카프카의 의도를 제대로 이해할 수가 없다. 마치 구원의 땅을 찾아 떠난 주인공이 여기저기를 전전하며 새로운 낙원을 지향하는 희망찬 메시지로 비쳐지기 때문이다. 그러나 카프카는 자신의 일기에서 결국 죄 없는 주인공이 살해된다는 점을 암시하고 있다. 하녀와 스캔들을 일으켜 임신까지 시킨 주인공 칼 로스만은 부모에 의해 강제로 추방되어 뉴욕으로 보내지지만, 가는 곳마다 쫓겨나고 결국 오클라호마로 향하는 장면으로 소설은 끝난다.

그가 이민선에서 바라본 자유의 여신상은 과연 새로운 약속의 땅을 의미한 것인지, 아니면 복수의 여신을 뜻한 것인지 분명치가 않다. 그는 자유의 땅에서마저 항상 권위자들에 의해 추방됐기 때문이다. 권위의 상징인 아버지의 형상은 유령처럼 주인공이 가는 곳마다 따라다니며 괴롭히고 있었다. 과연 지상 낙원은 존재하는 것인가? 하지만 카프카는 아무런 해답도 제시하지 않은 채 소설을 미완으로 남기고 말았다. 그리고 카프카는 고립무원의 땅, 중부 유럽의 한가운데 핍박받는 유대인 신분의 한 무명작가로서 갑자기 실종된 사람처럼 자취를 감춰 버리고 말았다.

『아버지께 드리는 편지』에서 카프카는 자신이 처한 세계를 아버지의 법이 통치하는 세계, 노예 신분으로 살아가는 카프카 자신의 세계, 그리고 다른 사람들처럼 행복과 자유를 누리며 사는 세계의 세 가지로 구분 짓고 있다. 이처럼 그는 자신에게 주어진 피할 수 없는 조건을 벗어나 진정한 자유와 행복의 땅을 애타게 바랐지만 현실적으로 그에게는 그런 기회가 주어지지 않았다. 그러나 자유의 땅인 아메리카에서 그가 태어났더라면 아마도 오늘날 우리가 알고 있는 카프카라는 존재는 나오지 않았을지도 모른다.

그런 점에서 실종자란 결국 오갈 데 없이 지도상에서 갑자기 사라져 버린 유대인을 상징하는 것인지도 모른다. 카프카가 죽은 지 불과 20년 후에 수백만의 유대인이 쥐도 새도 모르게 갑자기 죽음의 수용소에서 자취를 감춰 버린 사실은 무엇을 뜻하는가. 그가 일찍 요절하지 않고 살아남았다면 아마도 60을 바라보는 나이에 수용소로 끌려가 소각되었을지도 모른다. 그런 점에서 그는 시의적절하게 일찍 종적을 감춰 버린 실종자에 속한다. 다만 그는 자신의 유언에도 불구하고 작품들이 살아남았기 때문에 이름이 알려진 실종자가 된 것일 뿐이다.

『심판』『성』『실종』『변신』 등 그가 남긴 작품들은 일관되게 자신이 처한 이율배반적 상황과 정체성 문제를 여실히 드러내 보여 준다. 그 주제는 과연 누가 누구를 임의로 심판하고 처형할 수 있는가에 대한 의문과 더불어 변방에 머무르지 않고 중심부로 접근해 가려는 필사적인 약자의 모습을 보여 주기도 한다. 물론 그런 모습은 딜레마에 직면한 극한적 상황에서 벗어나기 위한 몸부림이기도 하며, 이유 없이 강요되는 죽음을 통해 흔적조차 남기지 않고 사라질 수밖에 없는 실종자의 비애를 나타낸 것이기도 하다. 그것은 마치 자신에게 부여된 비극적인 아들의 운명을 암시하는 동시에 유대인 신분으로 인한 정체성의 혼란을 상징하는 듯하다.

그가 최초로 집필한 작품의 제목은 『어느 투쟁의 기록』이었다. 그의 모든 작품은 불합리한 삶의 조건 때문에 고통받으며 살다 간 카프카 자신의 내면적 투쟁의 기록이라 할 수 있다. 수수께끼 같은 삶을 살다 간 카프카는 자신의 삶처럼 역시 수수께끼 같은 작품을 마지막 유언처럼 남기고 홀연히 사라짐으로써 모순과 혼란, 부조리에 가득 찬 현대인들에게 그 수수께끼를 풀도록 한 셈이다.

불행했던 천재, 그러나 결코 좌절하거나 절망하지 않고 끝없이 물음을 제기했던 카프카의 도전과 몸부림은 불가항력적인 자신의 운명과 대적했던 나약한 한 인간의 처절한 자기 극복의 과정으로 보인다. 그의 모든 작품이 철저한 자기 분석의 결과이며 자신의 환상을 글로 형상화한 것이라고 볼 때, 카프카야말로 꿈과 환상 그리고 현실의 절묘한 배합을 통하여 인간 내면의 심리를 극명하게 드러낸 불세출의 천재적 작가였다고 생각된다.

헤세의 『데미안』

독일의 대문호로 불리는 헤르만 헤세(Hermann Hesse, 1877~1962)는 1946년 대작 『유리알 유희』로 노벨 문학상을 수상했다. 그는 독일에서 태어났지만 생의 대부분을 스위스에서 보내면서 기독교를 거부하고 동양적 신비주의 사상에 몰두했으며, 특히 인도에 대해서는 남다른 애착과 친밀감을 느끼고 있었다. 특히 제1차 세계대전의 여파로 몰락하는 서구 문명에 실망한 그는 악에 물든 현실에서 벗어나 고대의 꿈과 신비의 세계로 도피하면서 새로운 신 아프락사스를 찾아 나섰다. 그런 구도자의 길은 머나먼 형극의 길을 떠남으로써가 아니라 전적으로 스위스 국경이라는 보호막 속에 안주한 상태에서 이루어진 기나긴 내면적 작업이었다.

그는 독일어를 사용하는 독일계 작가이면서도 독일이라는 국가와는 직접적인 관련을 맺지 않은 채 일정한 거리를 유지하며 관망하는 태도를 보였다. 이는 그에게 안전한 신분 보장이 제공되었을 뿐 아니라 방관자적인 입장에서 몰락해 가는 서구 문명을 조용히 관조하고 비판할 수 있는 매우 예외적인 행운의 기회가 마련되었기에 가능한 일이기도 했을 것이다. 어쨌든 격동기의 세월을 알프스의 은둔자로 머물며 세상을 관조했던 20세기 최후의 낭만주의자 헤세는 제2차 세계대전이 끝난 직후 노벨 문학상을 수상하는 영예를 안았으며, 아름다운 스위스 계곡에서 85세를 일기로 조용히 생을 마쳤다.

헤세와 신비주의

헤세는 고독한 소년 시절을 보내면서 정신적 방황을 겪었다. 숨 막히는 교육에 염증을 느껴 여기저기 방랑을 즐겼으며 완전한 자유를 꿈꾸기도 했다. 그러나 현실은 헤세를 자유롭게 풀어 주지 않았다. 그는 출신 성분이 애매모호하여 확실한 독일인으로서의 정체성을 갖는 데 어려움을 느낀 것 같다. 왜냐하면 그가 출생할 당시 헤세의 가족은 러시아 국적을 유지한 상태였기 때문이다. 그의 조상들 또한 여기저기를 떠돌아다닌 사람들이었다.

헤세는 "경계선보다 더 증오스러운 것, 경계선보다 더 얼빠진 것은 없다."라고 말할 만큼 국경선 또는 경계선이라는 말을 아주 싫어했는데, 역설적이게도 그는 생의 대부분을 독일과 스위스의 국경지대에서 보냈다. 그는 독일인도, 러시아인도, 스위스인도 아닌 애매한 신분으로 단지 독일어를 사용하는 한 개인 헤르만 헤세로 살면서 국경뿐만 아니라 서구 사회의 오랜 기독교 전통마저 초월한 신비주의 세계를 지향했던 인물이다.

그러나 환생과 내세에 대한 믿음을 지니고 불교 신자를 자처하던 헤세도 나이가 들어 가면서 점차 기독교로 다시 선회하기 시작했다. 머나먼 동양 세계는 그에게 있어서 역시 낯선 이국에 불과함을 실감했기 때문일까. 헤세의 고독한 영혼이 몸담을 데는 결국 그 자신의 부모가 잠든 땅일 수밖에 없었을 것이다. 비록 기독교에 대한 실망과 반감 때문에 동양의 신비주의에 이끌리긴 했지만, 결국 만년에 이르러서는 다시 기독교로 돌아온 셈이다. 헤세는 이미 1935년 2월 23일 어느 여성 독자에게 쓴 편지에서 "나는 결코 어떠한 종교 단체나 교회 혹은 교파에 속하지 않습니다. 그러나 오늘날 나는 나 자신을 거의 기독교인으로 생각합니다."라고 고백했는데, 이런 그의 말에서 기독교에 대한 태도가 상당히 긍정적인 쪽으로 바뀌었음을 알 수 있다.

유럽에서 불교가 본격적으로 각광받기 시작한 것은 20세기 초부터였으며, 특히 융의 노력에 힘입어 서구 사회에 불교에 대한 관심이 증폭되기에 이르렀다. 그러나 융과는 달리 헤세는 불교에 대한 초기의 열정에서 점차 비판적인 태도로 바뀌어 갔다. 그는 부처님의 교리에 대한 자신의 견해를 다음과 같이 밝히고 있다. "불교 교리의 순수한 이성적 특성이 오늘날 나에게는 더 이상 완전한 것으로 느껴지지 않는다. 그리고 바로 어린 시절 그에 대해 경탄했던 것이 이제 나에게는 불충분한 점이 되었다. 그것은 곧 이성적 특성과 무신론적인 것, 그 엄청난 정확성, 그리고 신학과 신, 헌신 등이 결여되어 있다는 것이다. 또한 나에게는 종종 실제로 그리스도가 부처보다 한 걸음 더 앞서 있다고 여겨진다."

이처럼 일반적으로 우리에게 알려진 사실과는 달리 헤세는 동양에 대한 환상에서 점차 벗어나 자신의 정신적 고향으로 다시 회귀하는 경향을 보인 것이다. 무엇보다도 헤세로서는 불교의 무신론성을 참을 수 없었던 것으로 보인다. 1921년 어느 편지에서 그는 다음과 같이 쓰기도 했다. "부처의 교리는 여러 해 동안 실제로 나의 신앙이자 유일한 위안이었습니다. 단지 점차로 나의 태도가 달라진 것이며, 이제 나는 더 이상 불교 신자가 아닙니다." 헤세가 심경 변화를 보인 것은 물론 나이 탓이기도 했겠지만, 가치관의 혼란을 겪으며 정신적으로 방황했던 당시 서구 지식인들의 모습을 대변해 준다고도 볼 수 있겠다.

『데미안』과 아프락사스

아프락사스는 헤세의 소설 『데미안』을 통해 널리 알려진 이교의 신이
다. ABRAXAS의 일곱 문자는 카발라 수리학에 의하면 365라는 수를 의미
하며, 알렉산드리아를 중심으로 발전한 영지주의 가운데 특히 바시리데스
파에서 주장한 우주론에 따르면 단계적 우주의 층을 중심으로 365인의 천
사가 각 층을 대표한다는 것이다. 여기서 ABRAXAS는 소를 뜻하는 ABIR
와 축을 의미하는 AXIS의 합성어로 북극에 위치하는 소를 의미하며, 그것
을 축으로 두 방향 사이에서 생겨난 긴장으로 인해 나타난 상호작용을 뜻한
다고 한다.

아프락사스는 헤세의 출세작 『데미안』으로 유명해졌지만, 이 작품을 분
기점으로 하여 헤세의 작품 기조가 급선회했음을 알 수 있다. 그러나 헤세
에게 아프락사스의 존재를 전도한 장본인은 바로 분석심리학의 창시자 카
를 융이었다. 융과 헤세는 얼핏 보기에 전혀 상관이 없는 인물들처럼 보이
겠지만 실제로는 깊은 정신적 유대관계로 맺어진 사이였으며, 양자를 잇는
가장 의미 있는 탯줄이 바로 아프락사스라는 이교의 신이었다. 그런 점에
서 아프락사스는 융과 헤세의 공통분모인 동시에 일종의 암호와도 같다.

융은 『죽음의 일곱 가지 교훈』이라는 기묘한 익명의 글에서 아프락사스
를 경배하고 있으며, 헤세는 그의 출세작 『데미안』에서 아프락사스를 언급
하고 있는데, 이는 결코 우연의 일치가 아니었던 것이다. 어쨌든 융과 헤세
모두 아프락사스를 숭배하는 신도요 사제들이었다. 헤세의 소설 『데미안』
의 주인공 싱클레어는 데미안과 쌍둥이 같은 존재다. 분석심리학적으로는
두 인물이 마치 서로의 그림자인 것처럼 보이는데, 이는 융과 헤세의 관계
와 비슷하다고 볼 수 있다. 기존의 기독교적 가치관을 뒤엎는 데미안의 이

교적 언설들은 순진한 싱클레어의 마음을 뒤흔들고, 결국 그는 데미안과 기묘한 동성애적 관계에 빠진 것처럼 보이기도 한다.

아프락사스는 신적인 것과 악마적인 것을 서로 결합시키는 상징적 관계를 지니고 있는 신성을 말한다. 데미안이 싱클레어에게 전하는 메시지를 보면 이 점이 분명해진다. "우리는 모든 것을 존경해야 하고 성스럽게 생각해야 해. 세계 전체를 말이야. 인위적으로 떼어 놓은 이 공적인 절반만 그럴 것이 아니란 말이야! 그러니까 우리는 말이야 하느님께 드리는 예배 외에 악마한테 하는 예배도 해야만 해. 그게 옳을 거라고 나는 생각해. 만약에 그렇지 않으면 우리는 악마도 자신 안에 포함하는 그런 신을 하나 만들어 내야만 할 거야." 싱클레어는 나중에 데미안의 생각이 자기 생각과 똑같다는 것을 확인하게 된다. '환희와 끔찍함, 남자와 여자가 뒤섞이고, 가장 성스러운 것과 가장 소름끼치는 것이 서로서로 뒤엉킨 것', 이것이 바로 싱클레어가 받아들인 아프락사스였다. 싱클레어는 데미안이 보냈다고 확신하는 종이쪽지에서 다음과 같은 구절을 읽는다.

새는 투쟁하여 알을 깨고 나온다. 그 알은 세계다. 태어나고자 하는 자는 하나의 세계를 파괴해야만 한다. 그 새는 신에게로 날아간다. 그 신의 이름은 아프락사스다.

이 유명한 대목은 한때 수많은 젊은이를 매료시켰지만, 이보다 더 간명하게 융의 메시지를 압축한 말도 없을 것이다. 이처럼 아프락사스에 대한 결정적인 메시지를 보낸 사람이 데미안이라는 사실은 결코 증명되지 않았다. 아무도 목격한 사람이 없기 때문이다. 그럼에도 불구하고 싱클레어는 데미안이 보냈음을 확신한다. 마치 융이 헤세를 직접 만나 자신의 메시지를 전하는 모습을 목격한 사람은 아무도 없지만, 융과 헤세는 자신들의 생각이 똑같다는 사실을 누구보다 잘 알고 있었던 것과 다름없다.

헤세가 『데미안』을 발표할 때 사용했던 필명이 에밀 싱클레어였다는 점을 생각한다면 주인공 싱클레어는 바로 헤세 자신이며, 아프락사스의 존재를 알려 준 데미안은 융이다. 융과 헤세는 기독교 문명이라는 단단한 알을 깨트리기 위해서 은밀한 성전을 벌였던 장본인들이었다. 새롭게 태어나기 위해서 그 세계는 파괴되어야만 했지만, 그들에게 다행인지 불행인지 그 알은 세계대전을 통하여 두 번씩이나 파괴될 뻔했다가 겨우겨우 기사회생하고 말았다. 융과 헤세의 실수는 그 알이 파괴되지도 않았는데 서둘러 아프락사스 신에게로 날아갔다는 것이다.

융과 헤세가 숭배했던 니체는 그 유명한 『차라투스트라는 이렇게 말했다』에서 고대 오리엔트 사회의 배화교, 즉 조로아스터교의 인식론을 소개한다. 싱클레어와 데미안도 함께 타오르는 불꽃을 응시하며 일종의 신비적 경험에 휩싸인다. 그것은 마치 서구화된 방식의 배화의식처럼 보이는 장면이다. 나치 독일의 청년들도 주로 심야에 이루어진 횃불 행진을 통하여 일종의 흥분과 카타르시스를 느꼈을 것이다. 그것은 분명 유사종교적 신비감을 제공하는 통과의례와도 같은 것이다. 타오르는 불을 응시하는 소설 속의 데미안과 싱클레어처럼 융과 헤세는 모두 특이할 정도로 이미지에 집착하였다.

그들은 신의 형상과 어둠의 형상을 동시에 보았으며, 꿈속의 현자 모습에 집착하고 하나님도 이미지라고 여겼다. 또한 두 사람 모두 그림 그리는 일에 매달렸다. 특히 헤세의 수채화 솜씨는 뛰어났다. 융은 자신의 만다라 그리기에 열중했으며, 환자 분석에서도 그림이 매우 중요한 치료 과정 가운데 일부를 차지했다는 것은 잘 알려진 사실이다. 그리고 융은 치료 작업에도 적극적인 이미지 요법을 자주 사용했다. 그러나 그들이 무엇을 보았든 간에 융과 헤세가 죽는 순간, 그들과 함께 이방의 신 아프락사스도 사라지고 말았다. 왜냐하면 그 후 어느 누구도 아프락사스를 언급하고 관심을 기울이지 않았기 때문이다. 융의 말대로 그것은 가공의 실재였던 것이다. 그런 점에서 융과 헤세야말로 아프락사스의 유일한 신도요 사도이며 최초이자 마지막 전도사였다고 하겠다.

두 차례의 세계대전에도 불구하고 스위스라는 안전지대에서 사상 그 유례가 없는 사상적 자유를 만끽한 두 자유인은 그 어떤 확고한 삶의 좌표나 방향을 잃고 방황했던 세기말적 낭만주의 지성인을 대표하는 것인지도 모른다. 실제로 그들은 서구 기독교 정신에 구속되기를 거부하면서도 그렇다고 동양 세계를 완전히 받아들이지도 못하는, 다시 말해서 동과 서의 경계선을 오가는 모호한 입장에서 소외된 삶을 살다 간 지성인들이었다. 한 가지 아쉬움이 있다면 융과 헤세는 사신들만의 독특한 사상을 이룩한 게 거의 없다는 점이다. 그들이 서구의 몰락에 대한 대안으로 동양의 신비주의를 소개한 공로는 인정되지만, 그것이 그 어느 세계에도 속하지 못하는 고립을 자초하고 말았다. 그렇게 해서 융과 헤세가 죽은 후 아프락사스 신도 그들과 함께 죽은 셈이다.

헤세의 분석

헤세의 은둔생활은 거의 전 생애를 통하여 일관되게 유지되었는데, 특히 아내 마리아의 정신분열증과 아들 마르틴의 우울증 등으로 심각한 위기에 빠지게 되었다. 더욱이 엎친 데 덮친 격으로 1916년 봄에는 그의 아버지마저 세상을 떠나고 말았다. 결국 그의 아내는 정신병원에 수용되었고, 헤세 자신도 심각한 우울증으로 치료의 필요성을 절감하기에 이르렀다. 그렇게 해서 받게 된 헤세의 분석은 융의 직계 제자이며 핵심 동료인 요제프 랑 박사가 맡게 되었는데, 문제는 그 분석이 단순한 치료적 차원이 아니었다는 의혹을 받게 된다는 것이다.

정확히 말해서, 융 학파의 분석가인 랑 박사는 1916년 5월부터 1917년 11월까지 헤세를 분석하였는데, 그가 남긴 개인 기록에 의하면 단순히 치료라고 보기 힘든 대목이 실제로 여기저기 눈에 뛴다. 그리고 대부분의 기록은 1945년에 랑이 죽고 난 후 그의 딸이 파기해 사라지고 말았는데, 거기에는 영원히 파기되어야만 할 이유가 반드시 있었을 것이다.

헤세의 친구이자 그에 관한 전기를 썼던 작가 후고 발이 랑의 허락을 받고 인용한 랑 박사의 1917년 10월 23일 기록에는 다음과 같은 내용이 나온다. "당신은 어떤 음성을 듣게 될 것인데, 그 소리는 죽은 자의 법을 관장하는 지하 세계의 원초적 심층 깊은 곳에서 부르는 소리이며, 이에 입문하는 자는 새로운 시대의 주인으로 다시 태어날 것이다."

이런 내용을 검토해 본다면, 헤세가 받은 분석은 우리가 상식적으로 알고 있는 치료적 차원의 분석이 아니었음을 직감할 수 있다. 그것은 일종의 종교적 입문식과 같은 형태의 교리문답 시간과 흡사한 것이다. 일단 이와 같은 단계를 거친 헤세는 1921년 여름에 퀴스나흐트에 있는 융의 집에서 수주간에 걸쳐 융에게서 직접 분석을 받기까지 했다.

헤세가 융을 처음 만난 것은 1917년 9월 7일로, 당시 그는 융에게서 매우 강한 인상을 받은 것으로 알려져 있다. 기묘하게도 헤세는 융을 만난 지 닷새 후인 9월 12일 밤에 꿈속에서 데미안을 만났다고 한다. 왜 하필이면 데미안이라는 이름이었는가에 대해서는 헤세 자신도 명확한 답변을 하지 못했는데, 다만 '데미우르크'라는 이교의 신을 떠올린 게 아닐까 하는 정도의 추정만 가능할 뿐이다.

융과의 분석이 끝난 후, 헤세는 1923년 첫 부인 마리아 베르눌리와 이혼하고 이듬해 루트 벵거와 재혼하지만 3년 후에 다시 헤어지고 말았다. 루트 벵거와 별거 중이던 1925년 12월에서 1926년 3월까지 헤세는 다시 랑 박사의 치료를 받았다. 그 시기에 헤세는 『황야의 이리』를 집필하는 중이었는데, 이처럼 분석을 받은 이후 헤세의 작품 세계는 예전과 전혀 다른 모습을 띠면서 신비주의적 색채가 두드러지기 시작했다.

이교적 신비주의 사상에 빠진 헤세와 융은 각자의 분야에서 자신들의 신념을 전파하는 데 전념했다. 물론 그들은 평생을 통해 자주 접촉하거나 그 흔한 서신 왕래조차 없이 오로지 각자의 활동을 통하여 서로에게 주어진 사명에 충실했던 것으로 보인다. 그들은 서로 공유한 신념에 대해 너무도 잘 알고 있었기에 세속적 차원의 친교라는 것에 연연하지 않으면서도 충분히 상호 교감을 나눈 것으로 생각된다. 그런 점에서 공동 이상으로 추구한 새로운 신 아프락사스의 교리를 전파하는 데 있어서 융과 헤세는 각자 그들이 맡은 학문과 예술 분야를 통해 자신들의 소임을 십분 발휘한 셈이다.

어찌 됐건 융과 헤세는 그들만의 천국을 꿈꾸면서 새로이 도래할 신시대에 희망을 걸었지만, 그들의 염원은 살아생전에 이루어지지 못하고 말았다. 2000년 가까이 지속된 기독교 전통은 그들이 생각한 것 이상으로 너무도 견고했으며, 이미 서구인들의 전통 문화로 자리 잡은 지 오래되었기에 이교적 신념을 지닌 소수 지성인의 노력만으로 그것을 바꿀 수는 없었다. 그러나 융과 헤세의 사후에 미국 히피 사회를 중심으로 뉴에이지 운동이 확산되어 오늘날에 이르고 있는 점 등은 그들의 노력이 전혀 헛된 것만은 아니라는 사실을 확인해 주는 것도 같다.

『데미안』에서 『유리알 유희』까지

『데미안』은 헤세에게 세계적인 명성을 안겨 준 출세작이다. 『데미안』을 기점으로 헤세는 이전의 성장소설에서 벗어나 구도자적인 작가로서의 면모를 보이기 시작했다. 더불어 이 시점부터 동양적 신비철학 및 사상의 영향이 두드러지게 되었다. 『데미안』과 더불어 헤세의 신관(神觀)은 크게 변모했다. 즉, 『데미안』 이전과 이후의 작품 기조는 헤세의 삶에서 뚜렷한 분기점을 이룬다고 할 수 있을 정도로 커다란 변화를 보이고 있는 것이다.

『페터 카멘친트』 『게르트루드』 『로스할데』 『수레바퀴 밑에서』 『크눌프』 『청춘은 아름다워라』 등의 아름다운 성장소설은 『데미안』 이전의 특징을 이루는 작품들이다. 필자는 개인적으로 청년 시절에 읽은 『청춘은 아름다워라』의 마지막 장면을 지금도 잊지 못한다. 오랜만에 고향을 찾은 형과의 이별을 아쉬워하면서 환송의 표시로 불꽃을 쏘아 올리는 남동생의 정겹고도 인간적인 모습과 그 불꽃을 바라보는 주인공의 조용한 미소에서 가슴 뭉클한 감동을 받았기 때문이다.

그러나 『데미안』 이후에 나온 작품들을 보면 동양적 관조와 신비적 색채가 농후한 것이 두드러진 특징임을 알 수 있다. 그런데 이러한 극적 반전의 이면에는 융의 영향이 절대적이었다. 실제로 헤세는 이 시기에 융에게서 분석을 받았는데, 그런 사실은 오랜 기간 동안 비밀로 지켜졌다. 『데미안』 이야말로 비밀리에 전수된 융의 사상이 예술적 형태로 표출된 대표적인 사례가 될 것이다.

헤세 자신의 말을 인용하면, "나는 1913년 혹은 1914년에 문헌을 통하여 분석심리학을 알게 되었고, 1916년에는 나 자신이 심리분석 치료를 받았다. 부분적으로 『데미안』은 그렇게 해서 나온 결과였다." 그러나 헤세는 끝까지 융에게서 분석받은 사실을 밝히지 않았다. 다만 1950년 3월 24일에 쓴 편지에서 융은 헤세에 관해 다음과 같이 언급했다.

> 나는 헤세의 작품을 알고 있으며, 그를 개인적으로 압니다. 나는 헤세를 진료한 정신과 의사를 알고 있습니다. 그 의사는 몇 년 전에 죽었습니다. 그를 통해 나의 저술들은 헤세에게 확실한 영향을 주었습니다. 대략 그 시기에 나는 헤세와 개인적으로 알게 되었습니다. 그 의사는 랑 박사였습니다. 그는 나를 통하여 그노시스에 대한 풍부한 지식을 얻었으며, 그 지식을 헤세에게 전해 주었습니다. 이 소재를 가지고 헤세는 『데미안』을 쓴 것입니다.

1919년 12월 3일 헤세에게 보낸 편지에서 융은 그의 소설 『데미안』이 마치 폭풍이 몰아치는 밤에 등대의 불빛처럼 느껴졌다고 하면서, 이제 과거의 모든 것은 종말을 고하고 그와 더불어 새로운 인간의 탄생으로 다시 시작한다는 점을 강조하기도 했다. 융과 헤세 모두가 인정한 바와 같이 소설 『데미안』은 그노시스에 대한 지식의 공유를 통한 두 사람의 합작품이라고 해도 과언이 아닐 것이다.

『데미안』은 1919년 에밀 싱클레어라는 익명으로 처음 발표되었다. 익명을 사용한 것은 작품이 몰고 올 수도 있는 파장을 이미 예견하고 있었기 때문일 것이다. 실제로 그 내용은 매우 파격적인 것으로, 기독교 전통 사회에서는 악마숭배주의로 오해받을 수 있는 여지가 충분했다. 그러나 젊은이들에게는 막힌 숨통을 터주는 구세주처럼 일대 센세이션을 일으킨 결과를 낳았다.

『데미안』의 성공 이후 헤세는 『싯다르타』 『황야의 이리』 『지성과 사랑』

『유리알 유희』등의 대표작을 계속 발표했는데, 이들 작품의 특징은 동양적 신비주의 분위기가 농후하다는 것이다. 그러나 융과의 차별성도 엄연히 존재한다. 융은 한때 반유대주의와 나치 이데올로기에 동조하는 듯한 발언으로 물의를 빚기도 했지만, 헤세는 모든 폭력과 인종주의에 반대하는 입장을 분명히 했기 때문이다. 따라서 헤세의 모든 작품은 나치에 의해서 금서로 지정되고 출판도 금지당했지만, 융의 저작들은 아무런 제재도 받지 않았던 것이다.

『데미안』이 랑 박사의 분석 및 융과의 접촉의 산물이었다면,『황야의 이리』를 집필한 시점은 랑 박사와의 재분석 시기와 일치한다. 헤세는 첫 번째 결혼이 실패로 돌아간 이후 루트 벵거와 재혼하지만 얼마 가지 않아 다시 파경을 맞고 말았다. 헤세에게는 극도의 혼란과 시련기였다고 할 수 있는데, 이 무렵 그는 어쩔 수 없이 랑 박사에게서 다시 치료를 받아야 했다. 그리고 바로 이 시기에『황야의 이리』가 나왔다.

이 소설이『데미안』과 다른 점이 있다면, 융 심리학의 일방적인 수용자 입장에서 한 걸음 더 나아가 주어진 현실에 안주하기를 거부하는 소외된 지식인이 어떻게 삶을 포기하지 않고도 고통과 좌절을 견디어 나갈 수 있는지 나름대로의 해결책을 탐구한 점이라 할 수 있다. 물론 그 해결책이란 것이 모호하기 그지없는 것이긴 하나, 그럼에도 불구하고『황야의 이리』는 월남전이 한창일 때 미국 히피들 세계에서는 환각제를 복용하기 전에 반드시 읽어야 할 필독서로 추천되고 히피 세계의 바이블로 불릴 정도로 선풍적인 인기를 끌기도 했다.

기독교 사회에 실망한 융과 헤세는 동양의 정신적 가치를 높이 평가했으며, 몰락의 징조가 보이는 유럽을 살리는 길은 오로지 동양정신에 있음을 설파하였다. 헤세는 인도 철학에서 출발해 불교 사상을 거쳐 노자 등의 중국 사상을 발견하고 한동안 매료되기도 했지만, 만년에 이르러서는 불교 등을 포함한 동양정신에 회의적인 시각을 지니게 되었으며, 자신의 출발지인 기독교로 다시 선회하고 말았다.

그런 점에서 헤세는 평생 구도의 길을 걸었지만 어느 세계에도 안주하지 못한 채 영원한 방랑자로 머문 셈이다. 『데미안』에서 시작하여 『황야의 이리』를 거치면서 적절한 해답을 얻지 못한 헤세는 결국 만년의 대작 『유리알 유희』에 이르러 자신의 예술적 이상향을 건설한다. 상업적 물질만능 및 배금주의 그리고 천박한 미국식 속물주의에 강한 혐오감을 지녔던 헤세로서는 지극히 당연한 결과였다.

헤세는 한때 젊은이들의 우상이었다. 그리고 누구나 한 번쯤은 청소년기에 그의 소설 『데미안』에 빠져 헤어 나오지 못한 경험이 있을 것이다. 죽음의 전선을 향해 기약 없는 길을 떠나는 수많은 독일군 병사의 배낭 속에 반드시 한 권씩 들어 있었다던 소설 『데미안』. 그런 점에서 『데미안』은 헤세 자신의 방황하는 삶처럼 전형적인 청춘소설이라 할 수 있다. 왜냐하면 나이가 든 후에도 『데미안』을 계속 읽는 사람은 별로 없기 때문이다.

토마스 만의 사랑과 죽음

노벨 문학상 수상작가 토마스 만(Thomas Mann, 1875~1955)은 북부 독일의 뤼벡에서 곡물 상인의 둘째 아들로 태어났다. 그의 형 하인리히 만 역시 유명 작가다. 1891년 아버지가 세상을 떠나자 토마스 만은 형과 함께 뮌헨으로 옮겨 활동하면서 1933년 나치가 정권을 얻기까지 그곳에 살았다. 1901년 부유한 상인 일가의 4대에 걸친 몰락 과정을 묘사한 『부덴브로크 가의 사람들』로 주목을 받고 일약 독일 문단의 총아로 떠올랐다.

1905년 카티아 프링스하임과 결혼해 여섯 자녀를 낳았는데 그중에서 에리카, 클라우스, 골로의 세 자녀도 이후에 독일 문단에서 비중 있는 작가로 성장했다. 그 후 계속해서 『토니오 크뢰거』『베니스에서의 죽음』 등을 발표하며 문단에서의 위치를 확고히 다졌다. 제1차 세계대전을 겪은 후 토마스 만은 점차 낭만주의적 경향에서 벗어나 사상적인 깊이를 더욱 지니게 되었는데, 그 결과 1924년에 발표한 『마의 산』은 그의 대표작인 동시에 독일 현대 문학사상 가장 뛰어난 작품 가운데 하나로 평가된다.

마침내 1929년에 노벨 문학상을 받기에 이르지만, 얼마 가지 않아 나치 정권이 수립되자 그동안 노골적으로 파시즘에 반대했던 그는 미련 없이 자신의 조국을 떠났다. 스위스를 거쳐 미국에 정착한 그는 계속해서 나치를 성토하는 라디오 연설을 통해 민주주의 옹호를 위해 투쟁하기도 했다. 그 와중에 말년의 대작 『요셉과 그의 형제들』『파우스트 박사』『선택된 인간』 등을 발표했다. 종전이 되자 그는 다시 유럽으로 돌아갔으나 분단된 조국 에는 몸담을 수 없다며 스위스에서 여생을 보내다 취리히에서 작고했다.

에로스와 타나토스

토마스 만은 독일의 양심을 대표하는 작가로 손꼽히지만 그의 소설들 은 대체적으로 난해하고 매우 사변적이라는 평을 받아 왔다. 그러나 일련 의 작품 속에 일관되게 흐르는 주제 가운데 하나는 죽음에 대한 이상한 집 착과 동시에 사랑에 대한 갈망이다. 그런데 사랑과 죽음이라는 상반된 화 두 사이에서 방황하고 혼란을 겪는 주인공들의 모습은 기묘하게도 에로스 와 타나토스의 통합적 지향을 모색했던 프로이트를 연상시킨다. 프로이트 는 제1차 세계대전이라는 참혹한 현실을 목격한 이후 자신의 이론을 수정 하여 인간의 본성을 이루는 것은 삶의 본능과 죽음의 본능이라고 했던 것 이다.

이처럼 사랑과 죽음의 기이한 결합을 드러낸 대표적인 작품으로 우선 『베니스에서의 죽음』을 들 수 있겠다. 그는 이 소설을 통해 본격적으로 동성 애의 미학을 다루었는데, 숨 막힐 정도로 뛰어난 미모를 지닌 어린 폴란드 소년 타지오에게 한순간에 매료된 나이 든 작가 구스타프는 바로 토마스 만 의 분신이라 할 수 있다. 실제로 그 역시 한때는 동성애적 유혹에 시달리며 자책감에 빠지기도 했기 때문이다.

그는 자신의 일기에서 1911년 베니스의 한 호텔에서 11세의 어린 폴란드 소년 블라디슬라브 모에스의 고결한 자태를 목격한 순간 이루 말할 수 없는 유혹을 느꼈다고 고백했다. 물론 그의 아내도 함께 동행한 여행길이었다. 작품 속의 주인공 구스타프가 마지막 숨을 거두는 장소 역시 베니스의 해변으로, 소설에서는 콜레라가 만연한 죽음의 도시로 묘사하고 있다.

그리고 그 무대는 『마의 산』에 이르러 알프스 산중의 결핵요양소로 옮겨진다. 스위스 다보스의 깊은 산중에 위치한 요양소 베르크호프는 죽음의 기운이 감도는 음산한 곳이다. 이곳에서 죽음만을 기다리고 있는 사촌 요하임 짐센을 문병하기 위해 요양소를 찾은 주인공 한스 카스토르프는 원래는 몇 주만 묵고 가려던 참이었으나 무려 7년의 세월을 보내게 된다.

그곳에는 실로 다양한 유형의 인간들이 머물고 있었는데, 이탈리아 출신의 계몽주의적 휴머니스트 제템브리니, 금욕적인 제수이트로 개종한 급진적 유대인 사회주의자 나프타, 러시아에서 온 자유분방하고 유혹적인 귀족 부인 쇼샤, 디오니소스적인 화란인 부호 페페르코른 등을 만나면서 한스 카스토르프는 많은 것을 배우고 깨우치게 된다.

그러나 눈보라에 갇혀 죽음의 고비를 넘기면서 한스가 깨달은 점은 무엇보다도 생존의 고귀함이었다. 더군다나 사촌 요하임은 자신의 죽음을 부정하고 산을 내려가지만 결국 상태가 악화되어 다시 요양소로 돌아와 숨을 거두고, 쇼샤 부인의 애인인 페페르코른마저 한스가 무심코 털어놓은 그녀와의 불륜 사실을 듣고 곧바로 자살해 버린다.

요양소의 분위기는 갈수록 이상해진다. 이념적으로 첨예하게 대립한 제템브리니와 유대인 나프타는 결투를 하기에 이르고, 제템브리니가 나프타의 존재를 무시하고 하늘에 대고 총을 쏴 버리자 분격한 나프타는 자기 머리에 총을 쏴 자살해 버리는 일이 벌어진다. 결국 한스는 모든 이념적 논쟁에 회의를 품게 되고, 세상에서 도피한 채 7년이나 허송세월하였던 마의 산을 내려와 때마침 발발한 제1차 세계대전의 전쟁터로 향한다.

그런데 슈베르트의 보리수 노래를 부르며 행군을 계속하는 한스의 마음은 오히려 홀가분하기 그지없다. 그것은 단순히 에로스를 회피해서도 아니요, 타나토스의 충동에 밀려서도 아니다. 살아 있는 현실에 충실하고 최선을 다한다는 자각에 기초한 결단이자 선택이었던 것이다.

오이디푸스 소망

토마스 만이 말년에 발표한 소설 『선택된 인간』은 그 전체적인 구도가 소포클레스의 비극 〈오이디푸스 왕〉과 거의 비슷하다. 『거룩한 죄인』으로도 알려진 이 작품은 중세 유럽 사회를 배경으로 하고 있다. 독일의 홀아비 왕 그리말트는 정략적인 이유로 자신의 딸 지빌라를 인접 왕국에 시집 보내려 하지만 오빠 빌리기스에 이끌린 그녀는 부왕의 말을 듣지 않는다. 왕이 죽자 이들 남매는 곧 뜨거운 사랑에 빠져든다.

그러나 이들 사이에서 아기가 태어나자 두 사람은 난처한 지경에 이른다. 결국 충직한 신하의 조언에 따라 아기는 뗏목에 실려 북해에 버려진다. 바다를 표류하던 아기는 어부들에게 구출되어 수도원에 맡겨지고, 원장은 아기에게 그레고리라는 이름을 지어 준다. 그동안 아버지 빌리기스는 속죄의 순례길을 떠났다가 목적지에 도착하기도 전에 죽음을 맞이하고, 그를 대신해서 어머니 지빌라가 왕국을 다스리지만 구혼 문제로 인접국과 전쟁의 위협에 처해 있었다.

훌륭한 청년으로 장성한 그레고리는 우연한 기회에 자신의 출생 배경을 알게 되고 부모를 찾고자 결심한다. 고국에 돌아온 그는 곤경에 처한 지빌라를 도와 전쟁을 종식시키고 결국 그녀와 혼인하여 딸 하나를 낳는다. 그러나 나중에 자신이 생모를 아내로 맞아들였다는 사실을 알게 된 그레고리는 죄의식에 빠진 나머지 외딴 바위섬에 은둔하며 17년간 속죄의 나날을 보내고, 지빌라 역시 나병 환자를 돌보는 일에 헌신한다. 한편 로마에서는 새로운 교황을 선출할 상황을 맞게 되었는데, 때마침 신의 계시를 받은 두 주교가 고행 중인 그레고리를 찾아내어 새 교황으로 추대하기에 이른다. 그리고 교황이 된 그레고리는 어머니와 재회한 자리에서 각자의 죄를 고백하고 서로를 용서하게 된다.

물론 이 작품은 단순히 개인의 근친상간적 비극만을 그린 것이 아니다. 원죄와 속죄, 고행과 구원의 문제를 휴머니즘 입장에서 재해석한 것으로 볼 수도 있다. 특히 이교도 문제에 있어서 신에게 사랑받는 백성 때문에 버림받는 백성이 생겨서는 안 된다는 토마스 만의 독특한 포용적 해석이 강조된 내용을 담고 있기에 더욱 그렇다.

토마스 만의 조국인 독일은 두 차례의 세계대전을 일으킴으로써 원죄를 안게 된 존재다. 더욱이 독일은 기독교 국가로서 이교도인 유대인의 씨를 말리려 했다. 그런 점에서 소설『선택된 인간』은 개인적 욕망과 환상의 차원에 머물지 않고 집단적 원죄와 속죄 그리고 구원의 문제를 암시하는 듯하다.

다시 말해서, 프로이트가 말한 개인적 통과의례로서의 오이디푸스 갈등 문제를 집단적 차원의 문제로 확대 재해석한 것이라 할 수 있다. 소포클레스의 오이디푸스의 경우 이미 예정된 신탁의 운명에 따라 비극적 과정이 진행되었다면, 토마스 만의 오이디푸스의 경우는 불가피한 운명 앞에서도 굴복하지 않고 보다 능동적인 행동과 자기 혁신의 의지를 통해 자신의 운명을 개조해 나가는 승화의 과정이 강조된 셈이다.

말년에 발표한 그의 또 다른 소설『파우스트 박사』역시 그 밑바탕에는 오이디푸스 갈등 구조가 깔려 있다. 이 소설의 주인공 아드리안 레베르퀸은 천재적인 음악가다. 그는 원래 결벽증이 심한 도덕주의자로서 여자를 가까이 하지 않던 인물이지만 우연히 방문한 사창가의 여인을 통해 매독에 걸리게 된다. 괴테의 파우스트는 악마와 계약을 맺지만, 토마스 만의 파우스트는 곧 아드리안으로서 악마가 아닌 매독과 계약을 맺기에 이른다.

그는 매독으로 인해 그 누구도 사랑해선 안 된다는 속박에 얽매이게 되지만 다른 한편으로는 매독에 따른 환상과 영감 덕분에 숱한 걸작을 악보에 옮겨 놓을 수 있게 된 것이다. 그런 점에서 아드리안은 매독에 걸려 고통받은 천재 니체를 연상시킨다. 아드리안의 발병 시기와 사망 시기가 니체의 경우와 정확히 일치하기 때문에 더욱 그렇다. 아드리안은 동성애와 이성애를 동시에 추구하지만 그 어떤 사람도 사랑해서는 안 된다는 계약 때문에 결국 모든 세속적인 인간관계를 포기하는 대신 악마적 영감으로 걸작들을 남기고 매독에 의한 급성 뇌막염으로 세상을 떠난다.

아드리안이 선택한 예술적 승화의 길은 악마의 도움을 통한 것으로, 세속적인 욕망을 포기한다는 대가를 지불한 것이었다. 물론 프로이트의 오이디푸스적 소망은 이성의 부모를 소유하고 동성의 부모를 제거하는 것이다. 그러나 이러한 임무는 그리 간단치가 않다. 동성의 부모와 경쟁함으로써 자기에게 돌아올지도 모를 보복이 두렵기 때문이다. 따라서 그 해결책으로 동성의 부모를 동일시하는 타협안이 채택되는 것이지만, 아드리안에게는 그런 타협안이 제대로 채택되지 못했다. 그는 동성애와 이성애라는 이중고의 길을 선택했기 때문이다.

아드리안은 원래 음탕하고 천박한 것들을 지독히 혐오했던 인물이었다. 그는 지고의 순수한 사랑을 염원하여 한때는 신학자가 되기로 마음먹기도 했다. 그러나 결국 그는 접근이 금지된 근친상간적 욕망 대신에 접근이 용이한 창부를 선택하고 그녀에게서 매독을 전수받기에 이른다. 타락한 악마의 세계와 타협하면서 그는 그 대가로 사랑을 포기하는 대신 예술적 영감을 선사받는다.

물론 토마스 만의 파우스트는 매독이라는 악마와 계약을 맺었다는 점에서 악의 수렁에 빠진 독일을 상징한 것으로 볼 수도 있다. 괴테의 파우스트가 인류 보편적인 선과 악의 문제를 다룬 것이라면, 토마스 만은 인류를 타락시키는 데 광분하며 날뛰는 조국 독일의 모습에서 악마의 얼굴을 떠올렸을 것이다.

독일은 그의 조국인 동시에 모국이었으며 또한 그는 자신의 모국어로 작품을 써야만 했다. 그랬기에 전쟁 기간에 온갖 악행을 일삼는 자신의 조국을 망명지에서 말없이 지켜봐야만 했던 토마스 만의 심경은 매우 참담했을 것이다. 신학을 포기한 아드리안이 천재 음악가로 성공한 사실은 곧 신의 뜻을 저버리고 악마의 유혹을 받아들였다는 것을 의미하는 것이기도 했다. 결과적으로 그는 아버지의 상징인 신과 어머니의 상징인 성모 마리아에게도 등을 돌린 셈이다.

독일은 원래 음악의 나라였다. 진정으로 음악을 사랑하는 사람들은 결코 악을 행할 수 없다. 그런데 기묘하게도 두 차례의 세계대전을 일으킨 장본인은 그토록 음악을 사랑하던 독일인이었으니 토마스 만으로서도 그 의문은 좀처럼 풀기 어려운 과제였을 것이다. 전쟁과 학살에 광분하던 히틀러나 그를 추종하던 독일인들이 바그너의 악극에 그토록 열광하고 심취했던 사실을 한번 연상해 보라. 그것은 실로 20세기가 남긴 수수께끼였다.

그러나 나치 독일은 비록 토마스 만의 시민권은 박탈했지만 그의 작품들을 불태우지는 않았다. 다소 급진적인 성향의 하인리히 만과 클라우스 만의 작품들을 불태운 것에 비교한다면 매우 이례적인 일이었다. 물론 그가 노벨 문학상을 받은 사실 때문이기도 했겠지만 전 세계 독자들의 존경을 한몸에 받고 있던 토마스 만의 정신적 영향력을 결코 무시할 수 없었기 때문일 것이다. 히틀러나 무솔리니도 정신적 아버지인 교황의 권위 앞에서는 고개를 숙이지 않았는가.

그의 초기 대작 『부덴브로크 가의 사람들』에서 보여 준 일가의 몰락 과정은 그 후손들의 정신적 결함 때문이었다. 마치 유럽의 강대국 독일이 무모한 전쟁을 일으켜 몰락의 과정을 겪었듯이 말이다. 비록 토마스 만은 독일의 통일을 보지 못하고 죽었지만, 폐허로 변한 당시 정황으로 봐서는 악마의 유혹에 넘어간 절대 다수의 독일인에 대해 이루 말할 수 없는 낭패감을 느꼈을 것이 분명하다. 그러나 전후 독일은 토마스 만의 기대에 부응하듯이 통렬한 속죄의 길을 걸었다. 그런 점에서 독일은 분명 일본과 대조를 이룬다. 일본은 토마스 만과 같은 성숙한 양심의 대변자를 아직까지 배출하지 못했다는 점에서도 여전히 정신적으로 미숙아에 불과하다.

돌이킬 수 없는 과거의 오류에도 불구하고 오늘날 독일이 세상에서 용서받고 더 나아가 인정까지 받고 있는 이유는 속죄를 통한 겸허한 태도를 보여 왔기 때문이며, 더욱이 그런 태도가 가능했던 이유는 독일의 양심을 대표하는 토마스 만과 같은 지식인의 외침에 진지한 자세로 귀 기울여 따르고 몸소 실천했기 때문일 것이다. 그만큼 한 예술가의 위대한 혼은 강력한 힘과 호소력을 지니고 있다는 점에서 위대한 종교가나 정치가의 능력에 결코 뒤지지 않는 것이다.

귄터 그라스의 『양철북』

현대 독일을 대표하는 소설가로 1999년 노벨 문학상을 받은 귄터 그라스(Günter Grass, 1927~)는 단치히 태생이다. 그의 부모는 식료품 가게를 운영하고 있었는데, 아버지 빌리 그라스는 독일계 개신교도였고 어머니 헬레네는 카슈비아계 폴란드인으로 가톨릭 신자였다. 그에게는 세 살 연하인 누이동생이 있었다.

그는 고등학교에 다니던 15세 무렵 집 안에 갇혀 지내는 일이 지겨워 해군 유보트 부대에 자원 입대하고자 했으나 너무 어리다는 이유로 거부당했고, 17세 때에는 공군 지원병으로 징집되었다. 그 후 잠시 친위대에 배속되었다가 부상을 입고 미군 포로가 되어 수용소 생활을 하기도 했다. 석방된 이후에는 광부, 석공 등의 일을 하다가 조각가가 되기로 결심하고 뒤셀도르프와 베를린의 미술학교에서 공부했다. 그리고 수년간 파리에서 조각가로 생계를 유지하며 틈틈이 소설을 썼다.

단치히 3부작으로 불리는 『양철북』『고양이와 쥐』『개들의 시절』을 비롯해서 『달팽이의 일기』『넙치』『암쥐』『무당개구리의 울음』 등 여러 작품을 남겼는데, 유독 그의 소설에는 동물에 비유한 제목이 많은 점도 특징이라 하겠다. 전후 독일에서 그는 정치적으로는 좌파의 선두에 서서 활동했으며, 독일 사회민주당에 입당하여 빌리 브란트 수상을 지지하는가 하면 반핵 운동 등 평화 운동에 앞장서기도 했다. 그러나 그는 2006년 자신의 자서전을 통해 젊은 시절 나치 친위대에 복무한 적도 있음을 뒤늦게 고백했다. 물론 당시 그는 단지 먹고 살기 위해 친위대에 들어간 것이라고 항변하기는 했지만, 그런 궁색한 변명으로는 들끓는 비난 여론을 잠재우기에 다소 역부족이었을 것이다.

『양철북』

권터 그라스의 장편소설 『양철북』은 1959년 출간된 작품으로, 주인공 오스카 마체라트의 일대기를 다룬 내용이다. 조숙한 오스카는 세 살이 되면서부터 위선적인 어른들의 세계에 대한 환멸과 반항심에서 스스로 성장을 거부하기로 결심하고 지하실에 굴러 떨어진 이후 더 이상 키가 자라지 않는다. 분노에 가득 찬 그가 양철북을 두드리며 괴성을 지르면 주위의 유리창이 모조리 박살나는 초능력도 보인다.

나치 독일의 등장과 제2차 세계대전의 격동기를 거치면서 오스카는 난쟁이들과 어울려 여기저기를 전전하는 동안 인간의 파괴적인 실상을 목격하고 깊은 혐오감에 빠진다. 특히 아버지의 죽음과 독일의 패전은 그에게 큰 충격을 주었다. 이를 계기로 그는 다시 성장을 계속하기로 마음먹지만 살인 사건에 연루되어 정신이 이상해진 결과 정신병원에 입원하게 된다.

소설은 1952년 정신병원에 들어간 오스카가 자신의 과거를 회상하는 형식으로 진행된다. 그러나 그가 취한 회상 형식은 매우 비정상적이고도 제한적인 좁은 안목으로 소위 정상적인 인간들의 세계를 바라본 것이기에 더욱 역설적이다. 그것은 마치 개구리 한 마리가 사람을 바라보는 시선처럼 몸집이 작은 아이들이 계단 밑에 숨어서 어른들의 추잡한 세계를 몰래 훔쳐보는 시선과 비슷하다.

오스카는 그런 역겨움을 세 살이 되었을 때 처음 경험한다. 즐거운 카드놀이가 벌어지는 테이블 밑에 숨어 어른들의 세계를 관찰하던 오스카가 목격한 가장 최초의 역겨움은 테이블 밑으로 은밀히 오고 가는 어머니와 그녀의 연인 얀 사이의 불륜이었다. 게다가 정상임을 자처하는 인간들의 세계가 비정상적인 오스카보다 더욱 비정상적이라는 점에서 매우 기묘한 느낌을 준다.

단적인 예로 한 나치 집회 현장에서 오스카가 보인 행동을 들 수 있다. 몸집이 작은 오스카는 연단 뒤에 몰래 숨어 들어가 집회 현장을 구경하는데, 그의 북소리에 따라 움직인 청중으로 인해서 모든 행사가 뒤죽박죽으로 변해 버린 것이다. 여기서 귄터 그라스는 모든 정치 집회나 종교 모임에서 반드시 연단 및 제단의 뒤를 충분히 살펴볼 필요가 있음을 강조한다. 그래야만이 연단 위에서 벌어지는 마술에 현혹되지 않을 것이라는 충고다. 마치 그것은 눈앞에 보이지 않는 무의식적 배경을 탐색함으로써 올바른 통찰에 이를 것이라는 프로이트의 말을 대변한 것처럼 들리기도 한다. 그러나 대중은 그런 충고에 거의 귀를 기울이지 않는다는 점이 문제일 것이다.

이처럼 매우 기괴하기까지 한 오스카의 모습은 독일의 일그러진 현대사를 대변하는 듯 보이기도 한다. 하지만 귄터 그라스는 주인공 오스카를 통하여 인간이 초래한 광기의 시대를 고발하는 가운데 그것은 단지 지나간 과거의 문제에 국한된 것이 아니라 앞으로 우리가 헤쳐 나가야 할 시대에 대한 우려도 포함된 것임을 보여 준다.

그런 광기는 나치에 동조한 알프레드 마체라트뿐만 아니라 오스카의 어머니 아그네스도 오염시킨다. 나치를 혐오하던 그녀 역시 전시에 죽은 시체를 파먹고 자란 뱀장어에 중독되어 게걸스럽게 먹다가 죽음을 맞이하는데, 이는 곧 전쟁으로 얻게 된 이익을 공유한 셈이기 때문이다. 전쟁을 통해 배를 불리는 나치 독일과 다를 게 하나도 없는 것이다. 결국 어머니는 신부에게 고해성사를 하고 자살하고 만다.

하지만 그런 변절은 오스카 역시 마찬가지다. 단치히가 나치에게 완전히 점령된 이후 그동안 세상과의 타협을 거부하던 오스카는 양철북을 두드리는 행동을 그만두고 할머니 치마 속으로 기어들어 간다. 그것은 세상의 불의에 대한 도전을 멈추고 성적인 쾌락의 세계로 도피함을 의미하는 동시에 어머니의 자궁 속으로 되돌아가는 퇴행을 뜻하는 것이기도 하다. 따라서 그는 어머니 대신 계모 마리아에 성적으로 집착하고, 더 나아가 다른 난쟁이들과 함께 전투에 지친 군인들을 위한 위문공연에 나선다.

나치 독일에 대한 협조로 오스카는 그 어느 때보다 풍족한 생활을 구가한다. 더욱이 오스카는 독일이 패망하자 그 책임을 독일인 탓으로 돌리며 아버지 알프레드를 죽게 만든다. 나치 휘장을 아버지에게 건네줌으로써 그가 소련군에 희생당하도록 유도한 것이다. 오스카와 함께 돈내기 카드 놀이를 하던 얀 브론스키도 결국 독일군에 끌려가 총살당한다. 오스카는 자신의 두 아버지를 각기 소련군과 독일군의 손을 빌려 처형한 셈이다. 그것은 순결한 어머니를 타락시킨 두 유혹자에 대한 응징이기도 했다.

어떻게 보면 그가 『양철북』에서 그려 낸 세계는 오늘날 우리가 처해 있는 현실과도 결코 무관치 않다는 점에서 더욱 우리 자신을 전율케 한다. 그러나 뒤틀린 세상을 바로 보기 위해서는 뒤틀린 시선이 필요하다고 주장하는 듯이 보이는 것은 지나친 단순 논리의 강요가 아닌지 모르겠다. 마치 악을 응징하기 위해서는 악이 필요하다는 것처럼 말이다. 그런 점에서 『양철북』은 서구 문학의 한 전통을 이루는 성장소설로 보기도 어렵다. 오스카가 다시 성장하기로 작심한 이유는 분명치 않지만, 그것은 일종의 죄책감에서 비롯된 반응이 아닐까 여겨진다. 자신의 부모를 죽게 만든 무의식적 환상에 대한 죄의식 말이다.

북치는 소년 오스카는 일종의 선동꾼이다. 그리고 그의 주된 선동 대상은 속물적 탐욕과 무지 그리고 위선에 가득 찬 소시민 계급이다. 물론 그 안에는 자신의 부모도 포함되어 있다. 그러나 결국 오스카 자신도 그런 속물근성에 물들어 간다. 주어진 상황에 맞추어 발 빠른 변신을 보이는 오스카의 모습은 그 자신이 그토록 역겨움을 느꼈던 어른들의 추악한 세계를 스스로가 그대로 답습한 셈이다.

그럼에도 불구하고 오스카의 실수가 얼마든지 용서될 수 있는 것은 단지 그가 어리고 작다는 이유에서다. 인간은 스스로 감당할 수 없는 절박한 순간을 맞이했을 때 심리적으로 퇴행한다는 점에서 동물과 다르다. 그것은 내가 갓난아기라면 그 누구도 나를 비난하지 못할 거라는 믿음에 기초한 현상이기도 하다. 그런 점에서 오스카의 선택은 매우 비겁하고 소심한 것이었다. 그가 보인 이중성은 줏대 없이 부화뇌동하는 소시민적 특성을 여지없이 드러낸다.

그러나 그는 처음에 보여 준 도발적인 분노를 포기하고 체제 순응적인 자세로 전환한다. 그는 과거에 지녔던 그 어떤 영웅적인 모습도 보여 주지 못하고 오로지 비겁하고 냉소적인 불평꾼으로 전락하고 만다. 그의 찢어질 듯 날카로운 목소리와 신경질적인 북소리는 부모의 죽음과 동시에 함께 무덤 속에 파묻힌 결과가 되었던 것이다. 이 소설은 1979년 폴커 슐렌도르프 감독에 의해 영화화되어 더욱 유명해졌다. 그리고 전후 독일 문학의 부흥을 이끌었을 뿐 아니라 주 무대인 단치히가 제임스 조이스의 더블린이나 카프카의 프라하에 못지않은 중요한 문학적 지도를 이룩했다는 점에서 그 의의가 더욱 크다고 하겠다.

오스카의 이상심리

오스카의 회상은 실로 믿기 어려운 부분들로 가득 차 있다. 우선 그 자신의 출생 배경에 대한 기억부터가 믿어지지 않는다. 더욱이 그가 태어나면서부터 성인과 똑같은 지능과 정신 상태를 지니고 있었다는 점에서 작가의 기발한 상상력이 돋보인다. 그리고 어머니의 정부였던 얀 브론스키가 자신의 친아버지이고 계모 마리아의 아들인 이복동생 쿠르트는 바로 자신의 아들이라고 한 오스카의 주장 역시 믿기 어려운 사실이다.

따라서 그가 술회하는 내용 가운데 어디까지가 과연 진실이고 거짓인지 실로 구분하기 어렵다. 그의 어머니가 태어난 배경도 흥미롭다. 감자밭에서 일하던 카슈비아인 여성 안나 브론스키는 방화범으로 경찰에 쫓기는 신세였던 요제프 콜리야체크를 그녀의 치마 속에 숨겨 주었는데, 그렇게 해서 오스카의 어머니 아그네스가 이 세상에 나오게 되었다는 것이다.

이처럼 오스카의 가계도는 출발부터 매우 혼란스럽다. 우선 오스카의 친아버지가 누구인지 불분명하다. 오스카를 낳은 어머니 아그네스는 비록 독일인인 알프레드 마체라트와 결혼했지만 그녀의 사촌인 얀 브론스키와 불륜관계를 맺어 오스카를 낳았던 것이다. 비록 오스카는 자신의 생부가 얀 브론스키일 것이라고 믿고 있지만 그 진위 여부는 아무도 모른다. 또한 오스카는 쿠르트가 자신의 아들이라고 믿고 있지만 쿠르트 역시 그 태생이 불분명하기는 마찬가지다.

어머니 아그네스가 자살한 이후 아버지 가게에 들어와 일하던 소녀 마리아 트루친스키는 오스카의 첫 성경험 대상이 되었는데, 그녀는 임신을 하자 곧 오스카의 아버지 알프레드와 결혼하게 된다. 따라서 그녀가 낳은 아들 쿠르트에 대해서도 아버지 알프레드와 그 아들 오스카는 제각기 자신의 아이라고 믿는다. 불륜의 자식인 어머니가 또 다른 불륜관계로 오스카를 낳고 또 오스카는 자신의 계모와 불륜관계를 맺어 쿠르트를 낳은 셈이니 참으로 복잡하기 그지없다.

이처럼 불륜에 기초한 가계도는 결국 귄터 그라스 자신의 정체성 혼란과도 연결되는 문제일 것이다. 그의 아버지는 독일인이었지만 어머니는 카슈비아계 폴란드인이었기 때문이다. 그리고 독일은 폴란드를 침공함으로써 제2차 세계대전을 일으켰으며 단치히는 독일군의 폭격으로 폐허로 화했다. 그런데 오스카의 아버지 알프레드 역시 독일인 나치당원이며, 생부일 것으로 생각되는 얀 브론스키는 폴란드 민족주의자로 우체국을 지키기 위해 독일군에 저항하다 처형당한다. 그리고 오스카에게 새 북을 제공해 준 장난감 가게 주인 마르쿠스는 유대인으로 그 역시 목숨을 잃는다.

어쨌든 오스카 마체라트는 자신의 세 번째 생일을 맞이한 1927년 더 이상 어른들과 교류하지 않기로 마음먹고 스스로 지하실 계단에서 굴러 떨어져 성장을 멈추게 되는데, 바로 그해는 작가 귄터 그라스 자신이 태어난 해이기도 하다. 이는 곧 오스카가 그라스 자신의 분신임을 말하는 것이다.

사람들은 키가 1미터도 되지 않는 오스카에게 그 어떤 책임도 묻지 않는다. 독자적인 판단과 비판의식을 지니고 있음에도 불구하고 사람들은 그가 단지 작다는 이유만으로 오스카에게 면책권을 준 것이다. 다시 말해서 오스카가 의도적인 퇴행을 통해 2차적인 이득을 본 셈인데, 그것은 내가 어린애라면 누구도 나를 비난하지 않을 것이라는 전제하에 이루어진 행동이다. 그런 안전장치 속에서 오스카는 마음대로 세상을 바라보고 냉철한 비판을 가할 수 있게 된 것이다.

오스카는 난쟁이처럼 작은 키 때문에 성인 취급도 받지 못한다. 그렇다고 해서 어린이 세계에 속하지도 않는데 그가 성인의 지성을 지녔기 때문이다. 어른도 아니고 아이도 아닌 어중간한 그의 존재는 마치 사춘기적 방황을 겪는 청소년들처럼 그 위치가 애매모호하다. 성과 공격성 측면에서도, 그리고 도덕적·신앙적 측면에서도 그는 인습적 관행에 일격을 가하고 비틀린 시각을 통해 정신적으로나 물질적으로 파괴된 독일의 현실을 희화적으로 폭로한다. 그런 점에서 주인공 오스카는 상식을 공유하지 않는다. 달리 말해서, 그는 항상 자신만의 고유한 시각으로 세상을 바라보며 타인들과 다른 위치에 서서 세상을 평가한다. 귄터 그라스 역시 어릴 때부터 그런 시각에서 세상을 바라보았다고 한다.

북소리는 전통적으로 군인들의 사기를 북돋기 위한 도구이지만, 오스카가 두드리는 북소리는 항상 모든 것을 뒤죽박죽으로 만들어 버린다. 그런 점에서 오스카는 매우 뒤틀린 성격의 소유자임에 틀림없다. 소위 삐딱선을 탄 그는 모든 것을 비틀어서 바라보고 모든 일에 심술과 심통을 부린다. 일종의 악취미라 할 수도 있다. 모든 유리창을 박살내 버리는 그의 날카로운 고함소리 역시 위선에 가득 찬 어른들의 세계를 일거에 파괴해 버리고자 하는 엄청난 공격성을 드러낸다. 이처럼 더 이상의 성장을 거부한 꼬마, 그러나 알 만한 것은 다 아는 조숙한 어린 소년 오스카는 공격성뿐만 아니라 그 누구보다 강한 성적인 욕망으로 고통받는다.

부정을 저지른 엄마를 잃고 아버지마저 죽게 만든 오스카는 자신의 근친상간적 욕망과 아버지에 대한 살해 욕구를 매우 은밀한 방식으로 성취한다. 계모인 마리아와 관계를 맺고 그녀가 낳은 아이 쿠르트를 자기의 아들이라고 믿는 것이나, 자신의 친아버지로 믿고 있던 얀 브론스키와 자신을 길러 준 아버지 알프레드 마체라트 모두를 죽음으로 몰고 간 것 역시 오스카 자신이기 때문이다. 그것은 아버지에 대한 복수요 응징인 동시에 이중적인 위선과 가식으로 오염된 가부장적 사회에 대한 파괴욕을 드러낸 것이기도 하다.

계모 마리아와 불륜관계를 맺고 자식을 낳음으로써 아버지와 함께 아들 쿠르트를 공유한 것도 오스카의 근친상간적 욕구는 물론 아버지의 위치를 빼앗으려는 욕망을 나타낸다. 어머니 아그네스가 뱀장어를 너무 먹어 죽었다는 오스카의 진술 역시 어머니의 지나친 성적 욕망을 비난하면서 동시에 그 자신의 성적인 좌절 및 깊은 혐오감을 나타내는 것이다. 그의 눈에 비친 성의 세계는 너무도 추잡하고 동물적이며 폭력적인 모습에 불과하다. 따라서 오스카는 자신의 성기를 사탄이라고 부르며 심한 자책감에 빠진 것이다. 그것은 부모의 성관계 장면이나 어머니의 불륜 장면을 목격한 데서 비롯된 근원적인 불안과 혐오 반응이기도 하다.

징그러운 뱀장어를 잡아 요리로 만든 남편 알프레드가 그것을 강제로 아내에게 먹이려 들자 아그네스는 몹시 화를 내며 거부하는데, 그것은 곧 폭력적으로 강요된 성을 의미한다. 그러나 그녀는 얀과의 불륜관계를 계속 이어 가지 못하게 되자 성적인 불만을 채우기 위해 뱀장어 폭식증에 걸리고 만다. 그리고 죄책감을 이기지 못하고 자살한다. 여기서 뱀장어는 물론 남근을 상징한다. 자신의 어머니가 죽은 것은 뱀장어 때문이라고 주장한 오스카의 말은 사실 정곡을 찌른 것이다. 어머니는 성에 중독되어 그 죄책감으로 죽은 것이기 때문이다.

어머니에 대한 상징적인 근친상간 및 아버지를 살해했다는 죄의식으로 인해 오스카는 결국 자신의 유아적 미숙함에서 벗어나 성장을 계속하기로 결심한다. 그에게 던져진 성과 죽음이라는 두 가지 중요한 화두로 인해 그는 새로운 각성에 도달한 셈이다. 그러나 아버지의 무덤에 자신의 양철북을 내던지고 다시 성장을 계속하기로 작심한 오스카에게 그의 아들(로 생각되는) 쿠르트는 돌을 던지며 분노를 표시한다. 변절자인 아버지에 대한 신세대의 응징인 셈이다. 다시 자라기로 결심한 오스카의 악마적인 모습은 당시 어쩔 수 없이 나치에 동조했던 작가 자신을 포함해 그 시대를 살았던 소시민의 속물근성을 대표하는 독일의 모든 아버지를 상징한다고 할 수도 있다. 그리고 실제로 독일은 오스카처럼 종전 후 새롭게 거듭난 모습으로 성장을 계속했던 것이다.

권터 그라스는 20세기 격동의 현장을 상징하는 단치히 태생이다. 현재 단치히는 폴란드령이 되어 그다니스크로 불린다. 폴란드의 바웬사가 자유노조를 이끌고 투쟁을 벌인 바로 그곳이다. 1939년 히틀러가 단치히의 반환을 요구하며 폴란드 침공을 감행함으로써 제2차 세계대전의 막이 올랐으니, 단치히는 그야말로 전쟁의 발화점이 되었을뿐더러 그 후에는 체제전복의 기폭점이기도 했다. 그런 곳에서 태어난 권터 그라스가 20세기 마지막을 장식한 노벨 문학상 수상자로 결정된 것은 어쩌면 당연한 결과인지도 모른다.

『양철북』은 19세기 마지막 해인 1899년 감자밭에서 일하던 안나 브론스키가 경찰에 쫓기던 떠돌이 남자를 그녀의 치마 밑에 숨겨 준 일에서 이야기가 시작된다. 그리고 그 이야기를 쓴 작가는 1999년 노벨 문학상을 받았다. 19세기 식민제국주의와 20세기 러시아 혁명 및 두 차례의 세계대전으로 대표되는 시대적 광기를 정리하고 새로운 21세기를 맞이한 시점에서 독일의 양심을 대표하는 한 작가로 인해 독일 문학의 명예가 회복될 수 있었다는 점은 그나마 다행이라고 하겠다. 그런 점에서 일본의 양심을 대표하는 작가의 부재는 우리에게도 실로 유감스러운 일이 아닐 수 없다.

Part 3

라틴유럽 문학

세르반테스의 『돈키호테』

스페인이 낳은 풍자 문학의 대가인 세르반테스(Miguel de Cervantes Saavedra, 1547~1616)는 마드리드 근교 알칼라 데 에나레스에서 이발사이자 외과의사인 로드리고 세르반테스의 아들로 태어났지만, 정식교육은 거의 받지 못하고 컸다. 어머니는 몰락한 귀족 집안의 딸로 돈에 팔려 시집 온 여성이었다. 세르반테스의 어린 시절은 거의 알려져 있지 않다. 젊은 시절 그는 이탈리아로 가서 잠시나마 추기경 밑에서 일하다가 스페인 해군에 지원하여 1571년 오토만 제국 함대와 벌인 레판토 해전에서 가슴과 손에 총상을 입는 큰 부상을 당했다. 기적적으로 살아남기는 했지만 그 후로 평생 동안 왼손을 쓰지 못하는 장애를 입었다.

세르반테스는 1575년 귀국하던 길에 알제리 해적의 습격으로 납치되어 1580년까지 5년이나 알제리 등지에서 노예로 생활했다. 그동안 그는 여러 차례 탈출을 시도했으나 번번이 실패하고 말았다. 부모의 도움으로 가까스로 노예생활에서 풀려난 그는 1584년 열여덟 살이나 연하인 부농의 딸 카타리나와 결혼하고 작가생활로 접어들었으나 생계 유지가 힘들어 잠시 세금 징수원으로 근무하기도 했다. 그 와중에 불미스러운 사건에 연루되어 감옥에 들어갔는데, 투옥 중에 『돈키호테』를 쓰기 시작하여 1605년 제1부를 출판함으로써 작가로서의 명성을 얻었다. 그 후 1615년에 제2부를 출판하고 그동안 여러 편의 소설과 시 등을 발표했다. 그는 1616년 셰익스피어가 사망한 같은 날에 마드리드에서 조용히 세상을 떠났다. 그가 새롭게 창조한 돈키호테라는 인물은 동시대의 셰익스피어가 창조한 우유부단하고 사색적인 햄릿과는 전혀 상반된 매우 저돌적이고도 몽상에 사로잡힌 인간상을 제시한 것으로 오랜 기간 대중의 사랑을 받아 왔다.

돈키호테의 모험

스페인의 라만차 지방에 사는 50대 시골 귀족 알론조 키하노는 결혼도 하지 않고 조카와 가정부, 하인을 데리고 한가한 삶을 살고 있다. 그는 기사 이야기만을 탐독하며 지내다가 어느 날 정신이 이상해진 나머지 스스로 방랑의 기사가 되기로 작심하고 세상의 악을 물리쳐 공을 세우기 위한 모험의 길에 나선다. 자신의 이름을 돈키호테라 짓고 조상 대대로 내려온 갑옷을 입은 그는 로시난테라는 이름의 다 말라비틀어진 자기 말을 타고 집을 나선다. 그는 자신의 이상적인 고귀한 여성으로 가까운 이웃에 사는 농부의 딸에게 둘시네아라는 이름을 제멋대로 붙이고는 그녀를 위해 큰 공을 세우기로 작심한다.

이렇게 집을 나선 돈키호테는 한 여인숙을 성으로 잘못 알고 주인을 성주라고 부르는가 하면 밤중에 기사 서임식을 개최한다며 소동을 일으키기도 한다. 마을 사람들에 의해 간신히 집으로 귀가한 그는 다시 여행길에 나서는데, 이번에는 이웃에 사는 무지한 농부 산초를 섬의 총독으로 임명해 주겠다고 설득하여 시종을 삼고 함께 길을 떠난다. 산초는 돈키호테의 말을 곧이곧대로 믿고 처자식을 내버린 채 그를 따라 나선다.

　드넓은 벌판에 당도한 돈키호테는 풍차의 무리를 보자 그것이 거인의 무리라고 판단하고 느닷없이 공격을 감행하지만 때마침 불어닥친 강풍으로 말과 함께 나동그라지고 만다. 그러나 돈키호테는 산초의 만류에도 불구하고 이처럼 어리석은 행동을 멈추려 하지 않는다. 그는 자신이 정의를 위해 싸운다고 굳게 믿고 있기 때문이다. 수차례의 도전과 모험이 반복된 후, 결국 돈키호테는 자신의 어리석음을 깨닫고 고향으로 돌아가지만 곧 병석에 눕게 되어 세상을 뜬다. 그러나 구원의 여인상 둘시네아는 작품 속에 끝내 등장하지 않는다.

　많은 평자는 『돈키호테』의 주제를 이상과 현실 사이에서 고뇌하는 보편적 인간 갈등의 표출로 풀이한다. 그리고 돈키호테가 제시하는 특이한 유형의 성격을 전형적인 인간형의 하나로 간주한다. 그것은 현실주의자인 산초의 성격 유형과 대비되기도 한다. 그러나 두 인물은 서로 충돌하고 대립하는 가운데서도 점차 상대방에게 영향을 주기 시작한다는 점에서 일종의 변증법적 구도를 지니고 있기도 하다. 돈키호테는 산초를 통해서 자신의 어리석음을 점차 깨달아 가고 눈에 보이는 것만 믿으려 하는 산초는 돈키호테의 이상을 동경하게 되기 때문이다. 따라서 『돈키호테』가 단순히 봉건주의적 잔재인 기사도를 조롱하기 위해 쓰인 작품만은 아니라는 결론에 이르게 된다.

돈키호테와 산초

　돈키호테는 일종의 백일몽에 사로잡힌 과대망상증 환자다. 그는 현실에서 이루지 못한 자신의 환상을 좇아서 세상을 왜곡하고 행동으로 옮긴다.

영국의 분석가 멜라니 클라인은 현실 속에서 마주친 우울에 대한 극적인 반전은 조증적 방어를 통해 이루어진다고 했지만, 그렇다고 해서 돈키호테가 조울병 환자라는 뜻은 아니다. 돈키호테는 결코 기분이 들떠 있거나 쾌활한 상태에 빠져 있지는 않아 보이기 때문이다. 그는 오히려 말수가 적은 편이다. 기분이 고양되어 있다기보다는 망상적 강박증에 가깝다고 할 수 있겠다. 물론 치매의 가능성도 생각해 볼 수 있지만 연령으로 보나 이후에 제정신으로 돌아온 것을 보면 분명 치매는 아니다.

그런 점에서 돈키호테의 행동은 매우 유아적인 퇴행성 및 충동성을 보이는 것이 그 특징이라 할 수 있다. 그의 과대망상은 곧 유아적 전지전능감을 반영하는 것으로, 어머니의 품안에서 부족함이 없이 마음대로 젖을 빨던 시기로까지 퇴행했음을 뜻한다. 그가 이웃에 살던 시골 처녀에게 제멋대로 둘시네아라는 이름을 붙여 주고 자신의 수호천사로 상상한 것은 다름 아닌 모성적 보호와 보살핌에 대한 그의 무의식적 소망을 의미한다. 돈키호테는 뚜렷한 목적이나 대상도 없이 무조건 집을 나서 세상의 악을 찾아 물리친다고 하지만, 사실은 그 자신의 무의식적 욕망 자체를 찾아 나선 것이다. 그러니 아무리 사람들이 그를 말리고 집으로 데려다 놓아도 그는 또다시 갑옷을 걸치고 새로운 모험의 길로 나서는 것이다.

돈키호테가 한 여인숙에서 이발사가 사용하는 세숫대야를 황금투구라고 우기며 소란을 피운 것도 사실은 세르반테스 자신의 무의식적 거세공포를 드러낸 것이라 할 수 있다. 그의 아버지는 이발사인 동시에 외과의사였기 때문이다. 이발사는 면도칼을 사용하고 의사는 수술칼을 사용한다는 점에서 그의 아버지는 어린 아들의 거세공포를 강화시키기에 충분했을 것이다. 세숫대야는 그런 칼을 사용할 때 손을 씻는 도구가 아닌가. 세숫대야를 부정한 것은 곧 자신의 거세공포를 부정한 셈이 된다. 그리고 황금투구는 아버지의 전유물이자 그의 손이 담기는 세숫대야, 즉 어머니의 성기를 상징하는 것일 수도 있다. 결국 그 누구도 못 말릴 돈키호테의 정벌 욕구는 자신의 거세공포를 극복하고 오이디푸스적 욕망을 실현하고자 하는 동시에 그 자신의 내부에 자리 잡은 악의 근원을 찾아 분쇄하기 위한 나약한 자아의 끊임없는 시도를 의미한다고 볼 수 있다.

그런 어리석은 주인을 섬기는 시종 산초는 어떻게 보면 돈키호테의 또 다른 분신이기도 하다. 눈에 보이는 것만을 믿는 산초는 비록 그 자신은 세속적인 욕망을 추구하는 현실주의자이지만 현실 감각을 잃고 방황하는 이상주의자 돈키호테가 현실을 인식하게끔 도와주는 다리 역할을 맡기도 한다. 산초와 돈키호테는 끊임없이 부딪치고 언쟁을 벌이지만, 이들의 언쟁은 곧 돈키호테 자신의 내면에서 이루어지는 이상과 현실 사이에서의 갈등적 대립 구도를 상징하는 것이다. 돈키호테가 풍차를 거인이라고 우기면 산초는 단지 풍차일 뿐이라고 일깨워 준다. 그런 과정이 끊임없이 반복된다. 그 과정에서 적절한 흥정과 타협이 이루어지는데, 산초는 돈키호테가 제시한 총독의 자리에 마음이 끌리게 되고 돈키호테는 산초의 충고에 따라 자신의 어리석음을 깨닫게 된다.

그러나 뒤늦게 현실로 돌아온 돈키호테는 갈수록 우울증에 빠져든다. 실제로 망상에 사로잡혀 있다가 치료를 받고 호전되어 현실 감각을 되찾은 많은 정신분열증 환자에게서 그와 유사한 우울 상태를 발견할 수 있다. 특히 과대망상일수록 더욱 그렇다. 그래서 망상에서 가까스로 벗어난 환자가 자신의 고통스럽고 초라한 현실에 직면했을 때 그것을 견디지 못하고 자살을 기도하는 경우도 있다.

우울에 빠진 돈키호테를 딱하게 여긴 산초는 이번에는 오히려 그의 돈키호테적 신념을 복원해 주고자 시도하지만 결국 성공하지 못하고, 알론조 키하노는 자신이 돈키호테가 아님을 인정하며 숨을 거둔다. 개인적으로는 차라리 망상에 빠져 있었을 때가 그에게는 행복한 시절이었는지도 모른다. 물론 이상과 망상은 같은 것이 아니다. 그러나 이 두 가지는 항상 현실과 충돌하기 일쑤다. 돈키호테는 현실을 무시하고 자신의 이상을 실현하기 위해 망상을 동원하지만 그것이 부질없는 일이었음을 깨닫고 결국 초라한 자신의 현실을 받아들인다. 그리고 그에게 돌아온 가혹한 보상, 즉 우울과 죽음을 기꺼이 맞아들인다.

둘시네아

소설 속에 둘시네아는 한 번도 등장하지 않는데, 그것은 그녀의 존재가 실제 인물이 아니라 단지 상상 속의 여인이기 때문이다. 아서 힐러 감독의 1972년 뮤지컬 영화 〈라만차의 사나이〉에서도 돈키호테가 둘시네아로 착각한 여성 알돈자와의 관계를 중심으로 이야기가 전개될 뿐 둘시네아는 끝내 등장하지 않는다. 거리의 매춘부에 불과한 알돈자 앞에 정중히 무릎을 꿇는 돈키호테의 모습은 마치 막달라 마리아 앞에 무릎을 꿇고 그녀의 발에 성유를 발라 주는 예수의 모습을 연상시킨다.

이처럼 구원의 이상형으로 다가온 둘시네아는 돈키호테가 그리워하는 상징적인 어머니이자 금지된 연인이기도 하다. 따라서 구원의 여인상 둘시네아가 작품 속에 실제 인물로 등장하지 않는 것은 지극히 당연한 결과라 하겠다. 두 사람의 관계는 현실 속에서 이루어질 수 없는 상상 속의 관계이기 때문이다. 분석적으로 말하자면, 그것은 내적 대상 이미지와의 관계이며 동시에 금지된 오이디푸스적 관계를 의미한다.

그가 거인으로 착각한 풍차를 공격하기 위해 돌진하는 모습은 자신의 경쟁자인 아버지를 향해 공격하는 동시에 어머니를 향해 남근적 공격을 하는 것을 의미하기도 한다. 또한 갑옷으로 중무장하고 창과 방패를 든 돈키호테의 모습은 비록 겉으로는 남성다움을 과시하고 있지만, 내면적으로는 자신의 정신적 · 신체적 나약성을 갑옷 속에 감추는 동시에 자신의 무의식적 욕망에 대한 방어로 가득 차 있음을 여지없이 드러낸다. 오스트리아 출신의 분석가 빌헬름 라이히는 '성격 무장'이라는 용어를 사용하여 인간의 성격 특성도 심리적 방어의 형태로 이용될 수 있음을 주장했는데, 그것은 일종의 심리적 갑옷으로 무장함으로써 자신의 내적 균형을 유지하고자 하는 현상을 가리킨 것이다.

여기서 창은 남근을 상징하며 방패는 남근의 공격을 부정하는 방어적 태도를 의미한다고 볼 수 있다. 돈키호테가 풍차를 공격하려다 때마침 불어닥친 강풍 때문에 뜻을 이루지 못하는 장면에서 우리가 생각해 볼 수 있는 점은 그 강풍이 바로 그의 초자아를 상징할지도 모른다는 사실이다. 따라서 초자아의 방해 때문에 그의 공격은 번번이 실패할 수밖에 없다. 더욱이 그가 지닌 창은 중세 기사들이 사용하던 매우 긴 창이다. 이는 아버지의 남근을 압도하고도 남을 만큼 거대한 남근을 소유하고픈 무의식적 환상을 드러내는 것이다.

주인과 함께 나동그라진 말 로시난테 역시 성적인 좌절을 상징한다. 말라비틀어진 초라한 말의 모습은 돈키호테 자신의 성적인 무력감을 의미한다. 또한 풍차는 밀을 빻는 방앗간의 상징이며, 영원히 멈출 수 없는 성의 보금자리이기도 하다. 과거 시골의 젊은 남녀들이 밀회 장소로 방앗간을 즐겨 찾은 것도 찧고 빻는 방아가 성을 상징하기 때문이다. 국창 박동진 옹의 방아타령에서 청중을 배꼽 잡게 만드는 대목 가운데 '방아 중에 가장 좋은 방아는 가죽방아여'라는 것이 있다. 따라서 풍차는 영원히 돌고 도는 요술 맷돌처럼 멈추지 않고 계속 돌아가는 성의 상징이 되기에 충분한 것이다.

이처럼 돈키호테 이미지의 트레이드마크가 되다시피 한 갑옷 그리고 창과 방패, 둘시네아와 노쇠한 말 로시난테, 풍차 등은 돈키호테 자신의 무의식적 소망, 즉 모성적 보살핌에 대한 갈망 및 성적인 갈등, 나르시시즘적 분노와 좌절, 오이디푸스 갈등과 그로 인한 죄의식 등 실로 다양한 내적 현상의 표출로 간주된다. 그러나 둘시네아는 단순히 성적인 호기심의 대상에 머문 존재가 아니라 돈키호테의 이상적인 여인상인 동시에 우상이기도 하다. 그가 바라는 여성은 부드럽고 정숙한 귀부인이요 요조숙녀였다.

그는 자신의 우상이 깨지는 것을 원치 않았지만 죽음이 임박하자 어쩔 수 없이 예전의 알론조 키하노로 돌아가고 숨을 거둔다. 그동안 자신이 추구했던 모든 우상이 부질없는 망상이었음을 깨닫는 순간, 그는 자신의 죽음을 기꺼이 맞아들인 것이다. 죽음만이 모든 진실을 밝히는 순간임을 입증이라도 하듯이 말이다.

돈키호테와 마찬가지로 세르반테스의 삶은 실로 기구한 사건들로 이루어진 것이었다. 전쟁에서 입은 불구와 오랜 노예생활, 수치스러운 감옥생활 등, 그는 평탄한 삶을 제대로 영위해 본 적이 별로 없었다. 그는 자신의 그런 불운한 현실에 대한 보상으로 돈키호테라는 기이한 인물을 내세워 새로운 자기만의 세계를 창조했다. 그에게 작가로서의 성공은 그 무엇보다 큰 보상이 되었다.

동시대에 활동한 셰익스피어가 영국을 상징하는 인물이 되었다면, 세르반테스는 곧 스페인을 상징하는 인물이 되었다. 물론 그가 들려주는 이 기묘한 이야기는 단지 웃음과 즐거움을 선사하기 위한 것만이 아니다. 이상과 현실 사이에서 좌절하고 분노하는 한 노신사의 고뇌와 갈등을 우화적인 형태를 빌어 묘사한 것이기는 하지만, 그토록 우스꽝스러운 행태를 통하여 세르반테스는 그 자신의 개인적 갈등을 드러내는 동시에 적절한 승화를 시도한 것이다.

유머는 승화와 더불어 가장 성숙한 방어기제에 속한다. 그러나 역설적이게도 돈키호테의 이야기는 솔직히 매우 가슴 아픈 이야기다. 그리고 그와 비슷한 어리석음과 회한, 이상에 대한 추구와 좌절, 근원적인 공허함과 소외감을 우리 자신도 반복하며 살아가고 있다는 점에서 돈키호테는 결코 우리와 동떨어진 존재가 아님이 분명해진다. 그런 이유로 돈키호테는 지금까지도 여전히 많은 사람의 사랑을 받고 있는지도 모른다.

빅토르 위고

1 9세기를 대표하는 프랑스의 대문호 빅토르 위고(Victor Hugo, 1802~1885)는 브장송에서 군인의 아들로 태어났다. 어릴 때부터 문학에 심취한 그는 20세 때 첫 시집을 출간하면서 본격적인 작가생활로 접어드는 한편 그해에 결혼도 했다. 그 후 소설 『사형수 최후의 날』 『노트르담의 꼽추』 『레 미제라블』 등 걸작들을 계속 발표함으로써 프랑스 문학의 거두로 우뚝 섰다. 그러나 한동안은 절필하고 정치 활동에만 전념하기도 했는데, 그 이유 가운데 하나로 그가 무척 아끼던 맏딸과 사위의 예기치 못한 죽음을 들 수 있겠다. 극도로 상심한 그는 깊은 좌절감에 빠져 거의 아무런 활동도 할 수 없을 정도로 큰 충격을 받았다.

그 후 나폴레옹 3세에 반대하여 국외로 추방됨으로써 20년 가까운 세월을 해외에서 망명생활로 보내야 했지만, 이 시기에 『레 미제라블』 등 그의 숱한 걸작이 쏟아져 나왔다. 1870년 보불전쟁에 패하면서 나폴레옹 3세가 몰락하자 위고는 공화파를 대표하는 국민적 영웅이 되어 당당히 파리로 복귀했다. 비록 그의 막내딸 아델이 정신분열증으로 평생을 정신병원에서 지내야 했지만, 그럼에도 불구하고 비교적 평온한 말년을 보낸 위고는 83세

를 일기로 작고했는데, 국장으로 치러진 그의 장례식에는 수많은 애도 인
파로 넘쳐났다고 한다.

『노트르담의 꼽추』

『노트르담의 꼽추』는 위고의 나이 29세 때 발표한 소설로 비교적 초기
작에 속한다. 그의 대표작『레 미제라블』이 60세 때 발표된 점을 감안한다
면 두 작품 사이에는 30년이라는 기나긴 간격이 있음을 알 수 있는데, 초
기작이 다소 어둡고 비극적인 요소가 강하다면 말년의 작품은 오히려 매우
낙관적인 분위기가 강하다고 하겠다. 위고는 노트르담 성당의 벽에 새겨진
'숙명'이라는 낙서를 보고 영감을 받아 이 소설을 쓴 것으로 알려지기도 했
지만 그 정확한 진위 여부는 아무도 모른다.

노트르담 대성당의 종치기로 일하는 꼽추 콰지모도는 프롤로 신부가 길
에 버려진 기형아를 주워 데려다 기른 일종의 괴물인간이다. 그 모습이 꼽
추에다 애꾸눈 등으로 흉측한 데다 듣지도 말하지도 못하는 절름발이 장애
자라서 사람들의 놀림감이 되곤 하지만 심성만은 착하기 그지없다. 그러나
콰지모도는 자신을 키워 준 냉담하기 그지없는 프롤로 신부를 몹시 두려워
해서 아버지처럼 떠받들며 절대 복종하며 지낸다.

그러던 어느 날 거리에 요염하고도 아름다운 집시 여인 에스메랄다가 나
타나 춤을 추고 마술을 보여 주는 등 뭇 사내들의 마음을 사로잡으면서 비
극은 시작된다. 은밀히 그녀를 탐내게 된 프롤로 신부는 왕궁 근위대 장교
페뷔스에게 이미 마음을 빼앗긴 에스메랄다를 질투한 나머지 페뷔스를 등
뒤에서 칼로 찌르고 달아난다. 그 죄를 뒤집어 쓴 에스메랄다는 교수형에
처해질 운명에 처하지만, 콰지모도가 나타나 그녀를 구출해 대성당 안으로

안전하게 피신시킨다. 당시 교회는 신성불가침의 성역으로 간주되어 그 어떤 범죄자도 일단 그 안에 들어가면 전혀 손을 쓸 수가 없었다.

이렇게 해서 한 집시 댄서를 가운데 두고 성직자 프롤로와 군인 페뷔스, 그리고 떠돌이 시인 피에르와 꼽추 콰지모도 사이에 치열한 4파전이 벌어지게 되고, 사랑을 독차지하기 위한 싸움의 형태는 유괴와 납치, 모험과 암살, 집단 시위와 구출 작전 등으로 이어지게 된다. 하지만 결국 자신을 끝내 받아들이지 않는 에스메랄다에게 악의를 품은 프롤로 신부는 대성당을 공격하며 그녀의 반환을 요구하는 폭도들에게 에스메랄다를 내주고 그녀의 교수형 집행 장면을 멀리서 지켜보며 미소를 머금는다. 이에 분격한 콰지모도는 프롤로 신부를 대성당 아래로 떨어트려 죽이고 어디론가 사라진다. 그 이후로 그의 모습을 본 사람은 아무도 없다.

세월이 흐른 뒤에 공동묘지에서 에스메랄다의 무덤을 파헤친 일단의 사람이 그 안에서 또 다른 시신을 발견했는데, 그것은 목이 부러진 그녀의 해골을 포옹하고 있는 등이 굽은 해골의 잔해였다. 사람들이 둘 사이를 억지로 떼어 놓자 이미 삭아 버린 뼈는 먼지로 화하고 말았다. 사람들은 그것이 사라진 콰지모도의 잔해일 것으로 믿는다. 결국 그는 그녀의 곁에 누워 굶어 죽은 것이다.

소설의 주인공 콰지모도는 대중이 그를 바보 교황이라 부르며 놀려 대도 결코 화를 내는 법이 없는 순진한 괴물이다. 그러나 그는 자신에게 친절을 베푸는 사람에 대한 고마움만은 잊지 않는 순수한 영혼의 소유자이기도 하다. 그가 숭배하는 유일한 인물은 프롤로 신부와 에스메랄다이지만 그녀를 배신한 사실을 알고 콰지모도는 아버지와도 같은 존재인 프롤로 신부를 살해하고 만다. 그는 위선과 탐욕에 가득 찬 위험 지대로부터 그녀를 안전하게 구할 수 있는 모든 수단을 동원했지만 결정적인 순간에 그녀를 죽음으로 내몬 프롤로를 결코 용서할 수 없었기 때문이다.

여기서 우리는 이상적인 구원의 여인상 어머니를 사모하고 그녀를 권위적이고 지배적인 아버지의 폭압에서 구하는 동시에 그녀의 희생을 막기 위해 애쓰는 어린 아들의 무의식적 구원 환상과 유사한 동기를 읽어 낼 수 있을지도 모른다. 듣지도 말하지도 못하는 어리석은 콰지모도는 덩치가 크고 힘만 셌다 뿐이지 심리적으로는 모든 면에서 미숙한 어린아이와 같은 존재다. 반면에 높은 직책에 온갖 지식으로 무장한 권력자 프롤로 신부는 탐욕과 욕정에 물든 위선적인 아버지를 대변한다.

이처럼 절대적인 권력을 행사하는 영적인 지배자에 대해 절대 복종하고 두려움에 떨기만 하던 아들이 갑자기 변하게 된 계기는 그동안 겪어 보지 못했던 모성적인 사랑의 체험이었을 것이다. 따스한 모정의 발견과 체험이야말로 콰지모도를 전혀 다른 인간으로 변모하게 만든 셈이다. 그것은 프롤로 신부가 느끼는 정욕과는 전혀 다른 차원의 사랑이었던 것이다.

보다 근원적인 형태의 사랑에 눈을 뜬 콰지모도는 그 후로 자신의 상징적인 어머니를 보호하고 구원하고자 모든 것을 바친다. 그에게 그토록 지고지순한 존재로 자리 잡게 된 그녀를 비정하게 사지로 내몰고도 태연할 수 있는 이중적인 아버지에 대한 아들의 징벌은 당연한 수순이었다. 적어도 심리적으로는 말이다.

여기서 한 가지 짚고 넘어갈 부분이 있다면 빅토르 위고 자신이 노년에 이르기까지 일생 동안 유달리 강한 욕정 때문에 숱한 문제를 일으켰다는 것이겠다. 그런 점에서 욕정에 사로잡힌 지성인 프롤로 신부와 순수한 사랑을 추구한 괴물 콰지모도는 위고 자신의 이중적인 내면을 상징하는 분신들의 표상일지도 모른다. 실제로 위고는 성적인 면에서 항상 자신감에 가득 차 있었는데, 신혼 첫날밤에도 무려 아홉 차례나 성관계를 치를 정도로 넘치는 정력을 과시하기도 했다.

그러나 그의 끊임없는 욕정은 결코 멈출 줄을 몰라서 여러 차례 난산을 거듭한 아내는 기력이 소진한 나머지 마침내는 잠자리를 거부함으로써 심각한 불화를 낳기도 했다. 결국 『노트르담의 꼽추』가 발표된 시점에 위고는 소설의 여주인공 에스메랄다처럼 검은 머리에 검은 눈을 지닌 미모의 여배우 쥘리에트 드루에와 정사를 벌이는가 하면 수시로 창녀들과 어울리기까지 했다. 이처럼 끊어오르는 욕정을 주체할 수 없었던 위고는 놀랍게도 세상을 뜨기 직전인 80대의 나이에도 성관계를 계속한 것으로 알려져 있으니, 그의 뜨거운 열정은 말년의 괴테를 능가하고도 남는다 하겠다. 어쨌든 이 소설이 전하는 메시지는 잔인한 아버지의 손길에서 불쌍한 어머니를 구해 내고 아버지를 끝내 처단하고 마는 아들의 무의식적 환상을 충족해 주기에 충분하다 하겠다.

『레 미제라블』

원제가 '불행한 사람들'이라는 뜻을 지닌 소설 『레 미제라블』은 빅토르 위고가 60대 노년에 접어든 1862년에 발표한 작품으로 그의 대표적 걸작 가운데 하나다. 주인공 장 발장은 원래 가난한 농부로 굶주린 조카들을 위해 빵 한 덩어리를 훔쳤다는 죄목으로 감옥에 가게 된다. 여러 차례 탈옥을 감행하다 붙들리는 바람에 형기가 늘어난 결과, 그는 무려 19년의 감옥생활을 마치고 가석방된다. 여기저기서 가는 곳마다 푸대접을 받던 그는 다행히 인자하기로 소문난 미리엘 사제의 집에 하룻밤 묵으며 융숭한 대접까지 받았으나 탐욕에 빠진 나머지 사제의 은촛대를 훔쳐 달아나다가 경찰에 붙들리고 만다. 그러나 사제의 도움으로 풀려난 그는 그 후 새사람이 되어 마들렌으로 이름을 바꾸고 명망 있는 사업가로 크게 성공하며 마침내 시장까지 되어 많은 사람의 존경을 받기에 이른다.

그러나 그가 감옥에 있을 때 간수로 있던 자베르 경감이 나타나 장 발장의 신원에 대해 의심을 품게 되면서 그는 다시 쫓기는 신세가 된다. 장 발장은 자신이 돕던 가엾은 여성 팡틴이 병상에서 숨을 거두자 그녀의 딸 코제트를 악랄한 여관 주인 테나르디에의 마수에서 구해 내고, 포슐르방 영감의 도움으로 그녀를 수녀원에 맡긴다. 그리고 세월이 흘러 아름다운 처녀로 장성한 코제트와 함께 신분을 숨기고 살아가던 장 발장은 의협심에 불타는 청년 마리우스와 사랑에 빠진 코제트를 불안한 시선으로 지켜본다.

때마침 혁명의 열기가 고조되기 시작하면서 혁명군에 가담한 마리우스는 동지들과 함께 치열한 시가전을 치르는데, 장 발장은 코제트가 그토록 사랑하는 마리우스를 보호하기 위해 위험을 무릅쓰고 전투 현장에 뛰어든다. 그리고 그곳에 몰래 잠입했다가 혁명군에 붙들린 자베르 경감과 우연히 마주친 장 발장은 오히려 그를 풀어 준다. 부상을 입고 쓰러진 마리우스를 등에 업고 하수도를 통해 탈출에 성공한 장 발장이지만 뜻밖에도 그 출구 앞에서 자베르 경감을 다시 만난다.

장 발장의 요청을 받아들여 마리우스의 집에까지 동행해 준 자베르는 그 후 자책감에 빠진 나머지 세느강에 몸을 던져 스스로 목숨을 끊는다. 부상에서 회복한 마리우스는 마침내 코제트와 결혼하기에 이르고, 그 자리에서 장 발장은 자신의 모든 과거를 사위에게 밝힌다. 코제트가 그의 곁을 떠나간 뒤 더 이상 삶의 의욕을 잃은 장 발장은 병석에 누워 시름시름 앓다가 두 남녀가 지켜보는 가운데 조용히 죽음을 맞이한다.

장 발장의 생애는 세상으로부터 부당하게 버림받고 학대받은 농부 출신의 한 죄수가 어느 노사제의 조건 없는 사랑과 자비심에 감화되어 새사람으로 거듭나게 되면서 전적으로 이타적인 삶을 실천하며 살아가는 모습을 보여 주는 감동적인 이야기다. 물론 그와 대극을 이루는 자베르 경감의 존재는 비정하고 냉혹한 세상의 법 질서를 상징한다. 하지만 그렇다고 해서 자베르를 탓할 수만도 없다. 그는 자신에게 주어진 책무를 다한 것뿐이니까. 오히려 자베르처럼 자신의 직분에 철저한 인물을 만나기도 어려운 현실이 아닌가. 관료들의 부정부패에 익숙한 우리로서는 법과 원칙의 준수에 그토록 철저한 자베르 같은 인물이 더욱 아쉬울 수도 있다.

자베르의 강박증은 물론 그 자신의 떳떳치 못한 출신 성분 탓일지도 모른다. 그는 감옥 안에서 태어난 인물로, 그의 아버지는 죄수였으며 어머니는 집시 여인이었다. 이처럼 비정상적인 환경에서 성장한 그는 부모의 존재를 부정하고 자신이 스스로 죄수들을 감시하는 간수가 됨으로써 자신의 부도덕한 뿌리를 잊고 살 수 있게 된 것이다. 따라서 그는 자신이 항상 세상의 올바른 정의를 실천하는 상징적 대리인임을 자처하며 살았던 것이다.

그러나 그는 법과 질서 그리고 정의만으로 이 세상이 움직일 수 있는 것은 아니라는 사실을 모르고 있었다. 그것은 오랜 감옥생활로 정서적으로 메말라 있던 장 발장도 마찬가지였다. 그러나 장 발장은 미리엘 사제와의 만남이라는 행운이 주어졌기 때문에 조건 없는 사랑과 자비심도 이 세상에 존재한다는 사실을 처음으로 깨닫게 된 것이다. 법과 불법 그리고 질서와 무질서만이 존재했던 세계에서 벗어나 사랑이 충만한 따스한 정을 느끼게 된 것이다.

휴머니즘이란 결국 질서의 문제가 아닌 정서적인 차원의 문제가 아니겠는가. 장 발장은 일찌감치 그 점을 깨닫고 새로운 삶을 살아가는 용기를 얻었지만 불행히도 자베르는 그럴 용기가 없었다. 뒤늦게 장 발장을 통하여 그런 사실을 깨닫게 된 그는 마지막 용기를 내어 깨끗이 자신의 어리석은 삶을 정리하고 스스로 목숨을 끊은 것이다.

물론 위고의 『레 미제라블』은 악에 대한 선의 위대한 승리를 나타낸 것이라는 점에서 종교의 위대함을 널리 알린 것으로 오해할 수도 있다. 그러나 단지 권선징악적 차원에서 다루어진 작품으로 보기는 어렵다. 자베르 경감을 악의 대리인으로만 볼 수도 없기 때문이다. 다만 그는 사랑을 모르고 큰 사람이며, 자신의 임무에 충실하면서도 정상참작이라는 말을 몰랐을 뿐이다. 그것은 융통성의 결여 때문일 뿐, 자신의 직분에 충실한 것 자체를 탓할 수만은 없는 문제라 하겠다.

또 다른 관점에서 살펴보자면, 위고가 이 작품을 쓰고 있을 무렵 그의 막내딸 아델이 영국군 핀슨 중위를 짝사랑한 나머지 신대륙으로 무작정 떠나 버린 사건이 벌어졌는데, 애정망상에 사로잡힌 상태로 자신이 핀슨 부인임을 자처하며 10여 년의 세월을 노숙자 신세로 전전하다 거지꼴로 겨우 귀가한 그녀를 곧바로 정신병원에 보내야만 했던 위고의 심정은 실로 참담했을 것이다.

그것은 마치 장 발장이 가련한 창녀 팡틴과 그녀의 어린 딸 코제트를 보살피기 위해 혼신의 힘을 쏟는 모습과도 비슷하다. 그러나 실제 현실 속에서 위고는 자신의 딸을 구원하지 못하고 말았다. 더군다나 핀슨 중위는 소설 속의 마리우스처럼 딸을 사랑하지도 않고 비정하게 내버린 무심한 사내였을 뿐이다. 남편과 함께 보트 사고로 죽은 맏딸 레오폴딘을 잃은 후에 오랜 기간 실의에 빠졌던 위고로서는 막내딸 아델의 비극적인 사건으로 더욱 큰 상처를 받았겠지만, 그럼에도 불구하고 그는 왕성한 창작 활동으로 자신의 아픔을 이겨 나갔다. 장 발장의 삶을 지탱해 준 것이 미리엘 사제가 선물로 준 은촛대였다면, 위고의 삶을 지탱해 준 것은 바로 창작을 통한 자기 정화요 승화였을 것이다. 물론 위고가 그토록 정화하고자 애썼던 것은 스스로 주체할 수 없을 정도로 활화산처럼 솟구치는 성적인 욕망이었다.

모파상의 『여자의 일생』

에밀 졸라와 더불어 19세기 프랑스 자연주의 문학을 대표하는 소설가로 꼽히는 기 드 모파상(Guy de Maupassant, 1850~1893)은 노르망디의 미로메닐에서 부유한 집안의 아들로 태어났다. 그러나 부모가 일찍 별거하는 바람에 주로 홀어머니 밑에서 자랐다. 어머니와 친분이 있던 플로베르에게서 문학 수업을 받은 그는 1870년 보불전쟁이 일어나자 학업을 중단하고 군대에 지원해 참전했다. 그 후 그는 10년간 해군성에 근무하며 파리 문단과 교류할 기회를 얻었고, 마침내 1880년 단편 『비계덩어리』로 문단에 데뷔함으로써 센세이션을 일으켰다.

특히 그는 단편소설의 대가로서 무려 300여 편의 단편을 남겨 러시아의 체호프, 미국의 오헨리와 함께 단편소설의 3대 거장으로 꼽힌다. 그 외에도 『여자의 일생』『벨 아미』『피에르와 장』 등 6편의 장편을 썼으나 성적으로 몹시 방탕한 생활을 거듭한 끝에 기력을 소진했으며, 말년에는 우울증 및 신경매독에 시달리다 편집 증세까지 보이는 등 정신적으로 매우 황폐한 상태에 빠졌다. 결국 그는 칼로 목을 그어 자살을 시도함으로써 정신병원에 입원한 후 43세라는 젊은 나이로 세상을 뜨고 말았다.

모파상의 장편소설『여자의 일생』은 한 여성의 불행하고도 굴곡진 삶을 통해 나약한 인간이 마주치는 고달픈 인생의 적나라한 모습을 보여 준다. 하지만 그런 모습이 시대와 공간을 뛰어넘어 현대를 살아가는 우리에게도 전혀 낯설지 않다는 점에서 이 작품은 어느 누구나 지닐 수 있는 인간의 심리적 취약성과 그 결과로 다가오는 비극적 운명을 드러내 보여 준다 하겠다.

『여자의 일생』

귀족 집안의 외동딸로 태어난 잔느는 엄격한 수녀원 교육을 받으며 착하고 아름다운 처녀로 성장하지만, 교구신부의 소개로 만난 줄리앙과 결혼하면서 불행이 시작된다. 결혼 첫날밤부터 줄리앙의 야비한 모습을 목격한 잔느는 결혼에 대한 환상이 깨지는 것을 경험하게 되고, 신혼여행을 다녀온 직후부터 이미 부부는 각방을 쓰기 시작한다.

잔느에게서 마음이 떠난 줄리앙은 그 후 계속 불륜을 저지르며 하녀 로잘리까지 건드려 아이를 배게 하고 집에서 쫓아낸다. 그 사이에 잔느는 아들 폴을 낳아 모든 애정을 쏟는다. 그러나 불행은 계속 이어진다. 어머니의 죽음을 통해 그녀 역시 다른 남자와 불륜관계에 있었다는 사실을 알게 된 잔느는 어머니에 대한 실망감으로 참담한 심정에 빠진다. 그리고 줄리앙은 유부녀인 백작부인과 짐마차 안에서 밀회를 즐기던 중 질투심에 불타오른 그녀의 남편 푸르빌 백작에 의해 백작부인과 함께 벼랑 밑으로 굴러 떨어져 죽는다. 그날 밤 잔느는 딸을 사산한다.

줄리앙이 죽은 후 잔느는 오로지 아들 폴에게 기대를 걸고 온갖 정성을 다 기울인다. 하지만 폴은 아버지 줄리앙을 닮아선지 커서도 계속 방탕한 생활을 일삼으며 아버지의 유산을 요구하고 잔느에게서 돈을 뜯어내기에 바쁘다. 아들 때문에 빚더미에 올라선 잔느는 결국 살던 집까지 팔아야 했다. 남편과 아들 때문에 온통 상처투성이가 된 잔느는 그녀의 곁에 다시 돌아온 로잘리와 함께 낡은 오두막에 살면서 서로 의지하며 지낸다. 그리고 폴이 낳은 손녀딸을 품에 안고 미친듯이 입을 맞추는 잔느의 모습을 바라보며 로잘리가 말한다. "결국 인생이란 생각보다 그렇게 행복하지도 불행하지도 않은가 봐요." 이 말은 아무리 불행하고 힘겨운 삶이라 하더라도 그것은 생각하기 나름이라는 뜻이겠다.

1883년에 발표된 『여자의 일생』은 모파상의 염세주의적 성향이 농후한 작품이다. 그는 작중 인물들을 통해 자신의 개인적 체험을 부분적으로 드러내고 있다. 작품의 무대도 자신이 태어난 노르망디로 설정하고 있으며, 주인공 잔느는 한평생을 어둡게 살았던 어머니를 모델로 하고 있다.

줄리앙 역시 난봉꾼이었던 아버지 귀스타브와 비슷한 이미지이며, 말썽꾸러기 불효자식 폴은 그의 동생 에르베를 여지없이 닮았다. 그러나 한편으로는 성적으로 매우 방탕했던 모파상 자신의 분신처럼 보이기도 한다. 유달리 정력이 강했던 모파상은 병적으로 과도한 성생활에 집착함으로써 자신의 생명을 스스로 단축시키고 말았지만, 다른 무엇보다 한 여성과 지속적인 관계를 유지하는 데 어려움을 겪었는데, 그것은 곧 진정한 사랑에 대한 의구심 때문이었을 것으로 보인다.

주인공 잔느의 성격은 너무도 순수하고 착하기만 하다. 그것은 그녀의 하녀인 로잘리도 마찬가지다. 엄밀히 말하면 로잘리가 더욱 큰 불행을 겪은 여성이다. 그녀는 잔느의 유모가 낳은 자식으로 하층민 출신이다. 로잘리는 주인에게 몸을 더럽히고 사생아까지 낳아 혼자 힘으로 키운다. 그러나 그녀는 묵묵히 자신의 시련과 불행을 받아들이고 꿋꿋하게 살아간다.

그리고 적어도 자식 농사에 있어서는 로잘리가 잔느에 비해 훨씬 더 성공적이었다.

이처럼 로잘리는 매우 능동적으로 자신의 시련을 극복해 나간 반면, 매사에 소극적인 잔느는 자신에게 다가온 불행 앞에 무기력하기만 하다. 줄리앙의 사랑을 받지 못한 잔느는 아들 폴에게 모든 애정을 쏟지만, 폴은 버릇없는 인간으로 성장하여 어머니의 속을 계속 썩인다. 소위 어머니의 과잉보호로 인해 자기밖에 모르는 매우 이기적인 인간이 된 것이다. 자기도취적이라는 점에서 줄리앙과 폴 부자는 공통점을 보인다.

신혼여행을 다녀온 이후부터 줄리앙의 마음이 잔느에게서 떠나게 된 이유는 분명하게 드러나지 않지만 그것이 성적인 이유는 아니었을까 짐작해 볼 수는 있겠다. 엄격한 수녀원의 교육을 받은 그녀가 성에 대한 기피증을 보였을 수도 있다. 아니면 줄리앙의 동물적인 욕망과 카사노바적인 성향 때문일 수도 있는데, 많은 바람둥이에게서 보듯이 일단 정복한 여성에게는 모든 관심과 흥미가 사라져 버리는 것이다.

잔느는 사악하고 천박한 바람둥이를 남편으로 맞아들였는데, 그것은 그녀 자신의 무의식적 선택이었을 수 있다. 그런 점에서 잔느의 불행은 어찌보면 그녀 자신의 내면에 간직된 무의식적 마조히즘 성향 때문일지도 모른다. 그러나 천성이 착하고 부드러운 잔느는 남편과 하녀 로잘리의 불륜 사실을 알고도 어찌할 바를 모른다. 남편 줄리앙의 끝없는 외도 행각에 대해서도 속수무책이다.

아들 폴에게 그토록 시달리면서도 끝까지 그 뒷바라지에 힘쓰는 잔느의 모습은 모든 것을 참고 견디는 한국의 어머니상과 신기할 정도로 일치한다. 오늘날에 와서도 바람피우는 술주정뱅이 남편과 빚투성이 아들에게 매맞고 돈까지 뜯기며 힘겹게 살아가는 어머니들이 존재하기 때문이다. 우리는 그것을 굳센 의지의 표현이 아니라 도덕적 마조히즘이라고 부른다.

물론 요즘의 젊은이들은 잔느의 불행한 삶을 이해하지 못할 것이다. 오히려 그녀를 바보 취급하기 쉽다. 왜 그러고 사느냐고 말이다. 당장 헤어지면 되는데 그러지도 못하고 당하고만 사는 잔느의 모습이 답답하기만 할 것이다. 그러나 헤어지는 것만이 능사는 아니다. 우리 삶에는 죽지 못해 어쩔 수 없이 살아가는 인생도 많기 때문이다.

잔느는 그래도 먹고 사는 일에는 걱정이 없기에 다행인 셈이다. 오히려 잔느는 바람피우며 밖으로만 나도는 줄리앙을 수수방관한다. 그녀에게는 그를 대신할 아들이 있었기 때문이다. 속 썩이는 남편 대신 아들에게 의지하며 살아가는 어머니의 모습은 우리 주변에서 흔히 볼 수 있다. 그러나 잔느의 아들 폴은 어머니의 깊은 애정과 의존을 매우 성가시게 여기고 오히려 그녀를 이용하고 착취한다. 아들에 대한 그녀의 의존은 도가 지나친 것이어서 결국 그를 버르장머리 없는 인간으로 만들고 말았다.

게다가 아버지 줄리앙은 처자식에 일체 관심조차 두지 않은 무책임한 인간이었다. 애비 없는 후레자식이라는 말도 있지만 아들 폴에게는 건전한 동일시 상대가 없었던 것이다. 당연히 폴의 초자아는 그 뿌리가 부실할 수밖에 없었다. 아들에게 푹 빠진 어머니에게서는 옳고 그른 분별력을 기대하기 어렵기 때문이다.

이 모든 병적인 조합으로 인해서 가정은 파탄 나고 성격은 비뚤어진 것이다. 우리는 그것을 단지 운명 또는 팔자소관이라고 부른다. 그렇기에 새로 태어난 어린 손녀딸의 운명은 과연 어떨까 염려되기도 한다. 그러나 소설은 그에 대한 해답을 주지 않고 끝난다. 단지 행복과 불행은 각자 생각하기 나름이라는 말로 마무리된다.

사실 이 세상에는 온갖 불행 속에서도 희망을 잃지 않고 살아가는 사람들이 있는가 하면, 모든 것을 갖추고도 불행을 느끼는 사람들이 있다. 그런 점에서 모파상은 단순히 한 여성의 불행한 삶을 냉철하게 제시했다기보다는 오히려 인간 심리의 모순과 취약성이 빚어낸 비극적 상황을 보여 준 셈이다. 이는 그가 프로이트에 앞서 이미 인간의 성격 구조에 대한 탁월한 식견과 감각을 지니고 있었음을 반영하는 것이기도 하다.

결혼의 비극

대부분의 인간은 결혼을 해서 자식을 낳아 키운다. 그리고 행복한 삶을 꿈꾼다. 그러나 결코 적지 않은 사람이 불행한 결혼으로 파탄에 이르기도 한다. 가장 큰 이유는 성격 차이로 인한 충돌인데, 그 때문에 불륜이 이어지며 파국으로 치닫게 된다. 결혼이 신성하다는 것은 온전한 심성끼리의 만남일 경우에나 해당되는 말이지, 그렇지 못한 결합일 경우에는 결혼이 곧 지옥을 의미한다. 결국 결혼의 성패는 인격적 성숙도에 좌우된다. 그런 점에서 결혼은 인간적 성숙도를 나타내는 일종의 리트머스 시험지와도 같다.

부부 사이에 문제가 없으면 이제는 자식들이 속을 썩인다. 잔느는 바람둥이 남편 줄리앙 때문에 숱한 상처를 입지만 그가 죽은 후에는 수시로 말썽 피우고 그녀를 착취하는 아들 때문에 더욱 큰 고통을 겪는다. 그리고 세월이 지나 모든 것을 빼앗겨 버린 그녀에게 남은 유일한 위안은 변함없는 우정을 보이는 로잘리와 사랑스러운 손녀딸뿐이다.

그러나 세상에는 소설에서 묘사된 것처럼 그렇게 속 썩이는 남성들만 있는 것은 물론 아니다. 그리고 잔느와 로잘리처럼 착한 여성들만 있는 것도 아니다. 그런 점에서 모파상은 도스토예프스키와 너무도 다르다. 선과 악의 구분이 명확한 모파상과는 달리 도스토예프스키의 인간들은 선과 악이 마구 뒤섞여 있기 때문이다. 인간을 보는 시선으로 보자면 모파상은 상대적으로 매우 어둡고 비관적이라 할 수 있다. 그것은 때에 따라서는 너무 차갑고도 비정하며 잔인하다고까지 할 수 있다. 물론 결혼에 대한 그의 지나친 염세관은 어린 나이에 겪은 부모의 결별 사건과 그 후 죽을 때까지 수절했던 어머니의 모습을 통해 형성된 것으로 볼 수도 있다.

잔인한 운명의 장난에 휘말려 고통받는 인간의 모습은 모파상의 전매특허와도 같은 것이다. 단편소설 『목걸이』도 그렇고 『비계덩어리』 또한 그렇다. 심지어 그는 결혼이란 낮에는 온갖 악감정의 교환이, 밤에는 악취의 교환이 난무하는 것이라고 비아냥대기도 했다. 그러나 이처럼 잔인한 운명을 꿰뚫고 나오는 한 가지 진실이 있다. 그것은 그 어떤 가혹한 운명에도 불구하고 견디어 나갈 수 있는 인간 의지의 힘이요, 다른 한편으로는 일종의 체념에 의해 얻어지는 달관의 경지라 하겠다.

비록 잔느의 결혼은 일종의 지옥 체험이었겠지만, 그래도 그녀는 자신의 신세를 한탄하지 않고 새로운 기쁨의 원천을 찾아 스스로를 달랜다. 인생의 행, 불행은 결국 주관적인 판단에 좌우되기 마련이다. 어둠의 밑바닥을 두드리면서도 실낱같은 희망을 안고 살아가는 잔느와 로잘리의 삶을 통해 우리는 나름대로 큰 위안을 얻게 되는 것이다.

결혼이란 사랑만으로 이루어지는 무대가 결코 아니다. 사랑이 모든 것을 해결해 주리라 믿고 또한 그 사랑이 영원할 것이라 믿는 것은 너무 순진한 발상이다. 사랑 못지않게 중요한 것은 미움과 두려움이다. 인간은 사랑을 가로막는 미움과 두려움의 문제를 해결하지 않고서는 성공적인 결혼을 유지해 나가기 어렵다. 인간이 벌이는 그 숱한 만남과 헤어짐의 반복은 결국 사랑과 미움 그리고 두려움에 의한 것이다.

그런 점에서 우리의 조상은 오랜 부부관계를 안정적으로 지탱해 주는 근본적인 에너지원을 뜨거운 사랑보다는 오붓한 정에서 찾았던 것이다. 그런데 서구인들은 이처럼 독특한 정의 개념을 지니지 못한 듯하다. 서구에서는 정에 해당되는 적절한 어휘를 찾아보기 힘들다는 사실을 통해서도 이를 확인할 수 있다. 부부간의 정, 부모와 자식 간의 정을 토대로 맺어진 관계는 그 생명이 오래 간다. 그것은 모든 관계를 사랑의 관점에서만 보려는 서구인들에게는 매우 생소한 개념일 수밖에 없을 것이다.

모든 인간관계를 사랑이냐 미움이냐는 이분법적 논리로 보고자 하는 시도는 근본적으로 불안할 수밖에 없다. 그러나 정은 그 안에 미움이 적절히 녹아 있는 사랑이다. 그래서 미운 정, 고운 정 다 들었다는 말도 나온 것이다. 다시 말해서, 우리는 사랑과 미움이 적절히 혼합되고 통합된 정서상태를 정이라 부를 수 있는 것이다.

잔느는 줄리앙에게서 두려움과 혐오감을 느꼈으며, 줄리앙은 잔느를 무시하고 멀리했다. 두 사람은 처음에 서로 사랑하는 것으로 착각했으니 그것이 진정한 사랑이 아니었음을 뒤늦게 깨달은 것이다. 사랑이 아니면 미움뿐이라는 이분법적 사고가 두 사람을 불행에 빠트린 주범이 된 셈이다.

그러나 동양인들은 사랑이 식으면 정으로 살아가는 법을 배운다. 거기에는 적절한 체념과 타협도 필요하다. 잔느와 줄리앙 사이에는 그런 타협과 양보가 없었다. 인간의 모든 갈등과 마찰은 그러한 타협이 실패한 결과 발생하는 것이다. 따라서 정신분석에서도 원초적인 욕망의 유혹과 엄격한 초자아의 요구 사이에서 적절한 타협과 화해를 이루어 나갈 수 있는 자아의 능력을 강화시키는 데 목표를 두었던 것이다.

로맹 롤랑의 『장 크리스토프』

프랑스 작가 로맹 롤랑의 노벨 문학상 수상작인 『장 크리스토프』는 한 위대한 예술가의 삶과 죽음을 서사시적으로 조명한 대하소설이다. 이 작품을 통하여 로맹 롤랑은 자신의 이상주의적 평화 사상 및 인도주의 신념을 널리 전하고자 했지만, 다른 한편으로는 오해를 사기도 했다. 왜냐하면 반독 감정이 팽배해 있던 당시 프랑스인들의 국민 정서에 반하는 내용으로 독일의 용기, 프랑스의 이성, 이탈리아의 자유 등을 토대로 이상적인 사회를 꿈꾸었기 때문이다.

더욱이 장 크리스토프의 생애는 악성 베토벤과 너무도 흡사하기 때문에 적국의 인물을 지나치게 이상화한 매국적인 작품으로 매도당하기도 했다. 물론 베토벤을 몹시 존경했던 로맹 롤랑은 베토벤 전기를 직접 쓰기도 했지만, 그의 소설 『장 크리스토프』는 베토벤의 생애를 소설화한 것은 결코 아니다. 피상적으로만 본다면 두 인물이 비슷해 보일지 모르지만, 베토벤과 장 크리스토프는 별개의 독립된 인물이다. 오히려 로맹 롤랑 자신의 자아상과 베토벤의 삶이 중복된 모습으로 드러난 것이 아닐까 한다.

로맹 롤랑의 생애

1915년 노벨 문학상을 수상한 로맹 롤랑(Romain Rolland, 1866~1944)은 프랑스 중부 부르고뉴 지방의 클람시에서 태어났다. 아버지 에밀 롤랑은 낙천적 기질을 지닌 인물로 자유 사상의 신봉자였으며, 어머니 앙트와네트는 독실한 가톨릭 신자로 음악을 사랑한 여성이었다. 그는 자유 사상을 아버지로부터 물려받고 음악과 예술에 대한 사랑과 열정은 어머니에게서 물려받은 것으로 보인다.

로맹 롤랑이 태어난 당시 프랑스 사회는 정치적으로 매우 어수선한 혼란기를 맞이하고 있었다. 그는 특히 당시 전 프랑스 사회를 들끓게 만들었던 드레퓌스 사건을 조용히 지켜보면서 뿌리 깊은 사회적 편견과 집단 히스테리 현상 등에 크게 낙심하고 곧바로 희곡『늑대들』을 썼으나 크게 주목받지는 못했다. 그런데 이처럼 국론이 양분된 시기에 그 어느 편에도 동조하지 않고 침묵을 지킨 로맹 롤랑에 대해 애국적인 프랑스인들은 결코 곱지 않은 시선을 던질 수밖에 없었다.

더욱이 그가 스위스를 여행하고 있을 때 제1차 세계대전이 발발하였는데, 그의 동료들이 너도 나도 자원 입대하던 시기에 그는 전쟁에 반대하는 입장을 고수하며 귀국하지도 않고 참전을 거부하였기에 조국을 배신한 매국노라는 여론에 시달려야 했다. 그럼에도 불구하고 그는 반전 운동을 계속 펼치는 등 자신의 의지를 꺾지 않았으며, 나치즘이 대두하자 곧바로 반파시즘 운동에 적극 참여하면서 나치 독일 정부가 제의한 괴테상 수상도 거부했다.

그는 이미 1909년부터 프로이트의 저작들을 읽기 시작하면서 정신분석에도 관심을 기울여 프로이트를 직접 만나기도 했으며, 그 후에도 꾸준한 서신 교류를 통해 그와 긴밀한 유대관계를 맺어 나갔다. 그런 영향으로 그는 자신의 내면을 탐색하는 『내면의 여로』를 썼는데, 책의 첫 부분에서 그는 자신이 어렸을 때 생각했던 최초의 의문점이 '나는 어디서 온 것일까? 그리고 내가 갇혀 있는 이곳은 어디일까?'였음을 회상하면서 그가 다섯 살때 죽은 두 살 연하의 누이동생 마들레느에 대한 기억을 되살리기도 했다. 그런데 이는 마치 프로이트가 어릴 때 겪었던 자신의 동생 율리우스의 죽음에 대한 특이한 반응을 상기시키는 부분이기도 하다.

어쨌든 그렇게 사회적으로 고립무원의 상태에 있던 로맹 롤랑은 조국 프랑스라는 개념에 얽매이지 않고 유럽을 조국으로 삼는 이상론을 펼쳤지만, 동시대인들로부터는 냉소적인 반응만을 얻고 집단적인 따돌림까지 당해야 했다. 그런 점에서 그의 이상을 가장 잘 드러낸 대표작 『장 크리스토프』는 마치 베토벤을 모델로 삼고 있는 것처럼 보이기도 하지만, 그게 전부는 아니다. 베토벤과 마찬가지로 장 크리스토프가 지닌 야성은 고난과 시련을 극복하는 원동력인 동시에 예술적 창조성의 근원임에 틀림없지만 그것만으로는 불충분하기 때문이다.

따라서 그는 올리비에로 상징되는 프랑스의 섬세한 이성과 그라지아로 상징되는 이탈리아의 우아함이 동반되지 않는 야성은 자칫 야만성으로 전락하기 쉽다는 것을 파시즘의 대두를 통해 더욱 뼈저리게 느꼈던 것이다. 위대한 음악은 이 세 가지 요구를 하나로 묶는 연결고리인 동시에 인간의 이기적인 장벽을 허물 수 있는 국경 없는 평화의 매개자이기도 하다. 따라서 그가 추구했던 신념은 『장 크리스토프』의 한 문장에 잘 드러나 있다. "아무것도 하지 않는 사람은 결코 잘못하는 일이 없다. 그러나 살아 있는 진리를 위하여 노력하는 사람의 과오는 죽은 진리보다 더욱 풍족한 열매가 된다."

로맹 롤랑 자신은 음악에 지대한 관심을 기울였으며, 한때는 음악가의 길을 걷고자 시도하기도 했다. 그러나 불행하게도 그에게는 음악적 재능이 없었다. 그는 그런 자신의 소망을 글로 대신했던 것이다. 오랜 망명 기간 동안 또 다른 대작 『매혹된 영혼』을 발표한 그는 20년에 걸친 스위스 망명 생활을 접고 1937년 우여곡절 끝에 어렵게 귀국했으며, 그 후로는 조용히 은둔생활을 보내다가 1944년 연합군에 의해 파리가 해방된 후 베즐레에서 78세를 일기로 세상을 떠났다.

장 크리스토프의 자아 성장

장 크리스토프의 심리적 성장 과정은 곧 자아의 발달 과정이기도 하다. 그러나 말년에 이른 장 크리스토프의 삶에 대한 태도는 그 이전과 너무도 다르기 때문에, 청소년기 이후의 자아 성장 과정에 대해서는 별다른 언급이 없었던 프로이트의 이론만으로는 적절한 설명이 어려울 수밖에 없다. 그런 점에서 전 생애에 걸쳐 자아의 발달 과정을 설명한 에릭슨의 주장이 더욱 설득력을 갖는다.

장대한 파노라마처럼 펼쳐진 장 크리스토프의 생애에서 극한적인 고통과 시련 뒤에 이어진 달관의 경지는 곧 자아의 성숙이 그만큼 심오해졌음을 반영하는 것이기도 하다. 장 크리스토프는 처음에는 일체 타협을 거부하고 다듬어지지 않은 투박한 혈기로 세상과 대적하며 현실 적응에 어려움을 보였으나, 기나긴 방황의 세월을 보낸 끝에 마침내는 절망과 고통의 심연을 뚫고 삶의 희열을 찾아 진정한 승리를 얻게 되는 그의 기나긴 삶의 여정은 그와 비슷한 통과의례를 거쳐야 할 우리 모두에게 커다란 감동과 교훈을 주기에 충분하다고 하겠다.

유년 시절

장 크리스토프는 라인 강변의 한 마을에서 출생하였다. 할아버지 장 미셸은 그토록 못생긴 아기는 처음 본다고 투덜거렸지만, 어머니 루이자는 그럴수록 떨리는 두 손으로 아기를 꼭 껴안고 중얼거린다. "오! 불쌍한 내 아기, 누가 뭐라고 해도 나는 네가 아주 귀여워!" 아들이 태어난 그 시간에도 아버지 멜키오르는 술집에 있었다. 하녀 출신 루이자와 결혼한 것을 후회하던 그는 수시로 그녀를 몹시 학대하고 있었는데, 그런 포악한 주정뱅이 아버지 때문에 장의 집안은 항상 공포 분위기에 빠져 있었다.

하지만 어린 장은 그런 복잡한 집안 배경을 알 리가 없었다. 장의 유아적 세계는 오로지 어머니라는 존재밖에 몰랐기 때문이다. 그의 삶에서 가장 행복했던 시기는 바로 어머니 품안에서 젖을 먹던 시기였다. 좀 더 자라서 혼자 놀이를 하게 되었을 때에도 그는 매우 유아적인 마술적 사고의 영역에 머물러 있다. 전지전능감에 도취된 장은 자기만의 놀이에 몰입하는데, 막대기를 들고 하늘에 떠 있는 구름에게 명령을 내리기도 한다. 그리고 자기가 지시하는 방향으로 구름이 움직이면 의기양양해하며 만족감을 드러낸다.

프로이트는 로맹 롤랑이 보여 준 아동 심리에 대한 이 같은 놀라운 통찰력에 대해 극찬을 아끼지 않았는데, 로맹 롤랑이 프로이트에게 소개한 대양감(oceanic feeling)이라는 용어는 바로 그런 아동기의 심리를 가리킨 것으로 오늘날에 와서는 정신분석에서도 공식적인 용어로 채택되기에 이르렀다. 하지만 장 크리스토프의 행복한 전지전능감은 유년 시절로 그 막을 내리고 만다. 그의 앞에는 실로 험난한 삶의 여정이 기다리고 있었기 때문이다. 조건 없는 어머니의 사랑으로 가득한 품을 떠나 진정한 홀로서기를 시험하는 새로운 무대가 그의 눈앞에 놓인 셈인데, 그 험난한 무대의 감독은 거칠고 난폭하기 그지없는 아버지 멜키오르였다. 그것은 천국에서 지옥으로 내딛는 첫 발걸음이요 시험 무대이기도 했다.

소년 시절

장 크리스토프의 삶에 고난이 불어닥치기 시작한 것은 어머니라는 보호막이 사라지고 폭력적인 아버지라는 존재가 그 앞에 갑자기 나타나면서부터였다. 좋았던 그 시절에 종막을 고하는 순간이다. 독선적이고 지배적인 아버지는 술주정뱅이 음악가로, 비록 음악적 재능은 뛰어났지만 성격이 거칠고 변덕이 심해 대인관계에 매우 서툰 인물이라 세상의 인정을 제대로 받지 못하고 그 울분을 항상 술타령으로 풀고 사는 인물이었다.

아버지는 자신의 실패를 아들 장을 통해서 보상받기 위해 혹독한 피아노 연습을 시키기 시작했는데, 한 치의 실수도 용납하지 못하는 그는 어린 아들에게 가혹한 체벌이나 매질도 마다하지 않았다. 착하고 복종적인 어머니 루이자는 그런 폭군적인 아버지로부터 아들을 제대로 보호해 줄 만한 능력이 없었다. 그래서 모자가 서로 부둥켜안고 울음으로 지새는 날들이 부지기수였다.

어린 장에게 아버지의 주벽과 가난은 그의 마음을 위축시키는 주된 명에였다. 따라서 그는 항상 말이 없고 혼자였다. 동네 아이들은 그와 어울리기를 싫어했다. 일종의 따돌림을 당한 것인데, 그 주된 이유는 그가 단순한 장난을 쳐도 그것을 장난으로 대하지 않고 항상 곧이곧대로 대하기 때문이었다. 이처럼 그는 매우 고지식한 성격에, 융통성이라고는 조금도 없는 매우 답답한 고집쟁이로, 다른 관점에서 생각할 수 있는 사고의 유연성이 결여되어 있었다.

비록 장은 아들의 음악적 재능을 이용하고 착취하려던 아버지의 욕심 때문에 고통을 겪었지만, 그나마 포악한 아버지의 횡포로부터 그를 보호해 준 사람은 숙부인 고트프리트 아저씨였다. 유일한 보호막이 되어 주었던 할아버지마저 일찍 세상을 떠나자 못 말릴 주벽에 외도까지 생긴 아버지는 집안일에 전혀 무관심해졌으며, 그래서 어린 장이 대신 생계를 꾸려 나가야 했다.

고달픈 나날의 와중에도 그에게 처음으로 사랑이라는 감정을 일깨워 준 소녀 민나와의 사랑은 장의 삶에 새로운 빛을 열어 주었다. 그러나 그녀의 어머니가 두 사람의 관계를 방해하자 크게 절망한 그는 자살까지 결심한다. 바로 그 시점에 아버지가 술에 취해 물에 빠져 죽는 사건이 벌어진다. 장의 나이 열다섯 살 때였다. 그는 자신의 냉엄한 현실을 깨닫고 새로운 출발을 다짐한다.

청년 시절

아버지의 죽음은 장과 그의 어머니에게는 일종의 지옥으로부터의 해방이었다. 장은 어머니를 모시고 전셋집에 세 들어 둘만의 생활을 하기 시작한다. 그러다가 함께 세 들어 사는 젊은 미망인 자비네를 향한 사랑의 감정이 싹텄으나 그녀가 죽자 그는 크게 마음의 상처를 받는다. 그는 오로지 연상의 여인 또는 결혼한 여성에게서만 애틋한 감정을 느끼게 되었는데, 이는 결국 어머니에 대한 사랑의 감정에서 자유롭지 못했기 때문으로 보인다. 그는 결국 고트프리트 아저씨의 도움을 받고 그 시련을 극복한다. 새로운 자아의 단계로 한 걸음 나아간 것이다. 아픔 뒤에 성장이 오는 것은 일종의 보상인 셈이다.

성장해 가면서 장은 자신이 속한 독일 사회의 허구성과 부정에 눈을 뜨고 젊은 혈기만으로 감히 그에 맞서고자 한다. 물론 그런 반항심은 아버지와 같은 폭군적인 권위상에 대한 반항심으로 이어졌다. 비록 그는 위대한 작곡가가 되리라는 꿈을 안고 있었지만, 불의를 참지 못하는 조급함으로 인해 독일 음악에 대해 신랄한 비평을 가함으로써 음악계에서도 소외당한다. 독일이 싫어진 그는 파리로 가고 싶은 열망에 사로잡히지만, 늙은 어머니는 아들을 놓아주려 하지 않는다. 고트프리트 아저씨도 이미 세상을 떠나고 없기에 그는 자신의 고민을 털어놓을 상대마저 없었다.

괴로움에 사로잡힌 그에게 어느 날 예기치 못한 사건이 벌어짐으로써 그의 운명이 바뀌게 된다. 술집에서 벌어진 마을 주민들과 병사들 간의 패싸움에 휘말려든 그는 경찰의 추적을 받기에 이르고, 결국 본의 아니게 국외로 피신해야 할 상황에 몰리게 된 것이다. 늙은 노모를 홀로 남겨 두고 독일을 떠날 수밖에 없는 자신의 처지를 탓하면서 파리에 당도한 그는 가난한 무명 시절에서 벗어나 세상의 인정을 받기 위해 고군분투한다. 그러나 그는 낯선 이국땅에서 여전히 고립된 상태에 있었다.

더군다나 모처럼 자신의 야심작으로 발표한 〈다윗〉의 공연은 빙해꾼들의 모함으로 참담한 실패를 맛본다. 생애 최대의 걸작임을 자부한 〈다윗〉이지만, 그의 음악을 인정해 주는 사람은 아무도 없었다. 물론 장의 입장에서는 다윗이 물리친 골리앗의 존재는 폭군적인 아버지를 상징하는 것이며, 사회적으로는 불의를 자행하는 초법적인 지배자를 상징한 것일 수 있다. 또한 이상주의자인 로맹 롤랑에게 나폴레옹, 히틀러, 스탈린 등과 같은 권력자들은 골리앗에 해당하는 속물일 뿐이다. 그리고 진정한 의미의 영웅이란 다윗과 같은 인물로 영적인 차원의 정신적인 승리자를 뜻한다는 점에서 그는 베토벤, 미켈란젤로, 프로이트, 간디, 톨스토이 등이야말로 참된 영웅이라고 믿었던 것이다.

그런데 〈다윗〉 공연의 참담한 실패로 거리를 정신없이 방황하는 장의 모습을 조용히 지켜보는 여성이 있었다. 그녀는 앙트와네트 자냉으로 옛 고향에서 잠시 장 크리스토프와 조우한 적이 있던 여성이었다. 거리에서 우연히 그녀의 모습을 발견한 장은 그 뒤를 쫓다가 안타깝게 놓치고 나서 병석에 드러눕고 만다. 공교롭게도 앙트와네트는 이 소설의 작가인 로맹 롤랑의 어머니 이름과 똑같다. 다소 어두우면서도 염세적이지만 차분하고 조용한 기품을 유지하는 여성이라는 점에서 두 인물은 비슷하다. 로맹 롤랑에게 앙트와네트라는 이름은 감히 범접하기 어려운 신성한 의미가 담겨 있는데, 실제로 그는 소설의 앙트와네트 부분 서두에 어머니에게 바친다는 글귀를 남기고 있다.

고결하고 따스한 온정으로 가득 찬 앙트와네트는 안타깝게도 일찍 세상을 떠나고 만다. 그러나 그녀의 순수한 정신 세계를 접한 장은 세상에 대한 무모한 공격으로 일그러진 자신의 모습을 성찰하고 크게 부끄러움을 느끼게 된다. 그는 음악회에서 우연히 만나 알게 된 그녀의 동생 올리비에 자냉을 통해 비로소 타락한 도시 파리에 숨겨진 순수한 프랑스 정신과 민중의 고된 삶의 세계를 접하게 된다.

올리비에와의 우정을 통해 좌절과 실의에서 벗어난 그는 재기에 성공하면서 파리에서도 어느 정도 명성을 얻기에 이른다. 그리고 실패로 끝나 버린 〈다윗〉을 다시 손질해 대작을 완성하고 마침내 대성공을 거둔다. 그러나 성공과 동시에 어머니가 위독하다는 소식을 접한 그는 경찰의 눈을 피해 몰래 어머니와 마지막 상봉을 한 뒤 서둘러 파리로 돌아온다. 그는 여전히 경찰의 추적을 받는 망명자 신분이기 때문이다.

성년 시절
올리비에의 결혼도 두 사람의 우정을 갈라놓지는 못했다. 원래 민중의 삶에 아무런 관심조차 두지 않았던 장은 항상 정의감에 불타는 올리비에를 통해 비로소 사회적 불평등과 폭정에 시달리면서도 굴하지 않고 꿋꿋이 살아가는 민중의 놀라운 생명력을 깨닫게 된다. 마침내 장과 올리비에는 사회적 불의와 부정에 공분을 느끼고 급진적인 사상가들과 교류하기 시작하지만 올리비에와의 우정도 불의의 사고로 끝을 맺게 된다. 노동절에 벌어진 군중의 소요 속에서 올리비에가 목숨을 잃은 것이다.

여기서 로맹 롤랑은 자신의 좌파적 성향을 은연중에 드러낸다. 비록 그는 공개적으로 사회주의적 메시지를 내세우지는 않았지만 사회적 불평등에 대한 민중의 저항에 동조하는 입장을 보인다. 로맹 롤랑은 올리비에의 죽음을 통해 자신의 이상주의적 신념을 우회적으로 표현하고자 했는데, 올리비에는 이상을 추구하는 지식인이었지만 폭력과는 거리가 먼 인물이기 때문이다. 그런 점에서 올리비에는 로맹 롤랑 자신의 또 다른 분신이기도 하다.

이처럼 본의 아니게 정치적 사건에 휘말린 장은 다시 국외로 도피하여 스위스에 있는 친구 브라운의 집에 머문다. 친구의 아내 인나는 뜨거운 열정을 지닌 여성으로, 그녀와 사랑에 빠진 장은 동반자살을 시도하지만 실패하고 절망감에 사로잡혀 남몰래 눈 덮인 산중으로 숨어든다. 마지막 열정의 꿈이 무산되면서 그는 심각한 자책과 죄의식을 넘어서야 했다. 그리고 마지막 혼신의 힘을 다해 작곡에 몰두한다.

노년 시절

장 크리스토프의 노년은 고독 그 자체였다. 그의 곁에는 아무도 존재하지 않았다. 그에게는 부양할 가족도 사랑하는 연인도 없었다. 오로지 혼자였다. 어두운 겨울이 지나고 새 봄이 돌아오자 그는 다시 재기를 시도하고 음악적 명성도 확고히 다지게 된다. 알프스 계곡을 홀로 방황하는 노년의 장 크리스토프는 마치 폭풍 속을 헤매는 리어왕을 연상시킨다.

그러나 폭풍 뒤의 평온도 잠시일 뿐, 오랜 우정을 다졌던 이탈리아 여성 그라지아와의 재회는 그에게 다시 숨겨진 열정을 불러일으킨다. 하지만 그녀의 죽음으로 그는 자신에게 던져진 모든 운명을 수긍하고 받아들인다. 그리고 새로운 세대의 성장을 지켜보면서 그는 아무런 유감없이 죽음을 맞이한다. 새로운 세대란 올리비에의 아들 조르주와 그라지아의 딸 오로라였다. 이들의 결혼을 조용히 지켜보는 장의 마음에 더 이상 폭풍은 사라지고 없다.

두 사람이 신혼여행을 떠나던 날, 그는 병석에서 조용히 자신의 최후를 맞이한다. 그리고 서서히 꺼져 가는 호흡과 더불어 주마등처럼 지나가는 자신의 전 생애를 본다. 어머니 루이자, 고트프리트 아저씨, 올리비에, 앙트와네트, 자비네 등의 모습이 보인다. 그리고 그는 외친다. "사랑이여, 그대는 어디 있는가? 나의 영혼들이여, 그대들은 어디 있는가? 나는 그대들이 거기에 있는 것을 알지만, 그대들을 잡을 수가 없구나." 죽음의 순간에 장 크리스토프는 일생 동안 마음속에 간직한 내적 대상들과 마지막 대화를 나눈다. 그러나 그 자리에 아버지는 없었다.

장 크리스토프의 승리

장 크리스토프의 성격은 한마디로 규정짓기 어렵다. 그는 매우 기묘하고도 복잡한 성격의 소유자로, 흥분하기 쉽고 자제력이 부족하며 언행일치가 잘 이루어지지 않는 모순투성이의 특성을 보인다. 인정에 약하고 잘 이끌리며 이상주의적인 열망에 가득 차 있다. 불합리한 세상에 분노를 느끼면서도 어느 순간에 가서는 자포자기의 심정에 빠져 손쉽게 절망하기도 한다.

한마디로 그는 정서적으로 불안정하며 그다지 사색적이지 않다. 심각하기는 하나 냉철하지는 못하다는 뜻이다. 지나치게 고지식한 그는 융통성이라고는 눈곱만큼도 없다. 모든 것을 너무 진지하게 받아들이고 그 어떤 부정이나 모순도 용납하지 못한다. 로맹 롤랑은 그의 이러한 특성을 창조력이 풍부한 독일적인 특성으로 간주했다.

그럼에도 불구하고 장의 위대함은 그 어떤 고뇌나 고통에도 굴하지 않는 불굴의 도전정신에 있다. 그런 점에서 장 크리스토프는 인생이 자신에게 즐거움을 주지 않는다면 자신이 스스로 즐거움을 만들어 내야 한다고 주장한 베토벤과 닮았다. 그와 대조적으로 올리비에는 프랑스의 지성을 대표한다. 그리고 이탈리아 정신을 대표하는 그라지아는 라틴적인 고결하고 우아한 정신을 나타낸다.

물론 로맹 롤랑은 주인공 장 크리스토프를 통하여 베토벤과의 동일시를 시도하고 있는 듯 보이는 게 사실이다. 그에게 베토벤은 이상적인 영웅이었기 때문이다. 그것은 베토벤의 생애를 다룬 그 자신의 저서에서도 엿볼 수 있다. 그는 『베토벤의 생애』서문에서 다음과 같이 썼다. "나는 사상이나 힘만으로 승리한 사람들을 영웅이라고 부르지 않는다. 나는 정신적으로 위대한 사람을 영웅이라 부른다." 따라서 그의 주장에 따르자면 나폴레옹은 영웅이 될 수 없고 베토벤은 영웅이 되는 셈이다. 그와 동시대를 살았던 프랑스인들이 발끈할 수밖에 없었을 것이다.

로맹 롤랑은 주인공 장 크리스토프를 통해 자신이 실현하지 못했던 위대한 혼의 힘을 발휘하고 싶었는지도 모른다. 하지만 무엇보다도 그는 온갖 시련과 성격적 결함에도 불구하고 결국에는 자기와의 투쟁에서 승리하는 자야말로 진정한 영웅이라는 것을 강조하고 싶었는지도 모른다. 그 어떤 폭력에도 반대했던 평화주의자로서 베토벤, 톨스토이, 간디 그리고 프로이트를 존경했던 그는 이들 인물에게서 자신이 바라는 이상형을 발견했던 것으로 보인다.

앙드레 지드의 『좁은 문』

1 947년 노벨 문학상을 받은 프랑스의 소설가 앙드레 지드(Andre Gide, 1869~1951)는 비교적 유복한 파리 대학 법학교수의 개신교 집안에서 태어났다. 하지만 그는 어려서부터 매우 허약하고 예민한 특성을 지녔으며, 게다가 아버지가 일찍 세상을 떠난 뒤에는 엄격한 어머니의 숨 막히는 청교도적 분위기 속에서 결코 행복하지 못한 아동기를 보냈다. 그 때문에 그는 틀에 박힌 정규교육을 혐오한 나머지 학업을 제대로 마치지도 못했을뿐더러 성적으로도 조숙해서 많은 문제를 일으키기 일쑤였다.

이처럼 민감한 사춘기를 보낸 그는 청년 시절로 접어들면서 알게 된 자신의 동성애적 성향 때문에 지독한 자기혐오와 죄의식에 시달리기도 했다. 그리고 자신의 그런 원죄의식에서 벗어나기 위해 그는 끊임없는 자기 탐구와 신앙적 고백을 통하여 극적인 자기 반전을 시도했다. 그렇게 해서 태어난 소설들이 바로 그의 대표작이 된 『배덕자』 『사전꾼들』 『좁은 문』 『교황청의 지하도』 『전원교향악』 등이었다. 특히 『좁은 문』은 앙드레 지드 자신의 핵심적인 주제가 가장 두드러지게 나타난 소설이라 할 수 있다. 그러나 그의 사후 가톨릭 교회는 지드의 작품들을 금서 목록에 올렸다.

좁은 문으로 들어가라

『좁은 문』의 제목은 〈누가복음〉 13장에 나오는 성경말씀에서 딴 것으로 이 소설의 핵심적인 메시지이기도 하다. 주인공 제롬은 작가 자신과 마찬가지로 몸이 허약한 데다 매우 감성적이고 민감한 성격의 소유자다. 아버지가 세상을 떠난 후 어머니와 함께 외로운 소년 시절을 보내던 제롬에게 유일한 위안이 있다면 두 살 연상의 사촌누이 알리사가 사는 외삼촌의 집을 방문하는 것이었다. 히스테리 발작이 심한 외숙모는 집안일에는 관심도 없는 여성으로 불륜 때문에 가출까지 한 상태다.

제롬은 알리사를 사랑하게 되고, 그녀의 여동생 줄리에트는 제롬을 사모한다. 알리사 역시 제롬을 사랑하지만 아가페적인 사랑만을 고집하고 금욕적인 생활로 자신을 구속하다 마침내 병들어 죽는다. 줄리에트는 제롬에 대한 사랑을 접고 현실적인 선택을 구한 끝에 평범한 남자와 결혼해 애들을 낳고 살아간다. 줄리에트는 알리사가 세상을 떠난 지 오랜 세월이 지나 그녀의 집을 방문한 제롬에게 알리사가 남긴 일기장을 건네준다. 거기에는 둘이서 나란히 걷기에는 너무도 좁은 길이라는 알리사의 글귀가 적혀 있었다.

알리사의 사랑은 과연 지고지순한 사랑인가. 앙드레 지드의 대답은 한마디로 아니라는 것이다. 신이 요구하는 좁은 문은 금욕적인 희생을 요구하는 길로서 모든 욕망을 포기하라는 주문이기도 하다. 그러나 지드는 여기에 새로운 신학적 해석을 가함으로써 일종의 극적인 반전을 시도한 것이다. 다시 말해서, 그는 신이 인간에게 모든 희열과 쾌락을 향유하며 자신들의 삶을 충만하게 살도록 허락했다고 믿고 또 그것을 설득하고자 한 것이다. 따라서 인간의 행복을 억압하는 것은 신이 아니라 오히려 인간 자신이 스스로 부과한 도덕과 윤리라는 것이 지드의 주장이다.

그러나 지드의 의도가 어찌 됐건 알리사는 자신의 고유한 선택에 따라 자기희생적인 삶을 살다 간 것이기 때문에 그것을 일방적인 잣대로 탓할 수만도 없다. 문제는 오히려 우유부단하기 그지없는 제롬에게 있다고 볼 수 있다. 제롬은 말로는 끝없이 사랑을 고백하나 근본적으로는 한 여성을 뜨겁게 사랑할 수 있는 능력이 결여되어 있기 때문이다. 그는 속으로 벙어리 냉가슴 앓듯이 고민만 할 뿐 과감하게 사랑을 실천할 의지가 없어 보인다.

다시 말해서, 제롬은 머리로만 사랑을 하지 가슴으로 사랑을 뜨겁게 느끼고 행동으로 옮기지 못하는 인물인 셈이다. 그것은 곧 진정한 사랑이 아닌 일종의 집착으로 보이기도 한다. 오랜 세월 계속해서 편지로만 사랑을 고백하는 제롬의 모습이 더욱 그런 심증을 굳게 해 준다. 지드는 그런 제롬의 모습을 통해 자기 자신의 우유부단성을 은밀히 드러낸 것은 아닐까. 그리고 자신의 결함을 알리사의 탓으로 돌린 것은 아닌지 궁금해진다.

원래 영과 육의 갈등은 청소년기면 누구나 겪는 통과의례와도 같은 것이다. 앙드레 지드의 『좁은 문』이 헤르만 헤세의 『데미안』과 마찬가지로 특히 사춘기 시절의 수많은 독자의 마음을 들뜨게 만든 이유도 거기에 있다. 그런 점에서 『좁은 문』은 사춘기적 청춘문학이라 하겠다. 누구나 풋풋한 첫사랑의 추억을 간직하기 마련이지만 제롬과 알리사에게는 무엇보다 중요한 사춘기 이후의 성장 과정이 누락되어 있다는 점에서 더욱 그렇다.

그러나 인간의 원초적 욕망에 대해 정당성을 부여했던 지드 자신은 역설적이게도 매우 금욕적인 삶을 살았다. 그는 자신의 사촌 누이 마들렌과 결혼했지만 정작 부부관계는 일체 피하고 지냈다. 그것은 아가페적인 사랑이었을 뿐 아니라 성에 대한 두려움이 컸기 때문이었을 것이다. 그런 두려움은 곧 근친상간적 욕망 및 환상에 대한 것이기도 하며, 따라서 그가 취할 수 있는 유일한 태도는 아가페적인 사랑의 형태를 유지하는 길이었을 것이다.

이성에 대한 이 같은 이율배반적인 태도는 결국 동성에 대한 관심으로 이끌 수 있다. 지드는 자신의 내면에 간직된 동성애적 성향에 대해서도 매우 양가적인 태도를 취하였으며, 또한 그 때문에 괴로움을 겪었다. 그는 자신의 오이디푸스적 욕망과 청교도적 초자아 사이에서 갈등을 겪었으며, 그런 복잡한 감정을 소설 속의 바람기 있는 외숙모와 청순한 알리사에게 투사함으로써 자신의 미해결된 갈등을 해소하고자 했다. 그리고 그 타협책으로 매우 현실적인 선택을 구한 줄리에트를 통하여 해결을 도모한 것으로 보인다.

그런 점에서 마들렌과의 결혼은 그 자신에게나 세상 모든 사람을 달래기 위한 일종의 자기기만적인 방편에 지나지 않는 것으로 볼 수도 있다. 알리사의 희생과 금욕주의 역시 그녀 자신의 무의식적 방어의 결과로 보인다. 육욕적인 사랑에 대한 결벽증적인 회피는 그녀 자신의 어머니가 보인 불륜석 사랑에 내한 거부 반응인 동시에 도덕적 마조히즘이 결합되어 드러난 것이기 쉽다.

신에 대한 사랑에 자신의 모든 것을 의탁하고자 했으나 그것은 곧 어머니의 존재를 부정하고 전적으로 아버지의 사랑만을 갈구한 것이기도 하다. 물론 그녀가 추구한 무의식적 환상 속의 사랑은 금지된 사랑이요, 현실적으로 불가능한 사랑이었다. 알리사가 제롬을 사랑하면서도 그의 사랑을 받아들일 수 없었던 이유는 이처럼 해결되지 못한 오이디푸스적 사랑의 문제가 걸림돌이 되었기 때문이다. 물론 영육의 갈등은 새삼스러운 주제도 아니다. 거슬러 올라가면 성 아우구스티누스, 아벨라르와 엘로이즈 등도 그와 똑같은 문제로 고통받으며 신앙적인 해결로 정면 돌파해 나간 인물들이라 할 수 있다. 더욱이 프로이트는 이미 20세기 초에 원초적 본능과 초자아 간에 벌어지는 치열한 싸움의 본질에 대해 밝힌 바 있다.

1909년에 처음 발표된『좁은 문』은 그런 점에서 한발 뒤늦은 셈이지만, 대중적인 호소력 면에서 보다 강력한 힘을 지닌 소설 형식으로 발표된 내용이기 때문에 더욱 유명해진 것뿐이다. 그것은 또한 고루하고 숨 막힐 듯한 기독교적 윤리관에 식상한 젊은이들에게 상당한 카타르시스 효과를 주었을 수도 있다. 하지만 영과 육의 문제는 그리 간단한 문제가 아니다. 육을 무시하고 영만을 내세우면 고리타분한 금욕적 도덕주의로 치달을 게 뻔하며, 영을 무시하고 육만을 내세우면 도덕적 붕괴와 무질서를 초래하기 쉽다. 프로이트의 정신분석도 결국은 그런 영육의 갈등에서 그 어느 것도 부정하지 않으면서 적절한 조화를 이루어 나갈 수 있는 길을 모색한 것이라 할 수 있다.

지드의 성과 결혼

지드의 어머니는 매우 엄격한 청교도적 교육을 아들에게 강요하며 인간의 모든 육체적 욕망을 악마로 간주했던 여성이었다. 그리고 그 악마는 일생을 쫓아다니며 지드를 괴롭혔다. 어려서부터 자위행위에 몰두한 아들의 모습에 기겁을 하고 놀란 어머니에 의해 억지로 의사 앞에 끌려간 지드는 자위를 계속하면 거세해 버리겠다는 의사의 말에 겁을 집어먹고 매우 불안정한 아동기를 보내야만 했는데, 그런 거세공포는 그 후 이성과의 접촉을 몹시 꺼리게 만드는 원인을 제공한 것으로 보인다.

청년기에 접어든 그는 자신의 내면에서 솟구치는 이상한 욕구에 대해 스스로도 항상 의문에 사로잡혀 있었다. 그는 젊은 시절 북아프리카 여행에서 어린 소년들에게 묘한 매력을 느끼게 되었는데, 어머니의 불같은 성화에 못 이겨 서둘러 귀국하게 된다. 그러다가 1895년에 만난 영국 작가 오스카 와일드에게서 동성애의 신비한 세계를 전수받기에 이른다. 그러나 어려서부터 사촌 누이 마들렌을 사랑했던 그는 일찍부터 그녀와 결혼하기를 열망했지만 어머니의 반대로 그 뜻을 이루지 못하다가 어머니가 세상을 뜨자 마들렌과 결혼하기에 이른다.

물론 그 자신도 스스로에 대해 이해할 수가 없었기 때문에 결혼하기 직전 의사에게 자신의 상태에 대한 진찰을 받았지만, 그 의사는 모든 것이 오직 상상일 뿐이라며 결혼하게 되면 자연히 해결될 것이라고 일축했다. 의사의 말만 믿고 안심한 지드는 마침내 마들렌과 결혼하지만 그 결과는 실로 참담한 것이었다. 지드는 아내의 몸에 털끝 하나 손대지 않았으며, 정상적인 부부관계가 배제된 결혼생활은 마들렌에게는 그야말로 악몽과도 같은 나날의 연속이었다. 게다가 그녀는 지드와 어린 소년들 간에 벌어지는 은밀한 동성애적 관계를 눈감아 줘야만 했으니 그 고통은 실로 컸을 것이다. 그중에서도 특히 15세 소년 마르크 알레그레와의 관계는 지드의 부부관계까지 위협할 정도로 매우 심각했다.

마르크는 지드의 결혼식에 들러리를 서 주었던 지인의 아들로 나중에 영화감독이 되어 지드와 함께 콩고 여행을 하기도 했는데, 지드의 『콩고 기행』은 그때의 경험을 기록한 것이다. 한때 마르크는 역시 동성애자인 작가 장 콕토와 어울려 지내기도 했는데, 당시 지드는 엄청난 질투심에 사로잡혀 밤잠을 설치며 괴로워하기까지 했다. 하지만 콩고 여행에서 이성애에 눈을 뜬 마르크는 그 후 지드와의 연인관계를 청산하고 순수한 우정관계만을 유지했다.

이처럼 지드는 명색만 유지한 일종의 상호 기만적인 부부관계를 맺었다고 볼 수 있는데, 아내인 마들렌뿐 아니라 지드 역시 괴롭기는 마찬가지였을 것이다. 그래서 그는 마치 자신의 이성애 능력을 스스로에게 입증해 보이기라도 하듯 자신과 절친했던 화가 리셀베르그의 딸 엘리자베트와 관계를 맺고 1923년에 딸 카트리느를 낳았으며 이 일로 인해 오랜 연인관계였던 마르크와 갈등을 빚기도 했다. 그의 유일한 혈육인 딸 카트리느의 존재는 1938년 아내 마들렌이 죽기까지 철저히 비밀에 부쳐졌다.

이처럼 모순되고 자가당착적인 결혼생활을 유지하는 가운데 지드는『배덕자』에 이어 발표한『좁은 문』과『교황청의 지하도』그리고『전원교향곡』을 통하여 자신의 내적 고뇌와 갈등을 우회적으로 드러내기도 했다. 그것은 개신교와 가톨릭의 대립적 구도를 보여 주는 동시에 인간의 잠재된 욕망 세계 및 실천적 행동의 가치를 더욱 강조하는 듯이 보인다.

발표 직후 바티칸에서 금서로 지목된『교황청의 지하도』는 여러 등장인물의 얽히고설킨 사건들을 통해 개인적 이해관계에 따라 이리저리 신앙심이 흔들리는 나약한 인간의 모습을 풍자하였다. 동시에 현재의 로마 교황은 가짜이며 진짜 교황은 지하실에 감금되어 있다는 헛소문을 흘려 신자들에게 돈을 뜯어내려는 사기꾼의 행적을 통해 은근히 교황의 권위에 야유를 보냄으로써 많은 가톨릭 신자를 격분케 만들기도 했다.

그뿐 아니라『전원교향곡』은 눈먼 소녀 제르트뤼드를 양녀로 맞아들인 목사가 결국에는 그녀와 순수한 사랑을 공유하지만 그 일로 인해 아내와 불화를 겪게 된다는 이야기다. 목사의 아내 아멜리는 자신의 다섯 자녀를 제쳐 두고 오로지 제르트뤼드에게만 헌신적인 관심을 기울이는 남편에게 분통을 터뜨리지만, 그는 이에 아랑곳하지 않고 성서를 읽으며 제르트뤼드의 순수성을 그대로 보존하고자 애쓴다. 그러나 아들 자크가 그녀에게 이끌려 청혼하게 되자 목사는 질투심에 불탄 나머지 그 결혼을 반대한다.

그리고 수술로 시력을 회복한 제르트뤼드는 그동안 목사를 통해 알고 있던 상상 속의 아름다운 세상과 비열한 현실이 너무도 다른 것에 낙담하고 강물에 뛰어들어 자살을 시도하기에 이른다. 다시 세상을 볼 수 있게 된 그녀에게 다가온 현실은 위선적인 늙은 목사의 모습이었으며 오히려 그의 아들 자크가 더욱 순수한 인간이었던 것이다. 그런 점에서 자신의 사악한 의도를 깨닫지 못한 목사야말로 진정한 의미의 장님이었던 셈이다. 그야말로 예수의 말씀대로 장님이 장님을 인도한 꼴이 된 것이다.

분석적으로 말하자면, 목사는 자신의 근친상간적 욕망을 죄 없는 양녀를 통해 해소하려 든 셈이다. 물론 이 작품의 주된 기조는 거짓된 윤리의 허상에 있지만, 자세히 들여다보면 부모에 대한 환상과 그에 이어진 환멸에 있다. 다시 말해, 그런 환멸의 배경에는 성에 대한 지드의 양가적 태도가 자리 잡고 있음을 알 수 있으며, 선과 악의 이분법적 구도 안에서 방황하는 지드의 핵심적인 화두가 여실히 드러나기도 한다.

물론 그런 환멸은『좁은 문』의 제롬이 보여 준 사변적인 우유부단함에 대한 작가 자신의 반성을 드러내 보여 주는 동시에 제르트뤼드에 대한 자크의 적극적인 행동을 통해서 개인적 욕망의 실천 의지에 대한 찬사를 표시한 것이기도 하다. 그리고 위선적인 목사의 태도는 지드 자신의 위선적인 결혼생활에 대한 뼈아픈 자성의 몸짓이기도 하다.

지드는 여기서 한 걸음 더 나아가 1924년에 발표한 자서전『하나의 밀알이 죽지 않는다면』을 통해 동성애를 옹호하는 입장을 드러내기도 했다. 당연히 지드의 아내 마들렌은 그 책을 읽지 않았다고 한다. 오랜 세월 이중적인 생활을 영위한 남편의 글이니 어차피 거짓투성이라고 여겼을 것이다. 마치 목사의 아내 아멜리가 그랬던 것처럼 그녀 역시 남편 지드를 믿을 수 없었을 것이 분명하다.

지드의 동성애적 성향에 대한 단서는 이미 그의 초기작『배덕자』에서도 찾아볼 수 있다. 북아프리카의 사막 지대에서 대자연의 위대함과 그 속에서 느낀 해방감을 통해 오랜 병마에서 벗어난 주인공 미셸의 새로운 각성은 특히 자연과 더불어 살아가는 원주민 소년들의 싱싱한 모습을 통해 얻게 된 것이지만, 소년들에 대한 그의 각별한 관심과 매력은 곧 지드 자신의 동성애적 성향을 반영한 것이기 쉽다. 인습적인 도시생활에 대해 환멸을 느끼고 고리타분한 윤리적 가치관에서 벗어나기를 간절히 원하는 미셸의 모습은 바로 지드 자신이기 때문이다.

하지만 동성애 문제를 본격적으로 다룬 작품은 50대 중반에 발표한 소설 『사전꾼들』이라 할 수 있다. 자신의 이율배반적인 모순에서 벗어나기 위한 시도의 일부로 지드는 50대 초반에 접어들면서 당시 유명한 여성 분석가 소콜니카에게 정신분석을 받기도 했는데, 다행인지 불행인지 그 치료는 얼마 지속되지 못하고 도중에 중단되고 말았다. 정신분석을 통해 자신의 정체성이 변화되는 것이 두려웠기 때문이었는지도 모른다.

그 후 지드는 소설 『사전꾼들』에서 동성애 문제를 다루는 가운데 신체 접촉에 대한 강박적인 두려움을 가진 어린 소년을 치료하는 소프로니스카 부인을 소개하고 있는데, 그녀는 한때 자신을 분석했던 소콜니카를 모델로 한 것이었다. 어쨌든 지드의 시대는 이미 지났다. 오늘날 개방된 시대의 젊은이들은 지드와 같은 영육의 갈등을 예전처럼 그렇게 심각하게 겪고 있지는 않기 때문이다.

프루스트의 자유연상

대하소설 『잃어버린 시간을 찾아서』를 통해 소위 의식의 흐름 기법을 창안한 마르셀 프루스트(Marcel Proust, 1871~1922)는 과거와 현재를 자유로이 넘나들며 현실과 공상, 사고의 흐름 자체를 세밀하게 추적해 나간 것으로 유명한데, 그것은 마치 정신분석에서 환자의 자유연상 내용을 받아 적듯이 자유롭게 써 내려간 것이다.

프루스트는 파리 근교 오퇴유에서 유복한 의사의 아들로 태어나 부족함이 없이 컸지만, 태어나면서부터 몹시 병약했던 그는 특히 천식 발작 때문에 평생 동안 고생해야 했다. 파리 대학에서 법학을 공부한 그는 일찍부터 문학적 재능을 드러내 소설을 쓰기 시작하는 한편 사교계를 드나들며 많은 우인을 사귀기도 했다. 그러다가 그가 30대 초반에 이르렀을 무렵 부모가 연이어 세상을 떴고, 그의 건강도 눈에 띄게 악화되면서 세상과 담을 쌓고 오로지 집필 활동에만 몰두하기 시작했다.

그렇게 해서 착수한 대작 『잃어버린 시간을 찾아서』는 모두 일곱 권으로 이루어진 연작 대하소설로, 프루스트의 모든 삶의 흔적을 담은 반자전적인 작품이라 할 수 있다. 그는 주인공의 이름을 밝히지 않는 일인칭 소설의 형

식을 취하고는 있으나 중간에 어쩌다 마르셀이라는 자신의 이름으로 주인
공을 지칭하는 실수를 범하고 있기 때문이다. 그는 야간에 잠시 외출했다
가 감기에 걸려 시름시름 앓다가 의사의 진찰도 거부한 채 세상을 떠났다.

『잃어버린 시간을 찾아서』

주인공인 나는 항상 남들 앞에서 수줍음과 겸손을 보이지만, 실제로는
지나치다 싶을 정도로 예민한 감각과 기억력으로 주위 환경에서 그리고 자
신의 내면에서 벌어진 시시콜콜한 일들까지 잊지 않고 기억한다. 소설은
그가 일찍 잠자리에 들었다가 깨어나 어린 시절 기억을 회상하는 장면에서
시작된다.

소년 시절 그의 가족이 매년 여름휴가를 보내러 들리는 시골마을 콩브레
에는 두 개의 산책로가 있다. 하나는 아름다운 처녀 질베르가 사는 부잣집
스왕 일가의 별장으로 통하는 길이고, 다른 하나는 오랜 명문가 게르망트
공작부인의 저택으로 향한 길이다. 그는 이 두 개의 세계를 동경의 대상으
로 삼고 있었다.

그는 나중에 파리에서 스왕가의 질베르와 재회하지만 첫사랑에 실패하
고 만다. 그 후 할머니와 함께 노르망디 해안으로 가는데, 그곳에서 만난
알베르티느에게 마음이 끌린다. 또한 그곳에서 알게 된 게르망트 집안의
생 루를 통해 귀족 사회와도 어울리는 기회를 얻는다. 그러나 그를 통해서
접촉한 세계는 동성애와 새디즘이 난무하는 소돔과 고모라였으며, 그리하
여 그는 지독한 환멸을 느낀다.

그는 레즈비언이었던 알베르티느와 동거를 시작했지만 그녀에 대한 의
혹과 질투심이 커져 갔고, 결국에는 그녀의 가출과 죽음으로 그 관계도 종

말을 고한다. 삶의 희망을 잃고 작가가 되겠다는 꿈도 접은 그는 참담한 심정으로 방황을 거듭하다가 기나긴 요양생활로 접어든다. 그 후 파리에 돌아온 그는 게르망트 공작부인의 초대를 받아 저택으로 가는 도중 뜰에 박힌 돌에 발이 걸려 넘어지려는 순간 이루 형용하기 어려운 행복감에 젖어들고, 동시에 베니스의 거리 풍경과 더불어 그동안 잊고 있던 기억이 생생하게 되살아나는 경험을 하기에 이른다.

그는 이를 통해서 과거와 현재를 관통하는 초시간적인 인상이야말로 존재의 본질을 나타내는 것이며, 바로 그런 기적이야말로 잃어버린 시간을 찾아내는 힘을 지니는 것이라고 믿는다. 그는 비로소 자신이 할 일을 찾는다. 그것은 무의식적인 기억을 되찾아 작품으로 형상화하는 작업이었다. 그렇게 해서 그는 시간과 공간을 초월한 영원불멸의 세계가 존재함을 발견하고 마침내 그토록 바라던 작품의 완성에 힘을 쏟기로 작심한다.

프루스트의 심리

프루스트는 어릴 때부터 매우 허약한 체질로 잠들 때마다 어머니에게 키스를 요구하고 책을 읽어 주기를 바라는 응석받이였다. 게다가 그는 아홉 살 무렵부터 심한 천식으로 고생했다. 그 때문에 부모는 그의 응석을 더욱 받아 주게 되었는데, 부모의 과잉보호는 그가 현실에 적응하는 데 어려움을 초래했으며, 지나치게 타인의 사랑과 관심을 구하도록 이끄는 요인이 되었다.

그러다가 프루스트는 20대 중반 무렵부터 동성애에 빠지기 시작하고 부모가 그런 사실을 알게 될까 전전긍긍하기도 했다. 그러나 무엇보다 그에게 큰 충격을 안겨 준 사건은 연이은 부모의 사망이었다. 부모가 세상을 뜬 직후부터 천식 발작 증세가 심해진 그는 집을 옮겨 은둔생활에 들어갔는데, 외부의 자극이나 소음을 차단하기 위해 온 방을 코르크 방음벽으로 두르고 그 안에 틀어박혀 죽을 때까지 오로지 소설만을 쓴 것이다.

그의 천식 발작은 오늘날의 관점에서 보자면 신경성 천식으로 보인다. 그것은 부모의 관심을 끌기 위한 시도인 동시에 자신에게만 신경을 써 주지 않는다는 분노와 원망감의 표시이기도 했다. 더욱이 부모의 사망 이후 골방에 틀어박힌 것은 극심한 퇴행적 반응으로, 마치 어머니의 자궁 속으로 숨어든 태아의 모습처럼 보이기도 한다. 그리고 그는 오로지 과거에만 몰입함으로써 극심한 현실 도피적 행태를 보였다. 물론 그 때문에 필생의 대작이 탄생한 것이지만, 경제적인 어려움과는 담을 쌓고 살았던 그였기에 그것도 가능했을 법하다.

부모의 갑작스러운 죽음은 그만큼 프루스트에게는 감당하기 어려운 충격적인 사건이었다. 오로지 부모의 보살핌과 후원에 힘입어 살았던 그로서는 혼자만의 힘으로 이 세상을 살아간다는 것을 상상조차 하지 못했던 것이다. 그는 일생 동안 직업을 가져 본 적이 없는 매우 특이한 경력의 소유자였다는 사실이 이를 뒷받침해 준다. 게다가 그는 부모가 세상을 뜰 때까지 그들 곁을 떠난 적도 없다. 부모에 대한 의존도가 어느 정도인지 가늠할 수 있는 대목이 아닐 수 없다.

그러나 무엇보다도 프루스트는 수호천사와도 같은 존재였던 어머니의 죽음을 도저히 견딜 수가 없었을 것이다. 어머니가 세상을 뜬 직후부터 그의 건강은 극도로 악화되기 시작했는데, 이는 마치 엄마를 잃은 아기가 시름시름 앓다가 죽는 의존성 우울증과도 매우 흡사한 양상을 띠고 있는 것이다. 예기치 못한 충격에 맞닥뜨린 인간이 스스로를 지탱하는 유일한 비상 수단은 심리적으로 퇴행하는 것이며, 홀로 앞으로 나아가기가 두려운 상황에서 자연스러운 반응은 자신이 가장 행복했던 과거의 어느 한순간으로 되돌아가는 것이다.

실제로 그는 낮에는 온종일 잠을 자고 밤에만 일어나 소설을 썼는데, 소설의 주인공 마르셀이 침대에 누워 어릴 때 잠들기 전에 어머니가 해 주었던 키스 장면을 회상하는 모습은 작가 자신의 퇴행적인 모습을 대변하는 것이기도 하다. 어머니가 없는 세상이란 상상조차 할 수 없을 만큼, 그에게는 어머니의 죽음이 하늘이 무너지고 땅이 꺼지는 슬픔을 안겨 준 충격 그 자체였다. 길에서 엄마를 잃은 아이가 울부짖는 모습을 본 적이 있는가. 프루스트가 바로 그런 심정이었을 것이다.

결국 그가 여성과의 밀접한 관계를 그토록 두려워한 것은 그의 지고지순한 수호천사 어머니에 대한 남다른 애착을 부정한 결과로 보인다. 그는 한 여성과 깊은 관계에 빠지고 가정을 이루며 아이를 낳아 기저귀 냄새를 맡아야 한다는 사실을 도지히 참을 수기 없었다. 그리고 자신이 살던 집에 난방조차 제대로 하지 않고 살았으며, 굴뚝의 연기뿐 아니라 방 안의 먼지나 창밖의 소음에 대해서도 견디기 힘들어했다. 따라서 그의 관심은 자연스레 남성들에게로 쏠린 것이다.

더욱이 그의 어머니는 유대인이었다. 노벨상을 수상한 철학자 베르그송은 외가 쪽으로 친척관계였다. 그래서 프루스트는 동시대에 터진 드레퓌스 사건에 대해서 공개적인 입장을 드러내지는 않았지만 유대인 드레퓌스 대위에 대해서는 동정적인 입장을 보였다. 그런 점에서 그는 자신의 뿌리에 대해서도 남다른 열등감을 지니고 있었을 법하다.

결국 그의 삶을 통해서 프루스트를 괴롭힌 세 가지 사실은 자신이 유대인의 아들이라는 사실과 동성애자라는 사실, 그리고 부모 없이 혼자 힘으로 살아가야 한다는 사실이었다. 그러나 다른 무엇보다도 자신이 유대인 동성애자라는 사실만은 숨기고 싶었을 것이다. 젊은 시절 그는 사교계를 드나들며 상류층과 어울리고 자유분방한 생활을 보내기도 했다. 특히 그는 다른 사람의 말투를 흉내 내는 재주로 많은 인기를 끌기도 했으나, 마음 한 구석에는 항상 자신이 유대인이라는 멍에를 안고 있었다.

동성애와 더불어 그런 심적 부담감은 자의식이 남달리 강한 그에게 실로 버거운 일이었을 것이다. 따라서 그는 정신적, 육체적 이유 등으로 외부인과의 접촉을 끊고 자신의 내면을 탐색하는 것에 더욱더 관심을 기울이게 되었다.

그에게는 자신의 정체를 드러내지 않는 가장 손쉬운 방법이 병을 핑계 삼아 차라리 커튼을 치고 두문불출하는 일이었을 것이다. 부모가 남긴 유산으로 먹고 살기에는 전혀 지장이 없을 정도로 부유했기 때문에, 그는 누워 쉬고 식사하고 한숨 자다가 일어나 다시 글을 써 내려가는 게 전부라고 할 수 있는 전형적인 부르주아의 삶을 살았다.

매우 소심했던 그는 외부와의 접촉을 일체 끊고 오로지 자신의 과거 기억을 회상해 내고 그것을 원고지에 옮기는 작업에만 몰두했다. 오늘날의 진단 기준으로는 회피성 또는 의존성 인격장애, 사회공포증 등으로 볼 수 있을 것이다. 그런데 그가 세상에 철저히 숨겨야만 했던 비밀은 유대인이라는 사실보다는 동성애자라는 사실이었다.

솔직히 말해서, 그의 대표작 『잃어버린 시간을 찾아서』는 동성애자들에 관한 이야기이며, 그런 점에서 처음에 그가 출판을 의뢰했을 때 앙드레 지드가 일언지하에 거절했던 이유를 알 것도 같다. 지드 역시 동성애자라는 사실을 숨기며 살고 있었기 때문이다. 물론 나중에 가서야 비로소 자신의 실수를 인정하고 프루스트에게 정중히 사과했지만 말이다.

또한 소설의 주인공 마르셀이 비록 이성애자로 묘사되면서 질베르, 알베르티느 등의 많은 여성과 연인관계를 맺지만 그것은 작가 자신의 동성애적 성향이 노출될 것을 염려한 결과로 보일 뿐이다. 어떤 점에서 보자면 이들 여성은 실제 남성 파트너의 대리 역할을 맡은 것일지도 모른다.

특히 그가 운전사로 고용했던 알프레드 아고스티넬리는 남성적 매력이 넘치는 청년으로, 프루스트는 곧 그와 사랑에 빠졌다. 하지만 알프레드에게는 안나라는 애인이 따로 있었다. 질투심에 가득 찬 프루스트가 그녀를 무시하고 괴롭히자, 알프레드는 중간에서 시달리다가 견디다 못해 바다에 몸을 던져 투신 자살하고 말았다.

결국 프루스트는 사창가를 드나들며 자신의 남색을 은밀히 즐길 수밖에 없었다. 제7권 『소돔과 고모라』에 묘사된 사도마조히즘의 도착적인 장면들은 결코 그의 머릿속에서 이루어진 상상의 산물만은 아니었던 것이다. 그는 자신의 그런 비밀스러운 성향을 은폐하기 위해 의도적으로 여러 여성에게 접근하기도 했는데, 그런 점에서 프루스드의 동성애적 성향에 대해 누구보다 잘 알고 있었던 앙드레 지드는 대선배격인 셈이다.

그러나 프루스트는 은둔생활로 일관하면서도 자신의 약점과 한계를 뜨거운 창작열로 승화시킴으로써 스스로의 존재 가치를 드높일 기회를 마련할 수 있었다. 소위 '의식의 흐름' 기법은 프루스트 자신의 특이한 심리 상태와 그가 처한 제한적인 삶의 조건으로 인해서 자연스럽게 조성된 것으로 보인다. 그는 스스로 감옥에 갇힌 죄수와 별반 다르지 않다. 아무 데도 갈수가 없는 죄수는 그의 눈앞에 다가오는 한 마리의 벌레를 통해서도 온갖 회상과 상상을 지닐 수 있기 때문이다.

그런 점에서 프루스트가 남긴 대하소설은 자신의 심리적 결함과 갈등이라는 수원지에서 흘러나온 강물이라고 할 수 있다. 그리고 그 강물은 특히 제임스 조이스 등과 같은 후대 작가들에게 실로 지대한 영향을 끼쳤다. 그러나 무엇보다도 그는 동시대에 활동한 프로이트의 존재를 제대로 알지 못했으면서도 프로이트가 시행하던 자유연상 기법과 거의 똑같은 방법을 동원하여 소설을 썼다는 점에서 오로지 자발적인 의지에 따라 자기 분석을 시도한 셈이라 할 수 있겠다.

물론 기억의 회상만으로 자기 치유가 이루어지는 것은 아니겠지만, 프루스트는 그런 작업을 통해서나마 자신의 심리적인 균형을 이루어 나갈 수 있었다는 점에서 나름대로 스스로를 치유한 것이라 할 수도 있다. 다만 분석가들이 환자의 자유연상 내용을 절대로 공개하지 않는 것을 감안할 때 프루스트는 과감하게 자신의 치부를 만천하에 드러냈다는 점에서 일생일대의 용기를 보여 준 셈이다.

카뮈의 『이방인』과 『페스트』

부조리 철학의 대변자 알베르 카뮈(Albert Camus, 1913~1960)는 프랑스 지배하의 식민지 알제리에서 군인의 아들로 태어났다. 그의 아버지는 제1차 세계대전에 참전하여 1914년에 전사했으니, 카뮈는 아버지의 얼굴도 모르고 홀어머니 밑에서 자란 셈이다. 알제리에서 계속 기난히게 성장한 그는 청년 시절 젊은 혈기로 공산당에 가입했으나 동료들과의 관계 악화로 당에서 축출되고 말았다. 그리고 1934년 아편 중독자인 시몽 히에와 결혼했으나 곧 파경을 맞았다. 그 후 프랑시느 포레와 결혼해 쌍둥이 자매까지 두었지만 카뮈의 불륜은 계속되었다.

제2차 세계대전 이후 이념적으로 좌익에서 우익으로 전향한 카뮈는 그 때문에 사르트르와도 결별하게 된다. 그 와중에 자신의 부조리 철학을 담은 『시지프스의 신화』 및 소설 『이방인』과 『전락』 『페스트』 등을 발표하여 실존주의 작가로서 자신의 위치를 확고히 다졌으며, 그 결과 1957년 노벨 문학상을 받았다.

그러나 알제리 독립전쟁으로 그는 한때 도덕적 딜레마에 빠지기도 했다. 자신의 어머니가 계속 알제리에 살고 있었기 때문이다. 그는 결국 드골 정부의 입장을 옹호하는 쪽을 택함으로써 프랑스 좌파 인사들로부터 극심한 배척을 받았다. 그는 불의의 교통사고를 당해 47세라는 아까운 나이로 세상을 떠났는데, 일설에 따르면 소련 KGB의 계획된 음모에 의한 암살이었다는 의혹도 제기된 바 있으나 확인된 사실은 아니다.

『이방인』

주인공 뫼르소는 프랑스 식민지 알제리의 평범한 회사원이다. 그는 양로원에서 어머니의 장례를 치르지만 무덤덤하기만 하다. 묘지로 가는 길은 무덥고 모든 것이 그에게는 짜증나고 귀찮기만 하다. 그리고 다음 날 해수욕장에서 애인과 함께 수영을 즐기고 코미디 영화를 보며 희희낙락하는가 하면 밤에는 그녀와 정사를 벌이기도 한다. 얼마 후에는 불량배의 패싸움에 휘말려 한 아랍인을 이유도 없이 권총으로 살해한다.

경찰에 체포되어 재판에 회부된 그는 자신에게는 죄가 없다고 강변하며 단지 바닷가의 여름 태양이 너무도 눈부시어 그를 살해했노라고 억지 주장을 편다. 배심원들의 분노를 산 뫼르소는 결국 사형을 언도받기에 이르지만 끝까지 속죄의 기도조차 거부하고 자신은 지난 과거도 그랬지만 언제나 행복하다고 주장한다. 그리고 뫼르소가 자신이 처형되는 날 많은 구경꾼이 몰려들 것을 기대하는 것으로 소설은 끝난다.

평자들은 뫼르소를 부조리한 인간의 한 전형으로 보기도 하고, 현대 사회의 비극적 인간상인 소외된 인간의 상징으로 보기도 한다. 심지어는 현대에 되살아난 그리스도상에 비유하기도 한다. 그러나 뫼르소에게 그런 심오한 철학적 성찰이 있었는지 여부는 확인할 길이 없다. 단지 겉으로 드러난 행동으로 봐서는 무위도식하며 거리를 오가는 무책임한 건달 패거리와 다를 게 하나도 없어 보인다.

그는 오로지 욕망의 충족과 충동적 행동에 몰입하는 무책임한 단세포적 청년일 뿐이다. 그런 그에게 인간 존재의 무상성을 자각한 인간이라는 거창한 철학적 타이틀을 입히는 것은 물론 평론가의 사명이겠지만, 특별한 이유 없이 사람을 마구 죽이는 살인자에게 주어진 명예치고는 너무 과한 것이 아닌지 모르겠다. 우리말에 애비 없는 후레자식이란 말도 있지만, 양심 불량, 비정함, 무책임성, 나태함, 충동성, 폭력성 등의 차원에서 본다면 뫼르소는 분명 반사회적 인간의 범주에 딱 들어맞는다.

물론 카뮈는 『반항적 인간』을 통해 자신의 철학적 성찰을 진지하게 논한 바 있지만, 반항적 인간과 반사회적 인간은 엄연히 다르다. 뫼르소는 과연 순수하고 정직한 인간인가. 타자를 의식하지 않는 오로지 실존적 차원에 머문 깨달은 인간인가. 이는 한마디로 웃기는 얘기다. 소설은 소설일 뿐 그 이상도 그 이하도 아니라면 너 이상 할 말이 없다. 그러나 부조리 철학을 대변한 실존주의 작가의 대표작으로 꼽히는 소설이라면 얘기가 다르다.

물론 카뮈는 뫼르소의 행동에 찬사를 보내기 위한 의도로 작품을 쓴 것은 아니었을 것이다. 그가 이해하는 뫼르소는 단지 거짓말을 하지 못하는 정직한 인간이기 때문에 사회로부터 배척당하고 희생되었다는 것뿐이다. 그러나 과연 정직이란 무엇일까. 인간의 자아는 어차피 자신의 무의식적 의도에 대해서는 그 스스로도 알지 못한다.

세상의 모든 어머니는 자식들 중의 하나가 혹시라도 그녀의 편애를 원망하기라도 하면 한결같이 다섯 손가락 깨물어 안 아픈 손가락이 있느냐고 말한다. 그러나 그것은 사실이 아니기 쉽다. 그것은 단지 자기 합리화에 지나지 않으며 또 그러기를 바라는 하나의 희망 사항일 뿐이다. 따라서 진정한 의미에서 정직한 인간이란 존재할 수 없으며 뫼르소 역시 예외가 될 수 없다. 뫼르소의 문제는 정직, 부정직의 문제가 아니라 감정적으로 메말라 있으며 일체의 도덕적 판단을 거부한다는 것이다. 그는 스스로 행복하다고 강변하지만 그것은 일종의 자기 자신을 기만하는 행위에 지나지 않는다.

분석적으로 말하면, 뫼르소는 어머니의 애정을 충분히 받지 못하고 건전한 동일시 대상인 아버지의 존재를 겪어 보지도 못한 인물로 보인다. 그는 초자아 기능의 결핍을 보일 뿐만 아니라 어머니의 상실조차 부정한다. 어머니에 대한 적절한 애도 반응이 없다는 것은 그녀의 죽음을 부정하거나 반대로 그녀에 대한 파괴적 욕구가 부분적으로 충족되었기 때문일 수 있다. 그리고 그런 파괴적 욕구의 기회가 사라지자 그는 대신에 엉뚱한 인물에게 그런 욕구를 투사하여 발산한 것이다. 일종의 분풀이인 셈이다.

뫼르소가 눈부신 태양을 향해 총구를 겨누고 발사했다면 별 탈이 없었을 것이다. 그러나 그는 사람을 죽인 것이다. 그것도 원주민인 아랍인을 말이다. 무동기 살인이란 심리학적으로 있을 수 없는 일이다. 단지 그 동기가 적절히 밝혀지지 못했을 뿐이다. 동기 없는 행위란 과연 가능할까. 눈부신 태양 때문에 사람을 죽였다는 말은 매우 시적으로 들리지만 말도 되지 않는 자기 합리화에 불과하다. 뚜렷한 이유를 자신도 댈 수 없기 때문에 되는 대로 둘러댄 말이기 쉽다.

그러나 그가 이글거리는 태양을 향해 자신의 잠재된 분노와 살의를 투사했을 수는 있다. 다만 상대가 아랍인이었으니 백인의 우월감이 빚은 우발적 사고였다고 하면 오히려 그럴듯하게 들릴 수는 있겠다. 과거에 얽매이지 않고 인습의 울타리를 벗어나고 싶은 욕구는 누구나 지니는 순수한 바람이다. 그러나 현실적으로 그것은 불가능에 가깝다. 뫼르소 역시 마찬가지다.

성격적인 측면에서 볼 때 타인의 감정이나 입장에 매우 둔감한 유형들이 있다. 병적인 나르시시즘이 그렇고, 분열성 인격 또는 반사회성 인격의 소유자들에게서도 볼 수 있다. 어머니의 부고 소식을 접한 뫼르소가 이틀간의 휴가를 신청하자 직장 상사는 매우 못마땅한 표정을 지었고, 이에 뫼르소는 어머니가 돌아가신 것은 자기 탓이 아니라고 쏘아붙인다.

물론 그의 말은 매우 지당하지만, 살인의 동기를 태양 탓으로 돌린 그의 언행으로 보아 뫼르소는 뭐든지 남의 탓으로 돌리는 경향이 있음을 알 수 있다. 그것은 곧 부정과 투사의 방어기제로서 매우 유아적인 수준의 방어 수단이다. 그뿐 아니라 그의 사고방식 또한 유아적 단계에서나 보이는 마술적 사고 및 구체적 사고의 특성을 지니고 있음을 알 수 있다. 어느 코미디 장면 중에 선생님이 제자에게 이순신 장군이 어떻게 돌아가셨느냐고 묻자 바보 같은 제자가 "내가 안 죽였어요."라고 답해 좌중을 웃기는데 이 역시 매우 유치한 수준에 머문 구체적 사고에 속한다.

어머니가 돌아가신 것이 자기 탓이 아니라는 말은 곧 어머니를 죽게 만든 것은 자기가 아니라는 말과 일맥상통한다. 다시 말해서 자신이 어머니를 죽인 것이 아니라는 말이다. 뫼르소는 은연중에 자신의 속내를 드러내 보인 셈이다. 자신의 처형일에 수많은 구경꾼들이 모여들 것을 기대하는 모습도 무관심을 가장한 나르시시즘적 환상의 예가 된다. 병적인 나르시시스트들은 모든 인간적 교류를 단절하고 오로지 자신의 이익만을 추구할 뿐이며, 그 때문에 타인을 착취하고 이용한다. 감정적으로도 매우 냉담하고 무미건조하기 그지없다.

그가 이미 숨진 아랍인의 몸에 다시 네 발의 총탄을 쏘아 박으며 그것이 마치 불행의 문을 두드리는 네 번의 노크 소리 같았다고 표현한 것도 죽은 사람의 불행 따위는 전혀 문제가 되지 않는다는 매우 비정한 무관심의 전형처럼 보인다. 흔히 범죄영화에서는 대사 중에 사람을 죽일 때 기분이 어땠느냐는 질문이 나오는데 그럴 때 돌아오는 살인자의 대답은 한결같이 아무런 느낌도 없었다는 것이다.

철학자 마르틴 부버는 인간관계가 나와 너의 관계가 아니라 나와 그것의 관계로 전락할 때 인간은 절대 타락하는 것이며 그럴 경우 구원도 요원하다고 말했다. 홀로코스트나 남경 대학살에서 보듯이 타인의 존재를 하나의 인격체로 보지 않고 단지 하나의 사물로 간주할 때 아무런 죄의식이나 수치심 없이도 상대를 잔인하게 죽일 수 있는 법이다. 뫼르소의 비극은 곧 모든 인간관계를 단절하고 스스로 고립 상태에 빠졌기 때문이다. 그것을 평자들은 소외라 부르며 현대인이 마주친 가장 큰 비극으로 보는 것이다.

『페스트』

『이방인』을 발표한 지 5년 만에 나온 『페스트』는 사뭇 그 분위기나 메시지가 달라졌음을 보여 주는 작품이다. 물론 그 무대는 전작과 동일한 알제리이지만, 그가 『이방인』을 쓴 것은 파리가 독일군에 함락된 후 보르도 근교로 피신했을 때였으며, 『페스트』를 쓴 것은 전쟁이 끝난 후였다. 따라서 『이방인』이 다소 허무주의적 분위기가 감도는 부조리 철학을 전달한다면, 『페스트』는 그런 니힐리즘적 요소를 배격하고 극한적 상황에 처했어도 그에 굴하지 않고 끝까지 저항하는 영웅적인 인간상을 제시하는 것이다.

소설의 무대는 프랑스가 지배하는 식민지 알제리 북부의 지중해 연안에 위치한 항구도시 오랑이다. 어느 날 갑자기 이 도시에 재앙이 닥쳐온다. 흑사병이 돈 것이다. 죽음의 도시로 변한 오랑은 순식간에 아비규환에 빠지고 외부 세계와도 단절된다.

신문기자 랑베르는 우연히 이 도시에 들렀다가 죽음을 피해 그곳을 탈출하고자 애쓰지만, 닥터 류가 구호반을 조직해 흑사병을 퇴치하기 위한 희생적인 투쟁을 벌이는 모습을 보고 자신의 행동에 부끄러움을 느낀 나머지 그 도시에 그대로 남아 그를 돕는다. 마침내 닥터 류의 동료 타루를 포함해 수많은 희생자를 낳았던 흑사병은 장장 8개월간이나 이 도시를 초토화한 끝에 점차 그 위세가 꺾이더니 슬그머니 사라진다. 도시가 역병에서 해방되었음을 알리는 방송이 나가자 시민들은 거리로 쏟아져 나와 환호성을 지른다. 열차가 다시 도시에 들어오고 그동안 헤어졌던 사람들은 감격의 재회를 맞이한다. 랑베르 역시 파리에서 달려온 아내와 상봉한다.

소설 『페스트』는 제2차 세계대전 중에 점령군 독일에 저항했던 프랑스 레지스탕스 운동을 그린 것이라고들 한다. 그러나 단지 그런 정치적인 상황을 다룬 것이라기보다는 카뮈 자신의 부조리 철학을 반영한 것이라고 보는 것이 더욱 타당할 것이다. 부조리한 세계를 상대로 저항하는 일은 매우 벅차고도 무모한 일로 보일 수 있다. 더구나 악의 상징인 페스트는 스스로 물러난 것이지 인간이 물리친 것이 아니다. 그럼에도 불구하고 인간은 그것에 저항할 수밖에 없으며 최선을 다할 뿐이다.

그것은 닥터 류와 랑베르의 대화를 통해서도 확연히 드러난다. 사랑하는 아내 곁으로 돌아가고자 탈출을 시도했던 랑베르가 자신의 행동에 대해 부끄러움을 느꼈다고 고백하자, 닥터 류는 사랑 때문에 벌인 범죄는 어떠한 경우에도 용서받을 수 있으며, 더욱이 인간이 자신의 행복을 얻기 위해 벌인 행동에는 그 어떤 죄의식도 불필요하다고 말해 준다.

그러나 불가항력적인 현실에 마주치면서도 그토록 참담한 고통 속에 방치된 타인들을 그대로 방관할 수 없어 그 고통을 함께 나누며 저항하는 모습은 고귀한 인간성의 가치를 새롭게 확인해 주는 것이기도 하다. 물론 신부님처럼 역병을 신이 내린 징벌로 간주하고 모든 것을 하나님에게 맡겨 둘 수도 있겠지만, 닥터 류는 지금 현재 가장 시급한 일은 환자를 치료하고 힘닿는 데까지 그들을 지켜 주는 일이라고 단언한다.

　분석적으로 말하자면, 이들이 보인 이타주의는 가장 숭고한 승화 기제에 속하는 것이다. 하지만 위기 상황에 처해서도 그런 태도를 계속 유지하는 사람은 우리의 현실에서 찾아보기 어렵다. 극한적 상황에 처할수록 인간은 이기심을 극복하기 어렵기 때문이다.

　그런 점에서 『이방인』의 뫼르소가 단지 정상적인 행동을 하지 않았다는 이유로 자신이 속한 사회에서 추방되고 소외당한 이방인이었다면, 『페스트』의 랑베르는 낯선 외지에 들어가 곤경에 처한 이들과 함께 고통과 시련을 감수한 이방인이었다. 따라서 『이방인』은 비극적인 결말로 끝나 버리지만, 『페스트』는 희망적인 메시지를 남기는 해피엔딩으로 끝난다. 그러나 그 해피엔딩은 왠지 불안하다. 페스트는 언제 다시 몰아닥칠지 모르는 일이니까 말이다.

피란델로와 6인의 등장인물

피란델로는 1934년 노벨 문학상을 수상한 이탈리아의 작가로 현대 전위적 부조리극의 원조라 할 수 있다. 그의 대표적 희곡 〈작가를 찾는 6인의 등장인물〉은 1921년 로마에서 초연되어 극중극이라는 새로운 시도로 크게 주목받았으며, 이후 베케트, 이오네스코 등의 반연극 운동에도 지대한 영향을 끼쳤다.

그러나 오늘날에 와서 피란델로를 기억하는 사람들은 의외로 적다. 대중적 차원에서 손쉽게 접근하기가 결코 용이하지 않은 난해한 내용 탓일 수도 있겠지만, 스스로 파시스트임을 공언했던 피란델로 자신의 이념적 배경, 그리고 독재자 무솔리니의 전폭적인 지원 아래 세계적인 명성과 성공을 이루었다는 사실 등 그가 처했던 별로 떳떳하지 못한 시대적 배경에 기인한 것일 수도 있다.

그럼에도 불구하고 연극사에 끼친 그의 공헌은 결코 무시할 수 없다. 고대 그리스 및 셰익스피어를 거치며 정착한 전통극의 형식을 과감히 떨쳐 버린 그의 도전은 현대극의 새로운 형식을 마련하는 기초가 되었기 때문이다. 그러나 무엇보다 중요한 것은 그가 새로운 스타일의 연극을 통해 인간사의 애환을 단순히 무대 위에 재연하는 데 그치지 않고 우리가 손쉽게 인식할 수 없는 내면적 진실에 더욱 접근하는 모습을 보여 주었다는 것이다. 그런 점에서 피란델로의 연극은 인간이 보여 주는 광기와 기만적인 태도에 대한 일종의 폭로극으로 정신분석적 개념과 일맥상통하는 측면이 강하다고도 할 수 있다.

〈작가를 찾는 6인의 등장인물〉

루이지 피란델로(Luigi Pirandello, 1867~1936)는 이탈리아 남부 시실리섬의 작은 마을 카오스에서 부유한 상류층 가문의 아들로 태어났다. 그가 태어난 마을 이름 자체부터가 매우 흥미롭다. 혼돈을 의미하는 카오스라는 이름의 마을에서 태어나 혼돈의 시대를 살다 간 작가이기 때문에 더욱 그렇다. 카오스 마을은 예로부터 미신적인 전통과 의식이 매우 강했던 곳으로, 이런 출신 배경이 그의 주된 작품 소재가 되었다. 또한 피란델로 자신도 스스로를 카오스의 아들로 지칭하기를 즐겨했다.

유황 광산 소유주였던 아버지 스테파노는 일찍이 가리발디 장군이 이끄는 이탈리아 통일 운동에 적극 가담했던 애국자였으나 그런 열정은 곧 지독한 환멸과 분노로 이어져 그 후에는 사업에만 전념했으며, 어머니 카테리나의 집안 역시 과거에 부르봉 왕가에 의해 추방당한 시련을 겪었던 배경을 안고 있었다. 그리고 피란델로는 어려서부터 이상과 현실 사이에서 극심한 혼란을 겪었던 집안 분위기의 영향을 받지 않을 수 없었다.

카오스 마을의 한 부르주아 일가가 겪은 혼돈의 모습은 실로 역설 그 자체라 하겠다. 절대왕정에 반기를 들고 조국의 민주화에 대한 신념으로 통일 운동의 투쟁에 동참했으나 깊은 환멸에 빠질 수밖에 없었던 상류계급 출신의 부모, 그리고 이후에 역설적으로 열렬한 파시스트가 된 아들 피란 델로가 겪는 이념적 혼란은 그의 희곡에 나타나는 6인의 등장인물을 통해 서도 확인할 수 있다.

그의 작품 속 6인의 등장인물은 아들 중심으로 본다면 아버지, 어머니, 아들 그리고 1남 2녀인 의붓형제로 구성되어 있다. 그러나 등장인물들을 대표하는 중심 인물은 역시 아버지라 할 수 있다. 문제는 연출가와 배우들 그리고 관객들 모두가 예기치 못한 실제 인물들의 등장으로 인해서 극심한 혼란에 빠진다는 점이다. 여기서 원래 작가가 의도했던 것은 극중 배역의 실제 인물들이 갑자기 나타나 사실과 다르게 각색한 작가를 향해 강력한 항의를 제기함으로써 모든 것을 엉망진창으로 만들어 버리고, 시간이 지날 수록 무대와 객석 전체가 허구와 현실 사이에서 혼미한 상태로 접어들게 되는 것이다.

극 중 등장인물들의 대표자인 아버지가 실제로 저지른 비행이 폭로되고 양녀와의 불륜관계가 드러나게 되면서 사태는 걷잡을 수 없는 방향으로 흘러가게 되는데, 결국 연출가는 겁에 질려 도주하고 연극의 리허설은 불발로 그치고 만다. 역설적으로 이 모든 상황을 기획한 피란델로 자신은 등장인물들의 거센 항의에도 불구하고 무대 밖에서 안전하게 지켜진다.

허구와 진실이 교묘하게 결합된 가상의 진실 게임은 결국 희극도 아니고 비극도 아닌 일종의 희화적 파탄극으로 마무리되고, 이 장면을 끝까지 지켜본 관객들의 마음속에 남는 것은 한마디로 뭔가 개운치 않은 환멸뿐이다. 그렇게 해서 작가인 피란델로는 자신의 감정적 혼란과 환멸을 만인과 공유하고 스스로 위안을 얻은 셈이다.

피란델로의 반대자들은 이 작품에 대해 일종의 혼란스러운 난센스와 트릭으로 일관한 코미디극으로 매도한 반면에, 지지자들은 그를 낡은 기존

질서를 무너뜨리는 영웅으로 우상시했다. 하지만 로마 초연 당시 피란델로는 반대자들이 외치는 야유와 함성 소리를 뒤로하고 황급히 뒷문으로 도망쳐야 했다. 물론 그것은 정신병에 걸린 부인을 돌보지 않는 작가에 대한 무자비한 비난과 야유였음에 틀림없다.

그러나 로마 공연과는 달리 곧이어 이루어진 밀라노 공연은 대성공이었다. 피란델로는 이때부터 세계적인 주목을 받게 되었으며, 더 나아가 무솔리니의 전폭적인 지원하에 국립극장의 감독직에 임명된 것은 물론 전 세계를 일주하는 연극 공연에 들어가기도 했다. 그는 파시스트 정권하에서 승승장구하며 노벨 문학상까지 거머쥔 유일한 작가로 기억되었지만, 개인적으로는 결코 행복하지 못했던 외롭고 우울한 삶을 보내야 했다.

〈작가를 찾는 6인의 등장인물〉은 처음부터 거짓과 진실, 연기와 실제 행동 간의 모순된 관계를 보여 주면서 관객들을 혼란으로 몰고 가고, 결국 비극적 파탄으로 치달으며 환멸감을 조성한다. 그러나 이 작품은 혼돈스러운 이념적 갈등을 겪으며 살아야 했던 피란델로 자신을 포함한 이 세상 모두에 대한 극심한 환멸감을 부모와 자식 간의 혼란스러운 모습을 통해 우회적인 방식으로 드러내고자 했던 것으로 보인다.

관객들은 무대 위에서 펼쳐지는 배우들의 연기와 역할에 자기 자신을 몰입시키고 동일시하지만, 표면적인 모습들은 모두 환상에 불과하다는 작가의 메시지 앞에 환멸과 좌절을 느끼게 된다. 따라서 그런 동일시를 여지없이 허물어 버리는 피란델로의 작업은 그 자신뿐 아니라 관객들의 환상마저 깨트린다. 그 결과, 관객들은 깊은 좌절과 환멸감에 빠지고 냉혹한 현실 앞에서 지독한 분노와 불만을 체험한다. 피란델로는 바로 그런 혼돈과 환멸의 공유를 원한 것이다.

혼돈과 환멸 그리고 연민

피란델로는 이렇게 말한다. "인생은 매우 슬픈 익살이다. 왜 그리고 무엇을 위해 그러는지, 그 욕망이 어디서 오는지 알 도리는 없지만, 우리는 저마다 다른 현실을 하나씩 창조함으로써 끊임없이 자신을 속이려는 욕망을 우리 속에 가지고 있기 때문이다. 우리는 이따금씩 이 현실이 헛되고 실체가 없다는 사실을 발견한다." 그리고 그는 이렇게 결론짓는다. "내 예술은 자신을 속이는 모든 사람에 대한 쓰라린 연민으로 가득 차 있다. 그러나 이 연민 뒤에는 반드시 인간을 자기기만으로 몰아넣는 운명의 잔인한 비웃음이 따라오게 마련이다."

그의 이런 말은 프로이트의 어조와 너무도 흡사하지 않은가. 물론 피란델로가 동시대 인물인 프로이트를 모르지는 않았겠지만, 인간의 삶에 대한 그 나름대로의 통찰은 프로이트를 알기 이전부터 자신의 삶을 통해서 이미 얻어진 것으로 보인다. 그러나 부조리극의 대명사이기도 했던 이오네스코도 그의 〈반작가 노트〉에서 이미 지적한 바 있듯이, 과연 피란델로의 사상이 프로이트 사상과 어떤 근본적인 차이가 있는지에 대해서는 아직까지도 불투명하다고 할 수 있다. 다만 프로이트의 정신분석이 자기기만에 빠진 자아의 비극적인 운명을 돕기 위해 나타난 것이라면, 피란델로의 작품은 과연 무엇을 보여 주고 누구를 돕기 위한 것인지 그 동기 자체가 불분명하다고 할 수 있다.

피란델로는 희곡 〈여러분 생각이 그렇다면 그런 것이죠〉에서 매우 냉소적인 시각으로 인간 사고의 불합리성과 기만성을 폭로하면서 이 세상에 절대적 진실이란 존재하지 않는다고 주장하지만, 이미 니체는 프로이트가 무의식의 존재를 발견하기 이전에 이렇게 말한 바 있다. "나의 기억은 내가 그것을 했다고 주장하지만, 나의 자부심은 내가 그것을 할 수 없었다고 말한다." 다시 말해, 인간은 자기가 생각하고 싶은 대로 기억하지만 그것이 사실과 반대일 수도 있다는 것이다. 그러나 프로이트가 말한 기억의 왜곡은 오히려 무의식의 진실에 다가서는 중요한 단서가 되는 것이기에 단순한 환멸의 대상은 아니다.

그런 점에서 피란델로의 작업에는 인내와 관용의 정신이 결여되어 있다는 아쉬움이 크다. 그는 오히려 형식이라는 덫에 걸린 인간의 딜레마를 익살로 표현하면서 그런 비극적 상황에 대해 자신은 당혹감과 혼란스러움, 그리고 자괴감 및 연민의 정이 교차된 복잡 미묘한 웃음을 머금게 된다고 했는데, 그것을 우모리스모(humorismo)라고 지칭했다. 잔혹하고 비논리적인 삶의 실상을 성찰하게 되면 결국 웃음도 아니고 울음도 아닌 우스꽝스러운 표정에 도달할 수밖에 없다는 뜻이다. 다시 말해, 그것은 환멸과 연민이 교차하는 혼돈의 얼굴을 의미한다.

비록 그는 아내의 의부증이 발병하기 이전부터 이미 인간의 광기에 대해 지대한 관심을 지니고 있었지만, 그런 광기의 실체에 대해 이해하기보다는 주로 환멸을 느낀 것으로 보인다. 비록 연민을 느꼈다고는 하지만, 실제로 피란델로 자신은 혼돈 그 자체를 즐겼는지도 모른다. 그렇다면 인간과 문화에 대한 피란델로의 뿌리 깊은 환멸은 과연 어디서 온 것일까. 이를 알려면 우선 그의 가족 배경부터 살펴봐야 할 것이다.

어머니 카테리나는 피란델로에게 이상적인 구원의 여인상이었다. 그러나 아버지 스테파노는 자신의 앞길을 항상 가로막는 장애물일 뿐이었다. 아버지는 자신의 광산 사업을 물려받도록 강요하고 법학을 공부하도록 압박했으며, 사촌인 리나와의 결혼도 방해했다. 한술 더 떠서 아버지는 자신의 사업에 동참하면 리나와의 결혼도 허락해 주겠다는 감언이설로 아들을 유혹했다. 그러나 그 약속은 이루어지지 않았으며, 결국 그는 아버지가 정해 준 다른 광산업자의 딸 안토니에타와 결혼해야만 했다.

그런 와중에 피란델로는 우연히 아버지의 불륜 사실을 알게 되면서 더욱 아버지와 거리를 두게 되었으며, 그럴수록 어머니에 대한 애착은 무한한 존경과 숭배하는 태도로까지 이어졌다. 결국 그는 출세작 〈작가를 찾는 6인의 등장인물〉을 통해 노골적으로 아버지란 존재의 위선적 태도와 불륜적 비행 사실을 폭로함으로써 통쾌한 복수를 가한 셈이다. 여기에 등장하는 어머니는 매우 포용적이고 관대한 이상적 어머니의 전형으로 나타난다.

더 나아가 피란델로는 자신의 근친상간적 욕구를 은폐하기 위해 아버지의 근친상간적 비행과 불륜을 극 중에서 폭로하고 부각시킴으로써 관객들의 관심을 아버지에 대한 비난과 경멸 쪽으로 돌리는 데 성공한다. 그리고 피란델로는 아내의 편집증적 의부증을 오랜 기간 그대로 방치함으로써 누가 보너라도 그 자신의 불륜을 포함한 모든 문제의 책임이 마치 정신병을 앓는 아내에게 있었던 것처럼 보이도록 상황을 연출한 것이다. 그런 점에서 피란델로는 이미 그 자신의 삶 자체를 극중극처럼 연출한 셈이다. 무엇이 진실이고 무엇이 광기인지 자세한 내막을 간파하기 어렵게 의도된 고도의 전략이 동원된 것이다.

1903년 피란델로는 아버지와 아내가 공동으로 투자해서 운영하던 광산이 산사태로 무너지면서 모든 것을 잃게 되었다. 그는 한순간에 무일푼 신세로 전락하면서 한때는 자살까지 고려할 정도로 심각한 위기를 맞이한 셈인데, 설상가상으로 아내 안토니에타까지 그 충격으로 정신병 증세를 보이게 되면서 그 후로 15년간이나 악몽과도 같은 세월을 보내야만 했다. 결국 그의 아내는 1919년에 가서야 요양소에 입원하게 되는데, 그때까지 15년간 피란델로는 아내의 심한 의부증에 시달려야만 했다. 아내는 1959년 요양소에서 죽었다.

　광기에 대한 그의 관심은 그런 아내의 발병과 무관치 않아 보인다. 27세의 혈기왕성하던 나이에 전혀 안면조차 없던 여성과 결혼한 것은 전적으로 아버지의 결정에 따른 것이었지 피란델로 자신의 의사는 결코 아니었다. 비록 그는 부유한 광산업자의 딸 안토니에타와의 결혼으로 경제적인 어려움을 모르고 살 수는 있었지만, 예기치 못한 양가의 파산은 그에게 전적으로 생업의 책임을 떠맡기는 부담을 안겨 주게 된 것이다. 더욱이 그에게는 편집증에 걸린 아내뿐만 아니라 양육할 세 아이까지 있었으며, 장남 스테파노는 그 와중에 제1차 세계대전에 참전하여 오스트리아군에 포로로 잡히기까지 했다.

　그리고 아내는 피란델로뿐 아니라 딸까지도 심하게 괴롭혔다. 견디다 못한 피란델로는 결국 전쟁이 끝난 이후 아내를 정신요양소에 입원시키고 말았다. 그러나 오랜 기간 아내의 정신병적 발작에 시달리던 피란델로는 그런 광기의 혼란에 대한 환멸과 더불어 연민의 정 또한 물리치기 어려웠을 것이다. 그야말로 이러지도 저러지도 못하는 곤경에 빠진 셈이다. 그가 말한 우모리스모는 결국 그 자신의 역설적인 감정 상태를 지칭한 것이었음을 알 수 있다.

　이처럼 극심한 혼돈에서 그를 구원해 줄 수 있는 유일한 탈출구는 당시 무질서한 혼란에서 탈피하여 강력한 질서의 확립을 외치며 나타난 무솔리니의 파시즘이었다. 게다가 피란델로에게 아버지의 존재는 줏대 없는 실패자일 뿐이며, 반면에 무솔리니는 성공한 제왕으로 다가왔을 것이다. 그리고 실제로 세속적 성공과 명예에 대한 그의 집착과 야심은 전적으로 무솔리니의 도움으로 이루어질 수 있었다. 역대 노벨 문학상 수상자 가운데 피란델로는 유일한 파시스트 작가로 기록된다는 점에서 그의 존재는 매우 역설적이다. 다행히 그는 제2차 세계대전이 발발하기 직전에 사망함으로써 더욱 큰 과오는 범하지 않아도 되었다.

마음속의 무대

셰익스피어는 인생을 무대에 비유하고 우리 인간은 무대 위에서 연기하는 배우와 같다고 했다. 모든 극작가는 텅 빈 무대의 공간을 등장인물들의 온갖 희로애락과 갈등으로 채움으로써 관객들의 의식, 무의식을 자극하고 공감을 이끌어 낸다. 다시 말해서, 작가와 배우 그리고 관객들 사이에 보이지 않는 무의식적 교류와 공감대가 형성되는 것이다.

이와 유사한 무의식적 대화는 자유연상이라는 심리적 무대 위에서 전개되는 분석 장면에서도 환자와 분석가 사이에 이루어질 수 있다. 빈 의대생 시설에 프로이트의 강의를 듣고 깊은 영감을 얻었던 모레노는 프로이트처럼 밀폐된 공간에서가 아니라 공개된 무대 위에서 분석을 시도하는 거리의 분석가가 되기로 결심했는데, 그렇게 해서 나타난 것이 사이코드라마였던 것이다.

인간끼리의 만남은 관계를 전제로 한다. 현대인의 비극은 바로 그런 관계로부터의 소외라 할 수 있다. 의미 있는 관계의 형성이야말로 우리의 삶을 지탱해 주는 일용할 양식과도 같은 것이다. 그러나 관계 자체가 괴롭고 부담을 주는 경우도 많다. 그런 점에서 일상적인 삶을 영위해 가는 우리 각자의 마음속에는 6인의 상징적 의미를 지닌 존재가 자리 잡고 있다고 할 수 있다. 살아온 지난 과거를 대표하는 어머니, 아버지, 형제들, 그리고 현재의 삶을 대표하는 배우자, 시부모 또는 친정 부모, 자녀들이 바로 그들이다.

이처럼 우리 각자의 내면에 자리 잡은 이들 등장인물의 배역을 조정하고 갈등을 연기하도록 지시하고 감독하는 연출가는 바로 우리 자신이지만 원래의 작가가 누구인지는 아무도 모른다. 그것은 우리 각자의 무의식 안에서 이루어지는 작업이기 때문이다. 종교에서는 그 작가를 신이라고도 주장한다. 신이 모든 운명을 미리 예정해 놓은 것으로 보기 때문이다. 불가지론자는 작가가 누구인지 모르기 때문에 그것을 다만 운명이라고 부른다. 그러나 분명한 사실은 인간의 내면에 간직된 등장인물들과의 관계에서 펼쳐지는 의식적, 무의식적 드라마와 실제 무대 위에서 전개되는 드라마 사이에 본질적인 차이는 없다는 점이다.

하지만 우리가 드라마에 빠져드는 이유는 바쁜 일상에서 자신도 모르게 놓치는 부분이나 채워지지 않는 부분이 존재하기 때문이다. 우리는 각자 항상 바삐 움직이며 살아가지만 그러다가도 삶의 한순간에는 마치 채워지지 않고 내버려진 물그릇처럼 마음 한구석이 허전할 때를 느낀다. 그것은 평소에 우리가 의식하지 못하는 정서적 갈증, 공허함, 외로움, 무의미성, 애정의 결핍 등이 존재하기 때문이다. 따라서 우리는 그렇게 텅 빈 심리적 공간을 뭔가로 채워야 한다는 막연한 기대감을 안고 극장으로 향하는 게 아니겠는가.

피란델로가 세계 연극사에 끼친 공로는 부인할 수 없는 사실이다. 그의 획기적인 시도는 실험적인 현대 부조리극과 전위극의 초석이 되었으며, 해체와 파괴를 주 무기로 삼아 한 시대를 풍미했던 포스트모더니즘의 전조를 알리는 것이기도 했다. 그러나 피란델로 개인의 심리적 배경을 탐색하다 보면, 그가 보인 혼돈과 환멸 그리고 연민에 이르는 과정을 더욱 선명하게 이해할 수 있게 된다.

이상적인 구원의 여인상으로서 어머니를 향한 애착과 숭배, 강압적인 권위상으로서 아버지에 대한 환멸과 분노, 아버지의 일방적인 강요에 의한 결혼과 아내의 정신병 발작, 그리고 경제적 파산과 파시즘의 대두 등 일련의 과정은 피란델로의 창작 활동과 결코 무관치 않다. 그리고 특히 그의 출세작 〈작가를 찾는 6인의 등장인물〉을 통해 피란델로 자신의 심리적인 미해결의 갈등을 엿볼 수 있다는 점에서 마치 정신분석 과정에서 자유연상을 통해 전개되는 의미 있는 등장인물들과의 내면적 관계를 엿보는 듯하다.

그런 점에서 볼 때, 결국 〈작가를 찾는 6인의 등장인물〉은 위장된 형태의 또 다른 오이디푸스극이라 할 수 있다. 왜냐하면 피란델로 자신의 근친상간적 욕망을 아버지의 근친상간적 불륜의 희화적 폭로를 통해 은폐하고 있기 때문이다. 적어도 관객들의 관심을 엉뚱한 곳으로 돌리고 있다는 점에서 피란델로의 무의식적 전략은 일단 성공한 것으로 보인다. 비록 그는 파시즘을 옹호하고 그에 힘입어 출세 가도를 달렸지만, 결코 행복하지 못했던 그 자신의 개인적 삶의 여정을 돌이켜 본다면 그가 세상 자체를 환멸과 연민의 정으로 보았듯이 일반 독자들 역시 작가의 심리적 취약성에 대해 환멸과 연민의 정을 동시에 느낄지도 모르겠다.

생텍쥐페리의 『어린 왕자』

비행기 사고로 숨진 프랑스 작가 생텍쥐페리(Antoine de Saint-Exupéry, 1900~1944)는 프랑스 리용 태생으로 명문 귀족의 후예다. 4세 때 아버지를 잃은 후 줄곧 홀어머니 슬하에서 자랐다. 어려서부터 비행기를 좋아한 그는 기계 만지기를 즐겼으며, 문학적 소질도 있었지만 성격은 다소 거친 편이었다. 10대 후반에 해군사관학교에 지원했다가 낙방하자 미술학교에 들어가 건축을 전공했다.

20대 중반부터 항공회사에 취직하여 조종사로 근무하는 가운데『야간비행』『인간의 대지』 등을 써서 앙드레 말로와 함께 행동주의 문학을 대표하는 작가로 필명을 날렸으며, 그 사이에 엘살바도르 출신의 여성 콘수엘로와 결혼했다.『어린 왕자』는 제2차 세계대전 중의 미국 망명 시절에 쓴 것이다. 그러나 한시도 가만히 있지 못하는 성격 때문에 계속해서 항공대에 지원하여 정찰기 임무를 수행하던 그는 1944년 코르시카섬 부근에서 실종된 후 두 번 다시 돌아오지 못했다.

물론『어린 왕자』는 어른을 위한 동화다. 생텍쥐페리는 전쟁에 휘말려 신음하는 조국 프랑스에 꿈과 희망을 심어 주기 위해 이 소설을 썼다고 전해지지만 비극적인 세상을 살아가는 모든 이를 향한 사랑의 메시지라고 보는 것이 더욱 타당할 것이다.

화자로 등장하는 주인공의 직업은 비행사로, 어느 날 임무 수행 중에 사막 한가운데 불시착한다. 그리고 그곳에서 이상한 옷차림의 한 아이를 만난다. 이상한 질문을 계속 퍼붓는 그 아이는 작은 별에서 온 왕자였는데, 자신이 살던 별을 떠나 지구에 도착할 때까지 거쳐 온 여러 별에서 겪은 이상한 체험담을 전해 준다. 그리고 사막에서 만난 여우에게서 삶의 지혜를 배우고 자신이 키우던 꽃을 찾아 다시 자기 별로 돌아간다. 드디어 조종사는 무사히 귀환하지만 어린 왕자와 나눈 많은 대화를 통해 사랑과 생명의 존귀함을 깨닫고 밤하늘 어딘가로 사라진 그 아이의 영혼을 내내 그리워한다.

인간은 누구나 어린 시절에 자신의 출생 기원에 의문을 갖기 마련이다. 서양의 엄마들은 선동적으로 그린 질문에 대해 황새가 물이다 준 것이라 대답해 왔지만, 우리나라의 엄마들은 다리 밑에서 주워 왔다고 답한다. 그러나 황새보다는 다리 밑에서 주웠다는 말이 더욱 그럴듯하게 들린다. 어차피 우리는 엄마 다리 사이에서 나온 것이니까. 어린 왕자는 머나먼 별에서 왔다. 인간은 까마득한 옛날부터 우리가 죽으면 원래 있던 별나라로 되돌아간다고 믿어 왔다. 그러니 우리는 모두 별나라의 후손인 셈이다.

사별한 연인이 그리워지면 사람들은 밤하늘의 별을 바라보며 그 사람을 회상하지 달이나 태양을 바라보고 그러지는 않는다. 별이 지면 누군가 그 순간 태어나고 죽은 것으로 여긴다. 생명의 탄생과 죽음이 별과 밀접한 관련이 있는 것으로 받아들인 것이다. 그것은 끝없이 태어남과 사라짐을 계속하는 별의 속성 때문일 것이다. 반면에 달과 태양은 영원하기 때문이다.

어린 왕자가 살던 별은 B612호라는 매우 작은 별로, 언제 폭발할지 모르는 두 개의 활화산과 꺼진 화산 그리고 큰 바오바브나무가 전부인 그야말로 황량하고 쓸쓸한 별이었다. 수시로 화산의 분화구를 청소하고 바오바브나무를 관리하는 일이 전부였던 어린 왕자에게 더 큰 일이 생겼다. 어디선가 날아온 종자가 싹을 트고 꽃을 피웠는데, 그 꽃을 좋아하게 된 그가 정성껏 돌보자 꽃은 아름다움을 내세워 온갖 변덕을 부리며 어린 왕자를 괴롭히기 시작한 것이다. 견디다 못한 그는 결국 꽃과 헤어지기로 결심하고 자신의 별을 도망쳐 나와 6개의 별을 방문했다. 그곳에는 거만하기 그지없는 왕, 허풍쟁이, 술고래, 장사치, 점등인, 지리학자 등이 살고 있었는데 하나같이 이상하고 우스꽝스러운 모습을 한 사람들이었다.

그가 방문한 일곱 번째 별은 지구였는데, 장미꽃이 만발한 정원을 발견하고 왕자는 슬픔에 겨워 울음을 터뜨린다. 자신이 사랑했던 꽃의 존재가 그토록 흔한 것이었는지 처음 알았기 때문이다. 그때 여우 한 마리가 나타나 만약에 그가 자신을 길들인다면 자기는 이 세상에 오직 하나뿐인 여우가 될 것이라고 말한다. 그 말을 듣고 왕자는 자신이 별에 홀로 두고 온 꽃을 생각하고 그 꽃이 자신을 길들였다고 생각하며 그 꽃이야말로 이 세상에서 오직 하나뿐인 존재임을 깨닫게 된다. 그렇게 사랑이 무엇인지 여우에게 배운 왕자는 결국 자기 별로 돌아갈 결심을 하기에 이른다.

물론 여기서 꽃은 생텍쥐페리의 아내 콘수엘로임이 분명하다. 그녀는 남편이 실종된 후『장미 이야기』라는 책을 쓰고 1979년에 세상을 떠났는데, 그녀 또한 어린 왕자가 돌보던 꽃이 자기 자신임을 잘 알고 있었던 듯싶다. 꽃과 어린 왕자 사이의 갈등관계를 통해 우리는 콘수엘로와 생텍쥐페리의 갈등관계를 엿볼 수 있다. 단지 아름답다는 이유만으로 온갖 까다로운 주문을 요구하며 자신만을 돌봐 주기를 바라는 꽃이 지겨워 비행기를 몰고 여기저기를 날아다니던 생텍쥐페리의 모습이 연상되기 때문이다.

그런 점에서 원래 어린 왕자가 정성스레 돌보던 두 개의 활화산과 하나의 꺼진 화산은 어머니의 두 젖가슴과 자궁을, 그리고 큰 바오바브나무는 어머니의 몸통을 상징한 것일 수 있다. 그러던 중 어디선가 날아온 씨앗 하나가 피운 꽃은 다른 데 신경 쓰지 말고 오로지 자신에게만 관심을 기울여 달라고 조르기 시작하는데, 결국 그 꽃은 아내 콘수엘로인 셈이다. 그러나 꽃에서 도망친 왕자가 결국 그 꽃이 자신의 유일한 사랑의 대상임을 깨닫고 자기 별로 되돌아가듯이 생텍쥐페리 역시 그동안 불편한 관계였던 자신의 아내야말로 유일한 사랑의 대상임을 깨달은 것이다.

문제는 생텍쥐페리가 소설 속의 조종사처럼 끝내 무사 귀환을 하지 못했다는 것이다. 어린 왕자의 기나긴 여정이 곧 진정한 사랑의 대상을 찾아가는 여정이었다고 본다면, 그리고 더 나아가 자신을 낳고 키워 준 영원한 어머니별로 되돌아간 것이라고 한다면, 생텍쥐페리 역시 현세에서 도달하지 못할 영원한 어머니의 품으로 돌아간 것인지도 모르겠다.

어린 왕자는 우리에게 처음에는 매우 낯선 외계인의 모습으로 다가온다. 그리고 그가 처음에 접근한 주인공은 지구인을 대표하는 인물이기도 하다. 그것은 곧 이상과 현실을 상징한다. 인간이 마주한 현실은 비극적이다. 그런 비틀린 현실 속에 살아가는 온갖 인간의 모습은 순수하기 그지없는 어린 왕자의 모습과 너무도 대조된다.

그러나 알고 보면 어린 왕자는 우리 자신의 어릴 때 순수한 모습이기도 하다. 물론 우리는 성인이 되면서 그런 순수성을 상당 부분 잃어버리긴 하지만 그래도 그 흔적의 일부는 남아 있다. 어린 왕자가 보여 주는 마술적 사고의 세계가 바로 그 증거다. 그는 귀찮을 정도로 많은 질문을 쏟아붓는데 우리 자신도 과거에 그랬을 것이다.

그는 끊임없이 질문한다. 양은 풀을 많이 줘야 하나? 양이 꽃도 먹을까?

꽃에 가시는 왜 있는 거지? 이 물건은 뭐야? 아저씨는 어느 별에서 왔어? 숭배한다는 것은 무슨 뜻이야? 술은 왜 마셔? 숫자가 뭐야? 그것으로 뭘 해? 명령은 무슨 말이야? 사람들은 어디 있어? 길들인다는 건 뭐야? 이 모든 질문은 세상을 배우기 시작하는 아동기에 당연히 갖는 호기심과 의혹에서 비롯되는 것이다. 그리고 아이들은 점차 자신에게 주어진 현실과 타협하면서 마술적 세계로부터 벗어나 어른들의 합리적 세계를 받아들이고 모방하기 시작한다. 그렇게 성장하는 가운데 아이들은 중요한 사실을 하나둘 잃어 간다. 진정한 사랑의 관계를 말이다. 어린 왕자나 주인공은 그 보이지 않는 중요한 세계를 분명히 보고 깨달은 것이다.

생텍쥐페리는 주인공이 어렸을 때 그렸다는 모자 그림을 소설 첫 부분에 직접 보여 주는데, 사실은 구렁이 뱃속에 들어간 코끼리의 모습인 것이다. 마치 그것은 어머니 뱃속에 든 태아의 모습을 연상시킨다. 물론 프로이트의 꿈 해석에 따르면 모자는 여성 성기의 상징이요, 구렁이는 남근의 상징이다. 그런 점에서 어린 아동의 주된 관심 사항을 드러낸 그림이기도 하다. 그러나 주인공이 강조하고자 한 점은 보이지 않는 게 더 중요하다는 사실이었는데, 바로 그 점은 어린 왕자가 주인공에게 해 준 말이기도 했다.

프로이트 역시 무의식처럼 보이지 않는 부분이 더욱 중요하다는 점을 강조했지만 사람들은 코웃음만 쳤을 뿐이다. 사람들은 주인공이 어릴 때 그린 모자와 구렁이 그림에 대해서도 마찬가지 반응을 보였다. 그들은 속이 보이고 안 보이는 그런 그림 따위는 집어치우고 차라리 지리, 역사, 산수, 문법을 배우는 게 더 낫겠다고 한다.

그래서 주인공은 생텍쥐페리 자신이 그랬던 것처럼 이미 어릴 때 화가가 될 꿈을 접었고, 아무것도 이해하지 못하는 어른에게 그런 진실을 설명해 준다는 것이 아이로서는 매우 힘든 노릇이라고 역설한다. 그래서 주인공은 비행기 조종사가 되어 전 세계 하늘을 날아다녔다고 술회한다. 그리고 어린 왕자를 별나라로 보내고 나서도 여전히 하늘을 쳐다보며 중얼거린다. "양이 꽃을 먹었나, 안 먹었나?"

그러나 사람들은 그런 사실이 얼마나 중요한지 아무도 이해하지 못한다. 중요한 것을 항상 놓치고 보이는 것만을 추구하는 어른들의 세계는 실로 딱한 모습이다. 생텍쥐페리가 호소하는 점도 바로 거기에 있다. 그는 사랑과 인간애에 바탕을 두고 인간적 관계를 회복하고 사랑으로 서로를 길들이며 인간적 가치를 회복하는 일이 무엇보다 시급함을 강조하고 싶었던 것이다.

그런 점에서 생텍쥐페리가 앞서 발표했던 『인간의 대지』는 『어린 왕자』의 모태가 되었던 작품으로 볼 수 있다. 북아프리카의 어느 사막 지대에 불시착한 조종사가 삶과 죽음의 기로에 서서 허덕이게 되는데, 그때 그가 발견한 자연의 위대함과 생명의 존귀함이 그에게 크나큰 깨우침을 주기에 이른다. 그 결정적인 계기는 그가 허기진 상태에서 먹을 것을 찾아 정신없이 헤맬 때 사막여우의 발자취를 발견한 일에서부터 비롯된다.

여우의 발자취를 따라가면서 그가 목격한 사실은 더욱 놀라운 것이었다. 여우가 작은 관목에 붙어 있는 달팽이 두 마리를 그냥 내버려 두고 그대로 지나쳐 간 것이다. 여우가 지나가면서 눈에 띈 생물을 모조리 먹어치운다면 사막의 생태계는 파괴될 것이 분명하다. 여우는 그 사실을 알고 있기에 배고픔을 참고 그대로 지나친 것이다. 자연의 위대한 생존 섭리를 깨우친 그는 결국 지나가던 베두인족 대상에 의해 구조되고, 그 역시 불쌍한 흑인 노예 한 사람을 구해 준다.

생명의 고리는 이처럼 보이지 않는 숭고한 법칙 속에 계속해서 움직이고 있었던 것이다. 사막의 여우 한 마리가 깨우쳐 준 위대한 진실이라는 점에서 『인간의 대지』와 『어린 왕자』는 공통분모를 지닌다. 따라서 인간은 냉엄한 현실 속에서 항상 위기에 처하기 마련이지만 인간 본연의 순수성과 사랑을 잃지 않고 위대한 자연의 섭리를 존중하고 따르기만 한다면 언제나 그런 어둠을 뚫고 나갈 수 있는 능력을 지니고 있다는 점에서 생텍쥐페리는 우리에게 실낱같은 빛과 희망의 메시지를 보여 준 셈이다.

결국 우리는 그런 힘과 능력을 아름다운 정원 안에서 배우는 것이 아니라 몰아치는 바람과 모래 그리고 별들과의 대화 속에서 배울 수 있다는 것이 생텍쥐페리가 전하고 싶었던 메시지가 아니었을까 한다. 그러나 우리는 여기서 작가의 의도와 관계없이 어린 왕자가 고아라는 사실에 주목할 필요가 있다. 물론 고의는 아니겠지만 그는 부모에게서 버림받은 존재다. 작가는 그를 낳은 부모에 대해서 아예 언급조차 없다. 마치 혼자 스스로 태어난 아이처럼 말이다. 그러나 어린 왕자가 정성껏 돌보던 화산들과 바오바브나무의 존재는 결국 어머니의 신체를 상징한 것으로 볼 수 있다. 혼자인 그는 어쩔 수 없이 자신의 별을 떠났지만 사막에서 만난 여우로부터 중요한 사실 한 가지를 배우고 자신의 별로 되돌아간다. 그것은 곧 관계의 중요성이었다.

관계의 실체는 눈에 보이는 것이 아니지만, 그는 서로 길들이는 관계가 우리의 삶에서 얼마나 중요한 것인지를 배운 것이다. 이 세상에 존재하는 모든 것과의 관계, 보이지 않는 관계의 중요성에 대해 깨달은 어린 왕자는 결국 자신이 혼자 고립된 존재가 아니라는 사실에 안도하고 이별과 상실에서 비롯된 아픔과 슬픔에서 벗어난다. 그리고 그런 아픔과 슬픔을 극복할 수 있는 유일한 대안은 보이지 않는 관계를 회복하는 것임을 깨달은 것이다. 그것은 인간관계뿐 아니라 모든 생명체를 포함한 자연과의 관계도 삶을 유지하는 데 필수적이라는 지혜이기도 했다. 조종사 역시 그런 어린 왕자의 모습을 통해서 매우 중요한 삶의 교훈을 얻고 그를 잊지 못해 그리워 하는 것이다.

Part 4

러시아 문학

고골리의 사라진 코와 외투

러시아의 소설가 고골리는 푸시킨과 더불어 근대 러시아 문학의 효시로 불린다. 고골리 이전의 러시아 문학은 사실 매우 보잘것없었다. 도스토예프스키가 "우리 모두는 그의 외투에서 나왔다."고 말할 정도로 고골리의 문체와 스타일은 그 후 러시아 작가들에게 지대한 영향을 끼친 게 사실이다. 고골리의 대표작으로는 소설『외투』『대장 불리바』『광인일기』, 희곡 〈검찰관〉 등을 꼽지만, 그중에서도 초기작에 속하는 아주 짧은 희화적 단편『코』는 웃음 속에 내재된 통렬한 비판과 조소가 고골리다운 특징을 아주 잘 드러내고 있는 작품이다.

고골리가 살았던 시대적 상황은 황제가 절대 권력을 행사하던 제정러시아로서, 온갖 사치와 향락에 젖어 살던 귀족층을 제외한 대다수의 국민은 가난과 폭정에 시달리며 고통받던 시기였다. 그런 상황에서 태어난 고골리는 자신이 몸담은 사회의 부조리와 고통스러운 현실에 대해 그 특유의 풍자와 독설로 관료 사회를 조롱함으로써 대중의 인기를 한몸에 받았던 작가였다. 그런 점에서 그의 출세작『코』와『외투』는 고골리의 특성을 고스란히 드러내는 작품이기도 하다.

고골리의 풍자

니콜라이 고골리(Nikolai Gogol, 1809~1852)는 러시아 남부의 변방 우크라이나 코사크 마을에서 소지주의 장남으로 태어나 42세로 사망하기까지 비교적 짧은 생애를 살다 갔으면서도 러시아 근대 문학의 선구적 역할을 맡았던 작가로 유명하다. 그의 아버지는 코사크의 후예였고, 어머니는 폴란드 귀족의 후손이었다. 우크라이나는 호방하고 낙천적 기질을 지닌 코사크들의 주 활동 무대가 되었던 지방으로, 고골리의 탁월한 유머 감각은 그런 풍토와도 결코 무관치 않다.

그는 고등학교를 졸업한 후 관리가 되었으며, 『미르고로드』라는 단편집으로 문단의 인정을 받으면서 작가로 데뷔했다. 이 시기에 그는 주로 가볍고 재치 있는 문체를 사용하여 당시의 부패한 관료주의 사회를 고발하고 비판했다. 그러나 1836년에 발표한 희곡 〈검찰관〉이 당국의 검열에 걸리면서 러시아를 떠날 수밖에 없었으며, 이후 12년에 걸쳐 타국을 전전하며 지냈다. 그 사이에 고골리는 유명한 『외투』를 집필했는데, 가장 대중적으로 인기를 얻은 작품은 『대장 불리바』였다.

『초상화』와 『광인일기』는 환상적인 이상심리를 다루고 있다. 특히 『초상화』는 악마의 화신을 초상화로 그린 화가가 경건한 수도사가 되어 금식기도와 영혼의 정화를 통한 신앙의 힘으로 결국 악마를 물리치게 된다는 다소 통속적인 내용이지만, 말년에 이르러 오로지 신앙에만 몰두한 고골리 자신의 모습을 드러낸 것으로 보인다. 그 결과 착수한 소설이 『죽은 혼』이지만 미완성으로 끝나고 말았다.

고골리는 일생 결혼도 하지 않고 독신으로 지내며 영혼의 경건함과 정화를 위해 정진하는 가운데 성지 예루살렘을 방문하기도 했다. 그러나 말년에 이르러서는 극심한 우울증과 죄의식에 사로잡힌 나머지 모든 음식을 일체 거부한 상태에서 『죽은 혼』의 원고를 불태운 직후 기진맥진한 상태로 심한 고통을 겪다가 숨을 거두고 말았다.

『코』

소설의 무대는 제정러시아의 수도 성 페테르스부르크다. 무식하고 더러운 주정뱅이 이발사 이반 야코블레비치는 어느 날 아침에 일어나 식사를 하려고 구운 빵을 자르는 순간 그 속에서 사람의 코를 발견하고 아연실색한다. 그 코는 다름 아닌 자신의 단골손님인 관리 코발로프의 것임에 틀림없었다. 곤경에 빠진 그는 그 코를 네바 강에 몰래 버리기로 작정하고 다리 위를 얼쩡거리다 그의 행동을 수상히 여긴 경찰의 심문을 받는다.

한편 코발로프는 아침에 눈을 뜬 순간 거울에 비친 자신의 얼굴을 보고 기절초풍한다. 얼굴 한가운데 당연히 붙어 있어야 할 코가 감쪽같이 사라진 것이다. 그는 경찰에 신고를 할까, 신문사에 광고를 낼까 갈팡질팡하다가 우연히 자신의 코가 관리 복장으로 거리를 돌아다니는 모습을 목격하고 그 뒤를 추적한다. 카잔스키 대성당에서 가까스로 코와 대면했지만 시치미를 잡아떼며 사라진 코를 그만 놓쳐 버리고 만다.

낙심한 코발로프가 풀이 죽어 집에 돌아오자 한 경찰관이 찾아와 혹시 코를 잃어버리지 않았는지 묻고는 종이에 싼 코를 그에게 내밀었다. 기적적으로 코를 되찾은 것이다. 그러나 기쁨도 잠시였다. 코를 제자리에 붙일 일이 문제였던 것이다. 의사를 찾았지만 별다른 방법이 없었다. 그러던 어느 날 아침 잠에서 깨어난 코발로프가 거울을 보니 그 말썽 많던 코가 어느 틈에 제자리에 붙어 있지 않은가. 기쁨에 겨워 코발로프는 자신의 자랑스러운 코를 사람들에게 과시하기 위해 거리로 나가 여기저기를 쏘다녔는데, 장안에는 그런 소문이 파다하게 퍼져 큰 화젯거리가 되고 있었다.

코 큰 남자는 물건도 크다는 것이 오랜 세월 동안 정설로 믿어져 왔다. 그래서 코에 관한 음담패설도 무척 많다. 동서고금을 불문하고 남성의 코는 남근의 상징적인 대리물로 사용되어 왔다. 농경 사회인 우리나라의 경우 방아가 남근의 상징으로 사용된 것은 잘 알려져 있다. 반면에 절구는 여성 성기의 상징으로 애용되었다. 맷돌을 가는 장면도 흔히 성행위에 빗대어 자주 인용되기도 한다. 코가 큰 남성에 대한 여성의 기대심리 또한 은유적으로 자주 등장하는 모티브가 되어 왔다.

우리나라의 옛 관습법에도 '코문이'라는 것이 있었는데, 이는 거세를 대신한 형벌로 바람피운 남편에 대해 본처로 하여금 코를 물어뜯게 했던 일종의 상징적 징벌 행위였던 셈이다. 이런 코문이가 발전해서 성범죄를 저지른 사람에 대해 성기를 자르는 대신 코를 자르게 하는 괄비형(刮鼻刑)이 성문화된 것이다. 『심청전』에도 나오는 '뺑덕어멈, 코 큰 총각 떡 사 준다'는 대목 역시 코와 성기의 등식화를 나타낸 표현으로 볼 수 있다.

서양 민담이나 우화에서도 코는 자주 등장한다. 피노키오의 코도 말썽을 부리면 자란다. 시라노 백작의 큰 코는 여성들에게 항상 인기였다. 매력 없이 휘어진 매부리코는 항상 혐오스러운 유대인의 상징이었다. 그래서 빗자루에 올라타고 하늘을 날아다니는 마귀할멈의 코는 항상 매부리코로 묘사되었다.

이처럼 코는 많은 사람에게 사랑과 미움의 대상이 되어 왔다. 콧대가 세다거나 코가 석자나 빠졌다는 우리말 표현에서 알 수 있듯이, 코는 권위와 자존심을 나타내는 신체 기관이다. 또한 '코 크다고 얻은 서방이 고자' '코 크고 실속 없다' 등의 우리 속담도 오래전부터 코가 남근의 상징이 되어 왔음을 웅변적으로 말해 준다.

프로이트뿐만 아니라 독일의 정신분석가 오토 페니켈도 신체 부위 중 외부로 돌출한 기관과 내부로 함입된 부위의 무의식적 의미가 각기 다르다고 하면서, 특히 팔이나 발, 코, 머리처럼 밖으로 튀어나온 기관은 남근을 상징한다고 했다. 이들 부위의 상징적 의미는 특히 꿈 해석에서 유용한 정보를 제공하기도 하는데, 정신분석적 경험에 의하면 수많은 환자의 꿈 내용에 나타나는 코의 상징적 의미는 남근과 관련된 경우가 많은 것이 사실이다.

사라진 코에 관한 희화적인 사건의 전개는 그 이면에 놓인 불안과 공포를 희석하는 동시에 은폐하는 역할을 맡고 있다. 우선 소설의 첫 장면은 무지한 이발사가 아침 식사를 막 시작하려는 순간 맛있게 구운 빵 속에서 우연히 사람의 코를 발견하는 희극적인 대목으로 묘사된다. 작가는 미리 독자들의 흥미와 관심을 불러일으키되 불필요한 긴장을 하지 않도록 배려하는 것이다.

더욱이 이발사라는 직업은 사람들로 하여금 항상 거세공포를 자극할 수 있는 소지가 다분히 있는 직업이다. 특히 면도를 할 때는 대개의 남자가 긴장과 불안을 경험한다. 혹시 이발사가 면도 중에 실수라도 하면 어쩌나 하는 불안심리가 작동하기 마련이다. 이발사가 칼을 들고 다가서기 때문이다.

안면의 털을 깎는 행위는 결국 음모를 깎는 행위를 상징하는데, 가장 염려가 되는 것은 중심부에 솟아오른 물건, 즉 코가 마음에 걸리는 것이다. 더군다나 비누 거품을 칠한 후에 뜨거운 물수건으로 덮기 마련인데 숨 쉬기 위한 코만 남기고 모두 덮어 버리기 때문이다. 이발사에게 노출된 부분은 코밖에 없게 된다.

채플린의 영화 〈독재자〉는 빠른 템포로 연주되는 브람스의 〈헝가리 무곡〉에 맞추어 신나게 칼을 갈고 면도하는 유대인 이발사의 모습을 재치 있게 묘사했지만, 관객들은 그러한 희극적인 장면에 폭소를 터뜨리면서 자신들의 잠재된 거세공포를 잠시나마 잊는 것이다. 그러나 조마조마한 심정은 억누를 수가 없게 된다.

속물적인 관료 코발로프는 평소에 거드름을 부리며 힘없는 서민들 위에 군림하던 인물이지만, 고골리는 그런 속물근성에 대한 복수로 그의 남근 대신 코를 베어 버림으로써 혼을 내주고 싶은 자신의 욕망을 작품 속에서 실현했다. 한 번 혼쭐이 난 이후 코발로프는 상당히 명랑한 사람으로 변모했다는 점이 작품 속에서도 증명되었다.

신체 부위 중에서 코는 그 사람의 자존심을 유지하는 중요한 지표가 된다는 점에서 작가의 선택은 탁월하다. 콧대가 세다는 말처럼 코는 힘을 상징한다. 그 힘에는 권력뿐 아니라 성적인 능력도 포함된다.

코발로프가 자신의 당당한 코를 되찾은 후 거리에서 만난 남자의 코가 그 사람 옷에 달린 단추보다 작은 것을 비웃듯 바라보는 것은 코의 크기를 비교하며 자신의 우월감을 확인하는 장면이다. 그것은 마치 소년들이 함께 소변을 보며 누구 물건이 더 큰가 또는 누가 멀리 오줌 줄기를 보낼 수 있나 내기를 하는 모습과 흡사하다.

거세공포

프로이트는 그의 논문 「페티시즘」에서 자신이 분석했던 한 환자의 코에 대한 집착의 예를 들면서 코가 페티시즘의 대상이 될 수 있음을 언급하고, 이러한 경우 코가 특히 개인적으로 변형된 의미를 지닌 남근을 상징한다고 했다. 달리 말해서, 남근을 지닌 어머니의 존재를 계속 인정하고 싶은 욕구와 여성의 성기를 직접 목격함으로써 야기된 거세공포로부터 자신을 보호하기 위한 자구책으로 페티시즘을 선택하게 된다는 것이다.

즉, 페티시즘은 그 자체가 거세 위협에 대한 승리의 표시인 동시에 그런 위협으로부터 계속 보호해 주는 역할을 한다는 주장이다. 결국 거세의 인정과 부정 사이에 생긴 갈등 때문에 남근의 대리물인 코로 도피한 셈인데, 남근과 가장 멀리 떨어져 있는 코로 도피함으로써 위에서 안전하게 자신의 남근을 대리 보관하게 되는 것이다.

이는 프로이트가 자신의 논문 「메두사의 머리」에서 언급한 거세공포와도 연결되는 상징이다. 무시무시한 뱀들로 뒤덮인 머리의 형상 자체가 남근을 상징한다고 볼 수 있으며, 그것을 보고 공포에 사로잡히는 행동 역시 거세를 연상시키기 때문이라는 것이다. 물론 프로이트가 말한 무의식적 상징의 의미가 잘 알려진 오늘날에 와서는 코와 거세공포를 결부시키는 것이 새삼스러운 일도 아닐뿐더러 어쩌면 진부한 내용처럼 들리기까지 한다.

하지만 고골리가 프로이트가 태어나기도 전에 활동했던 인물이었다는 점을 감안한다면, 그가 코의 상징적 의미를 의도적으로 의식해서 소설을 쓴 것은 아니라고 추정된다. 고골리 자신도 거세공포라는 용어는 들어 보지도 못했을 것이다. 그러나 소설 『코』는 결국 일종의 해프닝으로 끝나 버릴 수도 있는 일종의 웃기는 가십거리에 지나지 않는 이야기임에도 불구하고 오늘날에 이르기까지 많은 독자들에게 인기를 끌고 있는 이유는 코에 담긴 상징적 의미 때문이기 쉽다. 문제는 있을 수 없는 일이 실제로 일어났다는 데 있는 것이다.

어느 날 갑자기 떨어져 나간 코가 주인이 영문도 모르는 상태에서 다시 제자리에 붙게 되기까지 벌어진 소동의 배경은 곧 남근이 잘려 나갈지도 모른다는 잠재적인 거세공포를 상징적으로 나타낸 것으로 보인다. 실제로 러시아의 동화나 전설에 코가 인체에서 떨어져 나와 여기저기를 방황한다는 내용이 특히 많았던 것도 그런 이유로 설명될 수 있을지 모른다.

자신의 성기를 자르는 극단적인 행위를 통해 죄 사함을 받고 회개하는 종교적 의식으로 악명을 떨쳤던 기독교 교파가 한때 러시아에서 유행한 적도 있었는데, 이는 결국 집단적 거세공포 심리를 반영한 것이기 쉽다. 특히 가부장적 권위주의가 지배적이었던 제정러시아 시대는 잔혹한 고문과 형벌로도 유명했는데, 그런 시대적 배경이 사람들로 하여금 잠재된 거세공포를 더욱 두렵게 만드는 요인이 되었을 수도 있다. 결국 거세공포는 근친상간적 욕망에 대한 금지와 그에 대한 형벌 및 보복에 대한 두려움과 연결되는 것으로, 그런 불안이 남근에서 코로 전이되어 형상화된 대표적인 예가 고골리의 소설 『코』라고 해도 과언이 아닐 것이다.

『외투』

제정러시아의 가난한 하급 관리 아카키 아카키예비치는 낡은 외투 한 벌을 자신의 목숨보다 더 소중히 여기고 사는 고지식한 사람이다. 그는 늦은 나이에 노총각 신세로 결혼도 못하고 외롭게 사는 처지이지만 한량없이 정직한 인간이다. 그러던 어느 날 평소에 걸치고 다니던 단 한 벌의 외투가 걸레처럼 헤져서 더 이상 수선할 방도가 없을 정도로 낡아 버리게 되자, 그는 하는 수 없이 일생일대의 큰 결단을 내린 끝에 그로서는 상당히 큰 거금을 들여 새 외투를 맞추기로 결정한다.

외투가 완성된 날, 그는 생애 최고의 희열을 느끼며 새 외투를 찾으러 간다. 그러나 그는 새 외투를 입고 상관의 집에서 열리는 파티에 초대되어 참석하고 돌아오는 길에 강도를 만나 그에게는 목숨보다 더 귀한 새 외투를 강탈당하고 만다. 아카키는 거의 실성한 사람처럼 외투를 찾기 위해 백방으로 노력하지만 모두 수포로 돌아가고, 결국 가엾게도 시름시름 앓다가 죽고 만다.

외투는 그의 분신이나 다름없는 존재였기에 그에게는 외투의 상실이 삶의 의미를 잃어버리는 것과 다를 바 없었다. 아카키가 죽은 후에 그 도시에는 이상한 소문이 돌기 시작했는데, 어두운 밤길에 유령이 나타나 지나가는 사람들의 외투를 강제로 벗기고 달아난다는 것이었다. 사람들은 아마 그 유령의 주인공이 틀림없이 아카키일 것이라고 수군거린다. 그가 죽어서도 빼앗긴 외투를 잊지 못했기 때문이라고 생각한 것이다.

어느 누구도 한 이름 없는 하급 관리의 죽음에 대해 아쉬워한 사람은 없었지만, 유령이 되어 밤길을 배회하는 아카키의 모습을 보기 위해 호기심 많은 구경꾼이 거리로 모여들기 시작했다. 그러나 아무도 그를 직접 목격한 사람은 없었다. 세상은 외투 한 벌과 하잘것없는 인간 한 명이 사라졌다고 해서 전혀 달라진 게 없었으며, 사람들은 마치 아무 일도 없었던 것처럼 예전과 같은 삶을 반복할 뿐이다.

외투는 주인공 아카키에게는 그 자신의 피부와 다름없는 소중한 존재였다. 혹한에 시달리는 러시아에서는 추위로부터 보호해 주는 두툼한 외투야말로 어머니의 존재 못지않은 중요한 의미를 지닌다. 어린 아기에게 어머니의 품안과 아늑한 자궁 안은 더할 나위 없는 안식처가 된다. 집과 자궁은 배고픔과 추위로부터 아기를 보호해 주는 유일한 피난처이기도 하다. 따라서 외투는 모성의 상징인 동시에 자궁을 의미할 수도 있다.

자신의 생명보다 더 귀한 외투를 한순간에 잃고 난 하급 관리 아카키의 서글픈 삶과 죽음은 독자들의 심금을 울리고도 남는다. 독신인 그에게 외투의 존재는 마치 평생 반려자와도 같다. 그와 외투는 일심동체로 어디를 가나 함께 움직였으니 말이다. 그런 점에서 아카키는 외투와 동거 중인 셈이었다. 그런 그가 외투를 하루아침에 강탈당했으니 땅을 치고 통곡할 노릇이 아니겠는가.

외투의 상실은 결국 그에게는 어머니의 상실, 낙원의 상실, 온기의 상실을 의미했다. 외투의 존재야말로 그의 삶의 전부였기에 강도에게 외투를 빼앗긴 후 그는 완전히 삶의 목표를 잃고 말았다. 시름시름 앓다 죽은 것은 다름 아닌 그의 영혼이 병들었기 때문이다. 보다 의학적으로는 상실의 충격에 기인한 중증 우울증이었던 것이다. 삶의 의미를 상실한 그는 식음도 전폐하며 외투를 그리워하다가 결국 숨을 거두고 만다.

우리는 추위를 느낄 때 외투 깃을 세우고 그 안에서 움츠러들기 마련이다. 마찬가지로 심리적으로 위축되었을 때도 그와 비슷한 행동 반응을 보이기 쉬운데, 그럴 때 옷이나 외투는 위축된 심리를 보호하는 역할도 동시에 맡기 마련이다. 신체 접촉에 유달리 민감한 사람들이 어머니와의 피부 접촉을 대행할 수 있는 곰 인형 등에 집착하는 이유도 그런 심리의 연장선상에서 이해할 수 있다 하겠다. 부드러운 곰 인형과의 접촉은 어머니와의 분리불안을 경감해 주는 효과를 발휘하기 때문이다. 애완견을 끌어안고 자거나 스킨십에 집착하는 행위도 마찬가지다.

외투와의 피부 접촉 역시 그와 유사한 보호 기능 및 위안 효과를 주기 쉽다. 그런 점에서 고골리의 외투가 상징하는 의미도 결국 아기를 보호하고 담아 두는 모성적 기능 및 피부 기능을 대신하는 것이며, 그런 상징적 의미를 지닌 외투의 상실은 곧 어머니와의 원초적 관계의 상실을 대변하는 것이기도 하다.

상실과 실종

러시아의 대문호 톨스토이와 도스토예프스키가 러시아 문학을 지탱하는 두 개의 큰 강이라면, 그 강의 원류는 고골리라는 작고 아름다운 호수라고 하겠다. 고골리의 초기 소설에 속하는『코』와『외투』는 비록 프로이트의 정신분석 개념이 나오기 훨씬 전에 쓰인 작품이지만, 상징적 의미에서 본다면 각각 남근과 자궁을 나타내는 것으로 볼 수 있으며, 두 작품의 제목이 상징하는 공통점은 상실이라고 할 수 있다.

코와 외투의 상실에서 비롯된 비극은 결국 오이디푸스 갈등의 고리에 얽힌 문제라는 점에서 심리적으로 매우 중요한 두 가지 화두를 드러낸 것으로 볼 수 있는데, 그것은 다름 아닌 거세공포와 자궁으로의 회귀라 할 수 있다. 이 두 가지 화두야말로 대부분의 인간 심리 내면 깊숙이 자리 잡은 핵심적인 부분을 이루는 내용이라 할 수 있는데, 그런 점에서 어느 날 갑자기 이유 없이 사라진 코와 억울하게 밤길에서 강탈당한 외투를 찾기 위해 갖은 고초를 겪는 주인공들의 모습은 실로 눈물겹기까지 하다.

비록 코발로프는 자신의 코를 우연히 되찾고 행복을 누리지만, 자신의 생명보다 더욱 소중하게 아끼던 새 외투를 강도에게 빼앗긴 아카키는 불쌍하게도 열병에 걸려 죽음에 이른다. 코가 사라진 이유도 그리고 다시 돌아온 이유도 끝내 밝혀진 바 없지만, 당연히 제자리에 붙어 있어야 할 코가 사라짐으로써 겪어야 했던 코발로프의 경악과 두려움은 거의 공황 발작 상태라 해도 과언이 아닐 것이다. 물론 이는 현실에서 일어날 수 없는 일이지만, 인간의 무의식적 환상의 세계에서는 얼마든지 가능한 일이며, 잠재적으로 자신의 남근이 제대로 있을 자리에 붙어 있을지 전전긍긍하는 강박적 공포와 불안을 반영하는 것이다.

자신의 코가 제자리에 붙어 있는지 수시로 거울을 보며 확인하는 코발로프의 행동은 마치 자신의 남근이 제대로 붙어 있는지 확인하기 위해 매일같이 거울 앞에서 남근을 꺼내 보는 '쥐 사나이'의 모습을 연상시킨다. '쥐 사나이'는 프로이트가 치료했던 환자의 별명이었는데, 매우 강박적인 청년이었던 그 환자의 핵심적인 갈등은 결국 거세공포였다. 비록 코의 상징적 의미에 대한 심리학적 지식이 없었던 고골리였지만, 코의 실종 사건을 통해 그가 묘사한 코믹한 해프닝은 작가 자신의 잠재적인 거세공포를 희석시키기 위한 시도였는지도 모른다.

이에 반해 생명보다 더 소중한 새 외투를 도둑맞은 아카키의 죽음은 너무도 측은하고 의외의 결말이 아닐 수 없다. 자신의 모든 것을 상실당한 인간의 최후가 어떤 것인지를 암시하는 것 같다. 가진 재산이라고는 낡은 외투밖에 없는 가난한 하급 관리에 불과한 아카키는 나이 50이 넘도록 결혼도 하지 못하고 그의 외투와 함께 단둘이 살고 있었는데, 이는 마치 부부관계나 다름없는 사이로 묘사되고 있다. 흥미로운 점은 코의 경우 자신의 주인에게 온갖 골탕을 먹이다가 결국에는 제자리로 다시 돌아옴으로써 해피엔딩으로 끝나는 반면에, 모성을 상징하는 외투의 경우는 일단 실종된 이후에는 두 번 다시 찾을 수 없을 뿐만 아니라 결국 외투의 주인도 죽고 마는 비극적인 설정이라는 점에서 다르다고 할 수 있다.

코의 실종은 거세된 남근을 의미하지만, 우여곡절 끝에 다시 제자리로 돌아왔다는 점에서 일단 거세공포는 제거되고 해결되었다고 본다. 그러나 외투의 상실은 그보다 원초적인 모성의 상실을 의미하기 때문에 더욱 큰 충격과 좌절로 다가오는 것이며, 따라서 주인공은 그러한 상실을 극복하지 못하고 죽음에 이른다는 점에서 비극적이다.

외투 속에 담겨진 몸 전체가 남근을 상징한다고 본다면, 외투를 강탈당함으로써 결국 모성과의 합일에 실패하고 영원한 안식처로 돌아갈 수 없다는 절망감과 어머니를 잃어버렸다는 상실감, 그리고 근친상간적 욕구의 좌절이 가져다준 두려움과 죄책감이 주인공의 죽음을 더욱 재촉하게 된 요인으로 보인다. 실제로 고골리 자신도 결국 극심한 우울증과 죄의식에 빠져 스스로 굶어 죽었으니 모든 것을 상실하고 절망에 빠진 나머지 죽음에 이른 아카키와 너무도 닮았다고 할 수 있다.

도스토예프스키의 화두

19세기 러시아 문학을 대표하는 위대한 작가 도스토예프스키(Fyodor Dostoyevsky, 1821~1881)는 세계 문학사에 빛나는 수많은 걸작 소설을 남긴 대문호로, 그의 심오하고도 치열한 정신 세계는 세계 문학을 통틀어 그 유례를 찾아보기 어려울 정도다. 그러나 모순과 고뇌에 가득 찬 인간 심리의 실상을 보여 주는 그의 작품 세계는 전적으로 도스토예프스키 자신의 내면적 모순에 근거한 것이기도 했다.

일찍이 프로이트는 부친 살해와 결부시켜 도스토예프스키를 논했지만, 도스토예프스키만큼 인간의 내면적 모순과 갈등을 있는 그대로 솔직히 드러내고 묘사한 작가가 그리 흔치 않다는 점에서 우리는 그 자신의 이중적인 모순에서 비롯된 삶의 고통을 더욱 실감 있게 느낄 수 있다. 성자에서부터 악의 화신에 이르기까지 그에 대해 전혀 상반된 평가가 이루어지는 이유도 그가 선과 악의 모든 영역을 두루 섭렵했던 자신의 치열하고도 처절한 삶의 체험을 바탕으로 세계 문학사상 그 유례가 없을 정도의 가장 심오한 예술적 걸작들을 낳았기 때문 아니겠는가.

그런 점에서 도스토예프스키는 인간 무의식의 밑바닥까지 몸소 체험하고 그 경험을 작품으로 형상화한 것인지도 모른다. 그리고 그의 위대성은 인간 심리의 비합리성과 이중성을 간파하고 자신의 작품을 통해 그것을 형상화했다는 점에 있을 것이다. 한마디로 말해서 도스토예프스키야말로 복잡다단한 인간 심리에 통달했던 최초의 심리소설가였다고 해도 과언이 아닐 것이다.

도스토예프스키의 정신병리

도스토예프스키의 고뇌와 갈등은 주로 그 자신의 모순적 이중성에서 비롯된 것이다. 그는 웃음이나 유머 감각이 부족했으며 늘 우울하고 고독했다. 그는 특히 외로움을 견디지 못한 사람이다. 따라서 그에게는 항상 곁에서 자신을 돌봐 줄 사람이 필요했는데, 이는 일찍 어머니가 세상을 떠난 탓일 수 있다. 또한 난폭하기 그지없는 주정뱅이 아버지에 대한 분노와 적개심도 그를 우울하게 만든 원인이 될 수 있다.

16세에 어머니를 잃고, 18세에 아버지가 살해당했으며, 43세에 첫 아내 마리아와 형 미하일을 모두 잃어야 했던 도스토예프스키는 누군가에게 의지하지 않으면 홀로서기가 매우 어려웠던 인물이다. 부모를 잃고 난 이후 그는 전적으로 형에게 의지했으며 독립적인 판단을 거의 하지 못했다. 더욱이 어릴 때부터 발병한 간질병은 그에게 뿌리 깊은 열등감을 심어 주었기 쉽다.

그의 처녀작 『가난한 사람들』의 주인공은 40대 노총각인 하급 관리 마카르 제부슈킨인데, 그는 바로 도스토예프스키 자신의 분신처럼 보이기도 한다. 왜냐하면 자기 모멸적이며 자학적이기까지 한 마카르의 순수한 영혼은 병약한 젊은 처녀 바르바라에 대한 플라토닉한 사랑으로 승화되어 나타나지만, 그 사랑은 현실적으로 이루어질 수 없는 것으로 이미 비극적인 결말을 예고하고 있기 때문이다. 젊은 나이로 세상을 떠난 어머니에 대한 그리움이 바르바라에 대한 마카르의 애절한 사랑의 형태로 작품 속에 나타난 것으로 볼 수도 있는데, 그녀의 시신이 담긴 관을 운반하는 마차의 뒤를 따르며 울부짖는 마카르의 슬픔과 고통은 어머니에 대한 애도 반응을 그대로 드러내는 장면이기도 하다.

마카르는 그가 신고 다니는 낡아 빠진 장화나 마룻바닥에 굴러 떨어진 초라한 단추처럼 아무도 거들떠보지 않는 하찮고 보잘것없는 존재에 불과할지 모르지만 그의 내부에는 순수한 사랑이 가득 차 있었던 것이다. 도스토예프스키의 근원적인 상실감과 외로움이 가장 잘 드러난 작품이 바로 그의 처녀작 『가난한 사람들』이다. "우리 모두는 고골리의 외투에서 나왔다."는 도스토예프스키의 말이 있는데, 고골리의 『외투』역시 상실에 기초한 작가 자신의 내면을 상징적으로 그렸다는 점에서 매우 적절한 비유라고 생각된다. 그런 점에서 도스토예프스키의 처녀작은 어둡고 음산한 분위기에 젖어 있는 이후의 대작들에 비해 작고 아름다운 호수에 비유할 수 있을 만큼 매우 이례적인 작품임에 틀림없다.

그러나 여성에 대한 도스토예프스키의 태도는 매우 양면적이다. 성녀와 마녀가 함께 등장하기 때문이다. 그는 자신의 아내에게 한없는 의존성을 보이다가도 비난받을 행동을 저질러 놓고 용서를 구하는 이율배반적인 행동을 끝없이 반복한다. 적어도 그에게 여성은 무슨 짓을 저질러도 아무런 보복도 하지 않을 무한대의 애정을 제공하는 존재가 되어야 했다. 그것은 마치 아기가 젖을 토하고 똥을 싸도 전혀 불쾌한 내색을 하지 않고 군소리 없이 쏟아진 오물들을 치워 주는 착한 엄마의 역할을 원한 것이다.

다시 말해서, 도스토예프스키는 자신의 아내에게 조건 없는 모성적 사랑을 간절히 요구하고 계속해서 시험해 본 것으로 해석할 수 있다. 여성들에 대한 그의 비하적인 표현은 자신을 제대로 보살펴 주지 않는 여성에 대한 원망을 드러낸 것으로 이해할 수 있으며, 동시에 강한 남성이 되지 못한 열등감에서 비롯된 반동으로 의식적인 남성우월주의 태도를 유지한 것일 수 있다.

실제로 그는 체구도 작고 외모 또한 볼품없는 인물이었는데 성격마저 소심하고 매우 신경질적이어서 대인관계에 어려움을 보이고 있었다. 더군다나 그는 끝없는 정서적 불안정에 시달려야 했으며, 자신의 내부에서 솟아나는 반도덕적인 욕망과 충동을 적절히 여과하고 중화시킬 수 있는 자체적인 해독 기능의 결여로 인해 자신에 대한 불확실성과 홀로서기의 어려움으로 항상 고통받아야 했다.

도스토예프스키의 작중 인물들은 항상 간음과 살인, 도박과 간질, 광적인 충동 등에 시달리는 불행한 사람들이다. 따라서 그는 이러한 악마적인 속성에서 탈출할 수 있는 유일한 해법은 결국 신앙에 귀의하는 것뿐이라고 가르친다. 신앙심이 매우 깊었던 것으로 알려진 도스토예프스키에 있어서 특히 성에 대한 그의 태도는 주목할 가치가 있는데, 외형적으로는 금욕적으로 보일 수도 있겠으나 오히려 성에 대한 두려움을 지녔던 것으로 보인다.

실제로 도스토예프스키는 항상 자신이 성범죄를 저지르지는 않을까 하는 두려움에 매우 강박적인 집착을 보였으나 행동으로 옮긴 적은 한 번도 없었다. 그는 오히려 자신의 악마적인 충동을 작품속의 주인공을 통하여 실행함으로써 보다 승화된 형태로 대리만족을 구한 것으로 보인다. 강간과 음탕한 행위를 일삼는 작중 인물의 창조는 전적으로 상상에 근거한 것이라기보다는 작가 자신의 은밀한 무의식적 욕망을 형상화한 것이라고 볼 수 있기 때문이다. 실제로 그는 매우 가학적인 성적 환상에 사로잡혀 지냈으며, 특히 여성의 발가락에 욕정을 느끼는 도착적인 페티시즘을 지니고 있었는데, 물론 그것은 어머니의 성기에 대한 무의식적인 두려움과 거세공포에 따른 결과로 보인다.

이처럼 60여 년에 걸친 생애를 통하여 도스토예프스키가 보여 준 삶의 흔적들은 그 자신이 스스로 해결하지 못했던 개인적인 화두들과의 치열한 투쟁이었음을 드러낸다. 물론 그는 기독교 신앙을 통하여 자신의 모든 인간적 모순을 극복하고자 했지만 완전한 해답을 얻은 것은 아니었다. 『카라마조프가의 형제들』에 나오는 대심문관의 전설이 그러한 해답의 실마리가 된다고들 하나 결국 소설은 미완으로 끝나고 말았다.

도스토예프스키 스스로가 이해할 수 없었던 그 자신만의 고유한 화두란 고질적인 도박과 살인에 대한 충동, 하늘에서 내려준 천벌과도 같은 간질병, 이유를 알 수 없는 상실감과 우울증, 죄의식, 그리고 이 모든 질곡으로부터 벗어날 수 있는 구원의 길을 과연 어디서 찾느냐 하는 문제였다. 현대인들은 정신과 의사나 정신분석가를 찾아 그런 문제들을 해결하기도 하지만, 그가 살았던 19세기 러시아에는 적절한 치유책이 없었기에 도스토예프스키는 신앙심과 창작 활동을 통하여 그 나름대로의 치유법을 찾은 것이다. 그런 점에서 그는 동시대의 사람들보다 너무도 시대를 앞서 간 인물이라 할 수 있으며, 그렇기 때문에 상대적으로 더욱 큰 고통의 대가를 치렀다고 할 수 있겠다.

도박

도스토예프스키의 고질적인 도박벽은 실로 헤어나기 어려운 악습이었다. 그는 병적인 도박 때문에 감당하기 어려운 경제적 곤궁에서 늘 고통받기 일쑤였다. 물론 그런 악습으로 인해 항상 빚 독촉에 시달린 결과 초인적인 글쓰기가 가능했는지도 모르지만, 그의 뛰어난 상상력이 뒷받침되지 못했다면 그런 걸작들이 그토록 단기간에 쓰일 수는 없었을 것이다.

그는 스스로 저항할 수 없는 충동으로 도박에 빠져들어 돈을 모두 탕진하고 나면 아내에게 두 번 다시 도박에 손을 대지 않겠다는 맹세를 끊임없이 되풀이해야만 했다. 그는 수도 없이 눈물을 흘리며 아내 앞에 무릎을 꿇고 앉아 빌어야 했다. 이처럼 돈과 사랑 그리고 도박은 살인에 대한 주제와 마찬가지로 그가 일생 동안 매달려야만 했던 미완의 숙제와도 같은 것이었다.

그의 소설『도박꾼』을 보면 도박의 심리가 그렇게 생생하게 묘사될 수가 없다. 적어도 간질병과 도박꾼의 심리 묘사에 관해서는 도스토예프스키를 능가할 작가가 결코 나올 수 없을 법하다. 물론 도박에 중독된 인물의 심리 묘사에 있어서 그토록 세밀한 표현이 가능했던 것은 작가 자신의 실제 체험이 뒷받침되었기 때문이다.

도박으로 돈을 탕진한 그는 항상 빚더미에 올라앉아 등이 휠 지경이었으며, 그런 사정 때문에 그가 형 미하일에게 보낸 서한을 보면, 늘 돈타령으로 일관하고 있음을 알 수 있다. 그 서한들에는 돈이 다 떨어졌으니 돈 좀 부쳐 달라고 애걸하는 내용들로 넘쳐나고 있다. 그래서 그는 빚 때문에 항상 원고료를 먼저 차용해 쓰고 마감 기일 내에 원고를 쓰기 위해 밤을 새워 소설을 완성해야만 했는데, 그로서도 실로 고달픈 나날의 연속이었을 것이다.

그는 특히 룰렛 게임에 열중했는데, 계속해서 돌아가는 둥근 룰렛 판은 그를 끊임없이 유혹하며 때로는 좌절시키고 때로는 안심시키기도 했다. 자신이 원하는 번호판에 구르던 알이 멈춰 섰을 때 그가 느꼈을 희열과 과대적 전지전능감은 그로 하여금 멈출 수 없는 마약처럼 작용했을 것이다. 그것은 열등감과 우월감, 패배감과 승리감, 상실감과 독점욕 등 그 자신의 복합적인 내면 상태를 반영하는 것이기도 했다.

특히 그에게 커다란 상처의 흔적을 남겼던 부모의 상실은 돈을 따고 잃는 반복적인 게임을 통해 모든 것을 한순간에 만회하도록 그를 이끌었던 것으로 볼 수 있는데, 그것은 마치 종교적인 의식에 가까운 마력의 힘으로 그에게 다가왔다. 실제로 도박꾼들이 게임에 임하는 자세를 보면 너무도 진지하고 더 나아가 경건해 보이기까지 한다. 그러나 다른 한편으로는 도박에 빠진 사람들만큼 낙천적인 사람들도 없다고 한다. 그들은 항상 행운의 여신이 자신에게 손짓하고 있음을 믿기 때문이다. 실제로 의심이 많거나 회의적인 사람은 도박에 행운을 걸지 못한다.

따라서 진정한 도박꾼은 자신의 재산을 다 날리고도 다음날 단 한 번의 도전으로 그동안의 모든 상실을 만회하고도 남을 것이라는 비현실적인 믿음을 갖고 있다. 도스토예프스키에게도 물론 그런 믿음이 있었다. 다만 상실을 통해서 그 어떤 교훈적인 것을 배우지 못한다는 점이 도박꾼들의 가장 큰 약점이 될 것이다. 따라서 도박꾼들은 끊임없이 상실을 반복한다는 점에서 영원한 방랑자요 못 말리는 루저(loser)라 할 수 있겠다.

1920년대에 이미 도박에 대한 최초의 분석적 견해를 제시했던 에른스트 짐멜은 도스토예프스키의 소설 『도박꾼』을 통해 묘사된 도박의 심리에 대해 해석했는데, 도박은 상징적인 전희를 의미하는 것으로, 돈을 따는 행위는 오르가슴을, 그리고 돈을 잃는 행위는 사정과 배변, 거세를 의미한다는 것이다.

이와 비슷한 관점에서 프로이트는 도스토예프스키의 도박에 대한 탐닉이 금지된 자위행위를 대체하는 것이었다고 보고, 카드를 다루는 도박꾼의 절묘한 손놀림에서 상징적인 자위행위의 단서를 찾을 수 있음을 말했다. 또한 사춘기적 자위 환상의 주된 내용을 이루는 근친상간적 구원 환상과 아버지에 대한 두려움이 그로 하여금 도박을 물리치지 못하게 만드는 주된 동기였다고 보았다.

그런 점에서 독일의 분석가 오토 페니켈은 도박도 일종의 강박 증세에 속하는 것으로 보고, 도박꾼은 게임 자체를 자신에게 주어진 운명과 정면 승부를 하는 것으로 받아들인다고 하면서 이는 곧 그런 운명을 부여한 아버지로부터 돈을 뜯어내느냐 혹은 거절하느냐가 주된 동기를 이룬다고 했다. 물론 게임에서 얻는 흥분은 성적인 흥분과도 상응하기 때문에 도박은 일종의 상징적인 자위행위인 동시에 부친 살해와 관련한 거세공포를 의미하기도 한다는 것이다. 따라서 돈을 따는 행위는 성적인 극치감을 동반한 살해 행위의 의미가 강하며, 돈을 잃는 행위는 거세 및 죽임을 당하는 것의 의미가 강하다는 것이다.

물론 도박 현장에서 흔히 사용되는 표현으로 '죽느냐, 사느냐'라는 말이 있기는 하다. 이는 마치 햄릿의 유명한 독백 "사느냐 죽느냐, 그것이 문제로다."를 연상시킨다. 그리고 도박판에서는 항상 이와 유사한 선택의 기로에 처하기 마련이다. 그것은 상대를 죽이고 내가 사느냐, 아니면 내가 죽고 상대를 살리느냐 하는 문제와 맞닿아 있는 선택이기 때문이다. 부친 살해를 연상하기 안성맞춤인 표현이 아닌가.

그러나 도스토예프스키의 경우에는 성적인 의미와 부친 살해의 주제뿐 아니라 상실의 의미도 크게 관련된 것으로 보인다. 왜냐하면 어머니는 폭군 같은 아버지로부터 아들이 구할 틈도 주지 않고 먼저 세상을 떠났으며, 아버지는 아들에 의해 살해되기도 전에 이미 누군가의 손에 살해되었기 때문이다. 따라서 그의 오이디푸스적 갈등은 영원히 미해결 상태로 남게 되고 말았다.

이처럼 그에게 미제의 사건으로 남게 된 부모의 문제는 적절한 애도의 기회도 없이 불확실한 상실감만을 남기고 만 것이다. 그는 그런 공허함과 불확실성에서 오는 불안을 상쇄하기 위해 돈을 매개로 한 도박 게임에서 자신이 진정한 삶의 승자임을 확인하고 싶었던 것으로 보인다. 따라서 살인이냐 혹은 자살이냐 하는 주제는 돈을 따고 잃는 통과의례적인 과정이 끊임없이 반복되는 가운데 그를 안심시키기도 하고 때로는 좌절시키기도 했던 것이다.

그러나 도스토예프스키는 주로 잃는 쪽이었다. 그는 모든 것을 다 잃을 때까지 자신을 자학적으로 몰고 가기 일쑤였다. 따라서 그는 일상생활에서 모든 것을 잃기만 하는 상징적인 자살을 반복하면서도 작품 속에서는 주로 살인의 주제를 다루었던 것이다. 이런 점이 도스토예프스키의 역설적인 이율배반성이기도 하다.

살인

도스토예프스키의 거의 모든 작품에는 살인의 주제가 나온다. 『죄와 벌』의 라스콜니코프가 저지른 전당포 노파의 살해, 『카라마조프가의 형제들』에서 음탕하고 포악한 아버지 표도르의 수수께끼 같은 살해 사건, 『악령』및 『백치』의 살인 사건 등이 그렇다. 그리고 그런 일련의 사건을 통해 그는 인간의 가장 원초적이면서 극단적인 형태의 악을 증언한다.

그는 악의 심연을 스스로 체험하고 바라볼 수 있었다는 점에서 인간 무의식의 존재를 알고 있었으며, 따라서 도스토예프스키를 진정한 의미의 고전적인 분석가로 평하는 사람도 있을 정도다. 왜냐하면 도스토예프스키만큼 친족 살해에 대해 철저한 탐구를 시도한 작가는 전무후무하기 때문이다.

오랜 문학사를 통해 수많은 작품에 살인의 주제가 나오지만, 최초의 살인자로 지칭되는 창세기의 카인은 자신의 부모가 아닌 형제를 살해한 것이다. 프로이트는 그런 점에서 우리 모두는 살인자의 후예라는 매우 자조적인 말을 하기도 했다. 그러나 부모 살해는 결코 입에 올리거나 기록으로 남겨져서는 안 될 엄중한 금기 사항이었다. 특히 기독교 사회에서는 더욱 그랬다. 도스토예프스키는 그런 금기를 일거에 무너뜨린 셈이다.

일설에 의하면, 도스토예프스키의 아버지는 자신의 영지에서 농노들을 잔인하게 학대함으로써 오히려 그들의 손에 죽임을 당했다. 단순히 살해당한 것이 아니라 거세를 당했다는 이야기도 있다. 잔혹한 폭군의 횡포 앞에서 거세공포를 느낀 농노들이 역으로 폭군을 공격하여 거세해 버린 셈이다. 그 아들이 거세된 채 살해당한 아버지의 죽음을 어떻게 받아들였는지에 대해서는 알려진 바가 없지만, 『지하생활자의 수기』에서 도스토예프스키는 그와 유사한 장면을 묘사하기도 했다.

그런 점에서 『카라마조프가의 형제들』에 등장하는 네 아들, 즉 드미트리와 이반, 알료사 그리고 이복동생 스메르자코프는 모두 도스토예프스키 자신의 분신들이라 할 수 있다. 선과 악이 혼재되어 있다는 점에서 더욱 그렇다. 분신도 도스토예프스키에게는 아주 매력적인 화두였다. 무언가에 씌었다는 빙의 주제도 『악령』을 통해 생생히 나타난다.

도스토예프스키를 일생 동안 괴롭힌 도박과 간질, 살인의 충동, 우울 등은 그로서도 이해할 수 없는 하늘의 저주와도 같았을 것이다. 무언가에 씌지 않고서야 어찌 일생 동안 그런 악마적인 속성에 휘말려 그토록 고통받아야만 했을까 싶기도 하다. 세상에선 흔히 그것을 악마에 홀렸기 때문이라고 말한다. 도스토예프스키 자신도 아마 그렇게 믿었는지도 모른다.

살인의 주제로 가장 심각하고도 긴장감 도는 심리소설의 전형은 단연 『죄와 벌』이라 하겠다. 그러나 부친 살해욕에 몰두한 나머지 프로이트는

『카라마조프가의 형제들』에만 관심을 기울이고『죄와 벌』에는 별다른 주목을 기울이지 못했다.『죄와 벌』에서 악덕 수전노인 전당포 노파를 살해한 후 처벌에 대한 두려움과 죄의식에 사로잡힌 라스콜니코프가 결국 창녀 소냐를 통해 진정한 사랑에 눈뜨고 그녀로부터 구원을 얻는다는 설정은 부친 살해뿐 아니라 모친 살해의 주제를 동시에 암시한다고 볼 수 있겠다.

다시 말해서, 살해된 노파는 자신을 버린 나쁜 어머니를, 그리고 그를 구원한 소냐는 성녀 혹은 천사처럼 이상적인 어머니를 상징하는 것일 수 있다. 그러나 다중적 의미에서는 부모 살해욕 모두를 포괄한다고 볼 수 있다. 또는 금지된 근친상간적 욕구의 대상인 모친을 제거하고 그 대신 접근이 용이한 창녀를 내세워 대리적 만족을 구한 것일 수도 있다. 그리고 이 모든 복잡한 욕구와 환상을 행동으로 옮긴 것에 대한 죄의식과 두려움에 대한 타협의 산물로 스스로 자수하여 머나먼 유형의 길을 떠나는 설정이 나온 것일 수 있다.

살인은 십계명 가운데 여섯 번째 계명으로 부모를 공경하라는 다섯 째 계명 바로 뒤에 나온다. 그러나 인간의 무의식적 욕망과 환상의 세계에는 이 모든 금지 조항이 인간의 의식을 비웃듯 활개 친다. 도스토예프스키는 십계명에 반하는 그 자신의 무의식적 욕망에 너무도 가까이 접근한 것이다. 만일 그가 인간 내면에는 보편적으로 부모에 대한 살인적 욕구가 존재한다고 주장한 프로이트의 이론을 보다 일찍 접할 수 있었다면 좀 더 마음이 가벼웠을지도 모른다.

간질

프로이트는 도스토예프스키의 간질을 부친 살해욕과 관련된 히스테리성 발작으로 보고, 발작 후에 나타난 심각한 죄의식도 바로 그런 무의식적 살해 욕구에 대한 반응으로 간주했다. 그러나 오늘날에 이르러 많은 전문가는 프로이트의 주장이 명백한 오류였음을 밝히고 있다. 이러한 오류는 프로이트가 부친 살해 등의 무의식 이론에 너무 치중하다 보니 생긴 것일 수도 있으며, 동시에 불충분한 자료에 기인한 것일 수도 있다.

도스토예프스키 자신의 고백뿐 아니라 그의 두 번째 아내 안나의 회고록, 그의 친구 스트라호프가 직접 목격한 장면 등을 종합해 볼 때, 그는 분명 히스테리 발작이 아니라 뇌의 기질적 장애에 의한 간질 발작 증세에 시달린 것으로 보인다. 목격자들의 증언에 의하면, 그는 멀쩡히 대화를 나누던 중에도 갑자기 벌떡 일어나 방 안을 거닐기 시작하고, 매우 기분이 들뜬 상태에서 이야기를 계속하다가 순간적으로 말을 멈추고, 입을 벌린 채 잠시 뭔가 생각에 골몰한 듯 보인 후에 길고도 기묘한 소리를 내며 바닥에 쓰러져 의식을 잃었다는 것이다. 이런 증언은 누가 보더라도 기질적 원인에 의한 간질임을 가리키는 것이다.

그러나 무엇보다도 중요한 단서는 도스토예프스키 자신의 고백과 그가 묘사한 작중 인물이 보인 간질 발작 장면일 것이다. 모든 문학작품을 통틀어 간질 발작을 가장 생생하게 묘사한 것은 도스토예프스키의 소설 『백치』와 『카라마조프가의 형제들』일 것이다. 『백치』의 주인공 미슈킨 공작을 통해 그가 묘사하는 증세는 주로 발작 직전에 엄습하는 전구증상, 즉 아우라(aura)에 대한 것인데, 순간적으로 경험하는 전구증상을 어떻게 그토록 실감나게 묘사할 수가 있는지 도저히 믿기지 않을 정도다.

간질 발작에 대한 묘사는 그의 소설 『백치』『악령』『카라마조프가의 형제들』『학대받은 사람들』 등에 나타나지만 이들 작품의 등장인물들이 나타내는 양상은 분명 히스테리성 발작과는 거리가 멀다고 할 수 있다. 적절한 치료 방법이 없었던 당시로서는 간질병 발작은 일종의 신이 내린 저주에 가까운 것이었다. 그런 시대를 살았던 도스토예프스키였으니 육체적으로나 정신적으로 자신에게 내려진 형벌에서 벗어나 신에게서 구원받는다는 문제가 남달리 절실했을 것이다.

상실과 구원

도스토예프스키의 삶에서 부모의 존재는 사춘기 시절에 갑자기 사라져 버렸다. 그리고 그는 적절한 애도 과정을 겪지 못하였다. 그만큼 상실은 그에게 중요한 화두인 셈이다. 그런 점에서 도스토예프스키는 매우 의존적인 인물이었다. 부모 대신 그는 주로 여성들에게 그리고 형에게 의지했다. 그리고 돈은 그런 상실감을 메워 줄 수 있는 유용한 매개자 노릇을 한 것으로 보인다. 그러나 그는 결코 그 무엇으로도 채울 수 없는 만성적인 공허감에 시달려야 했다.

그에게는 사랑과 미움에 대한 그 어떤 확신도 없었는데, 그런 불확실성에서 벗어날 수 있는 유일한 해결책은 무조건 믿는 것이었다. 구원에 대한 갈망은 도스토예프스키를 사로잡은 가장 중요한 화두가 된 것이다. 그는 세속적인 모든 가치관에서 그 어떤 해결책도 찾지 못했기 때문이다. 그는 자신의 내면에 악의 뿌리가 만연해 있음을 감지하고 있었던 듯싶다. 그것은 오늘날 우리가 무의식적 욕망과 환상이라고 지칭하는 세계이기도 하다.

그는 그토록 위험한 세계에 너무 가까이 접근해 간 탓에 스스로 고통받는 희생양이 되고 말았지만, 오늘날에 이르러서까지 무의식적 욕망에 굴복하는 것이 인간의 취약한 자아 구조 때문이 아니라 마귀의 장난에 의한 것으로 믿는 사람들이 더 많은 것도 사실이다. 악의 뿌리에 대해 누구보다 철저히 탐색해 나갔던 도스토예프스키는 결국 신의 구원에 마지막 희망을 걸었다.

그는 소설『악령』에서 무신론적 공산주의 혁명 사상을 악으로 간주하고, 마치 성서에 나오는 악령에 씐 돼지들의 무리가 물속에 뛰어들어 모두 익사하는 장면을 연상시키듯이 그러한 악마적인 사상에 이끌린 자들이 결국 어떤 파멸을 맞이하는지 경고하고 있다. 종교를 인민의 아편으로 간주했던 소련 당국에서 이 소설을 상당 기간 금서 목록에 올린 것은 당연한 결과였다.

그러나『카라마조프가의 형제들』에서는 현실적인 모순과 고통을 외면한 천국의 도래에 대한 회의와 신이 창조한 세계의 모순과 불합리를 무신론자 이반의 입을 통해 역설하는가 하면, 숭고한 영혼의 소유자인 알료샤를 통해 최종적인 승리를 선언하기도 한다. 그러나 도스토예프스키는 청년 시절 한때나마 사회주의 사상에 몰입하여 세상의 일대 변혁을 꿈꾸었던 적도 있기는 했다. 하지만 그는 그 업보로 사형선고를 받고 처형 직전까지 몰렸다가 황제의 특사로 간신히 죽음을 모면하고 난 이후 시베리아 유형을 다녀오면서 요즘 말로 전향자가 된 것이다.

그는 사회주의 사상이 전적으로 허무주의에 입각한 것임을 깨닫게 되었으며, 결국 인간의 근본이 이성적이지 못한 현실에서 모든 것을 이성적으로 해결하고 이상 사회를 이룩한다는 것은 거대한 착각이라는 결론에 도달했다. 따라서 그는 신이 창조한 이 세상과 인간의 삶에 그 어떤 의미가 있을 것이라는 믿음을 강조하고 그로부터 해답을 찾으려 했던 것이다.

물론 그런 심경의 변화에는 죽음의 문턱까지 갔다가 기적적으로 회생한 후 옴스크 요새에 수년간 있으면서 접했던 신약성서가 큰 몫을 했다. 당시 그가 볼 수 있도록 허용되었던 책은 성서 밖에 없었기 때문이다. 그러나 성서를 탐독하면서 그는 비로소 러시아 민중의 진정한 힘을 깨닫게 되었으며, 어떠한 고통과 비극에 처하더라도 기독교 신앙의 힘으로 살아남을 수 있었던 민중의 숭고함을 이해하게 된 것이다. 그 이전에는 솔직히 그는 러시아 민중의 신앙심에 대해 제대로 이해하지 못했던 것이다.

하지만 그가 진정으로 구원을 바란 신앙은 어디까지나 그리스 정교였지 로마 가톨릭은 아니었다. 그가 보기에 로마 가톨릭 교회는 기독교 정신의 왜곡을 의미하였고, 따라서 그는 로마 가톨릭에 대해 매우 부정적인 입장을 취했다. 다만 그 믿음이 지나쳐 러시아야말로 신이 만든 국가이며 인류 역사에서 메시아적인 역할을 할 수 있는 유일한 국가인 듯이 말했다는 점이 오점으로 지적되기도 한다.

그럼에도 불구하고 그의 위대성과 비범함이 돋보이는 것은 그가 제시한 해결책이 아니라, 프로이트 이전에 이미 인간 심리의 근저에 우리가 상식적으로 이해할 수 없는 반도덕적 욕망과 환상의 세계가 분명히 존재함을 생생한 묘사로 증언한 것이다. 그런 점에서 도스토예프스키는 진정한 의미의 자유연상에 가까운 심리소설을 기록으로 남긴 최초의 인물이었다고 해도 과언이 아닐 것이다. 비록 스스로 모순투성이의 삶을 살면서도 그는 자신의 작품에서 인간 심리의 불완전성뿐 아니라 보편적인 악의 근원을 탐색했다고 할 수 있으며, 그런 점에서 그가 일생 동안 매달렸던 작업은 자신의 내면에 자리 잡은 악마성을 극복하기 위한 구도의 과정인 동시에 불완전한 인간심리의 내막을 증언하는 용기 있는 고백이기도 했다.

톨스토이의 『부활』

19세기 러시아가 낳은 세계적인 대문호이자 위대한 사상가인 톨스토이(Leo Tolstoy, 1828~1910)는 인도의 간디나 우리나라의 이광수에게까지 큰 영향을 끼친 인물이다. 그만큼 톨스토이는 인류애에 가득 찬 숭고한 사랑과 평화의 전도사로서 오랜 세월 각인되어 왔다. 여기서 다루고자 하는 『부활』은 그의 나이 72세에 발표한 소설로서 20년간 망설인 끝에 발표한 작품이다. 물론 그토록 오래 망설인 것은 그 자신의 젊은 시절 방탕했던 과거를 연상했기 때문일 수도 있다. 게다가 그의 아버지 역시 16세라는 어린 나이에 하녀와의 관계에서 아들 미셴카를 얻은 사실이 있었는데, 결국 사생아인 미셴카는 톨스토이의 이복형인 셈이다.

하지만 다른 무엇보다 『부활』을 쓰게 만든 직접적인 계기는 톨스토이 자신이 실제로 숙모집에서 일하던 순진한 하녀 마샤를 성적으로 유린한 결과 그녀를 타락의 길로 들어서게 만들고 결국 그녀의 인생을 망치게 했다는 사실에 있었다. 그런 이유로 톨스토이는 항상 마음 한구석에 자책감과 죄의식을 지니고 있었는데, 오랜 세월 그 사실을 잊고 살다가 1880년대 말에 마샤의 경우와 비슷한 로잘리아 사건을 전해 들었고, 그 이후 자신의 젊은 시절 과오를 상기하며 그 이야기를 소재로 소설을 쓰려고 수차례 시도했으나 그때마다 포기하고 말았던 것이다.

더구나 『부활』은 당시 제정러시아 당국으로부터 극심한 탄압을 받고 있던 이단종파 두호보르 교단을 돕기 위한 동기에서 집필한 것이어서 서둘러 완성된 감이 없지 않다. 어쨌든 톨스토이는 『부활』의 원고료 수입 일체를 두호보르 교단에 기부하여 신도들의 캐나다 이주를 돕는 데 사용하도록 했으며, 결국 이 일로 인해 1901년 정교회에서 파문을 당하기에 이른다.

두호보르 종파는 톨스토이의 신앙과 일치하는 교단으로, 철저한 무저항주의, 사해동포주의, 무정부주의를 표방한 교리로 지상의 모든 제도와 권위를 부정하고 오로지 신의 왕국만을 인정하는 입장을 고수함으로써 극심한 탄압을 받은 것이다. 그러나 『부활』의 마지막 부분은 톨스토이의 교리 강좌와도 같은 지루한 설교로 가득 채워짐으로써 그의 숭고한 신념을 대중에게 전달한다는 목적에도 불구하고 문학적으로는 매우 어색한 마무리가 되고 말았다.

카추샤와 네흘류도프

자신이 한때 저지른 과오로 인해 불행의 나락에 빠진 카추샤를 구하기 위해 네흘류도프 공작은 뒤늦게 동분서주한다. 카추샤, 정확히 말해 예카테리나 미하일로프 마슬로바는 거리의 창녀이며 살인·절도죄 혐의를 받고 법정에 서게 된다. 배심원 가운데 한 사람이었던 네흘류도프 공작은 그녀가 바로 대학 시절 자신이 성적으로 유린했던 친척 집의 하녀였음을 알아보고 당혹감을 감추지 못한다. 당시 그는 그녀에게 돈을 던져 주고 도망치듯 사라졌던 것이다. 게다가 당시 카추샤는 임신까지 하게 되면서 더욱 큰 곤경에 처하게 되었는데, 결국 그녀는 여기저기를 전전하다가 창녀로 전락한 것이다.

자신의 과오가 드러날까 두려워 우물쭈물하는 사이에 판결은 일사분란하게 진행되었고, 결국 카추샤는 중형을 선고받고 시베리아 유형을 떠나게 된다. 죄의식에 사로잡힌 그는 카추샤를 찾아가 자신의 죄를 뉘우치고 그녀와 결혼하겠다고 선언하지만, 카추샤는 정치범으로 붙잡힌 시몬손과 결혼해서 함께 유형지로 간다고 말한다. 카추샤의 선택을 존중한 그는 밤새도록 성서를 읽으며 새로운 출발을 다짐한다.

알고 보면 매우 간단한 줄거리이지만, 이 소설에는 제정러시아 말기 귀족들의 타락한 일상과 그 밑에서 폭정과 가난에 시달리며 살아가는 민중의 비참한 실상이 소상히 그려져 있다. 카추샤는 힘없이 당하기만 하는 하층민의 대변자요, 그녀를 보호하는 사상범 시몬손은 그런 폭압에 저항하는 혁명아다. 네흘류도프는 그들을 착취하는 귀족의 일원이었지만 뼈아픈 각성을 통해 자신의 과오를 속죄하고 만인에게 사랑을 베푸는 인도주의자로 거듭난다.

톨스토이는 자신의 아버지와 마찬가지로 대를 이어 하녀를 농락했을 뿐만 아니라 도박으로 돈을 탕진하는 등 타락한 청년 시절을 보냈다. 원래 그의 집안은 러시아에서도 명문가로 잘 알려진 세도가였다. 그러나 그는 말을 채 배우기도 전에 어머니를 여의었고, 아버지마저 일찍 세상을 떠나고 말았다.

졸지에 고아 신세가 된 그를 맡아 키운 사람은 친척인 예르골리스카야 부인이었다. 부모 없이 자란 톨스토이는 공부마저 등한시했다. 그나마 그에게 정신적 지주가 되어 준 인물은 형 니콜라이뿐이었다. 그는 채워지지 않는 정서적 공백을 섹스와 도박으로 메우려 했던 셈이다. 그런 점에서 네흘류도프는 톨스토이 자신의 분신이기도 하다. 그 역시 네흘류도프처럼 자신의 과거를 속죄하고 사해동포주의를 외치며 삶의 새출발을 시도했기 때문이다.

개종과 참회

『부활』은 어떻게 보면 매우 감상적인 작품일지도 모른다. 그리고 그 결말이 명확치 않다는 비판도 듣는다. 그러나 오랜 세월이 지났어도 그의 작품이 꾸준히 사랑받는 것을 보면 그 안에 담긴 숭고한 뜻이 그만큼 호소력을 지니고 있기 때문일 것이다. 자신의 죄를 뉘우치고 사랑을 실천한다는 문제는 말처럼 그렇게 간단한 일이 아니기에 더욱 그렇다. 그렇다면 톨스토이는 어째서 그토록 통렬한 자기반성과 회오에 빠져든 것일까 궁금해진다.

톨스토이는 41세에 대작 『전쟁과 평화』를 발표하고 49세에 『안나 카레니나』를 완성한 이후 극심한 염세주의 및 우울증에 빠져들면서 지상의 모든 세속적인 가치를 부정하고 오로지 신앙적, 철학적 사색에 몰두하기 시작했다. 따라서 58세에 나온 『이반 일리치의 죽음』과 61세에 발표한 『크로이체르 소나타』 그리고 72세에 완성한 『부활』이 나오기까지 상당 기간 동안 창작 활동이 몹시 위축되어 있었다.

다시 말해서, 40대의 예술적 전성기 이후 맞이한 50대는 극심한 회의론에 빠진 시기였고, 그 후로는 죽을 때까지 극단적인 금욕주의와 무소유 사상 및 비폭력주의에 바탕을 둔 이타적인 기독교 신앙에 몰두한 것이다. 평자들은 이를 톨스토이즘 또는 기독교적 무정부주의라 부르기도 한다.

그러나 정작 톨스토이 자신은 스스로를 무정부주의자로 보지 않았다. 왜냐하면 그에게 무정부주의자란 폭력으로 사회를 변화시키려는 사람들을 의미했기 때문이다. 비폭력 무저항주의를 내세운 그로서는 당연히 그렇게 여겼을 것이다. 그러나 톨스토이가 무정부주의적 기독교 유토피아 세계의 건설을 이상으로 삼았던 두호보르교로 개종한 사실에 비추어 볼 때 비록 방법은 달랐다 하더라도 그 역시 무정부주의자였다고 볼 수 있다.

톨스토이의 개종은 국가와 교회의 권위를 부정한다는 점에서 급진적인 것으로 간주할 수는 있겠으나 파문 조치를 당할 정도까지는 아닌 것으로 보인다. 파문이라는 극단의 조치를 내린 그리스 정교회와는 달리, 제정러시아 당국은 오히려 톨스토이에 대해 정치적인 압력을 행사하지는 않았다.

그런 점에서는 급진적 문학서클 활동 혐의로 체포되어 사형선고에 처해졌다가 기적적으로 살아남은 도스토예프스키가 시베리아 유형에 처해진 것은 매우 가혹한 처사였다고 볼 수 있다. 그러나 그보다 더한 톨스토이의 무정부주의적 견해에 대해서는 아무런 제재 조치도 내리지 않았는데, 그것은 물론 러시아에서 매우 명망 있는 가문의 일원이라는 톨스토이의 귀족 신분 때문이었다. 톨스토이로서는 신분상의 안전이 보장된 상태였기 때문에 자신의 소신을 마음 놓고 표현할 수 있는 특권이 주어진 셈이다. 그런 점에서 그는 마음 놓고 감히 국가와 교회에 저항할 수 있었던 것이다.

그에게 문학적 창조력의 원천을 제공한 세 가지 주된 관계는 신과 여성 그리고 조국 러시아와의 관계라 할 수 있는데, 이들 관계는 시종일관 혼란스럽고 모순되며 결코 해결되지 못한 매우 불편한 관계였음을 알 수 있다. 그중에서도 특히 여성과 국가와의 관계는 극한적인 단계까지 나아갔으며, 그의 최종 선택은 결국 신의 품안으로 돌아가는 것이었다.

물론 톨스토이가 무정부주의를 갖게 된 것은 부모 없이 자란 배경 때문일 수 있다. 아이들의 성장에 가장 중요한 틀은 부모의 존재가 지켜 주는 가정의 울타리일 것이기 때문이다. 따라서 부모가 없는 가정은 정부가 없는 국가나 마찬가지라 하겠다. 그런 점에서 톨스토이는 부모가 지키는 가정의 역할을 대신 떠맡으며 세상에 군림하는 가장 중요한 상징적 존재인 국가와 교회의 권위를 감히 부정한 셈이다.

여성과 결혼

네흘류도프와 카추샤는 끝내 결합하지 못한다. 안나 카레니나도 결국 비극적인 철도 자살로 불행한 결혼생활을 마감한다. 이반 일리치의 죽음도 마찬가지다. 톨스토이 소설의 주인공들에게 행복한 결혼이라는 선물은 결코 주어지지 않는다. 톨스토이에 있어서 결혼은 과연 구원인가 무덤인가. 그의 답은 무덤 쪽에 가깝다. 그는 금욕적인 독신주의를 찬양하고 모든 기독교인은 섹스를 해서는 안 되며 따라서 결혼은 가급적 피할 것을 주장했기 때문이다.

그 대표적인 예는 그의 나이 61세에 발표한 『크로이체르 소나타』일 것이다. 이 소설은 출판 즉시 발행이 금지되었는데, 그도 그럴 것이 주인공 포즈니셰프가 부정을 저지른 아내에 대한 질투심으로 그녀를 살해하지만 무죄 방면되어 풀려난다는 내용이기 때문이다. 더욱이 그는 아내와 함께 있다가 현장에서 도주한 바이올리니스트에 대해서는 더 이상 문제 삼지 않고 내버려 둔다. 그러나 이는 곧 톨스토이 자신의 아내에 대한 분노와 적개심을 작품 속에 전치하여 형상화한 것이기 쉽다. 당시 톨스토이는 토지 소유권 및 저작권 일체를 아내 소피아에게 이미 양도하여 최악의 부부관계에 있었기 때문이다.

오죽하면 영국의 작가 체스터튼은 80회 생일을 맞이한 톨스토이에 대하여 다음과 같은 말로 그를 비꼬았을까. "톨스토이는 인간의 증오심에 대해

한탄하지만, 『크로이체르 소나타』에서는 사랑에 대해서도 한탄한다. 그를 포함한 모든 인도주의자는 인간이 느끼는 온갖 즐거움에 대해 연민을 표시한다. 톨스토이 당신은 인간이 되는 것을 혐오한다. 당신은 인간적이라는 이유만으로 인간을 딱하게 여긴다는 점에서 적어도 인간을 증오하는 무리의 이웃인 셈이다."

그러나 톨스토이는 한 치의 양보도 없었다. 그는 작품 후기에서 우리가 육욕적인 사랑에 대한 기대를 멈추고 신에 대한 봉사에 헌신해야만 한다고 강조하면서 금욕의 확산이 결국에는 인류의 종말을 가져올 것이라는 우려에 대해서도 순결과 금욕의 이상을 강조한 것은 하나의 지침 및 방향으로 제시한 것이지 확고한 교리나 법칙을 내세운 것은 아니라고 했다. 더 나아가 그는 결혼을 제도화한 것은 교회이지 예수 그리스도는 아니었다고 하면서, 기독교의 이상은 신과 이웃에 대한 사랑이며 신과 이웃에 봉사하기 위한 자기희생이라고 설파했다. 따라서 그런 이상을 실현하는 데 있어서 가장 큰 걸림돌은 육욕적 사랑, 결혼, 이기적인 소유 등이라는 것이다.

결혼에 대한 톨스토이의 부정적인 신념은 물론 그 자신의 개인적 삶의 실패에 따른 결과였지만, 그는 그것이 단지 개인적 문제에 국한된 것임을 인정하지 못하고 일반화함으로써 인간 보편적인 현상으로 극대화했다. 따라서 그는 결혼은 무덤이요 지옥이라며 자신의 딸들의 결혼도 끝까지 반대하는 입장을 보였다. 그것은 단순한 오이디푸스 갈등 차원의 문제가 아니라 그의 근원적인 성과 결혼에 대한 부정 및 지독한 환멸감의 표시였던 것으로 보인다.

물론 톨스토이의 심각한 부부 갈등 및 불화에 대하여 많은 사람이 그가 처한 말년의 신앙적 위기와 사상적 변화 탓으로 보는 경향이 없는 것도 아니다. 그러나 톨스토이의 일기에서는 이미 그가 결혼 초부터 심각한 환멸과 실망에 빠져 있었으며 단지 겉으로 내색하지 않았을 뿐이라는 사실을 접하게 된다. 다만 그는 자신의 일기에서 여성을 사회의 필요악으로 간주하며 되도록 여자를 멀리하라고 스스로 충고하고 있으면서도 실제로는 유달리 강한 욕정을 주체할 수 없어 엄청난 갈등을 겪어야 했는데, 80대에 접어들어서야 겨우 성적인 욕구가 사라졌음을 고백하기도 했다.

더욱이 어려서부터 단란한 가족의 행복을 겪어 보지 못했던 톨스토이는 가족 구성원들과의 유대관계를 통하여 만족을 느끼고 사랑을 베풀며 살아가는 일뿐만 아니라 자신에게 주어진 책임을 완수한다는 의식 또한 매우 희박했던 것으로 보인다. 따라서 그는 가족들과의 밀착된 정서적 교류관계에 부담을 갖는 대신, 오히려 불특정 다수를 상대하는 작가나 사상가로서의 위치에서 더욱 편안하고 안전한 느낌을 받았는지도 모른다. 결혼과 가족이라는 짐은 경험 부족인 그에게 너무도 감당하기 힘든 정신적 부담을 안겨 주었기 때문이다. 결국 톨스토이는 인류와 종교라는 매우 포괄적이고도 추상적인 차원의 대가족 세계로 도피한 셈이다.

유달리 강한 리비도의 소유자이면서도 톨스토이는 여성을 혐오했을 뿐만 아니라 성에 대해서도 매우 부정적인 입장을 취했는데, 그런 이율배반적인 태도는 복잡하기 그지없는 그의 성격을 이해하는 데 가장 큰 걸림돌로 작용하기 마련이다. 그래서 그는 자신의 일기에서 "그 누구도 나를 이해하지 못할 것"이라고 단언했다. 하지만 그것은 톨스토이의 오산이었다. 나이 70을 넘긴 톨스토이가 『부활』을 쓰고 있을 당시 프로이트는 『꿈의 해석』을 쓰고 있었다. 그리고 두 사람은 서로의 존재를 탐탁지 않게 여기고 있었다. 톨스토이는 심리학을 쓸모없는 학문으로 간주하여 신뢰하지 않았고, 종교 및 이데올로기를 신경증적 경향의 발로로 간주한 프로이트는 성을 부정하는 톨스토이의 금욕주의적 태도를 자기기만적인 방어의 한 유형으로 보았기 때문이다.

그런 점에서 리비도 이론을 중심으로 신경증을 이해하고자 했던 프로이트 입장에서는 당연히 성과 결혼에 시종일관 부정적인 태도를 보였던 톨스토이가 마음에 들 리가 없었을 것이다. 정신분석은 톨스토이가 자신 있게 단언한 것과는 달리 그 누구도 이해할 수 없는 자아의 불합리한 모순과 갈등의 원인을 규명하고자 했으며, 실제로 그것을 입증해 보였다. 그런 점에서 톨스토이 자신조차 인간은 자신에 대해 아는 바가 의외로 극히 적으며, 경우에 따라서는 타인이 오히려 자신에 대해 더욱 많은 것을 알고 있을 수도 있다는 사실을 제대로 이해하지 못한 듯하다.

더욱이 톨스토이는 그 누구도 신뢰하지 않았으며, 자신보다 총명하고 행복한 사람들에 대해 강한 질투심을 지니고 있었다. 그럼에도 불구하고 그 누구보다 숭고한 인류애와 희생정신을 강조한 인물이었다는 점에서 톨스토이만큼 모순에 가득 찬 삶의 한 전형을 보여 주는 작가도 드물다고 하겠다. 그는 온갖 부와 권력을 향유한 귀족으로서 가난과 무소유의 미덕을 찬양했고, 지독한 여성혐오주의자로서 『안나 카레니나』를 썼으며, 작가로서의 명성을 누리면서도 문학을 쓰레기라고 매도했기 때문이다. 또한 그는 매우 유아적인 이분법적 논리에 근거해 모든 사물을 이해했으며, 인생을 어떻게 살아야 하는지에 대해 열변을 토하면서도 정작 자신은 아내 한 사람도 설득하지 못하고 가출을 결행함으로써 죽음에 이르고 말았으니, 이처럼 앞뒤가 맞지 않는 행적을 통해 그의 삶이나 성격을 이해한다는 것은 결코 손쉬운 일이 아님에 틀림없다.

하지만 그가 임질에 걸렸다가 회복된 19세부터 쓰기 시작해서 죽기 직전까지 60여 년에 걸친 오랜 삶의 기록으로 남긴 실로 방대한 양의 일기는 톨스토이의 진면목을 여과 없이 보여 주는 매우 중요한 자료가 아닐 수 없다. 말년에 그는 자신의 일기를 아내 소피아가 볼 것을 가장 두려워했는데, 일기에는 자신의 온갖 부도덕한 악행과 타락에 대한 고백이 넘쳐나 있기 때문이었다. 이 일기에서 톨스토이는 인자하고 자상한 일면을 드러내는가 하면, 정반대로 독재적이며 완고하고 편협하기 그지없는 옹졸한 일면을 보여 주기도 한다. 그러면서도 그는 사랑이 없이는 하루도 살아갈 수 없음을 누누이 강조했고, 연민의 정과 나눔의 정신이 없이는 인간 사회가 도저히 구제받을 길이 없다고 했다. 따라서 진짜 도둑은 자신이 원하는 것을 갖는 사람이 아니라 스스로 원하지도 않는 것을 남에게 나누어 줄 생각조차 하지 않고 계속해서 붙들고 내놓지 않는 사람이라는 것이다. 이는 마치 자신의 아내를 염두에 두고 한 말처럼 들린다.

애도와 상실

톨스토이의 삶은 크게 두 시기로 구분할 수 있다. 즉, 초기 예술적 창작의 전성기와 후기 종교적·사상적 몰입의 시기로 대별할 수 있다. 또는 결혼과 개종을 그의 삶을 뒤바꾼 가장 큰 전환점으로 삼을 수도 있다. 그러나 정신분석적 발달심리의 차원에서 본다면 아동기 상실의 시기, 청소년기 성적 방황 시기, 성인기 결혼의 갈등 시기, 장년의 우울 및 가치관 변동 시기, 노년의 영적 구원 시기 등으로 구분할 수도 있겠다.

특히 톨스토이의 우울증과 죄의식은 그 상태가 매우 심각했는데, 그는 수시로 자살 충동의 유혹에 시달리면서도 동시에 죽음을 몹시 두려워했다. 톨스토이는 인간의 삶 자체를 악이요 무의미한 것으로 보았는데, 그의 뿌리 깊은 염세주의적 태도는 어린 나이에 경험한 부모 상실과 깊은 관련이 있어 보인다. 그는 제정러시아 당시 유명한 귀족 가문 출신으로, 그의 아버지는 백작이었고 어머니는 공주 출신이었다. 그러나 일찍 부모가 세상을 떠나는 바람에 그는 어려서부터 친척 집에서 자라야 했다. 어머니 마리아는 그가 2세 때 사망했으며, 아버지 니콜라이는 그로부터 7년 후에 뇌일혈로 갑자기 사망했다. 톨스토이는 10세가 되기도 전에 부모를 모두 잃은 것이다.

이처럼 중요한 인물들의 연이은 죽음은 톨스토이가 일생 동안 풀어야 할 미완의 과제가 되고 말았다. 그에게는 부모 상실에 대한 적절한 애도 과정의 기회가 주어지지 못했으며, 따라서 근원적인 애정의 결핍에 어려움을 느끼고 있었음을 알 수 있다. 더군다나 부모의 부재에 대해 형들에게 의지함으로써 대리적인 만족을 취하고자 했지만 두 형인 니콜라이와 드미트리가 모두 연이어 폐결핵으로 일찍 세상을 떠나자 톨스토이는 더욱 큰 삶의 허망함을 실감했던 것으로 보인다. 그러나 톨스토이의 삶은 결혼 이전이나 이후도 수많은 상실의 연속이었다. 그가 50대에 이르러 갑자기 심각한 죄의식과 우울증을 동반한 허무주의적 상태에서 참회록을 썼다는 점을 고려한다면, 그의 어린 시절에 해결되지 못한 갈등 및 분리불안 등의 감정적 문제가 뒤늦게 재연된 것으로 볼 수도 있다.

톨스토이가 자신의 딸들의 결혼에 끝까지 반대한 것도 단순히 오이디푸스 갈등 차원의 문제라기보다는 일종의 분리불안에 따른 결과였는지도 모른다. 모든 헤어짐에 대한 무의식적 두려움과 과민 반응 및 그로 인해 자신의 존재가 흔적조차 없이 사라질 것에 대한 실로 감당하기 어려운 공포에 압도되기 시작한 톨스토이는 끝없는 강박적 질문과 사고를 동원함으로써 내면에 감추어진 두려움과 좌절감, 절망감 등을 떨쳐 버리고자 한 것이다. 그의 일기에서 톨스토이는 전 생애를 통하여 자신이 이루어야 할 지상 과제는 도덕적 완성이라고 했는데, 이는 곧 그 자신의 도덕성 결핍을 자인하는 것이기도 하다. 따라서 그는 자신의 도덕적 결함을 보완하기 위해 결국에는 신앙적인 지침에서 그 해답을 찾고자 한 것으로 보인다.

톨스토이의 우울과 죄의식은 결국 프로이트의 오이디푸스 갈등만으로는 설명하기 어렵다는 답이 나온다. 오히려 애착이론으로 유명한 영국의 분석가 존 볼비가 말한 조기 모자관계에서의 상실 및 애도 과정의 재경험 측면에서 이해하는 게 더욱 용이할지도 모른다. 톨스토이는 어머니에게서 말을 배우기도 전에 조기 상실을 겪었다. 당연히 그는 만성적인 불안과 공허감 및 박탈감, 그리고 애정 결핍에 따른 정서적 불만을 억압하지 않으면 안 되었을 것이다. 다시 말해서, 톨스토이는 어머니의 상실로 인한 애도 과정의 문제뿐 아니라 분리 - 개별화 과정의 문제를 동시에 해결해야만 했던 것이다. 그것은 충분한 발달이 이루어지지 못한 자아 상태에서는 스스로 해결하기 어려운 과제였을 것이다.

또한 톨스토이의 강박적 사고 및 의혹은 특히 스스로에 대한 부도덕성, 불결함, 추악함, 성적인 방종과 타락, 성병으로 인한 육체적 오염 등에 자극받은 것으로 보이기도 하지만, 자신이 겪은 조기 상실과 유기의 의문에 대한 오랜 불신감의 표출이기 쉽다. 그것은 결국 왜 나를 버리고 사라졌는가에 대한 끊임없는 의구심으로, 톨스토이는 그 해답을 얻기 위해 일생 동안 몸부림친 것이다. 그리고 『부활』은 바로 그런 몸부림의 완성으로 모든 세속적 욕망과의 이별을 선언한 셈이다.

체호프의 4대 희곡

19세기 러시아가 낳은 세계적인 작가로 프로이트와 동시대 인물이기도 했던 안톤 체호프(Anton Chekhov, 1860~1904)는 44세라는 짧은 생애를 통해 무려 1,000여 편에 달하는 단편소설을 썼을 뿐만 아니라 연극사에 길이 남을 주옥같은 희곡들을 남긴 천재적인 상상력의 소유자였다. 물론 그는 톨스토이나 도스토예프스키 등과 같은 대문호의 반열에 오르지는 못하지만 거칠고 투박한 러시아 문학사에서는 매우 드물게 만날 수 있는 작고 아름다운 보석에 견줄 수 있는 존재라 하겠다.

그런 점에서 톨스토이나 도스토예프스키를 거대한 우랄 산맥에 견준다면, 체호프는 그 산 중턱에서 만난 아름다운 숲에 비유할 수 있다. 또한 문학적 향기라는 표현이 체호프만큼 적절하게 부합되는 작가도 없을 것이다. 톨스토이나 도스토예프스키와는 달리 심오한 사상이나 주의가 삶의 실상과 너무 동떨어져서는 안 된다는 확고한 태도를 지니고 있던 체호프는 오히려 심각하고 요란하지 않으면서도 담담한 태도로 인생의 진수를 보여 주는 솜씨를 통해 누구나 손쉽게 다가설 수 있는 친밀감을 느끼게 하는 작가이기도 하다.

더욱이 그의 희곡들은 시대적 간격을 뛰어넘어 오늘날에 이르기까지 널리 공연되며 사랑받고 있다는 점에서 체호프가 지닌 저력을 실감할 수 있다. 체호프는 의사로서 생업을 유지하는 가운데 왕성한 창작 의욕을 보여준 작가였지만 생의 절반 이상을 고질적인 폐결핵으로 고통받았다.

체호프의 희곡

체호프는 소설뿐 아니라 희곡에도 손을 대어 연극사에 길이 남을 걸작들을 남겼는데, 그중에서도 대표작이라 할 수 있는 4편의 희곡은 오늘날에 이르기까지 계속 공연되고 있을 만큼 시대적 간격을 뛰어넘는 작품으로 평가된다. 주로 시와 소설에 치중한 러시아 문학에서 희곡 분야는 다소 생소하기까지 하다. 물론 고골리의 〈검찰관〉, 고리키의 〈밑바닥〉 등 걸작 희곡이 없는 것은 아니지만, 체호프야말로 러시아 희곡 문학을 세계적인 수준으로 격상시킨 장본인이라 할 수 있다.

비록 톨스토이는 "물론 당신도 아시다시피 나는 셰익스피어를 견딜 수가 없지만, 당신의 희곡들은 정말 최악이라오."라고 말하며 체호프의 희곡을 평가 절하했지만, 짐작컨대 톨스토이로서는 셰익스피어나 체호프의 유머 감각과 경박함에 심한 거부감을 지녔을 수 있다. 톨스토이나 도스토예프스키에게 결여된 특성 가운데 하나는 곧 웃음의 미학과 페이소스라 할 수 있는데, 체호프 역시 현실과 동떨어진 톨스토이의 이상과 훈계에 늘 식상해하고 있었으니 현실에 대한 인식에 있어서 두 사람은 너무도 큰 간격을 지니고 있었던 셈이다.

체호프는 스스로 자신의 내부에는 항상 농부의 피가 흐르고 있다고 고백했지만, 그의 희곡에 등장하는 인물들 역시 톨스토이처럼 나약한 지식인

내지는 몰락한 귀족들로서 현실을 제대로 인식하지 못하는 데서 비롯된 희비극을 주로 다루고 있다. 체호프에게 귀족들이란 자기 앞도 제대로 가리지 못하는 무능한 존재 그 자체였을 뿐이다. 19세기 제정러시아 말기의 실상이 실제로 그랬다.

〈갈매기〉

〈갈매기〉는 오늘날 대중적으로 가장 사랑받는 작품이다. 젊은 예술가의 열정과 사랑 그리고 가슴 아픈 좌절을 그린 〈갈매기〉는 4인의 주요 등장인물의 독특한 개성이 조화를 이루며 전개된다. 여배우 아르카지나 부인, 그녀의 아들인 극작가 콘스탄틴, 아르카지나 부인의 애인이며 유명 작가인 트리고린, 그리고 부유한 영주의 청순한 딸 니나가 극을 주도한다.

이들 사이에 얽히고설킨 애증의 교차로 인해 결국에는 등장인물 모두가 불행에 빠진다. 콘스탄틴은 니나를 짝사랑하지만, 니나는 오히려 트리고린에게 빠져들어 사랑을 고백한다. 이에 낙담한 콘스탄틴은 자살을 기도하지만 다행히 총알은 머리를 스치고 지나간다. 2년의 세월이 지난 후에 다시 모인 사람들은 과거를 회상하는데, 그동안 니나가 겪은 불행한 사연을 듣고 난 콘스탄틴은 결국 자살하고 만다. 사람들이 게임을 하려고 방에 모여들었을 때 의사 도른이 콘스탄틴의 죽음을 알린다.

순수하고 귀여운 갈매기의 자유와 평화는 그렇게 무참히 깨져 버린 셈이다. 그것은 누구 탓으로만 돌릴 수도 없는 일이다. 서로 맞물린 인간 심리와 욕망 때문에 벌어진 일이기 때문이다. 그러나 이처럼 본의 아니게 일어난 비극적인 사태는 우리의 일상적인 삶에서도 비일비재하게 벌어진다. 체호프는 갈매기의 추락과 콘스탄틴의 자살을 통해 당시의 어둡고 절망적인 시대상을 전하고 있지만, 그런 욕망과 좌절에서 비롯된 비극은 오늘날에 와서도 여전히 그 힘을 발휘하고 있지 않은가.

〈바냐 아저씨〉

〈바냐 아저씨〉는 체호프의 희곡 중에서도 비극적 코미디의 전형으로 평가된다. 꿈과 희망을 잃고 무의미한 삶을 살아가는 바냐는 조카딸 소냐와 함께 세레브랴코프 교수의 시골 영지를 지키며 살고 있다. 그러던 어느 날 젊고 아름다운 후처 옐레나를 데리고 영지로 돌아온 교수가 느닷없이 영지를 팔고 도시로 떠날 계획을 발표한다.

자신의 반평생을 바쳐 헌신적으로 영지를 관리했던 바냐는 졸지에 그 땅에서 쫓겨날 신세가 되자 극심한 절망감과 배신감에 빠진 나머지 교수에게 총을 쏜다. 다행히 총알이 빗나가 서로 화해를 하게 되고, 교수 부부는 허둥지둥 서둘러 영지를 떠난다. 바냐와 소냐는 다시 예전의 일상으로 돌아간다. 희곡 〈갈매기〉에서처럼 여기서도 총과 의사는 빠짐없이 등장한다.

체호프에게 총이란 단순히 자살의 도구만이 아니라 살인의 도구도 된다. 그러나 성적인 무기, 즉 남근의 상징적인 측면은 은폐되어 있다. 땅 주인인 교수에게 희생적으로 헌신하며 복종했던 바냐이지만 무책임하게 제멋대로 영지를 팔고 도시로 가려는 교수에 대해 그가 느낀 배신감과 좌절은 바로 어린 체호프를 버리고 도시로 달아난 아버지 파벨로 인해서 겪었을 체호프 자신의 감정과도 비슷하다고 할 수 있다.

그러나 부친 살해와 같은 끔찍한 동기를 감추기 위해서는 적절한 타협이 이루어지는데, 다름 아닌 총알이 빗나간다는 설정으로 해결을 보게 된다. 비록 연극에서는 화해가 성립되지만, 실제 체호프의 삶에서는 부자지간에 화해가 이루어진 적이 없다. 물론 그렇게 미해결로 남은 감정적 앙금이야말로 창조적 열정을 불태우는 연료가 되기도 하니, 예술가에게는 오히려 그런 갈등의 잔재가 득이 될 수도 있다.

〈세 자매〉

〈세 자매〉는 이상과 현실 가운데에서 아무런 결단도 내리지 못하고 엉거주춤한 상태에 머물고 마는 세 자매인 올가, 마샤, 이리나에 관한 이야기다. 그러나 이들의 우유부단한 모습은 바로 우리들의 자화상이기도 하다. 지방 소도시의 여단장이었던 아버지가 죽은 후 기울어져 가는 가세를 오빠 안드레이가 일으켜 세워 주기를 바라는 세 자매의 희망은 도박에 빠져 빚더미에 오른 무기력한 오빠로 인해 여지없이 무너져 버린다. 그리고 집안의 주도권은 오히려 새로운 올케 나타샤에게로 넘어간다.

세 자매는 탈출구를 찾기 위해 항상 모스크바로 가자고 외치지만, 자신들이 몸담은 고향을 한 발짝도 떠나지 못한다. 학교 선생인 노처녀 올가는 나이 든 남자라도 자신에게 청혼만 한다면 얼마든지 결혼할 생각을 갖고 있다. 세 자매 가운데 유일한 기혼녀인 마샤는 베르쉬닌과의 불륜에서 힘을 얻고 일상에서 탈출을 시도한다. 그러나 그가 다른 곳으로 전출되어 떠나 버리자 그녀는 실의에 빠진다. 모스크바에 가면 진정한 연인을 만날 수 있을 거라고 굳게 믿는 이리나는 사랑하지도 않는 남작과 결혼을 해서라도 모스크바로 가려고 한다. 그러나 남작은 무모한 결투로 동료의 총에 맞아 죽는다.

인간은 행복을 희구하지만 현실은 항상 고달프기 마련이다. 더욱이 변화를 갈구하지만 두려움 때문에 선뜻 나서지 못하는 경우도 허다하다. 우리는 그런 망설임을 비웃을 수 없다. 그것은 인지상정이기 때문이다. 인간의 의존성은 그만큼 뿌리 깊은 것이다. 현실을 타개할 아무런 힘도 없는 세 자매의 무능력을 탓하기에는 이 세상에 너무도 불가항력적인 일들이 도처에 널려 있기 때문이다.

이처럼 무능력한 집안의 틈새를 비집고 들어온 올케 나타샤는 처음과는 달리 사람이 돌변하여 남매들을 조종하고 권력을 휘두르면서 오빠의 재산까지 가로챈다. 나타샤는 어머니가 없는 집안에 들어와 막강한 대리모 역할을 한 셈이다. 이는 곧 새로운 지배계급의 출현을 알리는 대목이기도 하다.

그러나 아버지의 죽음과 오빠에 대한 기대를 문제 삼기 이전에 어머니의 존재가 보이지 않음에 주목해야 할 것이다. 어머니는 과연 어디로 갔는가. 어머니 없는 세상에서 홀로서기란 말처럼 그리 손쉬운 일이 아니다. 그런 점에서 세 자매의 미래에 대한 소망과 두려움을 이해할 수 있다. 그녀들은 편법을 동원해서라도 고향을 벗어나 보려 하지만 모두 실패하고 만다. 왜냐하면 고향 자체가 어머니이기 때문이다. 따라서 어머니를 벗어난다는 일은 그녀들에게 상상도 할 수 없는 두려움 그 자체로 다가오는 것이다.

그런 점에서 늙은 군의관 이반이 내뱉는 말 한마디가 체호프의 생각을 더욱 분명하게 전달한다. "인생이 어디서 왔다가 어디로 가는지 알려고 하지 마라. 피곤한 짓이다." 이반은 세 자매의 어머니를 짝사랑했던 인물로 어쩌면 체호프 자신일지도 모른다. 그 자신이 의대생 시절 어머니와 세 동생을 실제로 부양했기 때문이다. 물론 당시의 아버지는 집안에 있으나 마나 한 무능력한 존재였다.

〈벚꽃 동산〉

〈벚꽃 동산〉은 전 4막으로 이루어진 장편극으로, 몰락한 어느 지주 일가의 비극적인 현실을 담담한 모습으로 보여 준다. 아름다운 벚꽃 동산을 지닌 남러시아의 한 영지가 경매에 붙여졌다. 그 영지는 원래 가예프 소유의 땅이었다. 그러나 시대가 바뀌어 지주는 몰락하고 농노 출신의 신흥계급의 상인이 벚꽃 동산을 차지한다.

시대 변화의 흐름을 감지하지 못하는 가족은 과거의 미망 속에 계속 안주하며 괴로운 현실을 애써 외면하려 든다. 특히 라네프스카야 부인은 모든 것을 잃고 삶에 지친 나머지 막다른 골목에 처한 자신의 처지를 잊기 위해 오히려 성대한 파티를 연다. 이들은 영지가 경매로 팔려 나가는 와중에도 피크닉과 파티로 소일하며 지난 과거의 영광을 찬미하지만, 결국 벚꽃 동산은 예전의 피고용인 신분이었으나 지금은 부유한 상인으로 성공한 로파힌의 손에 넘어가고 가족들은 뿔뿔이 흩어지고 만다.

경매로 옛 주인의 땅을 얻게 된 로파힌은 감격에 겨워하고, 이 사실을 알게 된 라네프스카야 부인은 비통하게 울부짖으며 쓰러진다. 결국 부인은 파리에 있는 건달꾼 애인 곁으로 돌아가고, 수양딸 바리야는 로파힌의 청혼에 곤혹스러워한다. 그리고 모두가 떠난 텅 빈 대저택에 홀로 남게 된 늙은 하인은 밖에서 일꾼들이 벚꽃나무를 도끼로 자르는 소리를 들으며 조용히 체념한 듯 중얼거린다. "살긴 살았지만 도무지 산 것 같지 않아. 좀 누워야겠어. 기운이 하나도 없군. 아무것도 남은 게 없어. 아무것도." 87세의 고령으로 이제 죽음만을 기다리는 늙은 하인의 이 대사는 가난과 무능, 부패와 좌절로 가득 찬 몰락 직전의 제정러시아를 향한 것이기도 하지만, 체호프가 소년 시절 자신만을 텅 빈 집에 홀로 남겨 두고 모스크바로 도주해 버렸던 가족에 대한 원망을 연상시키는 것이기도 하다.

체호프가 16세 때 그의 부모는 무리해서 새집을 지으려다가 건축업자에게 사기를 당해 빚더미에 오르고 말았는데, 당시 그들 집에 세 들어 살고 있던 셸리바노프가 체호프 일가의 집을 담보로 돈을 빌려 주었지만, 결국 부모는 그 돈을 갚을 방도가 없어 어린 체호프만을 남겨 두고 모스크바로 야반도주해 버린 것이다. 결국 집은 셸리바노프의 소유로 넘어가고, 체호프는 인질이나 마찬가지인 신세가 되고 말았다. 벚꽃 동산을 차지한 로파힌은 바로 어린 시절 체호프가 살던 집을 가로챈 셸리바노프와 비슷하다.

러시아 혁명 후 소비에트 정부는 몰락한 지주계급에 대해 동정적인 시각을 보인다는 이유로 〈벚꽃 동산〉의 공연을 한때 금지했다가 나중에는 지주계급을 무너뜨리고 새로운 영웅으로 등장한 로파힌의 모습을 부각시키기 위해 공연을 재개시켰는데, 체호프의 아내 올가는 라네프스카야 부인역을 맡아 연기하기도 했다.

체호프는 어쩌면 이 작품에서 러시아 혁명을 이미 예고하고 있는지도 모른다. 비록 그는 사회주의자는 아니었지만 새로운 시대 변화에 적응하지 못하는 계층 간의 갈등과 혼란상에 대해 미리 예감한 듯이 보인다. 사회적 급변은 항상 무례함과 과격함을 낳는다. 그리고 거기에는 반드시 희생이 따른다. 비록 트로츠키는 혁명의 무례성에 대해 그동안 지배계급이 적절한 예절을 인민들에게 가르친 적이 없었기 때문이라고 변명하기도 했지만, 체호프는 그가 죽은 후 다가올 체제의 급변이 얼마나 숱한 피의 대가와 엄청난 비극을 초래할지에 대해서는 미처 생각하지 못했을 것이다.

그런 점에서 의사 출신인 체호프는 모든 급진적인 처방에 대해 회의적인 시각을 지니고 있었으며, 그것은 새 시대를 상징하는 로파힌의 대사에서도 확인할 수 있다. "사실 내 아버지는 농부였어. 그런데 난 이렇게 하얀 조끼에 노란 구두를 신고 있으니 돼지 목에 진주 목걸이를 한 격이지. 정말 돈이 많은 부자지만 아무리 생각해 봐도 농부는 농부거든." 만일 체호프가 그의 아내 올가처럼 더 장수하고 살면서 참혹한 내전과 세계대전을 겪었더라면 더욱 절망했을지 모른다. 그런 점에서 〈벚꽃 동산〉이 남기는 어두운 침묵과 여운은 더욱 큰 감회로 다가오는 것이다.

체호프는 불필요한 대사를 최대한 절제하고 극의 분위기에 주로 치중했다. 그의 연극은 특별한 사건 전개 없이 침묵과 독백, 한숨과 음향 등이 전체 극의 분위기를 이끄는 것이 특징이다. 그것은 암울한 현실과 미래에 대한 희망이 서로 교차하는 묘한 분위기를 연출한다. 동시에 소통의 단절로 고통받는 인간 심리의 미묘한 움직임까지 포착해 낸다. 다만 극적인 사건의 전개가 없기 때문에 자칫 그런 기대를 걸었던 사람들에게는 실로 따분하고 지루한 이야기로 비칠 수도 있다.

세상은 무대요, 인간은 배우에 지나지 않는다는 셰익스피어의 대사처럼 인간의 온갖 희비극을 무대 위에 재연하며 극적인 갈등의 전개에 열광토록 하는 정통 연극은 오랜 기간 변함없이 수많은 대중의 사랑을 받아 왔다. 그러나 체호프는 그런 매우 인위적이면서 상투적인 연극의 고정된 틀을 거부했으며, 선악의 인위적인 구분이나 비장한 극적 갈등도 거부했다. 그는 단지 인생 그 자체를 무대 위에서 보여 주는 극을 원했던 것이다. 따라서 그의 극에는 주연과 조연이 따로 있을 수 없다.

출연자와 관객들 모두의 삶은 각자 고유한 위치를 차지하고 있으며 소중하다는 점에서 누구나 다 주역인 셈이다. 그뿐 아니라 얼핏 보기에 무의미해 보이는 대사와 몸짓 사이에 숨겨진 정서적 의미를 드러내 보여 주고자 했던 체호프의 무대는 비극과 희극이 뒤섞여 공존하며 한숨과 안타까움, 공허함과 우수, 단절과 변화, 절망과 희망 등이 한데 어우러져 있다. 그리고 체호프는 우리 인생의 실체가 바로 그렇다는 메시지를 던진다.

체호프의 내면세계

체호프의 성격을 파악하는 일은 그리 간단치가 않다. 그에게는 밝은 면과 어두운 면이 공존하기 때문이다. 염세적인 듯하면서도 낙천적인 면이 있으며, 우울한 듯하면서도 유머 감각이 뛰어나다. 허무적으로 보이는가 하면 유쾌한 면도 엿보인다. 이런 그의 복잡한 성격적 특성은 어려서부터 나타나는데, 관찰력이 뛰어난 그는 어린 시절부터 곧잘 남의 흉내를 내며 익살을 부리기도 해서 사람들을 웃기는 재주가 있었다고 한다. 그러나 외면적으로 나타난 그의 밝은 성격의 이면에는 어두운 부분이 감추어져 있었다. 폭군적인 아버지의 존재가 그 하나였으며, 다른 두 가지는 가난과 건강 문제였다.

아버지 파벨은 매우 비양심적인 장사꾼으로, 집안에서는 독재자 노릇을 하면서 매로 자식들을 다스렸다. 그러면서도 파벨은 독실한 신앙인을 자처하며 교회 성가대를 지휘하는 등 위선적인 태도를 보였으며, 체호프의 형제들은 억지로 교회 신도들 앞에서 성가를 불러야 했다. 어린 체호프는 그런 아버지에 대해 두려움과 동시에 강한 혐오감과 적대감을 지니고 있었다. 그가 친구들에게 항상 던진 질문은 그 집에서도 매를 맞는지 여부에 대한 것이었는데, 그렇지 않다는 대답을 듣게 되면 매우 놀라워하면서 믿을 수 없다는 반응을 보였다고 한다. 그 정도로 아버지의 폭력은 일상적인 일이었던 모양이다.

이처럼 체호프에게 매를 맞고 안 맞고 하는 문제는 어려서부터 매우 중요한 화두였으며, 이는 성인기에 가서도 그에게 큰 영향을 준 주제였다. 사할린 여행을 전후해서 그는 창작 태도와 사고 경향에 큰 변화를 보였는데, 그 주된 동기가 된 것도 역시 매질이었다. 그는 유형지에서 매를 맞고도 아무런 저항도 보이지 않는 죄수들을 직접 목격하면서 큰 충격을 받았는데, 그동안 잊고 살았던 자신의 어린 시절을 떠올렸기 때문이 아닐까 한다.

매질의 관점에서 보자면 매를 때리는 사람과 매를 맞는 사람 그리고 매질을 말리는 사람과 그 광경을 그저 지켜만 보는 사람이 있기 마련이다. 그에게 매를 가하는 학대자의 이미지는 아버지 파벨에서 시작해 차르 그리고 신에게까지 투사되었을 수 있다. 따라서 그는 무위도식하며 낭비된 인생을 살아가는 귀족계급에 대해 매우 비판적인 시각을 지녔으며, 종교에도 아무런 관심조차 기울이지 않았다. 이 점이 종교에 마지막 희망을 걸었던 도스토예프스키나 톨스토이와 노선을 달리하는 부분이다.

프로이트가 분석한 슈레버 판사의 증례에서도 보듯이, 우리는 아들에게 매우 가학적인 태도를 보였던 아버지의 영향이 결국에는 신에 대한 왜곡된 망상으로 진행될 수도 있음을 알 수 있다. 그러나 체호프는 신과 종교에 대한 철저한 무관심으로 아버지에 대한 두려움과 적개심을 방어한 것으로 보인다. 도스토예프스키는 러시아 민중의 경건한 신앙심에서 큰 감명을 받았지만, 체호프는 신앙심이 아니라 민중 그 자체의 끈질긴 생명력을 믿은 것이다. 그는 또한 톨스토이의 진부한 설교나 교훈에도 식상함을 느꼈다. 아버지의 가식적인 신앙심에 어린 시절부터 이미 질릴 대로 질려 버렸기 때문이다.

체호프는 감수성이 매우 예민한 내성적인 성격의 소유자였지만, 청년 시절부터 건강 때문에 항상 죽음을 의식하면서도 유머 감각을 잃지 않고 살았던 인물이다. 하지만 그는 청년 시절부터 폐결핵을 앓으며 각혈까지 하면서도 다른 의사의 진찰을 받기 거부했는데, 어머니의 형제들이 모두 폐결핵으로 사망한 외가 쪽 집안 내력을 고려해 볼 때 자신에게 죽음을 가져오는 존재가 어머니일 수도 있다는 사실을 인정하기 어려웠을 것이다. 더욱이 그의 병세가 특히 심했던 32세 때 그가 꾼 악몽에서 검은 승려가 나타나 그를 덮치는 내용은 아버지에 대한 두려움을 의미하는 것으로 볼 수 있는데, 이는 곧 거세공포의 대상인 아버지의 존재가 그를 죽음으로 몰고 가는 저승사자로 나타난 것으로 해석할 수도 있다.

체호프는 원래부터 결혼에 대한 두려움을 지니고 있었지만, 결국 아버지가 사망한 후 1901년 41세라는 늦은 나이에 여배우 출신 올가 크니페르와 결혼했다. 그러나 그녀는 연극 활동 때문에 대부분의 시간을 모스크바에서 보내야 했으며, 체호프는 건강 때문에 얄타에 머물렀다. 그토록 결혼을 망설이고 늦게 하게 된 것은 물론 건강에 대한 자신이 없어서이기도 했겠지만, 체호프 자신의 오이디푸스적 갈등 때문일 수도 있다.

실제로 체호프는 아버지라는 존재가 사라진 후 그제야 안심한 듯 흑해 연안의 도시 얄타에 집을 짓고 자신의 어머니와 누이를 데리고 함께 살았다. 오히려 체호프의 결혼을 독촉한 것은 오빠를 돌보았던 누이동생이었다. 그녀는 자신의 친구를 오빠에게 소개해 주었지만 수줍음이 많은 체호프는 이성과 교제하는 데 매우 서툴렀다. 그 자신의 근친상간적 욕구에 대한 두려움 때문에 더욱 그랬을 것이다. 따라서 올가와의 결혼도 성적인 관계를 배제한 플라토닉한 사랑으로 맺어진 관계였다.

체호프는 일생을 통해 그 어떤 사상이나 정치적인 입장에도 속하지 않으려 했는데, 마찬가지로 여성들과의 관계에서도 깊은 관계에 빠지는 것을 피하려 했음을 알 수 있다. 그리고 아버지 사망 후 그는 어머니와 누이동생과 함께 사는 것에 만족했다. 이는 마치 김소월이 노래한 〈엄마야 누나야〉에서처럼 영원한 경쟁자인 아버지와 형이 없는 안전한 강변 마을에서 엄마와 누나와 함께 영원히 살고 싶은 어린 소년의 소박한 꿈과 다를 바가 없다고 하겠다.

그러나 어찌 됐건 체호프는 건강이 악화 일로를 걷기 시작해서 1904년 올가와 함께 독일의 휴양지 바덴바일러로 향했으며, 결국 그곳에서 끝내 돌아오지 못하고 말았다. 체호프는 죽음을 목전에 두고서도 전혀 어두운 내색을 보이지 않았으며, 자신의 불행을 남의 탓으로 돌리거나 불평하지도 않고 끝까지 유머를 지킴으로써 자신의 어두운 부분을 감추고 있었다. 숨을 거두기 직전 그가 마지막 남긴 말도 "샴페인 맛본 지도 오래되었군."이었다. 적어도 그는 여성들에게는 친화적이고도 동정적인 태도를 보였기에, 독자들은 그의 작품 속에 등장하는 여성들에 대해서도 그와 마찬가지의 태도를 느낄 수 있다.

톨스토이와 도스토예프스키는 19세기 러시아 문학을 대표하는 명실상부한 일인자들이었다. 이들의 거대한 산봉우리에 가려진 체호프는 항상 이인자에 머물러야 했다. 그러나 체호프는 이들이 지니지 못한 유머와 페이소스를 보여 준 작가였다. 그는 이들의 지나치게 심각한 태도에 거부감을 보였으며, 인간의 비극적인 실상에 대해 오히려 유머로 답했다.

물론 유머는 매우 성숙한 방어기제에 속한다. 그러나 프로이트는 유머와 농담 속에 감추어진 분노와 좌절의 의미에 주목하고, 타인을 웃기는 유머 속에는 냉소적인 적개심이 내재되어 있음을 지적했다. 그것은 프로이트 자신에게도 해당되는 말이기도 하다. 체호프 역시 자신의 내면에 숨겨진 분노와 적개심을 유머로 적절히 중화했다. 따라서 체호프의 글은 독자들을 웃음과 슬픔, 동정심과 안타까움, 회한과 희망 등이 뒤섞인 복잡한 감정 상태로 몰고 간다.

독자들은 체호프에게서 그 어떤 해결책을 얻는 게 아니라 어차피 뒤죽박죽인 인생의 실상에서 묻어나는 미묘한 여운을 느끼게 된다. 그러나 우스꽝스럽고 유쾌한 문장과는 달리 실제의 체호프는 내성적이며 수줍음을 몹시 타는 사람이었다. 음성도 크지 않았고 사람들 앞에 나서는 것도 매우 꺼렸다. 이처럼 타인의 시선을 많이 의식하고 회피적이었던 체호프는 매우 강한 나르시시즘적 성향 때문에 항상 비평가들의 평가에 촉각을 곤두세우기 일쑤였다.

그토록 민감한 체호프에게 가장 두려운 것은 인생을 낭비하는 일이었다. 그가 자신의 작품을 통해 보여 주고자 했던 것도 바로 그렇게 인생을 낭비하며 살아간다는 사실조차 인식하지 못하는 사람들에 대한 안타까움이었다. 그는 마치 이렇게 말하는 듯하다. "인생을 낭비하지 마시오. 헛되이 낭비하기엔 너무도 소중한 삶이라오." 그런 점에서 체호프는 40여 년에 달하는 자신의 짧은 인생에 있어서 낭비된 반생을 가치 있고 의미 있는 그 무엇으로 채우기 위해 남은 반생 동안 혼신의 힘을 다해 창작 활동에 몰두했던 것으로 보인다.

결국 톨스토이, 도스토예프스키 등이 죄의식을 대표하는 작가라면, 체호프는 수치심과 모멸감이 무엇인지 잘 알고 있던 작가라 하겠다. 그리고 그런 수치심은 그가 어려서부터 겪어 온 감정적 경험의 결과이기도 했다. 또한 톨스토이, 도스토예프스키가 시대적 예언자라면, 체호프는 풍자적 비평가라 할 수 있다. 톨스토이와 도스토예프스키에게는 신념과 믿음이 있었지만 체호프는 의구심에 사로잡힌 회의론자였기 때문이다. 인간과 사물에 대해 항상 양가적이었던 체호프에게는 그 어떤 확신조차 일종의 관념적 사치에 지나지 않았을지도 모른다.

파스테르나크의 『의사 지바고』

스탈린의 독재 치하에서 힘겨운 문필 활동을 벌여야 했던 보리스 파스테르나크(Boris Pasternak, 1890~1960)는 모스크바 태생의 시인, 소설가로 부유한 유대계 집안의 아들로 태어났다. 유명 화가인 아버지와 피아니스트인 어머니는 어린 그에게 일찌감치 예술적인 환경을 제공하며 그림과 음악에 대한 재능을 발휘하도록 했는데, 소년 시절에는 어머니의 권유로 스크리아빈의 지도를 받으며 음악가를 꿈꾸기도 했다.

그러나 예술가의 길을 단념하고 모스크바 대학 철학과에 입학했다가 독일 유학에서 새로운 문예 풍조에 매혹되어 시인이 되기로 결심했다. 1914년 처녀시집을 출간한 이후 1922년에는 시집 『나의 누이동생 – 인생』으로 자신의 입지를 굳혔으나, 공산당으로부터 형식주의 시인이라는 비판을 듣게 되자 1932년 이후로는 계속 침묵을 지켰다. 대신에 그는 셰익스피어와 괴테의 작품 번역에 열중하였으며, 남몰래 소설 『의사 지바고』를 쓰고 있었다.

스탈린 사망 후 용기를 내어 완성된 소설을 발표하려 했으나 소련 당국으로부터 반동적 작품으로 낙인찍혀 출간 금지 조치를 당하고 말았다. 그 후『의사 지바고』가 서방 세계로 몰래 반출되어 1957년 이탈리아에서 처음 출간되었으며 이듬해에는 노벨 문학상 수상작으로 선정되기까지 했지만, 파스테르나크는 소련 당국의 압력에 굴복하여 수상을 거부하고 말았다. 그럼에도 불구하고 그는 소련작가연맹에서도 제명당하는 굴욕을 겪었다. 그는 후르시초프 서기장에게 탄원하여 국외 추방은 겨우 면했지만, 소심한 성격의 그는 그런 탄압 속에서도 자신이 입은 마음의 상처를 드러내지 못하고 죽을 때까지 침묵을 지키다가 쓸쓸히 세상을 떠나고 말았다.『의사 지바고』가 러시아에서 출판된 것은 고르바초프가 등장한 이후 1988년에 가서야 이루어졌다.

『의사 지바고』

시베리아의 부잣집 아들로 태어난 유리 지바고는 어린 나이에 일찍 부모를 여의고 모스크바의 상류계급 집안에 입양되어 별 탈 없이 자란다. 의사가 된 유리는 소꿉친구 토냐와 결혼하여 행복한 신혼을 보내지만 러시아 정국은 일대 혼란에 빠진다. 혁명의 열기가 전국에 퍼지고, 게다가 제1차 세계대전의 발발로 지바고는 군대에 소집되어 야전병원에서 부상병들을 돌본다. 그곳에서 그는 우연히 알게 된 간호사 라라에 마음이 이끌린다. 그녀는 이미 파샤와 결혼한 몸이었지만 그는 전쟁터에서 행방불명된 상태다.

전선에서 집으로 돌아온 지바고는 전혀 새롭게 뒤바뀐 세상을 접하게 된다. 볼셰비키 혁명으로 모든 것이 변한 것이다. 굶주림과 황폐해진 인심을 피해 우랄 지방의 옛 영지 바리키노에 안주한 지바고 일가는 비로소 안정을 되찾고, 지바고 역시 그곳에서 새로운 삶을 시작하며 시 창작에 힘을 쏟는다. 그러던 어느 날 그는 바리키노에서 가까운 유리아틴의 도서관에서 우연히 라라와 재회하게 된다. 그녀는 어린 딸과 함께 그곳에 살고 있었던 것이다.

　라라를 사랑하게 된 지바고는 자신의 이중생활로 인해 토냐에게 죄의식을 갖지만 솟구치는 사랑을 그로서도 어쩌지 못한다. 그러던 중 그는 산속에서 빨치산 부대에 납치되어 군의관으로 여기저기를 끌려 다닌다. 당시 러시아는 내전에 휘말려 적군과 백군이 치열한 전투를 벌이고 있었다. 참혹한 전투에 염증을 느낀 지바고는 결국 부대를 탈출해 천신만고 끝에 유리아틴에 도착해 라라와 재상봉하지만 그의 가족은 이미 국외로 도피한 후였다.

　그러나 새로운 삶을 시작한 라라와 지바고 앞에 느닷없이 코마로프스키가 나타나 라라 모녀를 극동 지방의 안전지대로 데리고 가겠다고 제안한다. 그는 과거에 지바고의 일가를 파산시킨 장본인인 동시에 라라를 성적으로 착취했던 인물이었다. 그는 라라의 남편 파샤가 숙청되어 총살당했기 때문에 그녀의 신변 또한 위태로워졌다는 거짓말로 그녀를 독촉한다. 지바고는 이별의 아픔을 억누르며 자신도 곧 그녀를 뒤따라갈 것이라고 안심시키며 라라를 떠나보낸다.

　한편 군대를 이탈하여 라라를 애타게 찾아다니던 파샤는 지바고에게 그녀가 이미 멀리 떠났다는 사실을 전해 들은 뒤 자살을 하고 만다. 그 후 모스크바에 돌아온 지바고는 다른 여자와 결혼해 아이까지 낳고 살지만 삶의 의욕을 잃고 건강도 악화된다. 그리고 어느 날 갑자기 전차 안에서 심장 발작을 일으켜 숨을 거둔다. 러시아로 돌아온 라라는 지바고의 장례식에 참석한 후 어디론가 사라진다.

　소설 『의사 지바고』를 쓴 파스테르나크는 원래 시인이었다. 따라서 기법 면에서 보자면 많은 허점도 드러나는 작품이다. 우연의 일치가 너무 많고 어떤 인물은 아무런 예고도 없이 엉뚱한 장소에 뜬금없이 나타나 독자들을 어리둥절하게 만들기도 한다. 그럼에도 불구하고 이 작품이 대작으로 평가되는 것은 톨스토이의 『전쟁과 평화』에 비견될 만큼의 장대한 스케일 때문일 것이다. 『전쟁과 평화』가 1812년의 나폴레옹 전쟁을 통해 러시아인의 애국심을 고취시켰다면, 『의사 지바고』는 20세기 초 러시아 혁명을 전후하여 제1차 세계대전 및 러시아 내전을 배경으로 거대한 러시아 대륙의 희망과 좌절을 그리고 있기 때문이다.

물론 그 거대한 실험은 실패로 끝났지만, 파스테르나크는 확신에 가득 찬 혁명가들의 구호 속에서 그 어떤 어두운 측면을 이미 간파했는지도 모르겠다. 그것은 물론 예리한 감수성을 지닌 시인만이 찾아낼 수 있는 허점이었을 것이다. 시인이 진정으로 추구하는 자유와 사랑에 대한 갈망을 그 누구보다 나서서 위협적으로 겁을 주고 간섭하며 금지한 것은 바로 이념이었기 때문이다. 시인 파스테르나크는 그런 점에서 진정한 의미의 시를 쓸 수 없었기에 소설로서 답한 셈이다.

소련에서 『의사 지바고』에 대한 해금 조치가 이루어질 때까지 30년 동안이나 러시아인들은 공개적으로 이 소설을 읽을 수 없었다. 그러나 많은 러시아인이 남몰래 그의 작품을 탐독하기도 했다. 그런 상황을 빗댄 당시 소련 사회의 농담 가운데에는 이런 말도 있었다. "나는 파스테르나크를 읽은 적이 없지만 그를 경멸한다." 이는 곧 파스테르나크의 소설을 반동적, 반혁명적 소설로 규정하고 그를 비난한 소련의 비평가들을 야유한 말이기도 하다.

그에게 전달되지 못했던 노벨상 메달은 1989년에 가서야 비로소 그의 아들 예브게니에게 전해졌다. 그토록 소련 당국이 이 작품에 대해 민감한 반응을 보였던 것은 물론 혁명에 대한 부정적인 인식 때문이었다. 당시 소런에서는 그 누구도 혁명의 당위성에 대해 그리고 혁명의 미래에 대해 감히 이의를 제기할 수 없었다. 그럴 만한 사람들은 이미 국외로 탈출하고 없었기 때문이다.

파스테르나크는 지바고의 입을 빌려 혁명의 폭력성을 비난하는 가운데 부드러움이야말로 모든 선에 도달할 수 있는 유일한 길임을 설파한다. 그리고 마르크스주의 또한 사실에 기초한 것이 아니라 그 기반이 매우 불확실한 운동에 지나지 않는 것이며, 더구나 권력자들은 자신의 무오류성의 신화를 전파하기 위해서 진실을 감추기에 급급하다고 비판한다. 공산당이 분격한 것은 실로 당연한 결과였다.

그러나 모진 박해와 수모에도 불구하고 파스테르나크는 소련을 떠나지 않았다. 그만큼 러시아를 사랑했던 것이다. 하기야 언어로 먹고 사는 시인이 조국을 떠나면 이미 그 존재 가치를 상실하기 마련이다. 파스테르나크도 그 사실을 너무도 잘 알고 있었을 것이다. 결국 파스테르나크는 조용히 입을 다물고 여생을 보냈지만, 혁명의 미래에 대한 그의 의구심은 사실로 드러나고 말았다.

비록 그는 소비에트 체제의 붕괴를 보지 못하고 세상을 떠났지만, 그의 오랜 연인 올가 이빈스카야는 1988년 고르바초프에 의해 복권되었을 뿐만 아니라 공산 체제의 몰락을 직접 목격하고 1995년 모스크바에서 세상을 떠났다. 『의사 지바고』에서 라라의 모델이 된 것으로 알려진 그녀는 이미 1950년에 당국에 체포되어 강제노동 수용소에서 3년을 보내다가 스탈린이 사망하는 바람에 겨우 풀려났는데, 그것은 파스테르나크에게 집필을 중단하도록 압력을 넣기 위한 조치였던 셈이다. 그 후 1960년 파스테르나크가 사망하자 그녀는 다시 체포되어 8년형을 선고받았다가 4년 만에 풀려났고, 1978년에는 파스테르나크와 관련된 회상록을 출간하기도 했다.

지바고와 파스테르나크의 심리

유리 지바고의 생애는 한마디로 소외된 삶이다. 자신이 속한 세상에서 철저히 고립된 그는 민중의 삶에 동참하지도 못하고 그렇다고 자신만의 삶을 추구할 권리도 지니지 못한 존재다. 그는 혁명과 반혁명의 사이에서도 뚜렷한 입장을 정하지 못하고 이리저리 끌려만 다니고 도피생활을 반복하다가 생을 마치고 만다. 그는 자유를 갈망하지만 현실적인 장벽에 가로막혀 오로지 그 자유를 한 여성에 대한 사랑으로 풀고자 한다. 그러나 그는 마지막 남은 사랑할 자유마저 빼앗기고 만다.

소비에트 정권이 수립된 이후에도 계속된 러시아 내전으로 정치적인 대혼란기를 맞이한 파스테르나크 역시 지바고처럼 사랑의 세계로 도피하고자 했다. 그러나 1920년대 첫 결혼에 실패한 이후 그는 정서적으로 더욱 큰 혼란에 빠졌으며, 자신의 시 창작생활에 대해서도 매우 비관적인 태도를 보였다. 그리고 이어진 두 번째 결혼에서도 똑같은 실패를 맛본 그는 그후 공식적인 결혼생활을 다시는 반복하지 않았다.

비록 그는 1946년에 올가 이빈스카야를 만났지만 오랜 연인관계로만 계속 남아 있었다. 그는 자신의 자유로운 예술 활동이 차단된 세상에서 사랑만은 그 어떤 구속된 틀에도 얽매이기 싫었나 보다. 오로지 자유로운 사랑만이 그의 숨통을 터주는 일이라고 믿었기 때문일까. 어쨌든 올가와의 삶은 그에게 유일한 자유를 제공해 준 진정한 의미의 해방구였던 셈이다.

지바고는 성격 면에서 파스테르나크와 매우 닮았다. 소심하고 다소 우유부단하다는 점에서, 그리고 그 어떤 확신도 지니지 못했다는 점에서도 비슷하다. 지바고는 그 소속이 매우 불분명한 인물이다. 그는 좌도 우도 아닌 입장에서 자신의 입장을 분명히 밝히지 않은 탓에 양측에 이끌려 다니며 이용만 당하다가 마음의 상처만 잔뜩 입고, 오로지 사랑에 대한 갈망으로 자신에게 주어진 곤경을 탈피하고자 몸부림치지만 끝내 자신의 소망을 이루지 못하고 생을 마친다.

결국 지바고는 차르의 절대왕정 밑에서도, 그리고 변화된 소비에트 사회 체제 내에서도 어느 곳에서나 항상 주역으로 나서지 못한 채 어정쩡한 모습으로 일관하다 결국 무기력하게 사라지고 만다. 따라서 그는 변방을 서성거릴 뿐 아무것도 한 일이 없다. 이 소설에는 파스테르나크 자신의 정체성 혼란과 적응 문제가 그대로 반영되어 있다. 그는 원래 부유한 유대계 지식인 계급의 아들로 태어나 그 어떤 어려움도 모르고 자랐다. 노동계급의 비참한 삶의 실상을 접할 기회도 별로 없었다. 다만 유대인 출신이라는 점이 그에게는 유일한 핸디캡이 되었을 뿐이다.

원래 러시아 민족은 매우 혹독한 추위뿐 아니라 가혹한 정치적 폭압 속에 오랜 세월 단련되어 살아왔다. 더욱이 오랜 기간 동안 몽고의 지배와 그 영향을 받았기 때문에 서구 사회에서조차 후진국 취급을 받기 일쑤였다. 그러나 그들은 어느 민족보다 신앙심이 깊은 것으로도 정평이 나 있는 반면에 술꾼이 많기로도 유명하다. 이처럼 척박한 러시아 땅에 정착한 유대인들의 생활상은 당연히 처참할 수밖에 없었다.

그리고 유럽의 다른 지역에서와 마찬가지로 정치적 곤경이 발생할 때마다 유대인들은 곧잘 희생양이 되어 탄압을 받아야 했다. 유대인 정착민들에 대한 집단 학살을 지칭하는 '포그롬(pogrom)'이라는 단어가 러시아에서 나온 것도 결코 우연이 아닐 것이다. 따라서 독일의 유대계 사상가 카를 마르크스가 제창한 공산주의 사상이 불평등한 인종 정책으로 인해 가장 큰 희생을 치러야 했던 러시아 유대계 청년들의 가슴을 특히 뜨겁게 달아오르게 만든 것도 결코 무리가 아니었을 것이다. 전 세계 공산 혁명 가운데 러시아 혁명만큼 유대인들이 전적으로 주도권을 장악하고 혁명을 수행했던 경우는 찾아볼 수 없다. 공산주의가 내건 만민평등 사상이 불평등한 대우로 천대받던 유대인들에게는 자신들을 구원할 복음이나 다름없었을 것이기 때문이다.

파스테르나크는 운 좋게도 그런 비참한 처지를 겪지 않아도 되었다. 그러나 러시아 혁명과 곧 이어진 내전의 혼란상에 휘말리면서 그는 혹독한 추위에 내몰린 고아처럼 모진 굴욕을 마주쳐야만 했다. 모든 것이 뒤집혀버린 세상에서 전혀 마음의 대비를 하지 못한 그에게 일시에 뒤바뀐 가치관과 생소한 이념의 세계는 그야말로 극심한 정체성의 혼란 문제를 더욱 증폭시켰을 것이다.

시인에게는 자신의 시심을 자유롭게 표현할 기회를 박탈하는 것이 곧 사망 선고나 다름없다. 따라서 그가 할 수 있는 일이라고는 고작 셰익스피어나 괴테의 작품들을 러시아어로 번역하는 것뿐이었다. 러시아 혁명의 여파로 미국에 망명한 귀족 출신의 작가 나보코프는 그런 파스테르나크를 가리켜 질질 짜기만 하는 볼셰비키라고 조롱했지만, 그것은 단지 배부른 자가 늘어놓는 허풍에 불과했다.

파스테르나크는 진정한 볼셰비키조차 될 수 없었다. 그렇다고 민중을 착취하는 귀족도 아니었다. 어중간한 위치에 놓인 지식인이자 예술가였을 뿐이다. 그러나 변화된 세상은 그에게 그 어떤 선택을 강요했으며, 그는 아무런 선택도 확실하게 하지 못했던 것이다. 그는 철저하게 자신이 속한 사회에서 소외될 수밖에 없었다. 물론 살아남기 위해서는 그 어떤 결단을 내려야 할 때가 있기 마련이다. 그러나 파스테르나크는 소련에 남는 길을 선택했다. 그것은 물론 러시아의 자연과 러시아 민중에 대한 애정 때문이었을 것이다.

그에게 러시아는 마치 어머니와도 같은 존재였기에 모국인 러시아를 떠난다는 사실은 마치 갓난아기가 어머니 곁을 떠나는 것과 같았을 것이다. 그는 필사적으로 후르시초프 서기장에게 국외 추방만은 제발 거둬 달라고 간청했으며, 원한다면 자신의 입을 막고 살겠다고 다짐까지 했는데, 이를 단지 비겁의 소치로 돌릴 수만도 없을 것 같다. 물론 그에게 유일한 도피처는 사랑이었겠지만, 그런 사랑마저도 공산당은 결코 허락하지 않았다.

그의 연인 올가는 당의 명령에 따라 강제노동 수용소로 끌려가야만 했는데, 소설에서 라라가 강제노동 수용소에서 소문도 없이 죽어 간 것과는 달리 올가는 그래도 끝까지 살아남았다. 진정한 사랑과 창작의 자유마저 잃은 그에게 남은 것은 오로지 기나긴 침묵뿐이었다. 그 오랜 침묵 속에는 이루 헤아리기 어려운 비통함과 절망감이 자리 잡고 있었을 것이다. 파스테르나크는 그렇게 살다가 세상을 떠났다.

나보코프 소설의 이상심리

러시아 태생의 망명 작가 블라디미르 나보코프는 정교한 심리 묘사와 유려한 문체로 정평이 나 있는 소설가다. 특히 그의 소설 『롤리타』와 『어둠 속의 웃음소리』는 인간 내면에서 이루어지는 불가항력적인 욕망과 환상의 세계를 다루면서 인간을 파국으로 몰고 가는 비극적인 상황을 그렸다. 그의 작품에서 인용된 롤리타 증후군 또는 롤리타 콤플렉스라는 용어까지 생길 정도로 그의 소설은 사회적으로 큰 물의를 일으키는 동시에 베스트셀러가 되기도 했다. 그러나 그는 결코 악마적인 속성을 찬미하거나 성도착 혹은 페도필리아(pedophilia)를 옹호하기 위해 이들 작품을 쓴 것이 아니었다. 그는 단지 인간 내면에 존재하는 욕망의 세계를 있는 그대로 묘사했을 뿐이다.

작품 소재의 선정은 당연히 작가 고유의 권한이다. 문제는 작가로 하여금 그런 주제에 매달리게끔 이끈 심리적 동기가 무엇인가 하는 데 있다고 볼 수 있다. 그 어떤 파멸을 감지하면서도 사춘기 소녀 및 위험한 팜므 파탈에 매혹되고 집착하도록 이끌었던 주인공들의 심리적 배경에는 작가 자신의 무의식적 갈등의 흔적이 작용했을 수도 있기 때문에 더욱 그렇다. 그런 점에서 나보코프의 대표작이라 할 수 있는『롤리타』와『어둠 속의 웃음소리』는 성적인 좌절과 소통의 단절에서 벗어나기 위해 몸부림치는 현대인의 비극적 요소를 여실히 드러내는 동시에 작가 자신의 잠재된 욕구를 반영하는 것일 수도 있다는 사실에 주목할 필요가 있다.

나보코프는 누구인가

블라디미르 나보코프(Vladimir Nabokov, 1899~1977)는 러시아의 부유한 귀족 가문에서 장남으로 태어나 자유분방한 어린 시절을 보내며 어려움을 모르고 컸다. 그의 아버지는 정치적인 활동에 뛰어들었다가 러시아 혁명으로 소비에트 정부 당국에 체포되었던 인물이다. 그 후 남은 가족은 신변의 위협을 느낀 나머지 남러시아를 거쳐 해외로 피신했으며, 아버지는 결국 암살자의 손에 살해되고 광대한 영지도 전면 몰수당하고 말았다.

어린 시절부터 나비 수집에 취미를 붙인 나보코프는 미술에도 흥미를 지녀 한때는 화가를 꿈꾸기도 했으나 자신에게 재능이 없음을 깨닫고 작가가 되기로 결심했다. 1922년 아버지가 암살된 직후 나보코프는 러시아 이민의 딸 스베틀라나와 약혼했다가 얼마 가지 않아 파혼당하고 말았는데, 당시 그녀의 나이 불과 16세였다. 이때부터 이미 그는 어린 소녀를 매우 동경했음을 알 수 있다.

한동안 그는 영국에 머물며 트리니티 대학과 케임브리지 대학에서 공부했으며, 졸업한 후에는 베를린으로 가서 번역가로 활동하는 가운데 유대계 러시아 여성 베라 슬로님과 결혼했다. 그러나 나치 독일의 반유대주의가 노골화되고 아내마저 직업을 잃게 되자 파리로 도피했으며, 마침내 제2차 세계대전이 발발하고 독일군이 진격해 오자 1940년에는 미국으로 이주해 창작 활동에 몰두했다. 그의 미국 체류 시절은 나비 연구와 대학 강의 그리고 저술 활동의 세 가지로 요약할 수 있다. 하지만 1960년에는 스위스로 이주하여 은둔생활로 일관하다가 스위스 로잔느에서 78세를 일기로 사망했다.

처음에 나보코프는 시린이라는 필명으로 작가생활을 시작하면서 러시아어로 작품을 발표했다. 따라서 그는 현대 미국 문학을 대표하는 작가로 불리지만 엄밀히 말하면 미국 작가라 할 수도 없다. 1932년에 발표한 소설 『어둠 속의 웃음소리』도 원래 러시아어로 발표되었다가 후에 다시 영어로 개작한 것이다. 그의 대표작이라 할 수 있는 『롤리타』는 1955년에 발표되었는데, 한때 금서 목록에 오르기도 했으나 해금된 이후 1962년에는 스탠리 큐브릭 감독에 의해 영화로 제작되었다. 그의 소설 『어둠 속의 웃음소리』 역시 1969년 영국의 토니 리처드슨 감독이 영화화했다.

『어둠 속의 웃음소리』와 『롤리타』는 주제 면에서 볼 때 하나의 연장선상에 놓여 있는 작품들이라 할 수 있는데, 어린 소녀에 집착하다 파국을 맞이하는 중년 남성들의 이야기라는 점에서 공통점을 지닌다. 그러나 정작 나보코프 자신은 아내 베라와 함께 매우 안정적인 결혼생활을 누린 것으로 알려졌다. 다만 그는 대중 앞에 나서는 것을 극도로 피했으며, 또한 당시 주된 사회적 관심의 대상이 되었던 마르크스나 프로이트 등에 대해서도 강한 혐오감을 표시한 인물이기도 했다.

아내 베라에게 매우 의존적이었던 그는 실제로 그녀가 없으면 아무것도 할 수가 없을 정도로 사회생활에 미숙함을 보였다. 그의 아내는 마치 어린 아들을 돌보는 어머니처럼 매우 헌신적인 태도로 그의 일거수일투족을 거들었으며, 그가 멀리 나비 채집을 떠날 때면 손수 운전하여 동행해 주기도 했다. 매우 강박적인 성격의 소유자였던 나보코프는 외부와 철저히 단절된 채 오로지 나비 연구와 체스 놀이 및 집필 활동에만 전념했던 매우 특이한 인물이다.

그는 여행을 즐겼지만 운전은 전혀 하지 않았으며, 집에 전화도 두지 않을 정도로 대인 접촉을 멀리했다. 이처럼 대중과 동떨어진 삶을 보낸 나보코프는 특히 스위스에 정착한 이후로는 일체 공개적인 장소에 모습을 드러내지 않았다. 그는 러시아, 미국, 스위스 등지에서 각각 20년씩을 보냈기 때문에 어떻게 보면 일정한 국적에 구애받음이 없이 자유롭게 무국적자, 무주택자로 살면서도 세계적인 부와 명성을 얻은 매우 이례적인 작가 중의 한 사람일 것이다.

『롤리타』

일상생활에서 나보코프는 매우 강박적이면서 구도자적인 모습을 보였으나 그의 작품 속에 등장하는 인물들은 그와는 정반대로 매우 도착적거나 또는 사악한 심성의 소유자들이라는 특징이 있다. 다른 무엇보다 심리 묘사에 탁월한 솜씨를 발휘한 나보코프는 그의 출세작 『롤리타』에서 어린 소녀에 대한 중년 남자의 성적인 집착과 환상을 묘사하고 있는데, 소설 첫 부분에서 롤리타의 이름을 소개하는 장면부터 매우 자극적이다.

"롤리타, 내 삶의 빛, 내 남성의 불꽃이여, 나의 죄악, 나의 영혼이여, 롤~리~타, 혀끝이 세 번 올라가 입천장에 붙으면서 이를 세 번 건드린다. 롤~리~타." 이처럼 롤리타를 발음하려면 입을 오므리고 벌리고 뱉어내듯 쏟아내야 하는데, 이는 마치 성기의 움직임을 상징적으로 묘사한 듯하다. 인간의 발성은 입술과 혀의 마찰을 통해 전달된다는 점에서, 그리고 인간의 성행위 자체가 그런 발성 형태와 매우 흡사하다는 점에서 롤리타의 발음은 성적인 상징을 매우 압축적인 방식으로 드러낸다.

주인공 험버트는 파리 태생의 중년 작가로 40을 바라보는 나이이다. 어머니가 소풍을 나갔다가 벼락에 맞아 죽게 된 이후로 아버지 밑에서 외롭게 성장한 그는 특히 사춘기 전후의 소녀들에게 유별난 매력을 느끼게 되는데, 부인과 이혼한 뒤 파리를 떠나 뉴욕으로 이사한다. 그는 집필 활동을 위해 자신이 묵을 집을 찾던 중에 뉴잉글랜드 지방의 한 작은 마을에 방을 빌려 정착하게 되는데, 그때부터 그는 점차 파멸의 길로 접어들게 된다.

과부인 셋집 주인 샬럿 헤이즈에게는 열두 살 난 귀여운 딸 돌로레스(롤리타)가 있었다. 롤리타를 본 순간 첫눈에 반한 그는 그녀에게 접근하기 위해 어머니인 샬럿과 마음에도 없는 결혼까지 한다. 어린 소녀에 대한 갈망과 집착에 사로잡힌 나머지 그녀의 어머니와 위장결혼까지 불사한 험버트는 상식적으로 본다면 매우 부도덕한 인간이다. 물론 그 결혼은 합법적인 혼인이지만 도덕적으로는 사악한 결합이다. 그것은 합법을 가장한 근친상간적 욕구의 표출이기 때문이다.

남편인 험버트의 사랑이 실제로는 자신의 어린 딸을 겨냥한 것이었다는 사실을 알게 된 어머니 샬럿은 충격을 받고 집을 뛰쳐나가다 교통사고로 죽게 되는데, 그 후 험버트는 롤리타와 사랑의 도피 행각을 벌이지만 결국에는 그녀로부터도 버림을 받는다. 롤리타는 사악한 남성 퀼티를 만나 그의 아이까지 배지만 그녀 역시 퀼티에게 버림을 받고 만다. 질투심과 복수심에 가득 찬 험버트는 퀼티를 찾아내 살해함으로써 경찰에 체포되는 파국으로까지 치닫는다. 물론 그에게 주어진 혐의는 미성년 유괴 및 강간죄에다 살인죄였다. 그럼에도 불구하고 험버트는 오로지 롤리타에 대한 애절한 사랑을 잊지 못한다.

소설 『롤리타』는 나보코프가 미국 서북부 오리건 주에 기거하면서 나비 채집에 몰두하던 시기에 쓴 소설이다. 그는 아름다운 나비를 채집하면서 동시에 매력적인 소녀 롤리타에 사로잡힌 중년 작가에 관한 비극적인 소설을 집필한 것인데, 여기서 보이는 험버트와 롤리타의 관계는 매우 강박적인 집착과 변덕스러운 감정이 서로 맞물린 관계라 할 수 있다. 그것은 어차피 서로 조화를 이룰 수 없는 관계로 이미 불행의 씨앗을 잉태하고 있다고 볼 수 있다. 이들의 성적인 일탈 행위도 소외된 남녀의 미해결된 갈등 또는 채워지지 않는 애정에 대한 굶주림의 표출이라는 것을 드러낸다. 그것은 결코 성적인 행위로 충족될 수 없는 근원적인 갈망을 내포하고 있기 때문이다.

매력적인 롤리타의 유혹은 이미 파괴적인 요소를 내포하고 있어서 위험하기 그지없는 다이나마이트 같은 폭발 가능성을 안고 있는 것이며, 험버트의 사랑은 뜨거운 열정이라기보다는 자신의 차가운 심장을 덥히기 위한 자구책으로 보인다. 그것은 순수하고 청순무구한 소녀의 사랑을 착취함으로써 그 자신의 냉담하고 우울한 내면세계에 온기를 가하고자 하는 필사적인 시도로 보인다. 고립과 소외에서 벗어나기 위해 그는 롤리타의 때 묻지 않은 열정을 공유하고자 한 것이다. 그러나 험버트의 간절한 기대는 롤리타의 배신으로 일순간에 무너져 내린다. 그는 자신의 분노와 좌절감 및 질투심을 사악한 인간 퀼티를 살해함으로써 상쇄하려 했으나 그에게 돌아온 것은 롤리타가 아닌 죽음과 파멸일 뿐이었다.

『어둠 속의 웃음소리』

『어둠 속의 웃음소리』에서는 성적으로 매우 타락한 두 남녀의 사악한 음모와 욕망에 휘말려 파멸을 맞이하는 한 남자의 비극을 다루고 있다. 소설의 무대는 1920년대 베를린이다. 중년의 미술평론가 알비너스는 헌신적인 아내 엘리자베트와 어린 딸 이르마와 함께 부유하고 행복한 삶을 누리고 있었다. 그러나 그는 항상 마음 한구석에 허전함을 지니고 있었으며 무언가 채워지지 않는 부분이 있음을 알고 있었다. 또한 그는 성적인 면에서 강박적이기도 했다. 그는 뭔가 자극적이고도 스릴 넘치는 모험을 바라고 있었으며 동시에 어린 소녀들에 대한 환상을 지니고 있었다.

어느 날 극장에 갔다가 그곳에서 일하는 마고트 페터스라는 소녀를 만나게 되었는데, 그녀는 부모에게서 학대받고 가출하여 누드 모델로 활동하고 있던 16세 소녀로 여배우가 되는 것이 유일한 꿈이었다. 그녀는 자신의 꿈을 이루기 위한 수단으로 알비너스를 이용한다. 그는 아름답고 성적인 매력이 흘러넘치지만 사기성이 짙고 사람을 농락하는 마고트와 관계를 맺음으로써 위험한 파국의 길을 자초한다.

더욱이 그녀의 첫 애인 악셀 렉스가 나타나면서 재앙이 본격적으로 시작된다. 악셀은 매우 부도덕하고 불량스럽고 잔혹한 인간이었다. 마고트와 악셀은 곧 알비너스를 속임수와 질투의 늪에 빠지게 만들고, 그 결과 불의의 자동차 사고로 시력까지 상실한 알비너스는 두 남녀의 농간에 놀아난 끝에 가족, 행복, 건강, 재산 등 모든 것을 잃고 파멸로 치닫는다.

여기서 악셀은 사악하고 간교한 인물의 전형이며, 마고트는 자신의 이익을 위해 성적인 유혹을 활용하는 위험한 여인이다. 그녀는 돈과 명성 그리고 쾌락을 추구하는 속물적 여성이지만 자신의 야심을 이루기 위해서는 알비너스에게 온갖 충성스러운 모습을 보여 주기까지 한다. 어리석은 알비너스는 그야말로 간교한 뱀과 고양이를 자신의 곁에 두고 키운 셈이며, 결국 인생 파탄이라는 돌이킬 수 없는 대가를 지불하고 만 것이다.

두 남녀의 사악한 음모를 눈치챈 알비너스가 복수를 결심하고 마고트를 죽이려 하지만 그녀가 먼저 총을 가로채고 그를 죽인다. 어둠 속의 웃음소리는 회한과 비탄, 자조에 가득 찬 절망적인 몸부림인 동시에 자신의 삶에 무책임한 인간의 마지막 신음소리이기도 하다.

악의 미로

인간의 삶은 매우 고달프다. 더구나 신경증적 갈등과 성격적 결함 때문에 서로 마주치며 살아가야 하는 삶이기에 더욱 그렇다. 우리 모두는 진공관 속의 증류수와 같은 무균적 세상에 사는 것이 아니며 또한 그런 곳에서는 하루도 생존해 나갈 수 없다. 이것이 우리가 마주치며 헤치고 나갈 수밖에 없는 딜레마이며 우리의 엄연한 현실이기도 하다. 그러나 그 와중에서 숱한 인간이 심적인 고통과 좌절에 빠져 살아가야 하기 때문에 문제가 되는 것이다.

나보코프의 소설 『어둠 속의 웃음소리』를 통해 우리는 인간의 심성이 얼마나 나약하고 무기력한지 실감하게 된다. 그리고 우리가 살아가는 동안에 본의든 아니든 불가피하게 마주칠 수밖에 없는 간교하고 사악한 심성의 무리에 대한 경각심을 새삼 깨닫게 된다. 그런 점에서 나보코프의 소설은 우리 모두를 일종의 편집증 상태로 몰고 간다.

그는 이렇게 묻고 있는 듯하다. 도대체 우리가 믿고 살 수 있는 존재가 과연 누구란 말인가. 신인가, 가족인가. 그리고 이처럼 근본적인 불신에 가득 찬 질문이 어디에서 비롯되는지 궁금해지지 않을 수 없다. 선과 악의 대립적 구도로 이 세상을 바라보는 이분법적 시각은 오히려 모든 문제를 단순화한다. 그러나 현실은 그렇지 못하기 때문에 우리 모두를 곤혹스럽게 만드는 것이다.

카리스마 넘치고 매력적인 동시에 매우 영리하기까지 한 인물에게서 전혀 상상도 못한 사악함을 발견할 때 다가오는 좌절과 무력감은 더욱 큰 나락으로 몰고 갈 수도 있다. 반면에 온화하고 부드러우며 다소 우매하기까지 한 인물에게서는 지루함과 따분함을 느끼며 새로운 자극을 찾아 위험하기 그지없는 모험의 세계로 떠나도록 유혹받을 수도 있다. 『어둠 속의 웃음소리』는 그러한 권태와 유혹 사이에서 우왕좌왕하다가 결국 파멸의 늪에 빠지고 마는 한 나약한 인간의 모습을 우리 모두에게 보여 주고 있다.

『롤리타』뿐 아니라 『어둠 속의 웃음소리』는 인간 심성의 어두운 측면을 집중적으로 조명한다는 점에서 매우 염세적인 작품으로 간주될 수 있다. 어둠과 웃음을 동시에 제시하는 소설의 제목 자체가 매우 이율배반적이요 역설적이기까지 하다. 따라서 그 웃음은 자조와 탄식, 절망에서 나오는 것이라 하겠다. 빛이 차단된 어둠 속에서 흘러나오는 웃음은 절망적인 탄식을 의미한다.

나보코프의 소설은 나른하고 유혹적이면서도 잔혹하고 사악한 인간 심성의 늪 속으로 독자 모두를 몰입시킨다. 그것은 평범한 삶을 영위해 가는 대다수의 일반인이 인정하고 싶지 않은 무의식적 악의 단면이기도 하다. 그러나 가슴 아플 정도로 안타까운 악도 존재한다. 사랑하는 롤리타 때문에 그녀를 괴롭힌 악인을 살해함으로써 파멸에 이른 작가 험버트는 세속적인 판단에 따르자면 자신의 욕망을 이루기 위해 사랑하지도 않는 여성과 위장결혼을 한 악, 그녀를 죽음으로 몰고 간 악, 애도할 기회도 없이 그녀의 어린 딸을 데리고 애정 행각을 벌인 악, 미성년을 성적으로 착취한 악, 그리고 악을 악으로 응징한 또 다른 악을 행한 것이다.

그런 점에서는 스스로 행복한 가정생활을 깨트리고 사악한 세계에 접근함으로써 파멸에 이른 알비너스도 마찬가지라 할 수 있다. 적어도 이 두 작품의 공통점이 어린 소녀에 집착하고 미혹된 중년 남성, 나이 든 남성을 마음껏 농락하고 배신한 소녀, 중년 남성에게서 소녀를 가로챈 사악한 젊은 남성, 그리고 복수를 시도하다가 종국에는 파멸에 이르는 중년 남성의 이야기라는 점에서 그렇다. 이들 모두는 악의 고리로 한데 묶여 있다. 이처럼 나보코프의 소설에는 구태의연한 권선징악적 구도가 존재하지 않는다. 어디까지가 선이고 또 악인지 구분하기 어렵다. 서로의 욕망 때문에 상대를 착취하고 이용하는 기생적인 관계만이 존재할 뿐이다. 따라서 그곳에 구원은 없다.

나비 사냥

어려서부터 나비에 매료된 나보코프는 광적인 나비 수집가로도 알려져 있는데, 나비 분야 연구에 있어서는 전문가를 능가할 정도로 일가견을 지니고 있었으며, 특히 나비의 생식기 연구에는 그를 따를 자가 없었다고 한다. 그는 거의 하루 종일 연구실에 틀어박혀 현미경으로 나비 생식기만을 들여다보며 연구에 몰두하는 경우도 많았다. 나비 종의 분류에도 그를 능가할 사람이 없는 것으로 알려졌다.

나비는 재생과 탈바꿈의 상징인 동시에 변덕쟁이 및 정숙하지 못한 바람둥이 여성을 가리키는 은어이기도 하다. 실제로 보기 흉측한 애벌레에서 그토록 아름다운 나비가 나온다는 사실이 믿기 어려운 일이기도 하다. 소위 환골탈태 또는 거듭나기란 말이 가장 적합한 동물이 나비일 것이다. 나보코프는 이처럼 전혀 새로운 모습으로, 그것도 아름답고 호화찬란한 모습으로 변신하는 나비의 경이로운 모습에 특히 매료된 것 같다.

나비는 물론 재탄생의 상징적 의미가 매우 강하지만, 아동기를 상징하는 애벌레의 징그러운 모습과는 전혀 다른 아름다운 자태로 변신한다는 점에서 새로운 삶으로 거듭나고자 하는 나보코프 자신의 꿈과 소망을 담고 있는 상징적 존재일 수도 있다. 따라서 그가 나비의 생식기에 강박적으로 집착한 이유도 알고 보면 인간의 성을 부정하고 신비로운 존재의 상징인 나비 세계를 통하여 새로운 존재로 거듭나기를 바란 것일 수 있다.

결국 나비 생식기에 대한 그의 유별난 관심과 집념은 자신의 태생에 대한 관심과 의문의 연장이기도 한 동시에 성에 대한 관심의 표시일 수도 있다. 성에 대한 현미경적 관심의 집중은 복잡다단한 사회적 문제에 대한 무관심 그리고 단절된 작가 자신의 내적 상황을 반영하는 것이기도 하다. 나보코프는 인간을 고통에 빠트리는 사회적 관계에는 일체 관심을 기울이지 않았다. 마치 외적 환경의 변화에 아무런 기대도 하지 않는 것처럼 말이다.

물론 프로이트는 '늑대인간'이라는 별명으로 알려진 그의 환자 판케예프가 어린 시절에 보였던 나비공포증에 대해 보고하는 가운데 나비가 의미하는 성적인 상징에 대해 언급하기도 했다. 늑대인간은 나비가 날개를 접었다 폈다 하는 반복적인 움직임을 바라보면 매우 기괴한 느낌을 받는다고 하면서 그것은 곧 여성이 다리를 벌리는 모습처럼 보인다고 고백한 바 있는데, 늑대인간의 이런 특이한 회상은 그 논문을 직접 읽었던 나보코프에게 강한 인상을 심어 주었을 것으로 보인다.

성적인 유혹의 주제는 늑대인간에게 매우 중요한 부분을 차지하는 것으로, 그것은 특히 여성으로부터 주어진 유혹뿐 아니라 아버지에게서 오는 유혹도 포함된 것이었다. 늑대인간은 나비가 소녀 또는 아주머니처럼 보이고 딱정벌레나 애벌레는 남자아이처럼 보인다고도 했는데, 이런 그의 고백은 나보코프 자신의 억압된 무의식적 내용을 매우 자극했을 것으로 보인다. 따라서 나보코프가 그 후 프로이트에 대해 강한 혐오감을 드러낸 것은 그 해석 내용에 대한 두려움 및 그에 대한 반작용의 결과로 보인다.

더욱이 나보코프는 어릴 때 이미 성적인 외상을 당했던 사람이다. 그를 성적으로 괴롭힌 장본인은 바로 그에게 막대한 유산을 물려주었던 삼촌이었다. 그에게 진정으로 상처가 되었던 문제는 공산주의자들에게 모든 재산을 몰수당한 것이 아니라 그런 유산을 물려준 아저씨에게서 성적 학대를 받은 것이었다. 그런 이유로 그는 레닌보다 프로이트를 더욱 경멸했던 것으로 보인다. 물론 그런 상처는 영구적인 흔적을 남기는 것으로, 나보코프는 오로지 소설 창작을 통하여 자신의 갈등을 부분적으로 해소해 나간 게 아닐까 한다.

1963년에 출간된 존 파울즈의 소설 『콜렉터』에 나오는 나비 수집가 프레데릭은 마치 나비를 수집하듯이 젊은 여성 미란다를 납치하여 자신의 소유로 만들고자 한다. 그러나 유괴범과 피랍자라는 서로 다른 입장에 놓인 두 남녀 간에는 메울 수 없는 소통의 단절이 놓여 있다. 세상에서 소외된 극도로 내성적인 성격 탓으로 정상적인 이성관계를 맺지 못하는 프레데릭은 그녀의 애정을 구걸하지만, 미란다는 끊임없이 탈출을 엿보다가 결국에는 폐렴으로 죽고 만다. 그러자 그는 다시 새로운 납치를 계획한다.

사랑에 대한 병적인 집착이라는 면에서 『콜렉터』와 『롤리타』는 서로 비슷한 점이 있지만, 무엇보다 중요한 사실은 소통의 단절에 있다. 나보코프의 소설 『어둠 속의 웃음소리』와 『롤리타』 역시 동상이몽에 빠진 인물들의 비극적인 말로를 그리고 있는데, 나비 사냥에 나선 남성들에 관한 이야기라는 점에서는 동일한 주제를 다루고 있다. 다만 그들이 잡았다가 놓친 나비는 단순히 귀엽고 사랑스러운 나비가 아니라 수집가를 잡아먹는 무서운 흡혈나비로 일종의 팜므 파탈이었다는 점에서 더욱 쓸쓸한 뒷맛을 남긴다.

Part 5

미국 문학

포의 『도둑맞은 편지』

1 9세기 미국의 유명한 추리소설 작가이면서 시인이기도 했던 에드거 앨런 포(Edgar Allan Poe, 1809~1849)는 인간의 사악하고도 잔혹한 욕망이라는 어두운 측면을 들추어내어 이중적인 인간 내면의 문제를 다루었다는 점에서 프로이트의 정신분석이 출현하기 이전에 이미 심리분석 차원의 문학 장르를 개척한 선구자적 업적을 남긴 인물이다.

19세기 중반에 40세라는 젊은 나이로 요절한 이 천재적 작가는 미 대륙에서 서부 개척이 한창 진행 중이며 남북전쟁이 발발하기 훨씬 이전 시기에 활동다는 점에서, 그리고 그와 동시대의 작가로 너대니얼 호손, 허먼 멜빌 정도가 있었다고 볼 때, 미국 문학사에서 그가 차지하는 선도적 위치를 짐작할 수 있겠다.

비록 포의 천재성은 오늘날에 이르러 재평가되고는 있지만, 그가 보여준 사건 전개의 치밀성과 심리학적 이해 정도는 실로 놀랄 만하다. 삶의 어두운 이면과 모순에 대해 잘 알고 있었던 포는 비록 불행하고 비극적인 삶을 살다 갔지만, 마지막 순간까지 최선을 다해 자신의 창조적 열정을 불태웠던 작가였다고 할 수 있다. 여기서는 그의 추리 문학에 있어서 매우 특이한 형식을 취하고 있을 뿐만 아니라 모든 추리소설의 결정판이라 할 수 있는 대표적인 소설 『도둑맞은 편지』에 초점을 맞추어 보기로 한다.

포의 어두운 삶

포는 불행과 우울로 점철된 비극적인 인생을 살았다. 그는 음주와 도박, 아편중독, 방탕한 생활 등으로 얼룩진 삶을 보냈으며 그런 이유로 매우 어둡고 음산한 괴기소설 작가의 대명사로 불리기도 했다. 그는 미국 보스턴에서 가난한 떠돌이 유랑극단 배우의 아들로 태어나 불과 40세의 나이로 요절하기까지 삶의 고통에 시달리며 불우한 일생을 살다 간 천재였다.

포의 조상은 굶주림을 피해 미국으로 이주해 온 아일랜드계 이민이었으며, 그의 아버지는 지독한 술꾼으로 포가 태어난 이듬해 처자식을 버리고 행방을 감춰 버렸는데 얼마 안 가 곧 사망하고 말았다. 아버지의 사인은 결핵으로 밝혀졌으며, 곧이어 가난에 시달리던 어머니마저 결핵으로 피를 토하며 사망하고 말았다. 그의 나이 두 살 이전에 이미 부모를 모두 잃고 천애고아가 된 것이다.

갑작스러운 부모의 죽음으로 형제들은 뿔뿔이 흩어져 살게 되었으며, 그를 키워 준 사람은 포의 대부였던 존 앨런으로 부유하긴 했지만 다소 냉담한 사람이었다. 그러나 양부모 덕에 그나마 제대로 교육받을 수 있었으며, 어려서부터 뛰어난 문학적 재능을 보이기도 했다. 나이에 비해 일찍 조숙한 편이었던 포는 14세 때 친구의 어머니를 짝사랑하기도 했으나 그녀가 곧 사망하자 몹시 슬퍼하며 추모시를 쓰기도 했는데, 모성에 대한 그리움이 그를 더욱 조숙하게 만든 것 같다. 이 무렵 한 소녀를 사랑했지만 그녀의 부모가 반대하는 바람에 마음에 상처만 남기고 말았다.

향후 진로에 대한 견해 차이로 양부와 사이가 멀어지게 된 포는 자신의 뜻대로 버지니아 대학에 들어갔으나 양부가 학비를 보태 주지 않아 경제적인 어려움을 겪게 되었으며, 그 결과 학비를 벌기 위해 도박에 손을 대었다가 큰 빚을 지고 결국 중퇴를 하고 말았다. 양부와 크게 다툰 후 가출한 그는 자신의 고향인 보스턴으로 가서 험난한 작가의 길을 걷기 시작했다. 그리고 25세가 되자 당시 열세 살밖에 되지 않은 사촌누이 버지니아와 비밀 결혼을 했는데, 이는 마치 그의 아버지가 10대 과부였던 어머니와 결혼했던 것을 재연한 것처럼 보이기도 한다.

　포는 계속해서 글을 썼지만 항상 가난에 시달렸으며, 안정된 일자리도 구하지 못하였다. 게다가 그의 어린 아내 버지니아가 폐결핵으로 쓰러지면서 갑자기 피를 토하는 일이 자주 생기자 포는 겁을 집어먹고 잠시 행방을 감춘 채 술독에 빠져 지내기도 했다. 짐작컨대, 어린 시절 각혈로 사망했던 어머니를 연상하고 사랑의 대상을 또다시 잃을까 두려움에 사로잡힌 것으로 보인다.

　그 후 포는 심한 주벽 때문에 많은 친구를 잃기도 했다. 점차 작가로서의 명성을 얻기 시작했지만 궁핍한 생활은 여전했다. 그 와중에 병마에 시달리던 아내가 25세라는 젊은 나이로 피를 토하며 세상을 떠나고 말았다. 이에 절망한 그는 몇 주일간이나 아내의 무덤가에서 울부짖는 모습을 보이기도 했는데, 그의 유명한 시 『애나벨 리』는 이처럼 사랑했던 아내를 위해 쓴 것으로 알려져 있다. 아내의 죽음은 그를 더욱 심한 폭음과 우울증에 빠지게 만들었으며, 그 후에도 그는 여러 기혼녀와 사랑에 빠졌으나 모두 실패하고 말았다.

　포는 결국 한 부유한 미망인과 결혼하기로 작정해 놓고는 갑자기 행방을 감춰 버렸는데, 얼마 후 아버지의 고향인 볼티모어 거리에서 의식불명 상태로 발견되어 병원으로 옮겨졌지만 끝내 숨을 거두고 말았다. 술과 가난, 실연과 우울로 점철된 고통스러운 인생을 마감한 것이다. 마치 아버지의 행적을 그대로 답습하듯이 그는 알코올 중독 상태에서 갑자기 종적을 감춘 뒤 자신의 아버지 고향에 나타나 행려병자 신세로 숨을 거둔 것이다.

사실 포의 비극은 출생 직후부터 시작된 것이다. 그는 따스한 모성적 보살핌의 혜택을 받은 바 없으며, 그녀를 대신할 사랑하는 아내마저 잃었으니 실로 감당하기 어려운 좌절과 절망의 연속이었다. 그가 고질적인 우울증과 알코올 중독에 빠진 것은 당연한 결과였다. 그런 포였으니 거의 모든 작품에서 음산한 분위기를 풍길 수밖에 없었을 것이다. 결국 애정의 결핍과 모정에 대한 그리움이 그의 핵심적인 화두였던 셈이다. 더욱이 그의 어머니와 아내 모두가 폐결핵으로 피를 토하며 숨졌으니 죽음이라는 주제는 항상 그를 짓누르는 업보로 작용했을 게 분명하다.

사랑하는 아내를 잃고 난 후 절망에 빠진 그는 자신의 아버지처럼 엄습하는 불안과 고통을 술로 잊으려 했으며 행방을 감춰 버림으로써 자신의 불행한 현실과 직면하기를 회피했다. 그리고 그런 고통에서 탈피하기 위해 새로운 결혼으로 도피하고자 했으나 막상 재혼을 앞두게 되자 자신을 괴롭히는 불안과 죄책감을 이기지 못한 채 스스로 행적을 감춰 버렸으며, 결국 아버지의 고향을 찾아가 그곳에서 만취된 상태로 숨을 거두었다. 술꾼의 아들이 술꾼의 고향을 찾아 그곳에서 생을 마친 것이다.

『도둑맞은 편지』의 내용

소설의 처음부터 끝까지 편지의 내용은 밝혀지지 않는다. 단지 추론만 가능할 뿐이다. 그것은 마치 우리의 무의식 자체는 실제의 모습을 드러내는 법이 없지만 그 무의식으로부터 떨어져 나온 수많은 단서를 통하여 그 내용과 실체를 추론할 수 있는 것과 같다. 도둑맞은 편지 또한 등장인물들이 그 편지를 감추거나 또는 되찾기 위해 애쓰는 모습을 통해 그것이 상당히 중요한 내용임을 짐작할 수 있을 뿐이다. 그 편지의 주인은 물론이고 훔친 사람, 그리고 그것을 되찾아 주려는 사람 모두에게 있어서 편지는 각자의 이해관계에 따라 서로 다른 의미를 갖기 마련이다.

소설의 전개 과정은 간단하다. 국가의 최고위층인 왕실에서 절대 누설되어서는 안 될 비밀 편지가 도난을 당한다. 범인은 간교한 D장관으로, 그것도 왕비가 보는 앞에서 당당하게 편지를 훔친 것이다. 그는 왕비를 곤경에 빠트릴 수 있는 강력한 협박 수단을 획득한 셈이다. 난처해진 왕비는 파리 경시청의 경감에게 비밀 수사를 요청한다. 하지만 온갖 수단을 동원했으나 결국 수색에 실패한 경감은 어쩔 수 없이 유능한 사설탐정 뒤팽에게 부탁한다. 그런데 탐정은 너무도 손쉽게 편지를 되찾아 준다. 왕비는 편지를 되찾고 장관은 오히려 곤경에 빠진다.

소설의 요지는 도난당한 편지를 되찾기 위해 어떤 수단을 동원했는가에 집중된다. 은폐와 수색의 정교한 두뇌 게임이 중요한 배경을 이루는 것이다. 추리소설의 핵심인 살인 사건 대신에 도난 사건이 주를 이루는 이 소설은 포의 다른 작품들과는 달리 어둡지 않고 매우 경쾌한 템포로 진행된다. 게다가 도둑맞은 편지는 아무도 예상치 못한 의외의 장소에서 발견되는데, 범인의 정체가 이미 알려져 있다는 점도 특이한 점이라 하겠다.

문제는 편지를 감추고 되찾는 과정에서 보여 주는 고도의 전략에 있으며, 편지를 훔칠 때 교묘한 방법으로 왕비를 속인 범인과 동일한 수법을 동원해 편지를 되찾는 탐정의 전략이 단연 돋보이는 작품이다. 결국 범인의 은폐 전략을 간파한 뒤팽은 대범하게도 범인이 보는 앞에서 가짜 편지를 진짜 편지와 바꿔치기하는 수법으로 장관의 허를 찌르는데, 도난당한 편지의 은닉 장소는 누구나 볼 수 있는 편지꽂이였던 것이다. 역으로 편지를 도난당한 줄도 모르고 범인은 계속해서 왕비를 협박할 것이 분명하고 그렇게 되면 범인이 매우 난처한 입장에 몰릴 것이 예상되는 상황에서 소설은 끝난다.

편지의 진정한 주인이 누구인가 하는 문제는 소설에서 명확하게 제시되지 않는다. 사실 왕비도 그 편지의 진정한 주인이라 할 수 없다. 그녀 역시 수신자에 불과하기 때문이다. 우리 자신의 심리 세계 역시 진정한 주인이 과연 누구인지 분명치 않다. 의식이 주인인가, 아니면 무의식이 주인인가. 프랑스의 정신분석가 라캉은 프로이트가 말한 자아란 진정한 우리의 주인으로 대접받을 자격이 없다는 주장을 폈다. 진정한 주인이라면 자기 집안에서 일어나는 모든 일에 대해 두루 알고 있어야 마땅한데 자아는 무의식에 대해 아는 바가 거의 없다는 이유에서다.

편지는 마치 프로이트가 비유한 전보의 문구 내용처럼 무의식이 자아에게 보내는 일종의 위장된 메시지인 셈이다. 전후 사정을 아는 사람만이 그 메시지를 읽고 해독할 수 있다. 분석가는 그런 무의식의 메시지를 자아의 용어로 해석해 주는 일종의 암호 해독가라 할 수 있다. 알려지지 않은 편지의 내용과 미지의 탐색 대상인 무의식은 일맥상통하는 측면이 있다. 물론 포는 무의식의 존재를 알지 못했지만, 인간 심리의 이중적인 이율배반성에 대해서는 깊은 통찰력을 지니고 있었음에 틀림없다.

『도둑맞은 편지』의 상징과 의미

포의 추리소설 가운데 마지막 작품이 된 『도둑맞은 편지』는 매우 정교한 구성으로 이루어져 있는데, 이는 글을 읽는 독자의 사고력과 감정적 반응까지 고려한 작가의 의도가 숨어 있기 때문이다. 원래 포의 추리소설은 어둡고 음산한 분위기가 특징이며, 그 자신의 우울한 정서가 작품마다 스며 있다. 포는 가상의 살인 사건을 통해 자신을 포함한 우리 모두의 잠재된 살해 욕구를 일깨우고 그에 따른 죄의식을 살인범 체포와 응징으로 해결하는 수법을 동원한다. 이러한 과정이야말로 모든 추리소설이 진정으로 의도하는 것일지도 모른다.

그토록 오랜 세월 수많은 독자로부터 추리소설이 사랑받고 애독되는 이유는 살인 사건으로 빚어지는 은폐와 추적 사이의 긴장과 불안이 우리 자신 내부에 간직하고 있는 긴박한 갈등관계를 반영하기 때문이다. 추리소설은 대낮보다 한밤중에 읽어야 묘미가 살아나는 것도 이런 심리적 배경이 있기 때문일지도 모른다. 암중모색이라는 말도 있듯이 은폐된 진실을 찾는 작업은 상당한 집중력과 고도의 탐색이 요하는 작업이기 마련이다.

태초에 벌어진 인류 최초의 살인 사건으로 카인이 친동생 아벨을 죽인 것은 탐욕에 어두웠기 때문이라고 하지만 카인의 살인 사건은 추리소설이 될 수가 없다. 왜냐하면 살인범의 정체나 살인의 동기가 이미 드러나 있기 때문이다. 추리소설의 핵심은 살인이다. 그리고 살인범의 정체를 밝히기까지 고도의 추리 능력이 요구되기 마련이다. 그러나 예외적으로 포의『도둑맞은 편지』에서는 살인 사건이 배제되어 있다. 다시 말해서, 사건의 주범은 살인범이 아닌 절도범이다.

포는 자신의 마지막 작품이 된『도둑맞은 편지』에서 특이하게도 그의 장기였던 살인의 주제를 포기했다. 그 정확한 배경은 알 수 없지만, 그의 어두운 삶에서 살인보다 실종에 대한 주제가 그에게 더욱 절실한 문제임을 감지했는지도 모른다. 도둑맞은 편지는 포 자신의 처지를 상징하는 것으로,

진정한 주인을 잃고 여기저기 돌아다니며 방황을 거듭하는 그의 삶 자체를 반영하는 것으로 보인다. 다시 말해서, 일찍 부모를 잃고 사랑하는 아내마저 잃은 포에게는 상실의 아픔이 그 무엇보다 고통스러운 형벌이었기 때문이다.

이야기의 복잡한 전개 과정에서 소설의 핵심은 결국 수많은 억측에도 불구하고 편지의 진짜 주인은 끝내 알려지지 않는다는 점이다. 그리고 감추려는 사람과 찾아내려는 사람 사이에 벌어지는 두뇌 게임은 마치 무의식의 내용을 찾아내기 위해 노력하는 분석가와 감추려고 애쓰는 환자 사이에 벌어지는 물밑 경쟁과도 비슷하다.

프로이트는 이미 오래전에 무의식의 의식화 작업을 전달된 전보 내용을 해독하는 과정에 비유한 바 있다. 고도로 압축 요약된 전보 내용을 이해하기 위해서는 전보를 띄운 사람과 받는 사람 사이에 그 어떤 교감이 요구된다는 점에서 정신분석 과정과 흡사한 면도 있다. 그러나 세부적인 사항은 전보 내용에 누락되어 있지만, 수신자를 골탕 먹이려는 의도는 결코 아니라는 점에서 이율배반적일 수 있다.

그런데 포가 소설에서 전달하는 메시지에는 세부적인 사항에 집착하면 큰 것을 놓칠 수 있다는 사실도 포함되어 있다. 이런 현상은 분석 상황에도 그대로 적용된다. 즉, 환자는 분석가의 주의를 딴 데로 돌리기 위하여 매우 자세하지만 불필요하고 지엽적인 내용을 계속해서 흘려보낼 수가 있는데, 그럴듯하게 포장된 미끼에 분석가가 현혹당할 경우 환자의 전략은 일단 성공한 셈이며, 그는 자신의 핵심적인 문제를 안전하게 자신의 내부에 그대로 보관할 수 있게 되는 것이다.

무의식의 내용 자체는 결코 의식의 표면에 있는 그대로 그 정체를 드러내는 법이 없지만, 어떤 사건을 계기로 자신도 모르게 무의식의 존재를 암시하는 단서를 남기게 된다. 그리고 분석가와 환자가 힘을 합해서 그것의 정체를 밝히기 위한 작업에 들어가게 되면 이율배반인 일이지만 온갖 위장과 교란술이 동원되기 마련이다. 따라서 무의식의 내용을 조사하고 탐색하는 동시에 감추고 위장하며 허위 정보를 흘리는 숨바꼭질이 분석가와 환자 사이에 전개된다. 따라서 환자의 입장에서는 자신의 무의식을 어떻게 드러내고 어떻게 감출 것이냐 하는 문제가 가장 큰 숙제로 등장한다.

소설에서 암시하는 것처럼 상대가 필사적으로 찾고 있음을 이미 알고 있는 상황에서는 너무도 당연한 장소에 감추는 것이 더욱 효과적이다. 그래서 뒤팽 탐정은 비유적으로 말한다. 예를 들어 지도에서 어떤 지명을 찾는 게임을 할 때, 초보자들은 상대를 혼동시키기 위한 술책으로 제일 작게 쓰인 지명을 문제로 내기 마련이지만, 게임에 익숙한 사람들은 오히려 가장 큰 글씨로 길게 퍼져 있는 지명을 선택한다는 것이다. 대문자가 오히려 시선에 잘 들어오지 않는다는 사실을 잘 알고 있기 때문이다.

숨기지 않은 척하면서 너무도 당연한 장소인 편지함에 편지를 꽂아 놓은 D장관의 수법은 상식적인 판단의 허를 찌른 행동이 아닐 수 없다. 어렵게 훔친 편지를 공개적으로 드러난 편지함에 감출 사람은 아무도 없을 테니까 말이다. 장관은 과감하게 복잡성을 피하고 단순성으로 승부를 걸었지만 그의 심리를 간파한 탐정에게 역으로 당하는 결과가 되었다는 점에서, 독자들은 통쾌한 복수로 끝나는 대반전의 결말에 이르러 비로소 안도하게 된다. 바로 그런 점에서 도둑맞은 편지는 인간의 정신 자체를 상징한다.

편지 자체는 의식 또는 자아의 세계를 반영한다. 하지만 그 내용은 끝내 알려지지 않는데, 그것은 곧 인간의 원초적 욕망 및 무의식을 나타낸다. 따라서 내용을 알지 못하는 편지는 아직 본인에게 전달되지 않은 전보와 같다. 그러나 그 내용을 훔쳐본 사람은 이미 권력을 행사하는 셈이다. 마치 환자의 무의식을 훔쳐본 분석가가 환자에 대하여 보이지 않는 권력을 확보하듯이, D장관은 귀부인에 대하여 강력한 압력을 무언중에 행사한다.

편지의 주인이 여러 차례 바뀌면서 사태가 복잡하게 전개된 것 같지만 문제는 의외로 간단히 해결된다. 따라서 포가 인용한 세네카의 경구는 이모든 문제에 대한 해답을 대신한다고 볼 수도 있겠다. "과도한 정밀함만큼 지혜와 적대적인 것은 없다." 결국 지나친 정밀 수색을 택했던 경감은 수사에 실패하고, 직관적인 지혜를 선택한 탐정은 편지를 되찾을 수 있었던 것이다. 포는 복잡다단한 사건의 해결에서는 단순성이야말로 가장 큰 위력을 발휘한다는 점을 강조하는 것 같다.

한 개인의 복잡한 심리적 현상의 배경을 이해하기 위해 노력하는 분석가의 경우에도 사실은 이처럼 핵심적인 단순성을 찾는 과정이 더욱 중요할지도 모른다. 환자의 입을 통해 진술된 엄청난 분량의 온갖 정보에 치어 가장 중요한 핵심을 놓치는 경우도 많기 때문이다. 더군다나 그런 과도한 정보의 홍수는 환자의 교묘한 전략에 따른 것일 수도 있다. 노출과 은폐의 끊임없는 반복 속에서 분석가는 핵심적인 갈등의 해결을 위한 실마리를 건져올려야만 한다.

온갖 우여곡절 끝에 편지는 결국 원래의 주인에게 돌아가지만 편지의 진정한 주인이 누구인지에 대해서는 모호하기 그지없듯이, 환자가 드러내는 내면적 사건의 진상 또한 그와 마찬가지로 애매모호하기 마련이다. 그러나 의외로 문제는 단순할 수도 있다. 분석가가 환자의 입장을 공감적으로 이해하고, 탐정이 범인의 입장을 이해하게 되면 문제는 한결 손쉬워질 수 있기 때문이다.

살인범을 잡으려는 탐정이나 무의식적 살해 욕망의 동기를 찾으려는 분석가 모두에 있어서 관찰과 추리는 필수불가결의 요구 조건이지만, 포는 단순성의 논리와 범인과의 동일시 그리고 시적인 직관력을 더욱 강조한다. 그리고 그런 포의 주장은 환자의 무의식을 탐색하는 분석가의 기법에서 인지적 차원의 해석뿐 아니라 공감적 이해를 강조하는 최근 경향을 이미 수백 년 전에 예고한 것처럼 보이기도 한다. 그런 점에서 포는 그야말로 놀라운 심리적 혜안을 지녔던 천재라 할 수 있다.

마크 트웨인의 악동들

가장 미국적인 작가로 꼽히는 마크 트웨인(Mark Twain, 1835~ 1910)은 미국 남부 미주리 주 플로리다 출생으로 본명은 새뮤얼 랭혼 클레멘스다. 판사의 아들로 태어난 그는 4세 때 한니발로 이사해 그곳에서 자랐으며, 그의 소설 『톰 소여의 모험』과 『허클베리 핀의 모험』의 주 무대인 세인트피터스버그는 바로 한니발을 모델로 삼은 것이다. 12세 때 아버지를 여읜 그는 학교를 그만두고 인쇄소에서 식자공으로 일하다가 18세 때 고향을 떠나 여러 도시를 전전하며 인쇄공으로 일했다. 그 후 미시시피강을 오가는 증기선에서 수로 안내인으로 일했다. 그는 그때의 경험에서 영감을 얻어 나중에 자신의 필명을 마크 트웨인으로 지었는데, 그것은 배의 안전한 운항에 필요한 강물의 깊이인 2야드를 가리키는 말이기도 하다.

미시시피강은 미국 남부의 상징이다. 자유의 여신상이 미국 동부의 상징이라면 서부의 상징은 단연 대초원과 록키 산맥이다. 마크 트웨인은 젊은 시절부터 여러 도시를 떠돌아다니며 자신이 속한 미국 사회의 다양한 측면에 대해 이미 풍부한 식견을 갖고 있었다. 남북전쟁이 끝나자 작가생활로 접어든 그는 1870년 올리비아를 만나 결혼한 후 『톰 소여의 모험』 『허클베리 핀의 모험』『왕자와 거지』 등의 대표작을 계속 발표했다. 그러나 출판 사업의 실패로 큰 빚을 지게 되고 게다가 자신의 두 딸과 부인이 사망하자 심한 우울증에 빠지기도 했다. 오늘날 마크 트웨인은 가장 미국적인 작가로 알려져 있으며, 인종차별과 제국주의 정책에 반대하고 휴머니즘에 입각한 자유로운 사상으로 오늘날 미국 사회가 지닌 힘의 근원을 이해하는 데도움이 되는 작가이기도 하다.

『톰 소여의 모험』

톰 소여는 장난기 넘치는 개구쟁이요 말썽쟁이 악동이다. 그에게는 부모가 없으며 이복동생 시드, 사촌누이 메리와 함께 나이 든 폴리 이모의 보살핌을 받으며 살아간다. 그러나 그는 공부는 안 하고 항상 말썽만 부려 이모의 속을 썩인다. 톰은 마을에 새로 온 베키를 남몰래 짝사랑하고 그녀에게 약혼할 것을 구걸하지만 새침데기인 그녀는 항상 톰에게 관심 없는 척한다. 톰은 어떻게든 베키의 환심을 얻기 위해 무진 애를 쓴다. 교회도 열심히 나가고 성경도 암송해 보인다. 해적 놀이를 한답시고 허클베리 핀과 조 하퍼를 데리고 섬으로 몰래 갔다가 온 마을을 발칵 뒤집어 놓기도 한다. 애들이 죽은 것으로 간주한 마을 주민들이 장례식까지 치르자 톰은 쑥스러운 모습으로 자신의 장례식장에 나타나 사람들을 놀라 자빠지게 만든다.

그러던 어느 날 톰과 베키는 학교에서 단체로 피크닉을 갔다가 동굴 속에서 길을 잃고 그 안에 갇히고 만다. 마을에서는 두 아이의 실종으로 난리가 나고 대대적인 수색 작전이 시작된다. 그동안 동굴을 빠져나오려 애쓰던 톰은 그 안에서 전에 공동묘지에서 목격했던 악당 인디언 조를 발견하고는 기겁을 하고 놀란다. 가까스로 베키와 함께 동굴을 빠져나온 톰은 마을에서 영웅 대접을 받고 허클베리의 도움으로 인디언 조의 음모도 밝혀낸다. 그 후 인디언 조가 동굴 안에 숨겨 놓은 거액의 돈 상자를 찾아낸 톰과 허크는 졸지에 부자가 된다. 그리고 판사 딸인 베키의 사랑도 얻게 된다. 그러나 마을 사람들은 인디언 조가 몰래 숨어 있는 줄도 모르고 동굴 입구를 막아 버린다. 물론 사고 재발을 막기 위해서였지만 악당 인디언 조는 그 안에서 굶어죽고 만다.

톰은 매우 자유분방하고 낙천적인 성격을 지닌 소년으로 머리가 영리한 데다 용기와 의협심도 겸비했다. 그런 톰에게 틀에 박힌 학교와 교회는 그야말로 숨통을 조이는 감옥과 같은 곳이었다. 그래서 그는 기회만 있으면 강가와 숲으로 달려가 해적놀이 하기에 바쁘다. 무한한 상상력을 가진 톰은 항상 극적인 모험을 만들어 내고 뭔가 기괴한 일을 꾸민다. 그런 그에게 가장 가까운 친구는 허크와 베키다. 술주정뱅이의 아들인 허크는 비록 말수가 적지만 엉뚱한 데가 있어 좋고 베키는 집안도 훌륭하고 거기다 예쁘기까지 해서 좋다. 톰은 점잖 빼는 동생 시드를 골탕 먹이는 일이 가장 즐겁다. 그러나 악의가 있는 것은 아니다. 단지 잘난 척하는 꼴이 보기 싫을 뿐이다.

톰의 관심을 온통 빼앗아 버린 베키는 엄마 없이 외롭게 자란 톰에게는 가장 이상적인 여성으로 다가온다. 그녀를 데리고 동굴 속으로 들어갔다가 길을 잃게 된 톰은 그 안에 갇혀서 악당의 보물을 차지하는 문제와 베키를 구해 내는 문제를 동시에 해결해야만 했다. 돈이냐 사랑이냐 선택의 갈림길에서 그래도 사랑을 선택한 톰은 결국 베키를 구해 내 마을로 돌아오고 운 좋게도 보물까지 얻는 최후의 승리자가 된다. 그런 점에서 톰의 모험은 부모를 잃은 대신에 부와 사랑이라는 보상을 얻기까지 겪게 되는 스릴 넘치는 오이디푸스적 모험이었던 셈이다. 그것은 곧 아버지의 위협으로부터 어머니를 구하기 위한 마크 트웨인 자신의 구원 환상을 상징한 것처럼 보이기도 한다. 그러나 정작 그 자신은 아들과 두 딸의 생명을 구하지도 못하고 큰 실의에 빠져야만 했다.

더구나 동굴 속을 여기저기 헤매는 톰의 모습은 마치 어머니의 자궁 속을 떠도는 아기 유령의 모습을 연상시킨다. 거대한 미시시피 강줄기가 미국의 젖줄로 상징되듯이 동굴과 강물의 두 가지 상징은 마크 트웨인의 대표작 『톰 소여의 모험』과 『허클베리 핀의 모험』에서 가장 중요한 배경을 이루고 있는데, 이는 곧 톰과 허크에게 가장 절실한 모정의 결핍을 의미하는 것이기도 하다. 톰은 동굴의 탐험을 통해서, 그리고 허크는 기나긴 강줄기의 탐험을 통해서 자신들의 근원을 찾아가는 대장정에 오른 것이기 때문이다. 물론 꿈보다 해몽이라는 말도 있지만, 그럴듯한 해석이 아니겠는가.

『허클베리 핀의 모험』

허클베리 핀은 주정뱅이 아버지 때문에 항상 시달림을 받는 외로운 소년이다. 그럼에도 불구하고 낙천적인 기질의 소유자로 정직하고 꿋꿋한 소년이기도 하다. 더글라스 미망인 집에 맡겨진 허크는 어느 날 돈을 노린 아버지에게 붙들려 외진 오두막에 갇히는 신세가 된다. 그는 자신을 학대하는 아버지를 원망하지는 않지만 술에만 취하면 제정신이 아닌 아버지의 손에 어쩌면 자기가 맞아 죽을지도 모른다는 두려움 때문에 그가 잠시 오두막을 비운 사이 마치 강도에게 살해당한 것처럼 꾸미고 강 한가운데 있는 잭슨 섬으로 도망을 친다. 그는 그곳에 숨어 지내다 마침 왓슨 부인 집에서 도망친 흑인 노예 짐을 만나 그와 함께 드넓은 미시시피강을 따라가며 숱한 모험을 겪게 된다.

허크와 짐은 서로 굳게 의지하고 격려하며 뗏목 여행을 계속한다. 난파선의 악당들, 복수심에 불타 끝없는 싸움을 일삼는 두 일가, 그리고 유럽의 왕족임을 사칭하고 허크와 짐을 하인처럼 부리고 끝내 짐을 팔아넘긴 두 사기꾼 때문에 허크는 온갖 우여곡절을 다 겪는다. 결국 억울하게 팔려간 짐을 구해 내기 위해 허크는 톰 소여의 먼 친척인 펠프스가를 찾게 되고, 거기서 본의 아니게 톰 노릇을 하게 된다.

그러나 정작 톰이 나타나자 허크는 큰 곤경에 처하는데, 눈치 빠른 톰은 재빨리 자신이 동생 시드라고 속여 짐의 탈출 계획을 돕는다. 그 과정에서 톰이 총상을 입지만 탈주했던 짐이 다시 돌아와 톰을 보살피다가 다시 붙들린다. 그리고 갑자기 폴리 이모가 나타나 톰과 허크의 정체가 탄로나게 되지만, 그때 톰이 알려 준 소식은 왓슨 부인이 죽으면서 짐을 해방시킨다는 유언을 남겼기 때문에 짐은 이미 자유인이 되었다는 사실이었다. 그리고 짐은 허크의 아버지가 이미 죽었다는 사실을 비로소 털어놓는다. 그렇게 해서 짐은 자유의 몸이 되고, 허크는 톰의 가족이 맡아 키우겠다고 나섰지만 인디언 구역으로 멀리 도망갈 계획을 세운다.

전작인 『톰 소여의 모험』의 배경이 미국 남부의 작은 마을에 국한되었던 것과는 달리, 그 후속편인 『허클베리 핀의 모험』은 미시시피강 전체를 무대로 펼쳐지는 숨 막히는 모험을 담고 있다. 헤밍웨이는 미국 문학은 모두 『허클베리 핀의 모험』에서 나왔다면서 극찬하기도 했다. 특히 인종차별에 대한 마크 트웨인의 휴머니즘적 시각이 두드러진 소설이기도 하다. 더욱이 프랑스의 루이 16세 및 영국 공작의 후예를 사칭하는 두 사기꾼의 거짓에 놀아나는 순진한 시골 농부들의 모습은 당시의 어수룩한 미국 사회의 한 단면을 엿보게도 한다. 물론 그것은 무지 때문이기도 하지만 약탈자와 사기꾼, 노예상인, 인종차별주의자, 술주정꾼 등 온갖 뜨내기로 넘쳐나던 당시의 혼란스러운 시대상을 반영한 것이기도 하다.

그러나 분석적인 시각에서 톰의 묘지 탐험과 동굴 탐험이 부모 상실 및 구원 환상을 상징한다고 볼 때, 허크의 뗏목 여행은 미국의 젖줄이자 어머니의 상징인 미시시피강을 따라 내려간 기나긴 자아의 여정이다. 그것은 아버지가 아니라 더욱 원초적 단계의 어머니를 찾아 나선 여정이기도 하다. 그리고 두려운 아버지를 피해 도망친 후 새로운 어머니 샐리를 만나기까지 그 앞을 가로막는 숱한 장애물은 오히려 허크의 심리적 성숙을 돕는 보약이 되었다. 거기에는 특히 흑인 노예 짐과 친구 톰의 도움이 컸다. 더욱이 허크와 짐은 글을 모르는 문맹이며 교육이라곤 한 번도 받아 본 적이 없는 원시 자연 상태 그 자체라는 점에서, 톰의 존재는 상대적으로 오늘날 미국을 이끌어 가는 모험심 많은 엘리트의 원조쯤으로 간주해도 좋겠다.

그러나 허크와 짐은 기나긴 여정을 통해 한 걸음 더 성숙해지며 사악한 인간들과의 대결에서도 결코 비굴하게 순응하지 않는 모습을 보여 준다. 특히 허크는 아무것도 배운 것이 없는 일자무식꾼임에도 불구하고 아버지로부터 도망칠 때에는 자신이 강도에게 살해당한 것처럼 교묘하게 위장하고, 자신들에 관한 소문을 알아보기 위해 여장 차림으로 마을에 잠입하는가 하면, 강에서 마주친 사람들을 따돌리기 위해 돌림병 환자 행세를 하거나 짐을 구하기 위해 톰의 행세를 능숙하게 하는 등 위기를 맞이해서 순간적인 재치를 발휘하는 능력을 지닌 소년이기도 하다. 그것은 누가 가르쳐 준 것이 아니라 스스로 터득한 삶의 생존 방식이었던 셈이다.

톰은 부모 없이 자랐지만 그들을 대신할 수 있는 보호자 및 교육의 기회가 있었던 반면에, 허크는 포악한 아버지 밑에서 학대받고 지내며 일체의 교육조차 받을 기회가 없었다. 그것은 야생에 그대로 방치된 삶이었을 뿐이다. 그럼에도 불구하고 허크가 그나마 온전히 클 수 있었던 것은 대자연의 순수성과 건강함이 뒷받침되었기 때문이라고 풀이할 수 있겠다. 침체된 도시의 인습적인 억압에서 벗어난 자유로움이 허크를 건강하게 지탱해 준 원동력이라 할 수 있다. 마크 트웨인이 내세우고 싶은 것도 아마 그런 건강한 자연미였을 것이다. 그는 결코 때 묻지 않은 자연의 순수함이야말로 미국 사회를 지탱해 주는 힘의 원천이라고 믿고 싶었는지도 모른다.

『왕자와 거지』

마크 트웨인의 소설 『왕자와 거지』는 1881년에 발표한 역사소설로 진짜와 가짜 왕자로 뒤바뀐 두 소년의 모험담이다. 그러나 동화처럼 알려진 이 소설의 원본은 권력자의 횡포에 대한 신랄한 비판과 풍자를 담은 작품으로 결코 단순한 흥미 본위의 소설이 아니다. 그것은 곧 절대 권력을 악의 실체로 보고 가난한 민중의 소박한 삶을 선으로 간주한 마크 트웨인의 시각을 그대로 반영한 것이기 때문이다.

처음에는 그저 호기심과 장난으로 시작한 거지 소년의 생활을 통하여 핍박받는 민중의 삶을 직접 체험하게 되면서 비로소 그런 악의 본질과 실체에 눈이 뜬 에드워드 왕자가 마침내 진정으로 덕을 베푸는 왕으로 거듭나게 된다는 이야기다. 어떤 점에서 마크 트웨인은 미국의 정치적 현실을 바로잡기 위한 경종의 의미로 이 작품을 썼는지도 모르겠다. 이 소설이 나온 시점은 노예해방과 남북전쟁의 후유증으로 미국 전역이 한창 몸살을 앓고 있던 어수선한 시기였기 때문이다.

더욱이 마크 트웨인은 전형적인 남부 출신으로 어려서부터 흑인 노예들과 자연스레 어울리며 성장했기 때문에 링컨 대통령의 노예해방을 지지했을 뿐만 아니라 백인들의 의식 또한 해방되어야 한다고 공언했던 것이다.

하지만 1898년 미서전쟁 때까지만 해도 미국의 제국주의 정책만큼은 지지하고 있었다. 이와 거의 같은 시기에 미국은 하와이와 필리핀을 합병했다. 그러다가 마침내 마크 트웨인은 반제국주의로 급선회하면서 미국의 제국주의 정책에 대하여 맹공을 가하기 시작했다.

물론 그의 대표작 『톰 소여의 모험』이나 『허클베리 핀의 모험』 『왕자와 거지』 등이 발표된 것은 그가 정치적으로는 여전히 미국의 대외적인 제국주의 정책을 지지하고 있던 시점이었다. 다시 말해, 그는 흑인 노예 및 인디언 원주민의 인권 침해 등 미국 내부의 문제에 있어서만큼은 동정적인 입장을 유지하였지만, 그 이외의 동양인들에 대한 문제에는 별다른 관심을 보이지 않았다는 것이다. 그러나 일단 내전이 종식되고 서부 개척이 완료된 이후에 미국의 시선이 태평양으로 확대되기 시작하자 그는 제국주의의 실체가 악에 그 뿌리를 두고 있다는 사실을 깨닫게 된다. 그렇게 해서 한때나마 골드러시에 편승해 일확천금을 꿈꾸기도 했던 그는 비로소 보다 큰 안목으로 세상을 바라보기 시작한 것이다.

소설 『왕자와 거지』를 통해 마크 트웨인은 민중의 권리를 억누르고 굶주림과 불행을 가져오는 모든 권력 행사에 대해 악으로 규정하고 있다. 물론 그런 악의 실체를 보다 생생하게 묘사하기 위해 전혀 새로운 시각에서 뒤집어 보는 방식을 취하고 있는데, 즉 거지의 시각으로 바라본 정치와 왕자의 시각에서 바라본 민생 문제를 대비시킴으로써 극적인 반전을 일으킨다. 그는 그렇게 해서라도 부조리하고 불공정한 삶의 실상을 이해시키고자 한 것으로 보이는데, 당시만 해도 사람들은 노예제도나 제국주의 침략을 실로 당연한 것으로 여겼으니 발상의 전환을 위해서는 그런 뒤집기 방식이 더욱 유효했을지도 모른다.

오늘날 우리는 소위 왕자병에 걸린 숱한 청소년을 목격하고 있지만, 삶의 진정한 가치는 단지 겉모습에 있는 거짓된 자기가 아닌 진정한 자아를 회복하여 성숙한 모습을 되찾는 일에 있음을 깨달아야 하겠다. 우리는 그런 진짜와 가짜 자기 모습의 실체를 소설『왕자와 거지』를 통해서 얼마든지 깨달을 수 있을 것이다. 톰과 에드워드는 각자 뼈아픈 체험을 통해 드높은 왕궁의 벽뿐 아니라 마음의 벽까지 허물고 진정한 공감대를 형성함으로써 자신들이 걸친 옷이나 지위가 아니라 보다 성숙한 단계의 정신적 교류와 우정의 소중함을 깨닫기에 이른다. 그처럼 소중한 삶의 보물이 어디 또 있겠는가.

잭 런던과 『마틴 에덴』

잭런던은 40세의 나이로 요절한 미국의 소설가다. 비록 그는 정통 문단에서 제대로 인정받지 못한 일개 통속작가로 알려져 왔으나 오늘날에 이르러 재평가가 이루어지고 있는 작가이기도 하다. 그의 작품은 주로 자연과 야생에 관련된 반문명적인 모험소설로 지칭되고 있기도 하지만 단순한 흥미 본위의 소설은 아니다. 오히려 불평등에 기초한 약육강식의 자본주의 사회를 비판하는 성향이 더욱 농후하다.

물론 그 자신은 사회주의 이념을 추구하는 작가였기에 철저한 자본주의 국가인 미국 사회에서 인정받는다는 것이 현실적으로 매우 어렵기도 했겠지만, 상반된 이념과 가치관을 지니고 살아야만 했던 그로서는 갈등과 좌절이 더욱 컸으리라고 여겨진다. 그런 점에서 잭 런던의 소설 『마틴 에덴』은 자신의 이념과 철학에 반하는 사회에 몸담고 살았던 소외된 한 젊은 반항아의 내면적인 갈등과 모순을 과감하게 표출시킨 반자전적 소설이라 해도 과언이 아닐 것이다.

잭 런던의 생애

잭 런던(Jack London, 1876~1916)은 미국 샌프란시스코에서 사생아로 태어났다. 그의 생부 윌리엄 헨리 채니는 떠돌이 점성술사였는데 자신의 아이가 생겼다는 소식을 전해 듣고는 어디론가 사라져 버렸다. 어머니가 그 후 존 런던과 결혼했기 때문에 그는 본의 아니게 잭 런던으로 알려지게 된 것이다. 그러나 그의 생부는 잭 런던이 자신의 아들이라는 것을 결코 인정하지 않았다.

잭 런던은 어린 나이에 이미 생업 전선에 뛰어듦으로써 사회적 불평등 구조에 누구보다 일찍 눈이 떴다고 할 수 있겠다. 그는 시간당 10센트를 받고 연어 통조림 공장에서 일하기도 했다. 이처럼 불우한 아동기를 겪으면서 잭 런던은 청소년기에 이르러 더욱 반항적이고 불량스러운 모습으로 좌충우돌하는 정신적 방황기를 겪었다.

세상에 대한 불만에 가득 찼던 그는 다윈, 마르크스, 니체 등을 탐독하였고, 특히 공산주의 사상에 이끌린 나머지 이미 고교 시절에 사회주의 노동당에 가입하기도 했다. 대학도 1년 다니다 학비를 마련하기 어려워 도중에 포기했으며, 그 후에도 여기저기를 전전하며 닥치는 대로 노동일을 했다. 그러다가 한때는 알래스카로 가서 골드러시에 가담하기도 했으나 끝내 노다지를 발견하지는 못했으며 게다가 괴혈병까지 걸려 다시 집으로 돌아오고 말았다.

귀가한 후 그는 생업을 위해 우체국 직원으로 일하면서 닥치는 대로 글을 쓰기 시작했는데, 이처럼 다양한 삶의 경험을 토대로 반문명적인 메시지로 가득 찬 대표작 『야성의 절규』『늑대개』『바다 이리』『강철군화』『마틴 에덴』 등을 발표했다. 특히 그의 주된 작품 주제가 되었던 늑대는 결코 길들여지지 않는 짐승이라는 점에서 반문명의 상징으로 등장하는데, 그는 심지어 자신이 살던 집도 늑대의 집이라는 뜻의 울프 하우스라고 명명했다.

이처럼 잭 런던은 야생의 늑대처럼 타락한 자본주의 문명사회에 결코 길들여지지 않는 고독한 방랑자가 되고자 했지만, 그 역시 인간인지라 세속적인 명성과 부의 유혹에서 결코 자유롭지 못했다. 그는 작가적 명성을 얻으면서 생활에 다소 여유가 생기자 첫 부인 베시와 이혼하고 차미언과 재혼해서 자메이카로 신혼여행을 떠났으며, 농장을 사들여 집도 새로 짓고 보트를 건조해서 태평양을 횡단하는 모험을 즐기기도 했다.

사회주의를 신봉하는 이상주의자의자였던 잭 런던은 비록 자본주의 사회에 강한 불만을 품고 있었지만, 역설적으로 세속적 성공에 대한 열망에 가득 차 있기도 했다. 그런 이율배반적인 모습은 그의 소설 『마틴 에덴』에 잘 드러나 있다. 결국 잭 런던은 그 자신의 야성과 욕망 그리고 이상과 현실적 장벽 사이에서 방황을 거듭하다가 40이라는 한창 나이에 요절하고 말았다.

『마틴 에덴』

『마틴 에덴』은 1909년에 발표된 잭 런던의 반자전적 소설이다. 신분 상승을 위해 자신의 꿈과 이상을 접고 스스로를 기만하는 주인공 마틴은 삶의 기로에서 방황하다 마지막으로 죽음을 선택하게 된다. 그런데 마틴은 바로 잭 런던 자신의 분신처럼 보인다. 이상과 현실의 간극을 메울 수 있는 방도를 찾지 못하고 자가당착의 모순에 빠진 나머지 극도의 자기혐오로 괴로워하다 짧은 생애를 살다 간 마틴 에덴이야말로 잭 런던 자신의 모습을 그대로 보여 주기 때문이다.

그러나 잭 런던과 마틴 에덴 사이에는 분명한 차이가 있다. 마틴이 사회주의를 일종의 노예도덕으로 간주하며 거부하는 대신 니체의 초월주의에 기울다가 스스로 죽음을 맞이한 반면에, 잭 런던은 자신의 사회주의 이념을 결코 포기하지 않았을뿐더러 자살을 선택하지도 않았기 때문이다. 오히려 마틴에게 작가의 꿈을 포기하고 바다로 돌아갈 것을 계속 권유한 동료 작가 브리센든이 도시생활을 혐오하는 사회주의자로 등장한다는 점에서 양분된 잭 런던 자신의 일부를 나타낸다고 볼 수 있겠다. 다시 말해서, 마틴과 브리센든은 잭 런던의 내면에서 극한적 대립 상태에 놓인 자아의 분열상을 반영하는 셈이다.

노동자 계급 출신의 선원이었던 마틴 에덴은 통조림 공장에서 일하는 리지와 사귀지만, 작가로 성공하기 위한 세속적 야망에 이끌린 나머지 자신에게 영어를 가르치던 대학생 루스 모스와 사랑에 빠진다. 힘겨운 노동으로 거칠어진 리지의 손에 정나미가 떨어진 마틴은 배운 것 없이 무식하지만 그에게 헌신적인 사랑을 바친 리지를 버리고 마침내 루스와 약혼한다. 하지만 신분상의 차이가 두 사람의 결합에 커다란 장벽이 되면서 마틴은 좌절을 겪는다. 루스의 부모가 그들의 결혼에 반대하고 나섰기 때문이다. 결국 자신이 성공할 때까지 기다려 달라는 그의 청을 거부한 루스가 절교를 선언하자 그 후 마틴은 독학으로 공부해 작가로 성공하고 부와 명성도 얻지만, 우울한 나날을 계속 보내다가 끝내는 강물에 몸을 던져 스스로 목숨을 끊는다.

이와 비슷한 장면은 그의 자전적인 회상록 『존 바알리콘』에도 나온다. 젊은 시절 잭 런던은 술에 취한 상태에서 갑자기 자살 충동을 느껴 배에서 바다로 뛰어내려 죽으려 했다가 실패한 적이 있는데, 그가 40세 나이로 요절한 것도 단순히 요독증 때문이 아니라 모르핀 과용에 의한 자살이었다는 일부 주장도 제기되어 왔다. 어쨌든 그의 회상록은 알코올 중독자의 심리를 절묘하게 드러낸다는 점에서 미국의 금주동맹에서 자주 인용되고 읽히고 있다.

소설 『마틴 에덴』은 단순히 세속적인 성공과 실패담을 다룬 멜로드라마가 아니다. 어떻게 보면 드라이저의 소설 『아메리카의 비극』과 비슷한 플롯일 수도 있지만, 그 이면에는 치열한 이념적·철학적 갈등과 고뇌가 스며 있는 작품으로 개인주의와 사회주의 이념 사이를 오가며 혼란을 느끼는 잭 런던 자신의 모습이 고스란히 담겨 있다.

잭 런던은 무려 2년여에 걸친 오랜 항해 기간 중에 이 소설을 썼다. 그에 앞서 발표한 일련의 야생 모험소설로 이미 국제적인 명성과 부를 얻고 있었지만, 그는 자신의 세속적인 성공에 환멸감을 느끼고 곧바로 태평양을 횡단하는 대장정에 돌입한 것으로 볼 수 있다. 그런데 이때 그는 새로운 모험정신을 불태움으로써 과거에 자신이 간직하고 있던 순수한 야성과 도전정신을 회복하는 동시에 자신의 모순된 삶에 대한 투쟁과 좌절을 재정립하고자 하는 시도에서 소설 『마틴 에덴』을 쓴 것으로 보인다.

야생마 잭 런던

사생아로 태어난 잭 런던은 어머니 플로라가 육아에 전혀 관심을 보이지 않았기 때문에 전적으로 하녀의 손에 맡겨져 키워졌다. 그가 사춘기에 이르러 어머니가 지어 준 이름인 존 그리피스를 거부하고 자신의 이름을 굳이 잭으로 바꾼 것은 부모에 대한 반항심과 자신의 출신 성분에 대한 강한 불만 때문이었기 쉽다.

그는 사생아 신분으로서 어려서부터 밑바닥 인생을 걸어야 했는데, 그런 이유로 이른 나이부터 사회적 불평등과 불합리성에 눈뜬 셈이다. 그뿐 아니라 자신을 구원해 줄 이상적인 여성상을 찾아 방황을 거듭하기도 했는데, 그의 첫 번째 아내 베시의 애칭이 '엄마-소녀(mother-girl)'였다는 점에서 따스한 모정에 대한 그리움이 어느 정도였는지 짐작할 수 있다.

무지했던 그에게 문법을 가르치는 선생 노릇도 했던 아내 베시는 그야말로 이상적인 구원의 어머니상이었다. 하지만 그녀는 열정이 없었으며 더구나 두 아이가 생기고부터는 남편보다 애들에 더 큰 관심을 보였다. 성적인 욕구 불만에 쌓인 그가 밤새 돌아오지 않는 날에도 그녀는 아무런 내색조차 하지 않았다. 게다가 그녀는 잭 런던이 창녀들과 어울리고 자신에게 성병을 옮길지도 모른다는 공포심에 사로잡혀 있었다. 결국 그는 도덕적 순결을 계속 내세우는 베시를 몹시 경멸하기에 이르렀다.

그런데 남편에 대해 베시가 부른 애칭이 '대디 – 보이(daddy-boy)'였음을 상기한다면 이들 부부는 서로를 엄마, 아빠 식으로 부르면서 각자의 오이디푸스적 소망을 우회적으로 충족하고자 하였다고 볼 수 있지만, 베시는 성적인 행위를 통한 노골적인 욕구 충족에는 두려움이 더욱 컸던 것으로 보인다. 반면에 두 번째 아내 차미언은 '단짝 – 여자(mate-woman)'라는 애칭으로 불렸음을 볼 때, 잭 런던이 왜 베시와 결별할 수밖에 없었는지 그 이유를 짐작할 수 있겠다.

그는 베시와 달리 성적으로 저돌적이며 모험심에 가득 찬 적극적인 여성 차미언에게서 모성적인 보살핌이 아닌 근친상간적인 모험심을 충족한 것으로 보인다. 요컨대, 베시가 모든 남성과 아이를 젖 먹이고 양육하는 성스러운 어머니의 상징이었다면, 차미언은 장난치고 즐기며 때로는 광적인 음란함으로 부도덕한 짓도 함께 할 수 있는 부담 없는 연인의 상징이었기 때문에 그 관계를 지속해 나갈 수 있었다고 본다.

잭 런던은 이른 나이부터 신문팔이, 세탁소 직원, 발전소 탄부, 통조림 공장 노동자, 선원, 노다지를 찾는 투기꾼, 동네 불량배, 통신원 등 안 해 본 일이 거의 없을 정도였다. 자신을 돌보지 않은 부모에 대한 원망과 분노는 고달픈 밑바닥 생활로 인해 세상에 대한 반항심을 더욱 크게 조장하는 밑거름이 된 것으로 보인다. 그가 권투 시합에 그토록 매력을 느낀 것도 자신의 분노와 공격성을 해소하기 위해서였을 것이다. 세기적인 흑백 대결로 기억되는 1910년 흑인 선수 잭 존슨과 위대한 백인의 희망이었던 짐 제프리스의 권투 시합을 직접 취재했던 잭 런던은 자신이 쓴 글에서 노골적인 백인우월주의를 드러내 보이기도 했다.

그는 자신의 많은 작품에서도 흑인과 유대인에 대한 경멸적인 묘사를 서슴지 않았지만, 일본에 대해서는 매우 강한 친밀감과 존경심마저 보여 자신의 집을 지을 때도 일본식 테라스를 본떠 만들 정도였다. 반면에 한국인에 대해서는 전혀 쓸모없는 인간들이라는 경멸적인 표현을 마다하지 않았는데, 그것은 1904년 노일전쟁 취재차 극동 지역을 방문하고 쓴 수필 『황화론(The Yellow Peril)』을 통해서였다. 당시 그는 대한제국 시절의 한국을 방문해서 서울과 평양 등지의 호텔에 머물며 취재 활동을 펼쳤는데, 헐벗고 굶주린 모습으로 살아가는 한국인들에 대해 극심한 혐오감을 느낀 것으로 보인다.

그러나 어쨌든 만민평등주의에 입각한 사회주의 이념을 추구했던 작가로서 백인우월주의 및 인종적 편견에 사로잡힌 잭 런던의 모습은 그 자체가 이율배반적인 모순을 드러내고 있다. 물론 그는 강자에 대한 선망에 사로잡혀 있으면서도 그 스스로가 영웅이 되고자 하는 환상을 지니고 살았던 사람이었다. 특히 사생아로 태어나 부모의 보살핌을 전혀 받지 못하고 자란 사실에서 비롯된 강렬한 분노와 적개심은 자신이 그토록 승오하는 세상을 일시에 뒤엎고 새로운 낙원을 건설한다는 사회주의 이념에 몰두하게끔 이끌었겠지만, 세상일은 그 자신이 생각한 것처럼 그렇게 간단한 일이 아니었다. 더구나 그가 속한 미국 사회는 이념적으로 볼 때 마치 철옹성과도 같은 자본주의 사회였기에 그의 좌절은 더욱 컸을 것이다.

하지만 그의 이상을 가로막는 또 다른 장벽은 여성과의 관계에서도 여지없이 드러난다. 이상적인 어머니에 대한 무의식적 환상이 번번이 좌절되었기 때문이다. 따라서 그는 철저하게 돈을 벌기로 작정한 것이다. 그는 자본주의를 경멸했지만 돈을 벌기 위해 온종일 글쓰기에 매달리기 일쑤였다. 그가 작가의 길로 들어서게 된 것도 끔찍스러울 정도로 가난한 공장 노동자 생활에서 탈출하기 위해서였지만, 그는 이상과 현실 사이에서 명확한 태도를 정하지 못하고 혼란스럽게 오가는 모습을 보였다. 그런 경향은 그의 소설에도 나타난다.

『야성의 절규』는 야생으로 돌아가는 늑대의 이야기인 반면에 『늑대개』는 역으로 야생을 버리고 문명사회에 돌아와 적응하는 이야기다. 이는 결국 그 자신의 이데올로기적 갈등은 물론 정체성 혼란을 의미하는 것이다. 그런 혼란은 그의 삶 전체를 통해 일관되게 드러나고 있다. 열렬한 사회주의자로서 여성의 현실 참여와 참정권을 지지하던 그가 실제 생활에서는 가족에게 매우 가부장적인 태도를 취하는가 하면, 적자생존의 법칙에 입각한 인종주의 및 백인우월주의를 신봉하는 등 이념적으로도 앞뒤가 맞지 않는 불일치를 보였기 때문이다.

캐나다 유콘 주의 화이트호스시티는 그동안 잭 런던을 기념해서 잭 런던 거리로 불리던 지명을 그의 인종주의에 반대하는 여론에 따라 최근에 다른 명칭으로 바꿔 버렸는데, 그만큼 잭 런던은 남성우월주의, 백인우월주의에 사로잡혀 있었던 것이다. 그는 강한 남성적 힘의 우위성을 찬미했고, 백인이 세계를 지배하게 된 이유도 남다른 용기와 모험정신에 있다고 보았다. 그 과정에서 드러난 온갖 악행도 불가피한 결과라는 것이다.

이처럼 잭 런던은 그 자신이 마치 길들여지지 않은 야생마처럼 생을 살았던 인물이다. 실제로 그는 정상적인 가정의 부모 슬하에서 성장하지 못했으며 친형제도 없었다. 그런 점에서 소설『야성의 절규』는 바로 그 자신의 절규이기도 하다. 그는 자신의 출생 자체를 불결한 관계의 산물로 여겼으며, 따라서 오염된 자신의 영혼과 육체에 대한 정화가 절실했던 그는 타락한 문명사회에 대한 적개심에 항상 불타 있었던 것이다.

그는 다른 아이들처럼 교회에서 세례를 받지도 않았을 뿐 아니라 일생 동안 그 어떤 신앙도 지니지 않았다. 그는 교회가 아닌 공산당을 자신의 가족으로 삼고 의지한 셈이다. 그런 선택은 자신이 정상적인 가족 경험을 지녀 보지 못한 것에 대한 원망에서 비롯된 것이기도 하다. 그러나 잭 런던은 자신이 그토록 혐오했던 자본의 위력 앞에 결국 무릎을 꿇었다. 자가당착적 모순에 빠진 자신의 모습에 실망하고 자책에 빠진 그는 그런 괴로움을 달래고 잊기 위해 오로지 술에만 의지했던 것이다.

잭 런던의 생애와 소설은 상호 밀접한 관련이 있음을 알 수 있다. 부도덕한 문명사회를 거부하고 야생의 자유를 찬미한 소위 늑대 이야기 시리즈는 사춘기적 반항을 대변하는 작품들이다. 그러나『강철군화』등을 위시해 특히 그의 반자전적인 소설『마틴 에덴』은 사회주의 이념과 자본주의 사회에 살아남기 위한 생존경쟁 사이에서 그가 겪어야만 했던 가치관의 혼란을 반영하고 있을 뿐만 아니라 그 자신의 출생 배경과 관련된 정체성 혼란도 드러내고 있다고 하겠다.

사랑하는 법을 배우지 못한 잭 런던은 오로지 분노와 증오심으로 세상을 헤쳐 나가려 했지만, 사랑뿐 아니라 세속적인 성공을 요구하는 현실적 장벽 앞에서 결국 좌초하고 마는 마틴 에덴처럼 자기모순에 빠져 그 해결책을 얻지 못하고 방황을 거듭해야 했다. 자유와 평등을 동시에 추구했던 그의 이상은 애당초 실현이 불가능한 꿈이었을지도 모른다.

자유를 떠나서 예술가는 존립할 수 없다. 그 어떤 구속도 예술가에게는 독약이나 다름없기 때문이다. 그러나 진정한 평등을 구현했다고 주장하는 공산주의 사회는 개인적 자유의 철저한 희생을 요구하지 않는가. 하지만 잭 런던은 실제로 그런 사회에서 살아 본 경험이 없다. 그가 즐겼던 자유로운 보트 항해는 사회주의 이상향에서는 꿈도 꿀 수 없는 반동적인 사치일 뿐이기 때문이다. 그런 점에서 잭 런던이 추구했던 이데올로기는 공상적 수준의 사회주의였던 것으로 보인다.

헤밍웨이의 환멸

미국 문단에서 소위 잃어버린 세대라 지칭하는 작가군을 대표하는 소설가로 1954년 노벨 문학상을 받은 어니스트 헤밍웨이(Ernest Hemingway, 1899~1961)는 시카고 근교 오크파크에서 의사의 아들로 태어났다. 그는 일찍이 사냥과 낚시 등을 통해 아버지에게서는 남성다움의 기백을, 그리고 음악가였던 어머니에게서는 풍부한 예술적 감수성을 물려받았다.

고교 시절부터 이미 시와 단편소설 등을 쓰기 시작한 그는 학교를 졸업하자 때마침 미국이 제1차 세계대전에 참가하여 군대에 지원하려 했으나 아버지의 반대로 뜻을 못 이루고 신문사에 들어가 기자생활을 하면서 문장력을 가다듬었다. 그러나 치솟는 모험심을 억제하기 어려워 마침내 적십자사의 부상병 운반대원으로 이탈리아 전선에 배속되었다가 큰 부상을 입고 귀국하고 말았다. 그 후 신문사의 해외특파원 신분으로 파리에 가서 세계적인 문인들과 교류할 기회를 얻기도 했다.

그는 『해는 다시 떠오른다』 『무기여 잘 있거라』를 발표하여 인기 작가가 되었으며, 스페인 내전에 참여한 경험을 살려 『누구를 위하여 종은 울리나』를 썼다. 제2차 세계대전 시에는 종군기자로 노르망디 상륙 작전에 동참하기도 했다. 그 후『노인과 바다』등 대표작들을 연이어 발표함으로써 현대 미국을 대표하는 작가의 위치에 올랐다. 그러나 말년에는 우울증과 알코올 중독에 빠져 여러 차례 정신과 치료를 받았으나 결국 자신의 집에서 엽총으로 스스로 머리를 쏘아 자살하고 말았다.

우울과 환멸

'잃어버린 세대'라는 용어를 처음 사용한 인물은 미국을 떠나 파리에서 활동하던 작가 거트루드 스타인이다. 그녀는 헤밍웨이를 만난 자리에서 그런 자조적인 표현을 썼는데, 그 후 헤밍웨이가 자신의 소설『태양은 다시 떠오른다』에서 그 용어를 사용함으로써 대중적으로 널리 알려지게 된 것이다. 제1차 세계대전의 참상을 겪고 난 이후 미국에서는 가치관의 상실로 인해 정신적 방황을 거듭한 일군의 작가가 있었는데, 이들을 일컬어 소위 잃어버린 세대라고 한다.

이처럼 1920년대에 들어 미래에 대한 꿈을 잃어버린 일부 작가는 미국을 떠나 주로 해외에서 활동하며 일종의 정신적 안식처를 구하고 있었다. 헤밍웨이도 그런 작가들에 속했다. 그의 대표작『무기여 잘 있거라』『누구를 위하여 종은 울리나』『프랜시스 매콤버의 짧고 행복한 생애』『킬리만자로의 눈』『노인과 바다』등에서 보듯이 그 무대는 분명 미국이 아니다. 오늘날 미국을 대표하는 작가로 간주되고 있는 헤밍웨이이지만 정작 그 자신은 미국 사회에 관심을 두지 않았다.

간명한 그의 특이한 문체를 하드보일드체라고 부르기도 하지만, 그것은 곧 헤밍웨이 자신의 직설적이고도 무미건조한 성격 구조를 나타내는 것이라 할 수도 있다. 자신이 몸담은 사회에 대한 환멸은 곧 우울로 이어지기 쉽다. 그는 그런 불쾌한 감정에서 벗어나기 위해 끝없이 해외로 탈출을 기도했다. 파리의 정취와 포도주를 즐기고, 스페인의 투우를 즐기는가 하면, 아프리카 초원에서 사파리 사냥에 몰두하고, 쿠바의 해변에서는 바다낚시에 전념했다.

그럼에도 불구하고 그는 근원적인 환멸과 우울을 손쉽게 떨쳐내지 못했다. 왜냐하면 그것은 단지 미국 사회에 대한 것만이 아니었기 때문이다. 문제는 그 자신의 해소되지 못한 내적 갈등에 있었다. 다시 말해서 그 자신의 부모에 대한 태도가 문제인 것이다. 부정적인 이미지의 부모로 상징되는 국가의 이미지는 당연히 부정될 수밖에 없다. 그것은 영국으로 귀화한 시인 T. S. 엘리어트도 마찬가지였다. 심지어 그의 동료인 에즈라 파운드는 제2차 세계대전 기간 중에 이탈리아에 머물며 무솔리니의 파시즘 편에 서서 선전 활동에 몰두하다가 미군에 체포되는 굴욕을 당하기도 했다.

자신의 뿌리에 대한 부정과 환멸, 무관심은 적어도 글을 쓰는 작가에게는 작품 소재의 빈곤이라는 최악의 상황을 초대한다. 헤밍웨이가 이국의 정취와 전쟁, 투우, 사냥, 낚시 등에 몰입한 것도 그 자신의 남성다움을 과시하고픈 나르시시즘적 욕구의 표현이기도 했겠지만 다른 한편으로는 작품 소재의 다양성을 얻기 위한 고육지책이었을 수도 있다.

특히 모험심과 호기심이 유달리 강한 헤밍웨이로서는 단조로운 삶의 일상이 악몽보다 더욱 큰 고통이 되었기 쉽다. 따라서 그에게는 항상 극적인 자극원이 필요했으며, 도전정신에 가득 찬 그는 반복되는 권태로운 일상이 좀이 쑤셔 도저히 견딜 수 없었을 것이다. 그래서 그는 틈만 나면 해외로 빠져나가 전쟁과 살인, 투우, 사냥의 현장에 동참했던 것이다.

그러나 알고 보면 그것은 곧 자신과의 대결이었다. 맹수와의 대결을 통해 입증하고 싶은 것은 자신의 뿌리 깊은 열등감과 비겁함을 불식시키고 남성다운 우월감을 스스로에게 확인시키고자 하는 것이기 때문이다. 그것은 『노인과 바다』에서 자신보다 큰 고기와 혈투를 벌이고 녹초가 되어 집에 돌아온 노인이 곧바로 잠에 빠져들지만 꿈에서마저 사자를 보는 모습을 통해 확인할 수 있다. 『프랜시스 매콤버의 짧고 행복한 생애』에서 주인공은 사자와의 대결에서 비겁함을 보인 수치스러운 행위로 인해 결국 죽음을 맞이한다. 헤밍웨이는 그런 용맹심을 발휘함으로써 자신의 자존심을 유지하고자 했던 것이다.

또 다른 문제는 사랑에 관한 화두라 하겠다. 헤밍웨이의 작품들에 나타나는 인물들의 애정관계는 매우 모호하고 피상적인 수준에 머물러 있는 것이 특징이다. 단적인 예로 『무기여 잘 있거라』의 주인공 헨리 중위나 『누구를 위하여 종은 울리나』의 주인공 로버트 조던은 모두 이국의 여성을 사랑하나 결국 사랑의 결실을 맺지 못한다. 두 인물 모두 정의로운 명분을 지니고 전쟁에 참여하지만 어디까지나 방관자일 뿐이다. 그리고 이들의 공통점은 정상적인 상황에서는 사랑을 제대로 이루지 못하다가 전쟁터나 병원 등과 같은 매우 비일상적인 상황에 처해서만 사랑을 불태운다는 점이다. 더군다나 그 사랑은 누군가 한 사람의 죽음을 반드시 동반하며 그래서 반드시 불행으로 끝난다는 점이다.

그러나 그런 결말은 헤밍웨이 자신의 문제이기도 했다. 그는 지칠 줄 모르고 사랑을 구하지만 사랑에는 서툴기 그지없었다. 더욱이 그는 유달리 왜소한 자신의 성기 때문에 오랜 기간 열등감에 사로잡힌 인물로 그런 열등감을 용맹스러운 모험과 사냥으로 극복하고자 했으며, 겉으로는 오히려 매우 거칠고 사나이다운 모습을 부각시킴으로써 자신의 소심함을 감추고자 했던 것이다. 이처럼 표면적으로는 남성우월주의적인 태도를 계속 유지하면서 여성들의 끝없는 관심과 애정, 헌신적인 보살핌을 원했지만, 자신의 현실 속에서 그런 여성을 찾기란 결코 손쉬운 일이 아니었다. 따라서 그것은 환상 속에서나 가능한 일이었다. 그의 여성 편력을 살펴보면 그런 점이 더욱 분명해진다.

이탈리아 전선에서 부상을 입고 밀라노의 적십자병원에 6개월간 입원해 있으면서 그는 자신보다 7년이나 연상인 폴란드계 미국인 간호사 아그네스 쿠로우스키와 열애에 빠져 그녀와 결혼하기를 열망했지만 결국 그녀에게서 거절을 당한 이후로 마음에 큰 상처를 받았다. 그 후 쿠로우스키는 다른 남자와 결혼하여 1984년 92세 나이로 세상을 떠났는데, 두 사람은 밀라노에서 헤어진 이후로 두 번 다시 만난 적이 없다. 『무기여 잘 있거라』에 나오는 영국인 간호사 캐서린 바클리는 바로 그녀를 모델로 삼은 것인데, 헤밍웨이는 소설 속에서 비정하게도 캐서린을 죽음으로 몰고 가 버린다. 작품으로 앙갚음을 한 셈이다.

연상의 여인에게서 버림을 받은 헤밍웨이는 마치 어머니에게서 버림을 받을까 두려워하는 아기처럼 그 후에도 매번 만나는 여성마다 자기가 먼저 결별을 선언하곤 했다. 그것은 버림을 받는 상처를 입기 전에 자신이 선수를 쳐서 스스로 멀리 도망치는 것이기도 했으며, 동시에 어머니를 포함해 자신을 거부하는 모든 여성에 대한 복수이기도 했던 셈이다. 따라서 헤밍웨이는 네 번 결혼했지만 한결같이 실패로 끝났다.

첫 부인 해들리 리처드슨과는 1922년 결혼하여 주로 파리에 체류했는데, 이 무렵 그는 소설 『해는 다시 떠오른다』를 썼다. 그러나 이들의 관계는 5년으로 끝났다. 그는 당시 자신의 아내보다 파리에 거주하던 작가 거트루드 스타인에게 더 큰 매력을 느끼고 있었다. 그녀는 헤밍웨이보다 25년이나 연상으로 파리 예술계의 대모로 명성이 자자했던 여류작가였다. 헤밍웨이는 그녀의 대저택을 자기 집 안방처럼 드나들었다. 다른 예술가들과 어울리는 데 정신이 팔린 그를 해들리가 좋아할 리 없었을 것이다.

결국 1927년 그녀와 헤어진 그는 이미 불륜관계에 있던 기자 출신 폴린 파이퍼와 재혼했다. 그러나 폴린은 제왕절개술로 아기를 출산한 후 더 이상 임신하면 안 되는 몸이었기 때문에 피임 방법에 혐오감을 갖고 있던 헤밍웨이로서는 다른 상대를 찾아야 했다. 그는 폴린을 피해 곧바로 스페인 전선으로 달려갔다. 그리고 『누구를 위하여 종은 울리나』를 발표한 직후 그녀와도 헤어지고 말았다.

그 후 1940년에 마사 겔혼과 결혼했으나 그녀 역시 늘 술에 절어 살고 잘 씻지도 않는 남편에게 두 손을 들고 말았다. 게다가 그는 항상 아내를 의심하고 질투심까지 보이면서도 정작 자신은 메리 웰시를 만나고 있었으니 그녀가 이혼을 요구한 것은 당연했다.

종군기자 신분으로 노르망디 상륙 작전에 참여하고 돌아온 그는 결국 네 번째 부인 메리 웰시와 결혼식을 거행했다. 그러나 그의 문란한 생활은 멈추지 않았다. 심지어는 메리가 보는 앞에서도 다른 여성에게 집적대며 희희낙락하는가 하면 부부 동반 아프리카 사냥 때에는 원주민 여성까지 건드린 것이다. 이처럼 그가 그녀의 자존심을 계속 손상시켰음에도 불구하고 메리 웰시는 끝까지 참고 견디어 냈으며, 헤밍웨이가 죽은 후에도 꿋꿋하게 살아남아 여생을 보내다가 1986년 78세를 일기로 세상을 떠났다.

이처럼 헤밍웨이는 한 여성을 향해 저돌적으로 구애를 하다가도 막상 깊은 관계에 접어들면 꽁무니를 빼고 전쟁터나 사냥터로 도망가는 매우 이율배반적인 모습을 계속 반복했던 것이다. 헤밍웨이가 그토록 순탄치 못한 여성관계를 계속해서 반복한 데에는 나름대로 여러 가지 이유가 있었겠지만 보다 근원적인 문제는 역시 어머니와의 관계에서 찾아볼 수 있을 것이다.

어려서부터 헤밍웨이는 자신의 어머니를 증오했다. 어머니는 그가 지독히도 싫어했던 음악을 억지로 강요했을 뿐만 아니라 바쁜 연주회 일정으로 어린 아들을 제대로 챙겨 주지 못했던 것이다. 대신에 그는 아버지를 숭배했다. 아버지는 사춘기를 맞이한 아들에게 자위행위의 해로움은 물론 성병의 위험성에 대해 가르치며 금욕을 강조했지만, 남달리 정력이 강했던 헤밍웨이는 치솟는 욕망을 주체하기 어려웠다.

그러나 그의 영웅이었던 아버지는 1928년 어느 날 갑자기 엽총으로 자살하고 말았다. 어릴 때부터 사냥과 낚시를 통해 남성다움의 기백을 가르쳐 주었던 아버지의 죽음은 아들에게는 큰 충격이었다. 그런 점에서 아버지가 자살한 이듬해에 그의 소설 『무기여 잘 있거라』가 나온 것은 참으로 기묘한 인연처럼 보인다. 소설 제목 자체가 마치 총으로 자살한 사람이 마지막으로 무기와 작별을 고하면서 남긴 유언처럼 들리기 때문이다.

그러나 이처럼 자살한 아버지를 헤밍웨이는 비겁자로 간주했다. 그리고 역설적이게도 그로부터 수십 년 후 헤밍웨이 역시 아버지와 똑같은 방법으로 자살했다. 그는 아버지의 남자답지 못한 행동에 실망했기에 어려서부터 자신에게 지어 준 어니스트라는 이름마저도 달가워하지 않았다. 뭔가 남성답지 못하고 유약한 인상을 주는 이름이라고 여겼기 때문이다. 그는 이처럼 매우 나르시시즘적인 남성우월주의자로서 여성의 헌신적인 보살핌을 바란 인물이었던 것이다.

그러나 어머니의 적절한 보살핌을 받지 못한 유아는 애정과 관심을 바라면서 동시에 상대의 접근을 두려워하는 이중적인 딜레마에 빠지게 된다. 헤밍웨이의 애정 결핍은 어머니를 대신할 여성을 계속 추구하도록 하지만 사랑을 주고받는 일에 익숙지 못한 그로서는 번번이 실패를 거듭한다. 그에게 최초로 좌절을 안겨 준 미모의 간호사 쿠로우스키를 포함하여 그를 거쳐 간 모든 여성은 모두 매력적인 인물들임에 틀림없지만 결국 어린애처럼 투정을 부리고 의심하며 복종만을 강요하는 헤밍웨이를 감당하지 못한 것이다.

헤밍웨이의 죽음

1952년 『노인과 바다』를 발표한 직후 아프리카로 사파리 여행을 떠난 헤밍웨이는 불의의 비행기 사고를 당해 머리에 치명적인 부상을 입었으나 기적적으로 살아남았다. 하지만 그는 그 후부터 오랜 침체기에 접어들기 시작해 노벨 문학상 수상식에도 참석하지 못할 정도로 기력이 떨어지고 말았다. 더군다나 그의 몸은 이미 오래전부터 입은 부상으로 온몸이 흉터투성이였다. 그는 평소에도 자신의 그런 모습에 지독한 혐오감과 자괴감에 빠져들곤 했지만 사고 이후에 더욱 심각한 나르시시즘적 상처를 받은 것이다. 스스로 완벽한 남자임을 자부하며 남성다움의 화신으로 여기고 있던 그는 흉물스럽게 변한 자신의 육체에 엄청난 환멸감을 느낀 것이다.

『노인과 바다』에서 결코 포기할 줄 모르는 최후의 승리자인 노인은 바로 그 자신이 아니었던가. 그러나 실제는 소설과 달랐다. 그는 항상 모험을 즐겼지만 죽을 고비도 수없이 넘긴 인물이었다. 위험을 자초하는 사람은 그만큼 죽음에 가까이 접근한 사람이기 쉽다. 물론 거기서 오는 스릴도 있겠지만 헤밍웨이 역시 항상 죽음을 초래할 수 있는 위험에 스스로 뛰어든 사람이었다.

비행기 사고를 당한 이후, 그는 그동안 오래 머물며 정들었던 플로리다와 쿠바를 떠나 1959년 아이다호 주 케첨에 정착해 살다가 1961년 자살했다. 처음에는 우발적인 사고로 추정되기도 했으나 메리 웰시는 나중에 가서 자살이었음을 인정했다. 그러나 1960년 메리와 동행하지 않고 홀로 스페인을 여행할 당시 이미 그는 정신적 혼란 상태를 보이고 있었다. 시력도 약화되고 그의 건강 상태는 악화일로에 있었다. 더욱이 FBI가 그의 행적에 대한 조사를 계속 하고 있다는 편집증적 망상까지 보였다.

미네소타 주의 메이오 클리닉에 입원한 그는 15회에 걸친 전기충격 요법까지 받았다. 그러나 퇴원하고 수개월 후 엽총을 만지작거리는 모습에 놀란 메리가 다시 의사를 불러 진정시킨 후 곧바로 선밸리 병원에 입원시켰다. 그곳에서 그는 추가적으로 전기치료를 받은 후 다소 가라앉는 모습을 보여 퇴원했으나 이틀 후 결국 같은 엽총으로 자살하고 말았다.

『어니스트 헤밍웨이: 자살의 심리학적 부검』을 쓴 크리스토퍼 마틴은 그의 자살 원인을 조울병과 알코올 중독, 외상적 뇌손상, 그리고 경계성 또는 나르시시즘적 성격 탓으로 결론짓기도 했다. 더구나 헤밍웨이의 아버지는 일종의 유전병인 혈색소침착증이라는 불치의 병을 앓고 있던 것으로 알려졌는데, 헤밍웨이 역시 같은 병을 지니고 있었음이 밝혀졌다.

또한 그의 가계에 유독 자살로 생을 마친 인물들이 많다는 점도 생각해 볼 문제라 하겠다. 그의 아버지는 물론 누이동생 어슐라와 남동생 레스터 역시 자살로 생을 마감했으며, 폴린과의 사이에서 낳은 두 아들 패트릭과 그레고리 역시 정신병원에 입원해 전기충격 요법을 받은 것으로 알려졌다. 그리고 헤밍웨이의 손녀딸인 여배우 마고 헤밍웨이도 1996년에 자살했다. 심지어 헤밍웨이의 어머니 또한 심한 신경쇠약에 시달렸다. 이처럼 헤밍웨이 일가는 4대에 걸쳐 자살이 계속 이어진 셈이다. 그렇게 본다면 이들 일가에 유전적 소인을 가진 조울병의 내력이 있었던 것은 아닐까 의심해 볼 수 있겠다.

헤밍웨이는 미국이 자랑하는 세계적인 대작가임에 틀림없다. 그러나 그의 대표작들에 등장하는 주인공들의 모습은 헤밍웨이의 실제 삶의 모습과는 상당한 차이를 보이고 있음을 알 수 있다. 물론 헤밍웨이가 쓴 것은 소설이지 자서전이 아님을 우리 모두가 잘 알고 있다. 그러나 토머스 울프도 말한 것처럼 모든 소설은 반자전적이라는 사실 또한 무시할 수 없다 하겠다. 소설은 새롭게 창조된 가공의 인물들이 엮어 가는 허구적인 내용이지만 완전한 허구는 아니라는 말이다. 그 모든 이야기의 흐름 속에는 작가 자신의 삶과 성격의 일부가 녹아 흐르기 마련이기 때문이다.

그런 점에서 작가 헤밍웨이의 실제 삶의 모습과 작품 속 인물의 모습 간에는 서로 연결된 통로가 있기 마련이며, 그런 이유로 작가의 생애와 그 심리 세계를 이해하면 그가 남긴 작품을 더욱 수월하게 이해할 수 있다는 것 또한 무시할 수 없을 것이다. 비록 헤밍웨이는 자살로 생을 마감했지만, 자신의 불행한 삶과 정신적 결함을 창작 활동을 통해 승화해 나가면서 스스로를 치유하고자 했던 것으로 보인다.

토머스 울프의 고향

38세로 요절한 토머스 울프(Thomas Wolfe, 1900~1938)는 미국 노스캐롤라이나 주의 산골마을 애슈빌에서 석수의 막내아들로 태어났다. 신장이 거의 2미터에 가까운 거구였던 그는 노스캐롤라이나 주립대학을 졸업한 후 하버드 대학 대학원에서 연극을 전공했으나 극작가보다는 소설가의 길로 접어들었다. 그는 뉴욕 대학에서 강의하는 일 외에는 남은 시간을 쪼개어 지하 골방에서 미친 듯이 소설을 썼다고 한다. 하루 수십 잔의 커피와 육십 개비의 담배 그리고 땅콩으로 시간을 때우며 수년 동안 그는 산더미처럼 쌓인 원고를 쉬지 않고 써 내려간 것이다.

그의 첫 데뷔작『천사여 고향을 보라』는 반자전적인 소설로, 매우 서정적인 문체과 대서사시적인 구도를 통해 갠트 일가의 몰락 과정 및 주인공 유진 갠트의 성장 과정을 담았다. 생전에 그는 비록 4편에 불과한 과작에 머물렀지만 29세 때 발표한 그의 첫 출세작『천사여 고향을 보라』를 비롯해서『세월과 강물에 대하여』, 그리고 사후에 발표된『거미집과 바위』『그대 다시는 고향에 못 가리』로 이어지는 4부작을 통해 주인공의 삶과 고뇌를 파노라마 형식으로 묘사함으로써 미국 문단에 우뚝 선 거목이 되었다.

그러나 과로에 지친 그는 결국 폐렴 및 결핵성 뇌막염으로 쓰러져 38세라는 젊은 나이에 아깝게도 요절하고 말았다. 그는 비록 잃어버린 세대에 속하지만 젊은 미 대륙의 생기에 가득 찬 활력과 끈질긴 인간 생명력에 대한 기대를 끝까지 포기하지 않았던 작가로 평가된다.

『천사여 고향을 보라』

유진 갠트는 애팔래치아 산맥 중턱에 자리 잡은 외진 산골마을 앨타몬트에서 가난한 석수쟁이의 9남매 중 막내로 태어난다. 아버지는 묘비를 다듬는 석공으로 주색을 밝히는 데다 거친 성격에 허풍까지 심했으나 시와 연극에 통달한 낭만주의자이기도 했다. 반면에 과묵하고 무뚝뚝한 성격의 어머니 일라이저는 매우 현실적인 여성으로, 악착같이 돈을 버는 일에 매달려 따로 여인숙을 운영하고 있었다.

어린 유진은 어머니의 잔심부름을 하면서 신문배달 일로 집안을 돕는다. 그러나 학교에서는 놀림감이 되어 친구들의 학대를 받으면서 매우 민감한 성격으로 변해 간다. 항상 불화가 잦은 부모 밑에서 자란 그는 항상 외로움을 느꼈다. 그나마 형 벤이 그에게 유일한 정신적 지주가 되어 주지만 아쉽게도 그는 동생의 졸업을 보지도 못하고 죽는다.

대학을 우등으로 졸업한 유진은 더 큰 세상으로 나아가기를 원하지만 부모는 그 뜻을 이해하지 못한다. 마침내 그는 어머니의 경제적 지원으로 숨막히는 고향을 떠나 대도시로 향한다. 유진의 어린 시절은 결코 행복하지 못했다. 항상 어머니를 구박하고 욕설을 퍼붓는 아버지의 존재는 이 세상 모든 권위에 대한 도전과 반항심을 심어 주기 십상이었으며, 감정적 교류에 둔감한 어머니는 돈밖에 모르는 인색한 여성으로 따뜻하고 자상한 애정을 베풀어 주지 못했다. 유진 갠트의 뿌리 깊은 고독과 소외감은 이미 어린 시절부터 깊이 각인된 풀 길 없는 수수께끼요 화두가 되었던 것이다. 그의 만성적 공허감과 끝없는 정신적 방황은 다른 뭔가로 메워져야 할 그 무엇이었던 셈이다.

그의 애정에 대한 굶주림은 지적인 허기로 이어졌고 그 허기를 메우기 위해 그는 새로운 지적 모험의 길을 떠나야만 했던 것이다. 그리고 다른 무엇보다 지겨운 부모의 곁을 떠나는 일이 그에게는 지상 과제와도 같은 것이었다. 비록 앞날이 불투명하다는 점이 마음에 걸리는 부분이기도 했지만 그것이 결코 장애물이 될 수는 없었다.

『천사여 고향을 보라』는 존 밀턴의 시 『리시더스』에서 따온 제목이다. 토머스 울프는 이 작품의 서문에서 모든 진지한 소설은 자서전이라고 말한다. 그리고 우리는 우리에게 주어진 삶의 모든 순간의 총화로서 우리의 모든 것이 그 속에 있으며, 우리는 그것을 피할 수도 감출 수도 없다고 했다. 이 말의 뜻은 소설 첫 부분에 나오는 다음과 같은 구절을 통해서도 충분히 짐작할 수 있다.

> 우리 모두는 예외 없이 아무도 계산한 적이 없는 산술의 총화다. 알몸과 암흑 속으로 우리 자신을 또다시 끌어가 버리면 우리는 비로소 4천 년 전 크레테섬에서 시작된 사랑이 어제 텍사스에서 끝난 까닭을 알 수 있게 될 것이다.

시간은 단순히 흘러가는 것이 아니다. 순간의 소중함은 그 안에 우리 자신의 모든 삶이 녹아 있기 때문이며, 따라서 그 비밀을 캐내는 작업이야말로 예술가에게 주어진 사명이라는 것이다. 그것은 얼핏 보면 서로 단절된 것처럼 보이지만 자세히 보면 과거와 현재 그리고 미래를 연결하는 비밀 통로를 발견할 수 있는 작업이라는 점에서 정신분석가의 작업과도 비슷한 점이 있다.

우리 모두는 사랑이라는 명분으로 정자와 난자의 결합을 통해 본의 아니게 이 세상에 나왔지만 그렇다고 해서 그 과거로 되돌아갈 수도 없고 또 그럴 필요도 없는 것이다. 중요한 사실은 과거를 토대로 계속 성장해 나가는 것이다. 그래서 토머스 울프는 소설의 마지막 부분에서 유진의 입을 빌려 또 다음과 같이 말한다.

> 나는 이제 구릉에서 돌을 집어들지는 않을 것이다. 도시에서 문을 찾지도 않을 것이다. 나 자신의 도시 속에서, 내 혼의 대륙 위에서 나는 잊어버린 말을, 잃어버린 세계를, 내가 들어갈 수 있는 문을, 이제까지 들은 어떤 음악보다도 이상한 음악을 발견해 낸 것이다. 제아무리 미궁처럼 구부러진 길이라 하더라도, 영혼이여, 나는 그대를 몰아낼 것이다.

그는 이제 아버지처럼 돌이나 만지며 인생을 헛되게 낭비하고 살지는 않겠다고 다짐한다. 그리고 미궁과도 같은 어머니의 자궁에도 이별을 고할 것을 선언한다. 그는 이제 미래를 향해 나아가지만 그가 추구하는 이상은 대도시의 탐욕과 속물성에 있는 것이 아니라 그 자신만의 독자적인 세계를 이룩하는 것이라고 굳게 믿는다.

유진 갠트와 마찬가지로 토머스 울프 역시 그렇게 해서 젊은 나이에 고향을 떠났다. 그리고 두 번 다시 고향에 돌아갈 수 없었다. 그것은 마음의 고향, 정신적 고향의 상실을 의미하는 것이다. 비록 몸은 고향 땅을 밟을 수는 있겠지만 마음을 둘 곳은 없다는 뜻이다. 낯설기만 한 고향은 이미 고향이 아니기 때문이다. 그런 점에서 토머스 울프는 외로운 방랑자이며 소외된 인간이다. 그러나 삶의 비밀을 캐기 위해 자신의 모든 것을 다 바칠 각오가 되어 있었던 것이다. 그리고 그것이야말로 예술가가 걸어야 할 고독한 방랑의 길이었던 셈이다.

『그대 다시는 고향에 못 가리』

처녀작 『천사여 고향을 보라』의 성공으로 미국 문단에 혜성처럼 나타난 토머스 울프는 사후에 발표된 『그대 다시는 고향에 못 가리』에서 작가의 길로 접어든 조지 웨버가 동시대의 사회적 모순과 환멸을 경험하고 개인적으로는 폭풍과도 같은 열애에 빠지기도 하지만, 결국 그 모든 사실에서 자기 파괴적인 힘의 존재를 감지하고 자기만의 독자적인 세계로 도피하는 과정을 담았다.

그 전작인 『거미집과 바위』 역시 비슷한 주제를 갖고 있는데, 여기서 거미집은 거미줄처럼 주인공을 꼼짝달싹하지 못하게 옥죄는 가족의 속박, 속물적인 환경, 격정적인 사랑 등을 암시하며, 바위는 석수쟁이 아버지가 지녔던 꿈과 환상, 그리고 근육질의 힘을 상징한다. 결국 조지 웨버는 굳센 바위의 힘을 발견하고 그의 숨통을 조이는 거미집을 탈출하고자 애쓴다. 그리고 『그대 다시는 고향에 못 가리』를 통해 그 어떤 결론에 도달한다.

물론 여기에 등장하는 주인공 조지 웨버는 이름만 바뀌었을 뿐 유진 갠트와 동일 인물이나 마찬가지인 셈인데, 토머스 울프가 '그대 다시는 고향에 돌아갈 수 없다'고 말한 것은 우리 모두가 두 번 다시 과거로 그리고 어린 시절로 되돌아갈 수 없음을 가리킨 것이다.

작가로 성공한 조지 웨버는 이모의 장례식 참석차 오랜만에 고향을 방문하지만 이미 그곳은 과거의 추억 속에 남아 있던 고향의 모습이 아니었다. 개발 붐을 타고 부동산 매매와 투기에 혈안이 된 주민들은 그에게 낯선 이질감만을 안겨 줄 뿐이다. 그는 더 이상 고향에 돌아갈 수 없음을 실감하고 가슴 시린 고독을 느낀다. 다시 뉴욕에 돌아온 그는 자신을 사랑하는 유부녀 에스터 잭과 결별을 선언하고 그동안 교류하던 상류 사회와도 인연을 끊은 채 오로지 창작에만 몰두하기로 작심한다. 그리고 보다 큰 세상을 이해하고 또 그것을 얻기 위해서는 과거의 작은 세상을 잊어야 한다고 생각한다.

토머스 울프를 포함한 우리 모두에게 두 번 다시 돌아갈 수 없는 고향은 지나간 과거뿐이 아니다. 우리는 이미 몸집이 커 버려서 더 이상 근원적인 어머니의 품으로, 더 나아가서는 우리가 헤집고 나왔던 자궁 속으로 되돌아갈 수 없기에 끝없는 향수에 젖어 살아갈 수밖에 없다. 울프의 어머니 줄리아는 부동산 투기로 상당한 재산을 모으는 데 성공한 억척여성으로 막내아들이 죽은 후에도 7년을 더 살다가 세상을 떠났다.

그러나 울프가 진정으로 그리워한 고향은 그런 물질적인 것이 아니었다. 영원한 마음의 안식처, 따스한 온기로 가득 찬 정겨운 동산이었다. 그러나 그런 낙원은 어디서도 찾기 어려웠다. 살아 보겠다고 서로 아귀다툼을 벌이는 시끌벅적한 거리에서 그는 뼈저린 고독과 삶의 공허함만을 느꼈을 뿐이다.

울프의 정신적인 지주였던 형 벤은 20대의 젊은 나이로 죽었는데, 18세 때 사랑하는 형의 죽음을 맞이한 울프는 마음의 의지처를 잃고 한때 방황을 거듭한다. 그리고 동부의 대도시로 나가 작가 수업을 받고 유럽도 여행하지만 뿌리 깊은 향수병은 그렇게 손쉽게 치유되지 않는다. 그는 그러한 마음의 공백을 자신보다 17년이나 연상인 유대계 무대 디자이너 앨린 번스

타인과의 뜨거운 열애를 통해서 그리고 상류 사회와의 교류를 통해서 떨쳐 버리고자 하지만 그의 어눌한 촌뜨기 기질은 그곳에서마저 위안을 얻지 못한다.

그는 비록 연상의 유부녀를 사랑했지만 그것은 이미 어머니에 대한 사랑처럼 금지된 사랑임을 자각한 것이다. 결국 울프는 모든 것을 비우고 지하 골방에 틀어박혀 마지막 일전을 치를 태세를 취한다. 그것은 자신의 모든 것을 바쳐 대작을 완성하는 일이었다. 자신이 살아온 삶의 전부를 기록하는 것, 그것이 그에게 주어진 마지막 임무였던 셈이다. 그런 점에서 지하 골방은 어머니의 아늑한 자궁처럼 그에게 자신에게 몰두할 수 있는 기회를 제공해 주는 유일한 안식처요, 무엇보다 안전한 공간이었다. 그리고 그 아늑하고 비좁은 작은 공간 속에서 미 대륙 전체의 축소판이라 할 수 있는 대작들이 탄생한 것이다.

미국의 노벨 문학상 수상 작가 윌리엄 포크너는 토머스 울프를 당대 최고의 작가로 손꼽으며 입이 마르게 칭찬했지만, 그것은 단순히 같은 남부 출신 작가라는 이유에서만은 아니었다. 토머스 울프 이후 많은 작가 초년생이 앞을 다투어 그의 서정적인 문체를 모방해 작품을 쓴 사실만 보더라도 그는 분명 미국 문학사에 있어서 매우 중요한 위치를 점하는 작가임에 틀림없을 것이다.

실제로 토머스 울프만큼 시적이고도 장대한 문장으로 한 인간의 삶을 집요하게 파고들면서도 미국 사회 전체의 문제를 집약적으로 드러낸 작가는 미국 문단에서 그리 흔치 않다. 더욱이 그는 동시대의 헤밍웨이처럼 미국 사회에 환멸을 느끼고 새로운 작품 소재를 찾아 해외로 떠돌지도 않았으며, 그렇다고 싱클레어 루이스처럼 미국에 눌러앉아 불평불만을 늘어놓기만 한 것도 아니었다.

오히려 그는 나치 독일의 야만성을 목격하고 이를 비난하는 글을 발표하여 독일 정부에 의해 자신의 책들이 불태워지는 수모를 당하기도 했는데, 미국 사회가 비록 숭고한 정신이나 교양의 전통도 없고 천박하고 야비하며 속물적이기까지 하지만, 그럼에도 불구하고 그는 젊은 미국의 야생적인 힘에 대한 희망을 끝까지 잃지 않았다. 그리고 그의 기대는 얼마 가지 않아 입증되었다. 울프가 세상을 떠난 후 터진 제2차 세계대전에서 미국은 파시즘의 악몽을 물리치고 수많은 유럽인의 목숨을 구했기 때문이다. 무식한 머슴이 곤경에 처한 주인을 살려낸 셈이다.

그는 "인간이 되돌아갈 수 있는 곳은 어디에도 없다. 앞으로 전진하는 것만이 유일한 길이다."라고 말했다. 이처럼 토머스 울프는 불행한 과거와 현실에 단순히 실망하거나 좌절하지 않고 오로지 자기 자신을 비롯해 주변 인물들의 삶의 모습을 통해 그가 마주친 시대적 혼란과 위기 상태뿐 아니라 그런 위기 속에서도 힘차게 전진하는 젊은 지식인의 자기 발견 과정을 용기 있게 기록해 나간 것이다.

존 스타인벡의 『에덴의 동쪽』

1962년 노벨 문학상을 수상한 존 스타인벡(John Steinbeck, 1902~1968)은 미국 캘리포니아 주 샐리너스 출생으로 독일계 아버지와 아일랜드계 어머니 사이에서 태어났다. 스탠퍼드 대학에서 해양생물학을 전공했으나 집안 형편이 어려워 중퇴한 후 막노동 등 여러 직업을 전전하다가 작가의 길로 접어들었다. 『생쥐와 인간』을 통해 이주 농민의 참상을 그려 주목을 받은 후, 『붉은 망아지』에 이어 『분노의 포도』를 발표해 큰 호평을 받았다.

종전 이후 발표한 야심작 『에덴의 동쪽』은 영화로도 만들어져 더욱 잘 알려졌지만 방대한 원작 내용과는 다소 차이가 있다. 노벨 문학상을 수상한 이후 별다른 작품을 내놓지 못하던 그는 뉴욕에서 심부전증으로 세상을 떠났다. 오늘날 존 스타인벡은 현대 미국 문학사의 한 페이지를 장식한 대작가로 존경받고 있지만, 개인적으로는 세 번씩이나 결혼하는 등 그리 행복하지 못한 삶을 살았다.

『에덴의 동쪽』

구약성서의 〈창세기〉 4장에 바탕을 둔 『에덴의 동쪽』은 원죄를 짓고 낙원에서 추방된 아담과 이브의 두 아들 카인과 아벨의 형제 갈등 이야기와 매우 흡사한 구도를 지니고 있다. 동생 아벨을 죽인 카인이 에덴의 동쪽 노드 땅으로 도망갔다는 성서 내용에서 따온 제목이다. 물론 〈창세기〉에서는 인류 최초의 살인자 카인에 초점을 맞추고 있지만, 존 스타인벡은 살인이 아닌 선과 악의 대결 구도에 초점을 맞추고 있다는 점이 다르다고 하겠다.

1952년에 발표된 『에덴의 동쪽』은 두 일가의 3대에 걸친 이야기를 기둥 줄거리로 삼고 있다. 해밀턴 일가는 그의 외조부 새뮤얼 해밀턴의 실제 삶을 모델로 한 것이며, 트래스크 일가는 원죄를 짓고 그 대가를 치르는 집안으로 나온다. 소설의 중심 인물은 물론 트래스크 일가의 장남 아담으로 그는 동생 찰스와 온갖 불화를 일으킨다. 또한 아담은 악녀 캐시와 결혼해 쌍둥이 형제 칼렙과 아론을 낳는데 이들 사이에 피 터지는 싸움이 벌어진다. 다시 말해서 2대에 걸친 형제간의 끝없는 갈등과 불화를 통해 인간의 원죄의식을 추구하고 있는 작품이다.

새뮤얼 해밀턴은 아일랜드에서 미국 샐리너스 계곡으로 이주한 농민 출신으로 손재주가 많은 성실한 인간이다. 그는 아홉 자녀를 낳아 가난하지만 열심히 살아간다. 한편 사이러스 트래스크는 매우 사악한 인간으로 온갖 방탕한 짓을 벌이다가 아내에게 성병을 옮기고 결국 그녀를 자살하게 만든다. 그러나 그녀가 낳은 아들 아담은 별 탈 없이 성장하며 아버지의 기대를 한몸에 받는다.

사이러스는 과묵한 성격의 여성 앨리스와 재혼하여 찰스를 낳는데, 그는 매우 경쟁심이 강해서 이복형 아담에게 강한 질투심을 갖는다. 군대에 지원한 아담은 무공훈장까지 받고 제대하지만 자신의 귀향을 찰스가 반기지 않을 것이라 여겨 집으로 돌아가지 않고 군대에 재입대한다. 그동안 앨리스는 병으로 죽고 수단 좋은 아버지 사이러스는 정계에 손을 대어 재산과 명성을 얻는다. 그리고 두 아들에게 재산을 똑같이 나누어 주고 세상을 떠난다.

그러던 어느 날 집 앞에 쓰러져 있는 캐시를 아담이 발견하고 정성껏 그녀를 돌봐 준다. 그러나 캐시는 자기 집에 불을 지르고 부모까지 살해한 후 도망친 매우 사악한 여성이었다. 그런 사실을 알지 못한 아담은 그녀의 미모에 이끌려 캐시와 결혼한다. 아담은 껄끄러운 관계에 있던 동생 찰스에게 농장을 팔고, 캐시와 함께 샐리너스 계곡으로 이주하여 새로운 낙원 에덴동산을 이루고자 한다.

그러나 아내 캐시는 쌍둥이 형제를 낳은 후 아담의 꿈을 무참히 짓밟고 그에게 총을 쏴 부상을 입히고 도주한다. 그녀는 직업적인 창녀가 되어 부를 축적한다. 이런 사실을 새뮤얼 해밀턴에게 전해 들은 아담은 크게 낙담하고, 게다가 쌍둥이 형제가 찰스의 아들이라는 캐시의 말에 더욱 절망에 빠진다. 세월이 흐른 뒤 장성한 두 아들 칼렙과 아론은 전혀 상반된 성격의 소유자가 된다.

아버지 아담은 심성이 착해 장래 목사를 꿈꾸는 아론을 사랑하지만 칼렙은 이를 몹시 질투한다. 돈으로 아버지의 환심을 사려 하지만 그마저 실패한 칼렙은 자신들의 어머니가 창녀임을 밝혀내 아론에게 복수하고, 그런 사실에 충격을 받은 아론은 자원 입대한 후 전사하고 만다. 아론의 전사 소식을 들은 아버지 아담은 충격을 받고 쓰러져 병석에 눕게 된다. 죄의식에 빠진 칼렙이 아버지에게 용서를 빌자 아담은 마지막 힘을 다해 "그의 뜻대로."라고 말한 후 조용히 눈을 감는다.

카인과 아벨

프로이트는 우리 모두가 불행히도 살인자의 후예들이라고 언급한 적이 있다. 이 말은 곧 인간 각자의 내면에는 우리 자신이 의식하지 못하는 무의식적 살해 욕구가 자리 잡고 있음을 뜻한 것이기도 하다. 그것을 기독교 사회에서는 원죄라고 부르지만 스타인벡 역시 선과 악의 투쟁 과정을 통해 인간성의 회복 가능성을 타진하고 있는 것으로 보인다.

구약성서의 〈창세기〉에서 최초의 인류 아담과 이브는 사탄의 유혹에 넘어가 금지된 선악과를 따먹고 에덴동산에 추방된다. 그리고 그들에게는 출산과 노동의 짐이 주어진다. 성에 눈뜬 이들에게서 카인과 아벨이 태어나지만 인간의 탐욕과 시기심, 더 나아가 살인이라는 악행도 태어난다. 종교에서는 이 모든 것을 악으로 규정한다.

물론 형제간의 갈등도 문제이지만, 우리는 그보다 더욱 원초적인 욕망의 세계가 존재함을 결코 무시할 수 없다. 프로이트는 인간의 왜곡된 심성의 기원을 주로 성에서 찾았지만, 그것이 전부가 아니라는 사실은 그 후에 발전된 대상관계 이론을 통해서 더욱 상세히 밝혀졌다. 아담과 이브는 물론 여느 부모처럼 두 아들을 열심히 가르치고 키웠겠지만 모든 자식은 반드시 부모 뜻대로 움직여 주는 것이 아니다.

카인도 나중에는 자신의 죄를 뉘우치고 신의 용서를 받았다. 칼렙 역시 아론의 죽음에 대한 죄의식에 괴로워하며 아버지에게 용서를 구하고, 아담은 아들을 용서하고 축복을 내린다. 아담이 죽어 가면서 마지막으로 남긴 말은 창세기 4장에 나오는 "그의 뜻대로."라는 말이었다. 신이 카인을 용서하며 "인간이 죄를 다스리게 하리라."고 이르셨는데, 이는 곧 앞으로는 인간이 저지른 죄를 인간들 스스로가 판단하여 다스리게 하겠다는 뜻이며,

그러기 위해서는 인간 자신이 옳고 그름을 스스로 판단할 수 있는 능력을 키워야 함을 강조한 말씀이다. 다시 말해서, 미래는 전적으로 인간에게 달렸다는 의미다. 따라서 아담이 죽기 전에 남긴 한마디는 『에덴의 동쪽』을 통해 존 스타인벡이 전하고 싶은 핵심적인 주제를 한마디로 압축한 것이기도 하다.

소설의 무대로 등장하는 샐리너스 계곡은 온갖 탐욕과 죄에 물든 인간세상의 축소판이라 할 수 있다. 악에 물든 트래스크 일가의 몰락 과정은 단순한 권선징악의 차원에 머무는 것이 아니다. 사악한 조부 사이러스, 그의 두 아들 아담과 찰스의 불화, 그리고 사악한 여인 캐시와 그녀의 두 아들 칼렙과 아론의 처절한 반목은 강 건너 일어난 불이 아니라 바로 우리 자신의 이야기일 수 있다.

물론 2대에 걸친 형제간의 반목과 불화가 주된 테마로 등장하고 있지만, 소설의 줄거리는 〈창세기〉의 내용보다 더욱 복잡한 구도를 안고 있다. 굳이 창세기에 견준다면 카인의 특성에 맞는 인물은 찰스와 칼렙이며, 아벨에 해당되는 인물은 아담과 아론이라 할 수 있다. 그러나 찰스와 칼렙 역시 전적으로 악한 인간만은 아니다. 그들도 자신들의 탐욕과 질투심에 대해 죄의식을 느끼고 몹시 괴로워한다. 그리고 아담과 아론은 자식도 없이 불행하게 죽지만, 죄를 짓고 용서받은 찰스와 칼렙은 그나마 자식들을 낳아 번성한다.

밀턴은 『실락원』을 통해 이처럼 나약하기 그지없는 인간에 대한 신의 태도를 옹호한 바 있지만, 스타인벡은 신과 인간의 관계에 초점을 둔 것이 아니라 인간의 책임에 더욱 큰 비중을 두었다. 즉, 인간은 어차피 선과 악, 사랑과 미움의 갈림길에서 방황을 거듭하기 마련이지만, 어느 길을 선택할지는 오로지 인간만이 지닌 권리이기 때문에 인간은 자신의 행위가 어떤 결과를 낳을지 미리 예견하는 능력을 지녀야 하며, 동시에 그러한 자유 의지에 따라 인간성의 회복도 기대할 수 있다는 점을 강조하고 싶었던 것이다. 따라서 원죄에서 벗어나고 안 벗어나고는 그의 관심 밖에 있었다.

소설에서 암시하는 또 다른 사실은 쌍둥이 형제 칼렙과 아론이 아담의 친자식들이 아니라 캐시가 찰스와의 불륜으로 낳은 자식들이라는 점이다. 따라서 일종의 근친상간의 결과로 나온 자식들인 셈이다. 근친상간의 주제는 구약성서에도 나온다. 노아와 그 딸들과의 관계에서도 근친상간 주제가 언급되고 있다. 그러나 프로이트는 소포클레스의 비극 〈오이디푸스 왕〉에서 그 주제를 따왔다. 그가 말한 오이디푸스 갈등의 핵심적인 주제는 곧 근친상간과 부친 살해였다.

이토록 민감한 주제가 『에덴의 동쪽』에서는 근친상간도 아니고 부친 살해도 아닌 단지 형제간의 암투로 집약된 셈이다. 따라서 소설 제목도 카인이 동생 아벨을 죽이고 도망친 곳인 에덴의 동쪽으로 정한 것이다. 그러나 원래 아버지 아담이 꿈꾼 것도 에덴동산과 같은 낙원의 건설에 있었다. 그리고 그의 꿈을 무참히 짓밟은 장본인은 바로 그의 사악한 아내 캐시였다. 그런 점에서 캐시는 이브와 대비된다. 사탄의 유혹에 넘어간 이브이지만 적어도 그녀는 스스로 타락하지도 않았고 더 나아가 아담을 파멸시키지도 않았기 때문이다.

한 가지 아쉬운 점이 있다면 카인과 아벨의 반목과 불화에 그들의 부모인 아담과 이브가 직접적으로 관여한 흔적이 안 보인다는 점이다. 그것은 아담 트래스크에 있어서도 마찬가지다. 그는 오히려 자식을 편애했고, 캐시는 자식을 버렸다. 물론 카인과 아벨의 부모는 화목한 가정을 이루고 살았음에 틀림없다. 그럼에도 불구하고 그런 비극이 벌어진 것이다. 그러나 칼렙과 아론의 가정은 이미 파경을 맞이한 상황이었으며 더욱이 어머니 캐시는 괴물로 표현될 정도로 악에 물든 여성이었으니 부모의 적절한 개입을 요구할 입장이 못된다. 더군다나 캐시는 자신의 과거 악행을 돌아보며 자살까지 하고 말았으니 트래스크 일가의 비극은 아담과 이브의 가정보다 더욱 심각한 것이라 하겠다.

이처럼 파탄에 이른 샐리너스 계곡에서 그래도 가장 온전한 인물이 있다면 새뮤얼 해밀턴 영감과 트래스크 일가의 집안일을 돌보는 중국인 리라고 하겠다. 특히 리는 캐시가 버리고 도망간 쌍둥이 형제를 대신 돌보고, 나중에는 아담과 칼렙 부자의 화해를 주선하기도 한다. 존 스타인벡은 이 두 인물을 통해 그래도 일말의 희망을 제시하는데, 세상에는 파멸로 치닫는 사람도 있지만 어둠을 밝히는 횃불이 되고자 하는 사람도 있다면서 자신이 그 역할을 기꺼이 떠맡겠다고 나선 해밀턴 영감의 말을 따라 그 자신도 그런 횃불 노릇을 마다하지 않는 중국인 리의 모습이 그렇다.

카인과 아벨의 이야기를 닮은 20세기판 구약성서 『에덴의 동쪽』을 통해 스타인벡이 말하고자 했던 점도 바로 그것이 아니었을까. 그것은 전작 『분노의 포도』에서 일자리를 잃고 길바닥에 나앉은 조드 일가의 딸 샤론이 아기를 유산한 직후에 우연히 마주친 한 가엾은 사내의 입에 젖꼭지를 물려주는 마지막 장면과도 흡사하다. 굶어 죽어 가는 낯선 사내에게 젖을 먹이는 젊은 여성의 숭고한 모습은 그래도 이 세상은 실낱같은 희망을 안고 살 가치가 있음을 암시하고 있기 때문이다.

이 세상이 아무리 악에 물든 무법천지라 해도 그 어둠을 밝히는 횃불 같은 존재들은 어디나 있기 마련 아니겠는가. 20세기판 〈출애굽기〉라 할 수 있는 『분노의 포도』와 〈창세기〉에 견줄 수 있는 『에덴의 동쪽』을 통해 스타인벡이 애타게 바란 점도 바로 그런 인간애에 기초한 인간 의지의 발로에 있었을 것이다.

테네시 윌리엄스의 〈유리동물원〉

유진 오닐, 아서 밀러와 함께 현대 미국을 대표하는 극작가로 손꼽히는 테네시 윌리엄스(Tennessee Williams, 1911~1983)는 〈유리동물원〉 〈뜨거운 양철지붕 위의 고양이〉 〈욕망이라는 이름의 전차〉 〈장미의 문신〉 〈지난 여름 갑자기〉 등의 대표작으로 유명한데, 그의 작품들 거의 대부분이 영화로 제작되어 대중적인 인기를 크게 얻었다. 그는 미국 남부 미시시피 주 출신으로 젊은 시절에는 때마침 불어닥친 경제대공황으로 매우 힘겨운 시기를 보내기도 했다. 따라서 그는 여러 대학을 전전했으며, 가까스로 대학을 마친 후에도 호텔 보이, 잡부 등의 생활을 하면서 틈틈이 글을 썼다.

생계를 위해 할리우드에서 시나리오 작가로 활동하는 가운데 1944년에 발표한 〈유리동물원〉으로 일약 유명해진 그는 자전적 색채가 강한 이 작품을 통하여 한 일가의 몰락 과정을 보여 줌으로써 심리극의 한 전형을 제시했으며, 그 후 아서 밀러와 함께 전후 미국을 대표하는 최고의 극작가 반열에 올랐다. 그러나 한편으로는 동일한 주제의 반복이라는 한계 때문에, 그리고 작가 자신의 심각한 우울증 때문에 전성기의 창의적 열정을 이어 가지 못하다가 결국 약물 및 알코올 중독으로 뉴욕의 한 호텔방에서 세상을 떠나고 말았다.

〈유리동물원〉

작품의 무대는 1930년대 경제 대공황기로 세인트루이스의 한 싸구려 아파트에 살아가는 윙필드 일가를 중심으로 이야기가 펼쳐진다. 어머니 아만다는 딸 로라, 아들 톰과 함께 살고 있다. 이들 세 식구는 각자 모두 자신만의 환상 속에 얽매여 살고 있다. 아일랜드 귀족 출신의 어머니는 하층민의 처지로 살아가는 현실을 인정하지 못하고 화려했던 과거의 추억에만 빠져 지내고, 다리를 다쳐 절름발이가 된 딸 로라는 집 안에서 유리로 만든 동물이나 수집하며 지낸다.

순박하고 다정다감하지만 극도로 내성적인 성격의 로라는 수줍음과 두려움 때문에 바깥출입을 거의 하지 않고 외부 세계와 단절된 채 이상만을 꿈꾸며 살아간다. 그녀는 유리로 만든 동물들을 수집하는 재미로 사는데 그중에서도 일각수를 가장 아끼고 사랑한다. 반면에 아들 톰은 항상 집에서 벗어날 궁리만 하며 늘 어디론가 떠나고 싶어 한다. 그는 새로운 모험을 꿈꾸지만 모녀에게 구속된 자신의 처지를 어찌할 수 없어 툭하면 밤늦도록 술에 만취되어 돌아온다.

그런 남매에게 어머니는 항상 귀족적인 우아한 태도를 유지할 것을 요구하는데, 어느 날 갑자기 그녀는 딸 로라에게 좋은 신랑감을 소개해 줄 것을 아들 톰에게 당부한다. 그렇게 해서 톰이 집에 데리고 온 직장 동료 짐은 능숙한 말솜씨로 로라에게 접근하고 로라도 짐에게 마음을 열게 되면서 난생 처음으로 밝게 웃으며 함께 춤까지 추게 된다.

그러나 짐의 실수로 유리 동물들이 쓰러지고 그녀가 가장 아끼던 일각수의 뿔이 부러지는 일이 벌어지자 로라는 크게 상심한다. 애써 마음의 상처를 억누른 로라는 그 일로 인해 자신이 외부 현실과 제대로 융화될 수 없음을 더욱 절감한다. 짐은 미안한 마음에서 상심한 로라에게 보상도 해 줄 겸 키스를 하지만 이내 자신이 실수했음을 느끼고 곧 후회하게 된다. 결국 짐은 자신에게 이미 약혼녀가 있음을 밝히면서 황급히 그녀 곁을 떠나고, 로라는 다시 예전의 고립된 세계로 되돌아간다.

어머니 아만다가 톰에게 화풀이를 하자 톰은 그 길로 가출해 어디론가 사라져 버린다. 그러나 톰은 항상 자신을 짓누르는 죄책감에서 결코 자유롭지 못하다. 일각수의 뿔이 깨진 일에 대해 로라는 자신의 꿈이 깨진 것으로 받아들여 마음 아파한다. 일각수는 중세기 전설에서 순결을 상징하는 짐승으로, 현실을 몹시 두려워하는 로라는 자신의 운명을 헤쳐 나갈 의지가 없다고 스스로 판단하고 모든 것을 미리 포기해 버린다. 유리동물원은 결국 현실과 동떨어진 환상의 세계로, 언젠가는 깨지고 말 몹시 위태로운 마음의 감옥과도 같은 곳이다.

극중 어머니 아만다의 모델은 테네시 윌리엄스의 실제 어머니 에드위나이며, 세상과 담을 쌓고 살아가는 불구의 로라는 정신분열증으로 정신요양원에서 일생을 마친 그의 누나 로즈에게서 영감을 얻은 것이다. 작품 속에 그 모습을 드러내지 않는 아버지의 존재는 실제로 가족과 함께 생활한 적이 거의 없는 그의 실제 아버지 코넬리어스를 나타낸다. 물론 이 모든 가족 구성원의 병적인 이야기를 회상 형식으로 전하는 작가 지망생 톰은 테네시 윌리엄스 자신이다. 그의 어릴 때 본명 역시 토머스였다.

그러나 세상과 동떨어진 로라의 모습은 바로 테네시 자신이 공유한 측면이기도 했다. 그는 누나 로즈와 마찬가지로 정신병원에 입원한 경력이 있으며, 정상적인 가정을 누려 보지도 못하고 자신의 누이보다 먼저 세상을 떠나고 말았다. 전혀 차도를 보이지 않던 로즈는 결국 1943년 최후의 수단으로 전두엽 수술까지 받았지만 끝내 호전되지 못한 상태로 요양원에서 생을 마쳤으며, 그런 결정에 동의한 부모를 일생 원망하던 테네시 윌리엄스는 그것을 말리지 못한 자신을 탓하며 항상 죄책감에 시달려야 했다. 정신분열증 환자에 대한 전두엽 시술과 관련된 주제는 그의 희곡 〈지난 여름 갑자기〉에도 나온다.

집을 떠난 톰이 로라에 대한 희망과 죄의식에서 던지는 마지막 당부의 말, "이젠 촛불을 끄고 그것에 이별을 고하라."는 주문에 따라 서서히 막이 내리면서 로라가 실제로 촛불을 불어 끄는 장면으로 연극은 끝난다. 그러나 연극과는 달리 자신의 환상을 버리지 못하고 세상과 완전히 등 돌린 그의 누이 로즈는 일생 동안 자신의 촛불을 계속 켜 둔 상태로 살았다. 테네시 윌리엄스는 톰과 마찬가지로 비록 숨 막히는 유리동물원을 탈출했지만, 그의 마음은 항상 어두운 질곡에서 벗어나지 못하고 말았다.

테네시 윌리엄스의 갈등

테네시 윌리엄스는 미시시피 주 콜럼버스에서 성공회 신부인 외할아버지 집에서 태어났다. 아버지 코넬리어스는 여기저기를 떠도는 구두 외판원으로 가족을 제대로 돌보지 않았으며, 그나마 어릴 때부터 자주 아프고 심약한 장남 테네시보다는 차남 월터를 더욱 좋아했다. 어머니 에드위나는 자존심이 강하고 매우 엄격한 여성으로 잔소리가 심했으며, 남부 귀족생활에 대한 환상에 사로잡힌 몽상가였다. 누나 로즈는 회복 불능의 정신분열증 상태로 생의 대부분을 정신병원에서 보내야 했는데, 테네시 윌리엄스는 자신의 누이를 제대로 돌보지 않았다는 사실로 항상 죄의식을 느끼며 살았다.

그는 어려서부터 매우 수줍음을 타는 내성적인 성격으로 말수도 적었으며, 그런 그에게 글쓰기는 유일한 도피처이기도 했다. 아버지를 자주 접하기 어려웠던 그는 오로지 어머니와 누이 로즈를 상대하며 컸기 때문에 적절한 남성적 동일시의 대상을 찾지 못했을 뿐 아니라 남동생에게는 늘 질투심을 느끼며 지냈다. 따라서 그는 숨 막힐 정도로 지겨운 집안 분위기에서 벗어날 궁리만 하며 지냈는데, 몇몇 대학을 전전하며 공부했지만 경제대공황으로 학비를 마련하기도 여의치 않았다. 힘겹게 대학을 졸업한 후 뉴올리언스로 이사한 그는 자신의 이름 토머스를 테네시로 바꾸었다. 테네시는 그의 아버지가 태어난 고향이지만 굳이 이름을 테네시로 바꾼 이유는 분명치가 않다. 항상 남부생활에 대한 추억과 그리움에 빠져 있던 어머니의 영향 때문일 수도 있고, 아버지에 대한 양가적 감정에 기인한 것일 수도 있다.

어쨌든 그는 미국 남부 중에서도 가장 남쪽에 위치한 뉴올리언스에 정착한 후 그곳에서 시실리계 후손인 프랭크 메를로를 만나 곧바로 동성애적 연인관계에 빠져들었다. 프랭크는 테네시에게 정신적 지주 노릇을 했던 것으로 알려져 있는데, 이들 관계는 14년간이나 지속되었다. 하지만 프랭크가 암으로 사망하자 테네시 윌리엄스는 그로 인한 충격으로 심한 우울증과 알코올 및 약물 중독에 빠졌으며, 그 결과 1969년에는 정신병원에 수용되기까지 했다.

가까스로 우울증과 알코올 중독에서 벗어난 그는 1970년대부터 재기에 성공해서 몇몇 작품을 남기기도 했지만, 과거의 전성기 때 모습은 보여 주지 못하고 말았다. 1980년 어머니가 세상을 떠난 후에도 정신적 방황을 거듭하던 그는 1983년 뉴욕의 한 호텔방에서 의문의 변사체로 발견되는 비극적 최후를 맞이하고 말았다. 경찰 조사에 따르면, 그는 안약 봉지를 뒤집어 쓴 채 질식사한 것으로 보이며 당시에 심한 약물중독 상태에 빠져 있었다.

그가 머물렀던 호텔 이름은 공교롭게도 〈욕망이라는 이름의 전차〉에 나오는 거리 이름과 비슷한 엘리제 호텔이었다. 세상과 마지막 이별을 고한 장소가 자신의 집도 아니고 병원도 아닌 단지 오고 가는 방랑객이 머무는 호텔이었다는 점에서 세상과 적절한 타협을 이루지 못하고 정신적 방황을 거듭해야만 했던 그 자신의 처지를 그대로 드러낸 것이 아닐까 한다. 물론 호텔에서 태어난 유진 오닐도 자신의 최후를 호텔에서 맞이하긴 했지만, 70 평생을 독신으로 보낸 테네시 윌리엄스는 참으로 외롭고도 비극적인 최후를 마친 것이다.

그는 1975년에 나온 자신의 회상록에서 프랭크와의 관계를 공개적으로 고백함으로써 사회적으로 큰 파장을 일으키기도 했는데, 이처럼 자신의 동성애 사실을 대중 앞에 용기 있게 밝힌 테네시 윌리엄스와는 달리 그와 쌍벽을 이루는 남부 출신의 극작가 윌리엄 인지는 죽을 때까지 자신의 동성애적 성향을 숨겨야 했다. 하지만 테네시 윌리엄스는 〈지난 여름 갑자기〉에서 이미 동성애 문제를 우회적인 암시로 다룬 적이 있었다.

테네시 윌리엄스는 30대 초반에 〈유리동물원〉으로 일약 유명 작가로 떠올랐지만 세상의 이목을 끌기 시작하면서 더욱 불안정해지는 모습을 보였다. 아마 그는 세속적인 성공 자체에 대해서도 일말의 죄의식 내지는 불안감을 보인 것인지도 모른다. 그 뒤를 이어 나온 작품이 뉴올리언스를 무대로 한 〈욕망이라는 이름의 전차〉로, 여기서는 여주인공 블랑슈 뒤보아를 통해 정신적으로 완전히 붕괴된 여성의 모습을 보여 준다. 〈유리동물원〉의 로라와 마찬가지로 비현실적인 환상과 망상 속에 빠져 살았던 그의 누이

로스를 모델로 한 것임이 분명하다. 그런 환상은 〈장미의 문신〉에 나오는 여주인공 세라피나에게서도 볼 수 있다.

이처럼 테네시 윌리엄스는 자신의 어머니와 누이라는 멍에에서 결코 자유롭지 못했음을 그의 대표작들을 통해 보여 준다. 그런 점에서 〈유리동물원〉과 〈욕망이라는 이름의 전차〉의 두 작품이야말로 작가 자신의 소망충족적 환상뿐 아니라 개인적 갈등 해결의 시도를 나타낸 것으로 보이며, 특히 누이동생 로즈에 대한 애정과 죄의식 문제가 가장 큰 동기가 된 것으로 보인다.

그러나 테네시 윌리엄스 역시 자신의 어머니와 누이 로즈와 마찬가지로 현실과는 동떨어진 삶을 살았다. 그는 어머니와 누이의 환상을 거부하는 듯하면서도 공유했으며, 아버지와 남동생과는 이질감을 느끼며 살았다. 그는 세속적인 욕망에 가득 찬 어머니와 세속과 등진 누이의 상반된 환상 사이에서 갈등하며 그런 곤경에서 벗어나기 위해 오로지 글쓰기에 몰두했던 것이다.

그는 작가로 성공하긴 했지만 사랑에는 실패한 인물이다. 특히 여성에게 의지해서는 결코 안 된다는 불문율에 사로잡히기라도 한 듯이 정상적인 이성관계를 이루지 못했기 때문이다. 그에게 유일한 삶의 원동력이 되어 주었던 동성애 파트너 프랭크의 죽음은 누이 로즈에게서 받은 심리적 상처를 더 이상 보상받을 길이 사라진 것이었기에, 더 이상 의지할 곳을 잃은 그는 끝없는 절망감에 빠진 것으로 보인다.

그는 그런 자신의 초라한 모습을 늙은 악어에 비유하기도 했다. 물론 그의 어머니는 지나친 간섭과 과잉보호로 아들을 심약하게 키웠지만, 전적으로 그녀 탓만으로 돌릴 수는 없을 것이다. 누이 로즈의 정신분열증 역시 마찬가지다. 한 가정의 정신건강은 오로지 어머니 한 사람의 힘만으로 유지되는 게 아니기 때문이다. 불행히도 테네시에게는 신경증적인 어머니와 정신병적인 누이만이 그의 주위에 존재했을 뿐 이를 대신할 만한 건강한 인물이 없었다. 그는 신경증과 정신병 사이에 묻혀 갈피를 잡지 못하고 완전히 주눅이 들어 있었던 셈이다.

그는 거칠고 난폭한 아버지에게서 거부되고 따돌림을 당했으며, 어머니는 자신의 신세 한탄과 푸념 섞인 잔소리만 늘어놓으며 아들을 자기 뜻대로 요리했을 뿐 인자하고 애정 어린 모습을 전혀 보여 주지 못했다. 그리고 그가 유일하게 사랑했던 누이 로즈는 정신적인 붕괴로 폐인이 되고 말았다. 따라서 그에게 여성들의 존재란 항상 위험하고 파괴적일 수 있다는 위기감을 불러일으켰을 것으로 보이는데, 그런 이유로 동성애야말로 가장 안전하고 이상적인 사랑의 형태로 비쳤을지도 모른다. 그가 동성애적 관계에 빠진 것도 그런 왜곡된 믿음에 기초한 것이기 쉽다.

이처럼 불행했던 아동기 경험에서 비롯된 정신적 외상은 그 후 테네시 윌리엄스의 주된 작품 동기를 이룬 것으로 보이지만, 물론 그는 자신의 정신적 위기를 극복하기 위한 노력을 전혀 시도하지 않은 것은 아니었다. 1956년 프랭크와의 관계가 흔들리기 시작하면서 더욱 심한 신경과민 상태에 접어든 그는 아버지가 사망한 직후인 1957년 당대 최고의 분석가로 알려진 로렌스 큐비 박사로부터 정신분석을 받기 시작했다. 그러나 이듬해 그는 갑자기 치료를 중단하고 유럽으로 떠나 버렸다. 일종의 도피였던 셈인데, 결국 그는 동성애를 포기할 의사가 없었던 것이다.

어쨌든 테네시 윌리엄스는 그 후 10년의 세월이 흐른 뒤 극심한 우울증과 알코올 중독 상태로 세인트루이스의 정신병원에 입원하기에 이른다. 비록 호전된 상태로 퇴원하기는 했으나 이미 노년에 이른 그는 전성기 때 활력에 비해 상상력이나 창의력이 몹시 고갈된 모습을 보임으로써 그 후로는 이렇다 할 작품을 내놓지 못했다. 더군다나 몹시 소심하고 내성적이었던 그에게는 갑자기 세상의 이목을 끄는 일도 힘겨웠겠지만, 그의 나르시시즘적 입장에서 볼 때 갑자기 세상의 관심에서 멀어지는 일은 더욱 고통스러웠을 것이다.

결국 그는 완전히 고립된 세계에 갇히고 말았다. 적어도 대인관계에 능숙치 못했던 그로서는 적절한 의존 상대를 찾지 못해 심리적으로 매우 위축된 상태에서 불현듯 다가온 노년의 외로움을 더욱 이겨 내기 힘들어했을 것으로 보인다. 물론 그는 일평생을 영원한 국외자요 방랑자로 살았던 고독한 영혼의 소유자였다. 그런 점에서 평생을 유리동물원 안에 갇혀 지낸 것은 누이 로즈뿐 아니라 테네시 윌리엄스 자신도 마찬가지였다. 적어도 유리동물원이 상징적 차원에서 일종의 창살 없는 마음의 감옥이라고 한다면 말이다.

솔 벨로의 정체성 혼란

1976년도 노벨 문학상을 수상한 미국 작가 솔 벨로(Saul Bellow, 1915~2005)는 유대계 러시아 이민의 후손이다. 그의 부모는 제정러시아 말기 혁명의 열기로 정정이 매우 불안정했던 1913년 러시아를 떠나 캐나다로 이주한 직후 솔 벨로를 낳았는데, 9세 때 가족이 시카고로 이주해 미국에 정착한 후로는 그곳에서 성장했으며 여러 다양한 직업을 전전했다.

자전적 색채가 짙은『허공에 매달린 사나이』『희생자』등을 발표하면서 문단에 화려하게 등장한 그는 특히『희생자』를 통해 집안 내에 벌어지는 반목과 종교적 갈등을 묘사함으로써 그 자신의 정체성 문제를 드러내기도 했다. 그 후에 나온『오기 마치의 모험』에서는 시카고의 젊은 유대인 청년이 부조리의 늪에서 빠져나와 자신의 고유한 독자성과 자유를 획득해 나가는 과정을 묘사함으로써 솔 벨로 자신의 갈등 문제를 더욱 분명한 필체로 묘사해 보였다.

그는『오늘을 잡아라』『비의 왕 헨더슨』『허조그』『새믈러씨의 혹성』『훔볼트의 선물』『학장의 12월』『죽음보다 더한 실연』등의 소설을 계속 발표하여 소외된 인간이면서도 파괴되지 않으려 애쓰는 도시인의 내면 심리를 묘사함으로써 헤밍웨이, 포크너와 함께 미국이 자랑하는 현대 최고의 작가로 꼽히게 되었다. 그의 핵심적인 주제는 소외와 희생 그리고 부조리한 현실과 정신적 혼란에서 벗어나기 위한 생존 방식 등이라 할 수 있다. 이런 주제는 현대인에 국한된 문제이기 이전에 수천 년간 유대인들이 온갖 시행착오를 거듭하는 가운데 그 적절한 해법을 찾아야만 했던 미완의 숙제이기도 했다. 그는 무려 다섯 번이나 결혼했는데, 마지막으로 딸을 낳았을 때 당시 그의 나이 84세였으니 실로 대단한 정력가라 하겠다. 그 후 솔 벨로는 90세를 일기로 천수를 다하고 세상을 떠났다.

『허공에 매달린 사나이』

이 소설은 일기체 형식의 작품으로 제2차 세계대전이 한창일 때 시카고의 허술한 하숙집에 세 들어 살고 있는 조셉과 그의 아내 아이바의 굴절된 일상 및 내면적 변화 과정을 따라가며 현대인의 소외 문제를 다루고 있다. 그것은 소설 중반에 나오는 다음과 같은 구절을 통해 그 모습이 더욱 분명해진다. "외부 세계의 움직임이 활발할수록 나의 움직임은 더욱 둔해지고, 세상의 시끄러움에 비례하여 나의 고독감은 더욱 깊어져만 간다."

군대의 입영통지를 무작정 기다리고 있는 조셉은 다니던 직장도 그만두고 그 사이의 공백 기간을 어떻게든 가치 있게 보내 보려 하지만 그의 노력은 헛된 것이 되고 만다. 은행에서는 그의 초라한 행색으로 거절을 당하는 수모를 겪고, 예전의 친구들은 그를 보고도 아는 척도 하지 않는다. 심지어 그는 헌신적인 아내와도 단절감을 느끼고 마치 허공에 매달린 듯한 생활을 계속한다.

결벽증이 있는 그는 가족의 물질적인 도움조차 거부하고 오로지 혼자만의 개인적인 양심에 따라 자신의 고유한 삶을 유지하려 들지만 타락한 세상은 그의 존재를 받아 주지 않는다. 그래서 그는 이렇게 한탄한다. "현대를 살아가자면 저속함을 피해 갈 수 없는 운명임을 인정해야만 한다. 요즘 세상에서는 아무리 주위를 둘러봐도 고귀한 품성 따위를 찾아보기 힘들뿐더러 모두가 저급한 허위에 불과하다. 이런 허위를 은폐하려는 시도는 더욱 저열한 것이며, 그것은 다시 한 번 고개를 들어 그 행위자 본인을 조롱한다."

따라서 그는 공허한 자유의 늪지대를 벗어나 규율과 속박의 세계인 군대에 지원함으로써 스스로를 구원하고자 하지만 그마저 캐나다 출신이라는 이유만으로 마냥 늦춰지고 있는 것이다. 그것은 곧 자기와의 투쟁만으로는 새로운 삶의 활로를 열 수 없는 무기력한 인간이 오로지 외부적 조건에 의존해서만 자신의 생존을 유지해 나갈 수밖에 없는 비극을 암시하고 있는 것이기도 하다.

특히 하숙집 여주인 키퍼 부인의 죽음은 조셉을 억누르고 있던 병든 세상과의 영원한 종말을 상징한다고 볼 수 있으며, 조셉이 그토록 기다리던 입영통지를 받고 군대에 입대하는 마지막 결말은 그나마 자기 주체적인 삶의 실현을 보여 주는 것이라고 할 수 있겠다. 그러나 이 소설은 솔 벨로의 개인적 갈등 차원에서 그 자신의 자전적 고백에 가까운 것으로 이해할 수 있다. 세상에 대한 피해의식에 사로잡힌 조셉처럼 그 자신도 비슷한 피해의식을 안고 살았으며, 두 인물 모두 캐나다 출신이라는 점도 같기 때문이다.

물론 박해자들에 대한 복종과 순응이라는 측면에서 유대인들은 그 어느 민족보다 노련하게 자신들의 생존을 지켜 온 게 사실이지만, 그러기 위해서는 자신들의 내재된 분노와 적개심을 철저하게 감추지 않으면 안 되었

나. 그런 점에서 소외라는 단어는 현대에 이르러 새롭게 각광받고 있지만 유대인들에게는 전혀 새삼스러운 것도 아닐 것이다. 그들은 이미 수천 년 전부터 세상으로부터 소외된 이방인 취급을 받아 왔기 때문이다. 따라서 솔 벨로의 『허공에 매달린 사나이』는 어디에도 속할 수 없는 유대인 자신의 역설적인 운명을 가리킨 것으로 이해할 수 있다. 가진 땅도 없고 정해진 집도 없이 세상의 변방을 서성대는 유대인의 처지는 제목이 암시하는 것처럼 그야말로 허공에 매달린 신세였던 것이다.

『희생자』

주인공 아사 레벤탈 역시 정체성의 혼란을 겪는 유대인이다. 그는 아내 메리가 잠시 집을 비우고 떠나 있는 사이에 정글과도 같은 뉴욕에 홀로 남는다. 그는 어려서부터 홀로 남는다는 것에 두려움을 지니고 있던 인물이다. 이때 마침 그에게는 두 가지 위기가 닥쳐온다. 하나는 형 맥스의 아들이 병세가 악화되어 병원에 입원했다가 죽게 되면서 집안일에 휘말려 들게 된 일이고, 다른 하나는 공원에서 우연히 만난 옛 지인 커비 올비의 시비에 휘말리게 된 일이다.

대낮부터 술에 취한 올비는 느닷없이 레벤탈에게 자신의 오늘날 비참한 신세가 모두 그 때문이라고 비난하며 책임을 지라고 떼를 쓴다. 사장에게 찍혀 직장도 잃고 부인과도 헤어졌으며 그녀마저 교통사고를 당해 죽은 책임이 레벤탈에게 있다는 생떼를 부린 것이다. 레벤탈은 까맣게 잊고 있던 자신의 과거 행적을 되살리며 과연 자신이 올비에게 무슨 못할 짓을 했는지 탐색하기 시작한다.

올비의 주장에 의하면 과거에 있었던 어느 파티 석상에서 유대인을 모욕

했던 자신의 발언에 대한 보복으로 레벤탈이 자신을 의도적으로 곤경에 빠트렸다는 것이다. 그 후 올비는 계속해서 레벤탈을 따라다니며 괴롭힌다. 혼란에 빠진 레벤탈은 옛 친구들에게 자문을 구하지만 진실은 알아내기 힘들다. 그러나 끝없이 이어진 올비와의 격렬한 토론과 시비를 통해 오히려 레벤탈은 점차 자신의 정체성을 얻어 간다.

그리고 조카의 죽음이 레벤탈 때문이라고 탓하는 형수의 원망이나 집에 돌아온 메리가 임신한 사실을 알고 "임신을 축하해요. 당신은 번성하고 생식하라는 여호와의 명령을 잘 따르고 있군요."라며 빈정대는 올비의 말도 결코 악의에서 나온 것이 아니라고 받아들인다. 물론 그것은 자신과의 타협에서 비롯된 결론일지도 모르지만 적절한 타협과 화해 없이는 불가해한 부조리로 가득 찬 이 세상을 과연 무슨 수로 헤치고 살아간단 말인가. 솔 벨로는 비록 직접적인 언급은 하고 있지 않지만 어떻게 보면 그런 세상을 살아가는 우리 모두가 희생자라고 생각한 것은 아닌지 모르겠다.

『오기 마치의 모험』

이 소설은 일종의 우스꽝스러운 피카레스크 소설(picaresque novel)에 속하는 것으로 전통적인 미국인의 영웅상에 반하는 안티히어로에 관한 이야기다. 자신을 시카고 태생의 미국인으로 소개하는 주인공 오기 마치는 시카고 빈민가에 살아가는 유대인이다. 그는 아버지 없는 가정에서 앞을 잘 못보는 어머니와 독불장군인 고집쟁이 할머니와 함께 살아간다. 게다가 동생 조지는 정신적으로 온전치 않은 멍청이다.

오기는 그토록 지배적인 할머니로부터 어떻게든 벗어나려 애쓴다. 그리고 그는 자신을 지배하고 간섭하려 드는 그 어떤 사회에도 속하기를 거부한다. 따라서 그는 집과 여성, 직업, 교육, 삶의 스타일 모든 면에서 어느 한 곳에 안주하는 법이 없이 제멋대로 옮겨 다닌다. 오기 자신의 고백을 직접 들어 보자. "이따금 우리는 그리스도 살해자라고 쫓겨 다니고 돌에 맞고 개에게 물리고 얻어맞기도 했다. 우리 모두는 싫든 좋든 이 알 수 없는 고초를 그 무슨 계약처럼 참아 내야 했다. 하지만 나는 그 때문에 슬퍼하거나 깊이 생각에 빠져들지는 않았다. 언제나 명랑하고 떠들썩해서 그런 일 때문에 괴로워하지도 않았다."

이런 태도야말로 오기뿐 아니라 모든 유대인이 살아남기 위해 수천 년간 몸에 익힌 생존법이었던 셈이다. 그렇게 해서 오기의 기나긴 모험의 여정은 시작된다. 부잣집에 양자로 들어가기도 하고, 서점에서 책을 훔치는가 하면, 뱀 사냥을 즐기는 여성 테아와 함께 멕시코로 모험의 길을 떠나기도 한다. 그는 호텔에서 일하는 그리스인 여성을 포함해 많은 여성과 관계를 맺지만 결국에는 스텔라와 결혼해 프랑스로 건너가 자신의 자서전을 집필하기 시작한다. 이처럼 솔 벨로는 오기의 좌충우돌하는 기묘한 행적을 통해 유대인의 정체성 혼란 문제뿐 아니라 소외와 소속, 부와 가난, 사랑과 상실의 문제 등 현대인이 마주친 인간관계의 단절을 다루고 있다.

『허조그』

전직 대학교수 허조그는 학계의 명성에도 불구하고 두 번의 결혼에 실패하고 실의에 빠져 지낸다. 대학까지 사퇴한 그는 저술 활동에 전념하고자 하지만 일은 진척을 보이지 않는다. 세상과 단절된 그는 고립감에서 탈피하기 위한 자구책으로 수신인도 분명치 않은 편지 쓰기에 몰두하지만 단 한 통도 발송하지 않는다. 뉴욕의 한 야간대학에서 강의를 하던 그는 라모나를 만나 알게 되지만 우울증이 날로 심해져만 간다. 그런 그를 위로하기 위해 라모나와 형이 찾아오고, 그렇게 해서 허조그의 마음도 조금씩 풀리기 시작해 더 이상 편지를 쓰지 않기로 마음먹는다. 그리고 자신의 삶을 새롭게 시작하듯이 집도 수리할 계획을 세운다. 비록 그 집은 아직까지는 쓸만할 정도로 멀쩡하지만 말이다.

월남전의 열기가 한창 고조될 무렵 가정의 붕괴를 맞이한 유대계 중년 지식인의 고뇌와 애처로운 모습을 그린 이 소설에서 작가는 현실에서 소외된 한 인간이 겪는 삶의 비애와 체념, 그리고 삶에 대한 깊은 통찰을 극명하게 드러낸다. 비록 허조그는 자신을 가리켜 자아도취적이고 피학적이며 시대착오적인 우울증 환자라고 스스로 비하하고 있지만, 그런 혹독한 자기 성찰을 거치면서 본질적인 자기 긍정의 세계로 진입할 수 있는 여지가 보인다는 점에서 솔 벨로는 우리에게 깊은 삶의 통찰을 제시한다고 할 수 있겠다. 그것은 물론 세상으로부터 철저한 고립과 소외를 경험한 솔 벨로 자신의 체험에서 비롯된 결과이기도 하겠지만, 그 자신 역시 이혼을 네 번이나 겪었다는 점도 무시할 수 없는 요인이 되었을 것이다.

어쨌든 그는 자신의 또 다른 분신 허조그를 내세워 중년의 위기를 맞이한 지식인의 고뇌를 다루고 있는데, 여기서 굳이 분신이라고 하는 이유는 작가 솔 벨로와 주인공 허조그 사이에는 공통점이 많이 발견되기 때문이다. 우선 유대인이라는 점이 같고, 부모가 러시아 이민 출신이라는 점, 캐나다에서 태어나 그곳에서 자랐으며 그 후에는 시카고로 이주했다는 점, 지식인으로 명성을 얻지만 사랑에는 실패하여 수차례 이혼을 했다는 점, 그리고 아버지가 주류밀매업에 종사했다는 점도 같다. 게다가 두 사람은 나이도 똑같다.

하지만 무엇보다도 솔 벨로는 허조그의 고립된 입장과 그렇게 세상과 단절된 관계를 다시 복구하려는 노력을 통하여 한동안 무너진 삶의 균형을 다시 일으켜 맞추려는 자아의 노력을 강조하는 듯이 보인다. 물론 그런 관계의 재정립은 세상과의 관계뿐만 아니라 자기 자신과의 관계도 포함하는 것이다.

다시 말해서, 그것은 자기 내면과의 관계와 현실과의 관계 사이에 적절한 균형이 이루어져야만 한 개인의 심리적 안정이 유지될 수 있다는 프로이트의 주장을 뒷받침하는 것이기도 하다. 물론 프로이트는 도덕적 사도 마조히즘(sadomasochism) 개념을 소개한 장본인이지만, 허조그가 지닌 도덕적 마조히즘은 사랑에 미숙한 그의 약점을 반영하는 것이기도 하다. 반면에 그를 괴롭힘으로써 쾌감을 느끼는 두 번째 아내였던 매들레인은 도덕적 사디스트라 할 수 있다. 그녀로 인해서 허조그는 더욱 큰 정신적 혼란과 소외, 불안감에 휩싸이게 되는데, 여기에 라모나는 그를 구원하는 여성으로 등장한다. 물론 박해와 구원이라는 두 가지 주제는 실제로 오랜 기간 유대인들을 사로잡은 가장 중요한 화두이기도 했다.

어쨌든 허조그는 사악하고 간교한 매들레인과 온정적이고 지지적인 라모나 사이에서 혼란을 느끼며 무작정 수신인조차 분명치 않은 편지들을 쓰기 시작하는데, 그것은 결국 어디에도 호소할 데 없는 그 자신의 소외된 입장을 드러내는 것이다. 그는 자신이 빠진 덫에서 벗어나기 위해 편지를 쓸 뿐만 아니라 어린 시절의 추억으로 도망가는 시대착오적인 모습도 보이지만, 서서히 그 곤경에서 벗어나 마음의 평정을 이룬다. 물론 거기에는 라모나의 도움이 컸다. 마치 홀로코스트 생존자들이 자유의 여신상 품안에서 마음의 상처를 치유받았듯이 말이다.

이처럼 애정생활에 실패를 거듭하는 지식인의 불행과 소외 문제는 1987년도에 발표한 『죽음보다 더한 실연』에서도 반복해서 다뤄지고 있다.

결국 여기서도 주인공들은 허조그와 마찬가지로 아무런 이유 없이 주변의 사악한 여성들 때문에 곤경에 처하고 버림을 받는다. 하지만 그것은 인간의 에고이즘과 심각한 자아도취, 지적인 허영심 때문이기도 하다. 그 때문에 인간은 사랑을 갈구하면서도 애정생활에 몰입되는 것을 두려워하는 모순을 보이는 동시에 소통의 어려움으로 고통받는 것이 아니겠는가. 솔 벨로 역시 그런 문제로 숱한 고뇌의 과정을 겪은 장본인이었다.

샐린저의『호밀밭의 파수꾼』

뉴욕 태생의 유대계 작가 J. D. 샐린저(Jerome David Salinger, 1919~2010)는 소설『호밀밭의 파수꾼』으로 세계적인 명성을 얻은 인물이다. 그는 이 작품 단 한 편의 인세만으로도 일생 동안 생계 걱정 없이 살았는데, 소설을 발표한 이후로는 은둔생활로 접어들어 죽을 때까지 대중과의 접촉을 일체 끊고 50년 가까운 세월을 베일에 가린 채 지내다가 91세를 일기로 작고한 매우 특이한 작가다.

리투아니아계 유대인 아버지와 유대교로 개종한 아일랜드계 어머니 사이에서 태어난 그는 어려서부터 자신이 유대인이라는 사실로 매우 곤혹스러워했다. 그런 이유로 아버지와 항상 냉랭한 관계를 유지했으며, 아버지의 장례식에 참석조차 하지 않을 정도로 자신의 유대적 뿌리에 강한 반감을 지니고 살았다. 게다가 어머니의 지나친 간섭과 과잉보호로 항상 불만에 가득 찼던 그는 학교생활에도 적응하는 데 어려움을 느껴 제대로 학업을 계속해 본 적이 별로 없었다.

그가 가장 행복했던 시기는 어머니의 과잉보호에서 벗어날 수 있었던 펜실베이니아의 군사학교에 입학했던 시절뿐이었다. 이 학교는 바로 그의 대표작『호밀밭의 파수꾼』에 나오는 끔찍한 펜시 고등학교의 모델이 되는 곳이기도 하지만, 소설 내용과는 달리 실제로 그는 매우 만족스러운 상태에서 학교를 다녔다고 한다. 왜냐하면 집을 떠나 부모의 간섭과 잔소리에서 해방될 수 있는 유일한 장소가 군사학교였기 때문이다. 그에게는 학교보다 오히려 자신의 집이 더욱 끔찍한 장소였던 것이다.

그는 제2차 세계대전에 징집되어 참전했을 때 인간 도살장이라 할 수 있는 유대인 수용소의 참상을 직접 목격한 이후 극도의 혐오감과 공포심에 빠진 나머지 군병원 정신과에 입원해 치료를 받기까지 했는데, 일종의 외상후 스트레스 장애를 겪었던 것으로 보인다. 하지만 병세에서 회복되어 군복무에 복귀한 그는 자신이 심문하던 나치 독일 관료 출신의 여성 실비아와 결혼해 미국으로 귀환함으로써 부모를 놀라 자빠지게 만들었다. 유대교 신자였던 부모였으니 지극히 당연한 반응이었다. 당연히 실비아는 불과 수개월 뒤 미국 생활을 견디지 못하고 독일로 돌아가고 말았다.

그 후 샐린저는『호밀밭의 파수꾼』을 발표해 일약 문단의 총아로 등장하면서 많은 사람의 기대를 모았으나 명성을 얻자마자 곧바로 뉴햄프셔의 한적한 마을로 이주해 은둔생활에 들어갔으며, 클레어 더글러스와 결혼하여 두 자녀를 낳은 후로는 세상과의 접촉을 일체 끊고 죽을 때까지 외부 출입을 하지 않았다. 그는 1951년에 발표한『호밀밭의 파수꾼』이후 이렇다 할 작품을 내놓지 못했는데, 1960년대 초에『프래니와 주이』『목수여 대들보를 올려라』등의 소설 외에는 전혀 작품을 발표하지 않고 오로지 침묵으로 일관했다.

『호밀밭의 파수꾼』

『호밀밭의 파수꾼』의 주인공 홀든의 모습은 작가 자신의 어린 시절 모습을 그대로 반영한 것으로 보인다. 냉담하고 권위적이며 무관심한 아버지, 간섭과 잔소리가 심한 어머니의 모습은 속물주의적 부모의 전형으로 제시된다. 좋게 말하면 매우 현실 지향적인 부모라 할 수 있겠지만, 통제와 간섭을 거부하는 아들의 입장에서는 매우 세속적인 욕망에 물든 불순 세력의 전형으로 비쳐질 수도 있다.

홀든은 그런 숨 막히는 통제로부터 벗어나기 위해 무작정 집과 학교를 떠나고자 한다. 그에게 집과 학교는 둘도 없는 지옥 그 자체였기 때문이다. 물론 그것은 의존과 독립 사이에서 갈등을 겪으며 방황을 거듭하는 10대들의 고민을 그대로 반영한 것이기도 하다. 홀든이 꿈꾼 세상은 악에 물들지 않은 순수 그 자체인 깨끗한 세상이었지만, 당연히 그런 곳은 이 지구상 어디에도 존재하지 않았다. 그가 현실에서 마주친 인간들은 한결같이 자신들의 추악한 모습을 감추기에 급급한 속물근성으로 가득 찬 인간들뿐이었다.

이 소설은 이미 고전이 된 지 오래이지만 당시만 해도 사회적 논란을 크게 불러일으킨 문제작이었다. 특히 가치관의 혼란과 정신적 방황을 거듭해야만 하는 청소년기의 위기 문제를 정면으로 다루었다는 점에서 일종의 사회적 경각심을 일깨운 작품으로 평가되기도 한다. 청소년기에 겪을 수밖에 없는 통과의례적인 마음의 상처와 혼란을 묘사하면서 부도덕한 이 세상에 대한 환멸과 실망을 거침없이 드러내 보이면서도 마지막 순간까지 구원과 희망을 잃지 않는 모습을 보이기 때문이다.

『호밀밭의 파수꾼』은 일종의 성장소설에 속한다고 볼 수 있다. 하지만 당시 미국의 학부모들은 이 작품에 거센 반발을 보이며 전국적으로 불매

운동을 벌이기도 할 만큼 사회적으로 큰 물의를 빚기도 했으며, 실제로 지역에 따라서는 판매 금지를 당하기도 했다. 페이지마다 나오는 매우 공격적이며 불경스러운 욕설 때문이다. 하지만 그런 소동은 오히려 이 소설을 더욱 유명하게 만들어 주었을 뿐이며, 더욱이 보수와 진보의 싸움이 아니라 부모와 자식 간의 대결 구도를 더욱 증폭시킨 결과를 낳았다. 당연히 그런 대결 구도는 시대적 상황과 맞물려 매우 강력한 기폭제 역할을 톡톡히 해냈는데, 청소년의 저항 문화가 미국을 중심으로 전 세계에 파급되는 결과를 초래했기 때문이다.

그런 점에서 『호밀밭의 파수꾼』이 남긴 여파는 실로 지대한 것이었다. 단 한 권의 소설이 마치 준비된 기름밭에 성냥불을 내던진 것이나 다를 바 없는 결과를 낳은 셈이다. 그 후 이 소설은 부모를 포함한 기성 사회에 불만을 품은 청소년층에서 마치 자신들의 도전과 반항심을 정당화하는 교리 문답책이나 지침서처럼 우상시되었다. 특히 이 소설은 월남전을 계기로 저항가수들이 중심이 되어 전개한 히피 문화와 반전 운동의 기폭제 노릇을 단단히 했던 작품으로 간주되기도 한다.

그러나 마치 골리앗을 상대하는 다윗의 싸움과도 같은 이런 투쟁의 불씨를 낳은 샐린저의 소설들은 이미 『바나나피시를 위한 완벽한 날』에서 보듯이 처음에는 너무도 허무적인 메시지를 통해 전파되기 시작했다. 매우 특이한 내용을 담은 이 단편소설은 성적인 좌절과 혐오를 가졌을 뿐 아니라 속물적인 세상으로부터 이해받지 못한 한 젊은 남성의 절망적인 최후가 매우 충격적이다. 바나나로 가득 메워진 구멍 속으로 헤엄쳐 들어가 바나나를 모두 먹어치운 다음에 다시 빠져나오지 못하고 죽어 버리는 바나나피시의 모습은 누가 보더라도 성적인 연상을 불러일으키기 십상이다.

더욱이 물속에서 헤엄칠 때의 모습은 보통 물고기와 비슷하지만 일단 구멍 속으로 들어가기만 하면 돌변하여 돼지처럼 바나나를 파먹기 시작하는 바나나피시의 행동은 매우 암시적이다. 그것은 작가 자신의 성적인 혐오감은 물론 자궁에 대한 원초적인 두려움과도 관련이 있어 보인다. 부인 뮤리엘이 잠든 침대 옆에서 총기로 자살하는 시모어 글래스의 모습은 구멍과 바나나 사이의 조화에 실패한 바나나피시 자체를 상징한다는 점에서 작가 자신의 핵심적인 갈등 구조를 반영하는 것일 수 있다. 왜냐하면 기존의 고루한 가치관에 도전하고 전복하고자 하는 의도뿐 아니라 혐오스러운 자신의 가족 배경을 처음부터 새롭게 재창조하려는 시도를 드러낸 것으로 보이기 때문이다.

물론 과도기적 반항심에 가득 찬 10대 청소년의 정신적 방황과 혼란된 모습을 상당히 예리하고 재치 있는 문체로 묘사했다는 점에서는 찬사를 받을 만하다고 본다. 특히 위선적인 어른들의 실체를 꿰뚫어 보는 날카롭고 예리한 작가의 시선은 매우 분석적일 뿐만 아니라 다소 냉소적이긴 하지만 그럼에도 불구하고 상당히 유머러스한 표현으로 처리하고 있다.

그런 점에서 샐린저는 의미 전달보다는 오히려 표현 스타일에 치중한 작가인 듯싶다. 즉, 이 소설은 10대 청소년이 겪는 고민 자체에 중점을 두기보다는 어른들의 위선적인 행태를 폭로하는 데 치중한 일종의 고발소설 비슷한 것이다. 따라서 소설의 주인공 홀든은 작가 자신과 마찬가지로 끝내 부모와 화해하지 않는다. 오히려 매우 유아적인 선악의 이분법적 구도만을 재확인시킨 듯하다.

결국 사랑과 미움의 통합적 단계에 이르지 못한 상태로 적당히 마무리되고 말았다는 아쉬움을 남긴 미완의 성장소설『호밀밭의 파수꾼』을 통해 샐린저는 진정한 성장 단계에 도달하지 못한 홀든의 모습처럼 그 자신 역시 미완의 작가임을 입증해 보인 셈이다. 왜냐하면 그 후 샐린저는 오랜 은둔생활로 들어가면서 50년 가까운 세월 동안 입만 다문 게 아니라 글쓰기도 중단했기 때문이다.

그럼에도 불구하고 샐린저의 작품이 계속 주목받는 배경에는 나름대로 이유가 있을 법도 하다. 그것은 한마디로 화해를 거부하고 모든 기존의 가치관을 거부한 채 세상을 등지고 살아온 작가 자신의 삶 자체가 웅변적으로 말해 준다. 그러나 자기만의 세계에 안주한 채 세상에 나오지도 않으면서 사악하고 위험한 세상에 대해 이러니저러니 말하는 것은 너무도 무책임한 태도가 아닐 수 없다.

물론 그것은 작가의 특권이기도 하겠지만, 그의 작품을 통해 전해진 상호 모순된 메시지는 사랑과 미움의 통합이나 화해가 아니라 미분화된 적개심과 분노 그리고 환멸감을 재확인하는 차원에 머물고 있다는 점에서 진정한 성장소설로 간주되기도 어렵게 만든다. 그런 점에서 위선과 악에 물든 어른들로 인해 위험에 처한 이 세상을 호밀밭에 비유한다면, 그런 악으로부터 순진무구한 동심의 세계를 보호할 임무를 맡은 파수꾼은 과연 누구인지 진지하게 생각해 보지 않을 수 없다.

호밀밭에서 도망친 파수꾼

샐린저가 계속 세상의 주목을 받은 이유 중의 하나는 그의 매우 특이한 은둔생활 때문이라 할 수 있다. 신비의 베일 속에 가려진 작가의 정체에 대하여 사람들은 더욱 큰 흥미를 갖기 마련이기 때문이다. 그런 점에서 그는 대중의 호기심을 매우 자극하는 기인임에 틀림없다. 원래 대중매체의 속성은 평범한 일상에는 관심을 기울이지 않는 법이다. 따라서 그의 기이한 삶의 방식은 항상 대중매체의 관심을 불러일으켰다. 일체의 인터뷰도 거부하는 그의 태도는 어쩌면 고도의 신비주의 전략처럼 보이기도 하지만, 반드시 그런 것만도 아니다.

실제로 샐린저는 동양식 섭생법에 정통할 뿐만 아니라 동양의 신비주의 철학과 대체의학 그리고 선불교에도 오랫동안 관심을 기울였던 것으로 알려졌다. 그는 힌두교에 대한 공부도 열심이어서 특히 요가난다의 저서에 심취하기도 했다. 실제로 샐린저와 클레어 부부는 작은 힌두사원을 자주 찾아 요가 수행을 받았다고 한다. 그뿐 아니라 그는 비정통적인 동종요법이나 비타민 요법, 동양 침술 등에 심취했으며, 더 나아가 불순물을 제거하는 구토법, 자신의 소변 마시기 등 매우 특이한 섭생법에 몰두하기도 했다.

그는 일생 동안 육식을 금하고 채식주의를 고수했는데, 그 발단은 청년 시절 육류 사업을 하던 아버지의 강요로 마지못해 유럽의 도살장을 견학했을 때부터였다. 가축을 도살하는 장면을 목격하고 극도의 역겨움을 느낀 그는 그 이후로 일체 육식을 하지 못했으며, 게다가 제2차 세계대전에 참전했을 당시 인간 도살장이나 다름없는 유대인 수용소를 직접 목격한 후 정신과에 입원할 정도로 큰 충격을 받았다. 그런데 이 모든 배경에는 육류 사업을 하던 유대인 아버지에 대한 뿌리 깊은 반감과 혐오감이 자리 잡고 있었던 것으로 짐작된다.

그런 아버지에 대한 극도의 반감과 혐오감은 육식에 대한 기피는 물론 부모의 종교와 전혀 다른 힌두교에 대한 관심으로 이끌었으며, 유대인을 학살한 나치 출신의 독일 여성과 결혼한 점이나 유대인 수용소를 목격하고 극심한 두려움에 빠진 점, 더 나아가 아버지의 장례식에 참석조차 하지 않은 점 등을 통해서도 얼마든지 확인할 수 있다. 그런 점에서 샐린저는 자신이 유대인의 피를 물려받았다는 사실을 부정하기 위해 일생 동안 몸부림친 것으로 보이기까지 한다.

더구나 그는 부인과 거의 성생활을 갖지 않았으며 자신의 가족조차 제대로 돌보지 않았는데, 그의 딸의 회고에 의하면 성자처럼 살아가는 아버지의 고립된 생활 태도 때문에 자신의 어린 시절은 그야말로 한 편의 악몽 같은 드라마였다는 것이다. 그것은 그녀의 회고록 제목에서도 드러나는데, 'Dream Catcher'라는 제목 자체가 그야말로 꿈을 잡으려는 몽상가를 의미하기 때문이다. 그녀는 아버지의 소설을 읽으면서 특히 절벽 끝에서 뛰어노는 아이들이 절벽 밑으로 떨어지지 않도록 붙잡아 주는 파수꾼이 되고자 한다는 대목에서 자신이 느낀 첫 반응은 분노 그 자체였다고 한다.

물론 그 이유는 마치 자신의 어린 시절을 그대로 보는 듯해서 놀랐으며, 실제로 몇 차례 위험한 절벽 근처에 가서 뛰어놀 때 아버지 샐린저는 붙잡아 주려는 기색조차 보이지 않았다는 것이다. 그녀는 아이들이 어디서 자라는가도 문제이지만 더욱 큰 문제는 왜 아이들이 위험한 절벽 근처에서 놀도록 그냥 내버려 두는가에 있다고 하면서, 그녀 자신의 어린 시절은 아버지의 일탈된 생활철학 때문에 일방적으로 희생을 강요당한 악몽의 시기였다고 주장했다. 그런 점에서 딸의 항변은 오히려 문제의 핵심을 제대로 짚은 셈이다.

샐린저의 『호밀밭의 파수꾼』은 결국 파수꾼 노릇을 포기한 작가 자신의 이율배반적인 실제 모습을 극적으로 반전시킨 작품이라 할 수 있다. 물론 샐린저의 오랜 침묵은 그 자신의 선택이고 또한 누구나 자신의 삶의 방식을 선택할 권리가 있다. 하지만 그가 선택한 방식을 바람직한 것으로 볼 수만도 없다. 침묵은 경우에 따라 매우 가치 있는 것임에 틀림없지만, 영구적인 침묵은 일종의 책임 회피일 가능성이 높기 때문이다. 그런 의미에서 샐린저의 기나긴 침묵과 은둔생활은 그에 대한 많은 사람의 기대를 저버린 것이라 하겠다. 물론 그 자신은 나름대로의 굳은 신념에 따라 개인적으로 구도자의 길을 걸은 것뿐이라고 굳게 믿었겠지만 말이다.

❧❧ 정신분석 용어 해설 ❧❧

강박증(obssesive-compulsive neurosis): 주로 강박적인 성격을 가진 사람에게 나타나는 특성으로, 이런 사람들은 매우 사변적이며 강박적인 사고에 매달리고 완벽주의, 원칙주의, 의구심, 청결벽, 인색함, 주도면밀성, 우유부단성, 감정적 냉담성, 도덕주의, 금욕주의 등에 얽매여 고지식하게 살아가기 쉽다. 프로이트는 햄릿을 강박적인 성격의 전형으로 보았다. '쥐 사나이'라는 별명을 가진 프로이트의 환자가 가장 유명한 사례로 기록된다.

거세공포(castration fear): 프로이트에 의해 확립된 개념이다. 아동기 시절에 남자아이는 어머니에 대한 근친상간적 욕망과 환상을 품기 마련이지만, 그런 욕망을 지녔다는 이유로 자신의 강력한 라이벌인 아버지의 보복을 두려워하기 쉬운데, 물론 그런 보복은 거세당하지나 않을까 하는 공포심을 불러일으키고 결국에는 그런 두려움을 극복하기 위한 방편으로 아버지의 남자다운 특성을 동일시하게 된다는 설명이다.

경계성 인격(borderline personality): 비교적 최근에 나타난 성격 유형으로 주로 여성에서 흔히 볼 수 있다. 감정 기복과 변덕이 매우 심하고 거절에 특히 민감하며, 혼자 있기를 몹시 두려워한다. 만성적인 공허감에 시달리고 외로움을 견디지 못해 누군가 자신을 버린다고 했을 때는 극심한 분노발작과 자해행위를 하기도 한다. 정신분석적으로는 애정 결핍과 분리불안에 그 원인이 있는 것으로 보기도 한다.

공격성(aggression): 분노와 적개심, 원한, 불만 등에 의해 자신과 타인 모두에게 극심한 위해나 공포심을 일으킬 수 있는 부정적 충동 에너지를 말한다. 프로이트는 인간 심리의 기본적인 두 가지 성향을 성과 공격성으로 보았는데, 그중에서도 적개심에 바탕을 둔 공격성은 인류 문명을 위협하는 가장 주된 요인이라고 간주했다. 그래서 공격성을 적절히 억압하고 승화시키는 성숙한 자아의 기능이 더욱 강조되기에 이른 것이다.

과대적 이상화(grandiose idealization): 자신의 이상으로 여기는 상대에 대해 지나치게 과대 포장해 숭배함으로써 상대가 지니고 있는 결점이나 부족한 부분을 과감히 무시하거나 생략하고 상대를 거의 완전무결한 인물로 받아들여 맹종하는 경우를 말하는데, 부모에 대한 건전한 이상화와는 달리 매우 병적인 상태로 간주된다. 전체주의사회에서 보여주는 개인숭배나 신격화, 젊은이들의 우상적 존재인 아이돌에 대한 맹목적인 열광 외에도 종교 또는 정치적 집단에서 흔히 나타나는 현상이다.

구원 환상(rescue fantasy): 아동기 시절 남자아이는 어머니를 가운데 두고 아버지와 치열한 경쟁을 벌이기 쉬운데, 특히 폭군적인 아버지에게 시달리는 희생적인 어머니를 자신이 구원해야만 한다는 환상에 사로잡혀 아버지를 상대로 내면적인 투쟁을 벌이기도 한다.

근친상간적 욕구(incestuous wish): 이성인 부모에게 지니는 아이의 감정과 태도를 말하는 것으로 반드시 성적인 의미로 사용하는 용어는 아니다. 남아는 어머니에게, 그리고 여아는 아버지에게 더욱 친밀감을 느끼고 접근하는데, 경우에 따라서는 오히려 부모 쪽에서 그런 태도를 조장하기도 한다.

나르시시즘(narcissism): 자기애(自己愛)로 번역된다. 인간은 누구나 다 자기를 사랑하기 마련이지만, 특히 젖먹이 시절에는 전적으로 나르시시즘 상태에 빠져 있다고 보는데, 그런 점에서 자기애는 지나친 자기 사랑, 또는 매우 자기중심적인 성향을 지칭하는 것으로 매우 미숙한 형태의 심리 상태를 뜻한다고 할 수 있다. 따라서 나르시시즘 경향이 두드러진 사람은 타인에게는 관심이 없으며, 오로지 자신의 이익을 위해 타인을 이용만 할 뿐 건전한 대인관계를 이루지 못하는 약점을 지닌다. 이들의 가장 중요한 결함 가운데 하나는 타인의 입장을 이해하지 못하는 공감 능력의 결여라 할 수 있으며, 그래서 매우 냉담하고 이기적이며 정이 없는 사람으로 보이기 쉽다.

남근선망(penis envy): 아동기 시절 여아는 남아에게만 있는 남근이 자신에게 없다는 사실에 놀라워하며 그 이유에 대해 궁금해하는 동시에 남근을 가진 남아를 부러워하고 질투할 수 있는데, 자신에게 남근이 없는 사실에 대해 어머니를 원망하기도 한다. 그런 남근선망은 성인이 되어서도 모든 남성들과의 경쟁심으로 나타나기도 한다. 물론 프로이트의 남근선망 이론은 오랜 기간 페미니스트들의 가장 주된 공격 대상이 되어 온 주제였다.

늑대인간 증례(Wolf Man case): '늑대인간'은 프로이트의 환자였으며 러시아의 망명 귀족이었던 세르게이 판케예프에게 붙여진 별명으로 그의 꿈 가운데 특히 늑대가 나타난 꿈을 중심으로 분석했기 때문에 그런 별명이 붙여졌다. 프로이트는 늑대인간의 분석을 통해 그동안 자신이 충분히 다루지 못했던 유아기의 성적 환상에 대해 소상히 밝혔는데, 그가 보였던 우울증, 강박증, 공포증 등 다양한 증세의 원인이 어린 시절 겪었던 성적인 환상에서 비롯된 결과임을 입증해 보였으며, 특히 유아기에 목격했던 부모의 성관계 장면에서 그 단서를 찾기도 했다.

대상관계 이론(object relation theory): 영국의 정신분석가 멜라니 클라인에 의해 발전된 대상관계 이론의 핵심은 생의 가장 초기에 형성되는 모자관계에서 벌어지는 심리적 경험이라 할 수 있는데, 어머니의 젖가슴만을 상대하는 부분 대상(part object)과 어머니를 총체적인 한 인간으로 인식하는 전체 대상(whole object)의 과정을 거치며 심리적 성숙을 이루어 나간다고 본다. 그런 과정을 통해 형성된 대상과의 심리적 경험은 아이의 내면에 계속 간직되어 성인이 되어서도 그런 내적 대상(internal object)과의 관계를 유지해 나간다고 본다.

대양감(oceanic feeling): 대양감은 자신을 우주 전체와 동일시함으로써 무한대의 힘을 지니고 있다는 느낌을 말하는 것으로, 이런 비현실적인 감정은 외부 세계의 존재를 채 인식하지 못하는 유아기에 경험하는 감정 상태로 간주된다. 이 시기는 자신과 외부현실의 경계가 매우 불분명하기 때문에 매우 자아도취적인 전능감에 젖어 있기 쉬운데, 이런 감정의 흔적은 성인기에 가서도 종교적 황홀경이나 정신병적 과대망상의 형태로 나타날 수 있다.

도덕적 마조히즘(moral masochism): 성도착인 마조히즘과는 달리 정신적으로도 자학적인 태도를 지닌 경우가 있는데, 프로이트는 그런 경우를 도덕적 마조히즘이라 지칭하고 남자에게 모진 학대를 받으면서도 그것을 감수하며 사는 여자들에서 그런 성향을 찾아볼 수 있다고 했다. 이러한 관계를 이루는 남녀 모두를 지칭할 경우에는 도덕적 사도마조히즘이라고 부르기도 한다.

리비도(libido): 성 에너지를 말한다. 프로이트는 초기 이론에서 모든 노이로제의 원인을 리비도에서 찾았으나 후기에 이르러 심리적 갈등이론으로 수정했다. 프로이트의 리비도 이론은 금욕적 가치를 존중하는 기독교 문화에서 엄청난 비난의 대상이 되었으며, 그 결과 프로이트는 타락한 범색론자로 매도당하기도 했다.

마술적 사고(magical thinking): 유아적 사고의 특징으로 매우 원시적이고 주술적이며 비합리적인 사고 유형을 말한다. 성인기에도 그 흔적이 남아 있으며, 특히 정신병 환자의 특이한 사고 구조에서 그 특성을 발견할 수 있다. 마술적 사고의 특성은 자신의 생각만으로 모든 소원을 이룰 수 있으며, 위험한 재앙이나 사악함을 물리칠 수 있다는 매우 원시적인 형태를 띠고 있는데, 대부분의 미신이나 강박적인 의례행위 등에서도 그 흔적을 찾아볼 수 있다.

무의식(the Unconscious): 의식 영역 밖에 존재하는 또 다른 정신세계를 뜻한다. 주로 원초적인 욕망과 환상으로 이루어져 있으며, 의식에서 용납되기 어려운 내용이기 때문에 강한 억압을 통해 의식에 떠오르지 못하지만, 보이지 않는 영향력을 항상 의식세계에 가한다. 그러나 무의식의 존재는 꿈이나 공상, 말실수, 노이로제 증상 등을 통해 부분적으로 엿볼 수 있으며, 정신분석에서 다루고자 하는 주된 탐색 대상이기도 하다.

방어기제(defense mechanism): 의식세계에 떠오르려는 무의식적 충동을 억누르기 위해 동원되는 자아의 기능으로 다양한 방식이 존재한다. 억압, 부정, 투사, 합리화, 퇴행, 승화, 동일시, 전환 등 수많은 방어기제들이 우리가 알지 못하는 사이에 동원되며 그런 방편을 통해 우리 자신의 심리적 균형을 유지하고자 애쓴다.

부정과 투사(denial, projection): 가장 원시적인 방어기제의 하나로 의식에서 받아들이기 어려운 고통스러운 내용을 사실이 아니라고 부정하거나 외부의 탓으로 돌려 마음의 평안을 얻고자 하는 기제다. '물에 빠진 장님이 개천 나무란다.'는 속담은 부정과 투사의 좋은 예라 할 수 있다.

부친 살해 욕구(patricidal wish): 아동기 시절 특히 어머니를 사이에 두고 아버지와 치열한 경합을 벌이는 남아에게서 발견할 수 있는 강한 적개심으로 실제로 아버지를 죽이려고 하는 욕구라기보다는 경생사인 아버지가 눈앞에서 사라져 줬으면 하는 바람으로 이해하는 게 더욱 적절할 것으로 본다.

분리-개별화(separation-individuation): 아기가 엄마 곁을 떠나 심리적으로 불안을 겪지 않고 보다 자율적인 홀로서기가 가능해질 때까지 과정을 가리킨 용어로 미국의 정신분석가 마가렛 말러가 처음으로 그 단계를 밝혔다.

분리불안(separation anxiety): 아기가 엄마에게서 떨어질 때 느끼는 강한 불안 심리를 의미한다. 특히 강한 애착관계에 있거나 의존성이 심한 경우 일종의 공포반응에 가까운 극심한 분리불안을 겪기 쉽다. 이유기에 가짜 젖꼭지를 물려주는 것도 아기의 분리불안을 가라앉히기 위한 방편에 속한다.

사도마조히즘(sadomasochism): 사디즘과 마조히즘을 통칭한 용어이며 가학-피학증이라고도 한다. 사디즘과 마조히즘은 도착적인 만족을 얻기 위해 반드시 상대를 필요로 하는 만큼 단독으로 존립할 수 없는 성도착증이기 때문에 흔히 사도마조히즘으로 지칭한다.

성격 무장(character armor): 빌헬름 라이히가 주장한 정신분석 용어이며, 원초적 욕망과 감정의 발산을 방해하기 위해 동원되는 방어 수단의 하나로서 특이한 성격적 태도 자체를 활용하는 경우를 말하는데, 여기에는 표정이나 몸짓, 언어적 표현 등이 모두 포함된다.

숙명 노이로제(fate neurosis): 프로이트가 사용한 용어이며 '운명강박'으로도 불린다. 불행한 삶에서 벗어나려 하지 않고 반복해서 불행을 스스로 자초하기 때문에 마치 불행한 운명을 타고난 것처럼 보인다는 점에서 그런 명칭을 붙인 것이지 운명으로 간주했기 때문에 그렇게 부른 것은 아니다. 그러나 그런 불행을 겪는 당사자는 자신의 불운을 가혹한 운명의 탓으로 돌리기 쉽다.

슈레버 증례(Schreber case): 편집증적 망상으로 오랜 기간 정신병원에서 치료받은 슈레버 판사가 자신의 심리를 다룬 회상록을 출간했고, 프로이트는 이 회상록을 바탕으로 슈레버를 분석하여 논문을 발표했다. 따라서 슈레버는 프로이트가 직접 치료한 환자는 아니다. 프로이트는 슈레버 증례를 통해 피해망상에 도달하는 심리적 과정을 자세히 언급함으로써 정신병 환자의 심리를 이해하는 데 큰 도움을 준 것도 사실이지만, 그가 발병 원인으로 내세운 동성애적 욕구는 오늘날 정신의학에서 인정받지 못하고 있다.

승화(sublimation): 가장 건전한 방어기제의 하나로 꼽히는 승화는 의식에서 용납될 수 없는 부도덕한 욕망이나 환상을 사회적으로 용인될 수 있는 형태로 변형시켜 발산하는 것을 말한다. 예를 들어 누군가를 죽이고 싶도록 미운 감정을 권투나 격투기로 해소하거나 용솟음치는 성적 욕망을 예술적 창작활동을 통해 분출시키는 행위 등이 승화의 기제에 속한다. 집단적으로는 국가 간의 전쟁보다 국가 대항 축구시합을 통해 부분적으로 적개심을 해소하는 것도 승화의 한 형태로 볼 수 있다.

양가감정(ambivalence): 동일한 대상에 대해 서로 공존하기 힘든 상반된 감정이 동시에 존재하는 상태를 말한다. 예를 들어 사랑과 미움의 감정이 동시에 공존하는 경우가 이에 속한다. 이런 감정의 기원은 어린 시절 경험에서 비롯되기 쉬운데, 예를 들어 애정과 체벌을 동시에 보여 준 부모에 대한 상반된 감정경험 등이 단적인 예라 할 수 있다. 그런 태도는 정신분석 과정에서도 나타나기 마련인데, 자신을 돕기 위해 애쓰는 치료자에 대해서도 친밀감과 적대감을 동시에 느낄 수가 있다.

애도 과정(mourning process): 애도 과정은 사랑하는 대상이 죽었을 때 느끼는 상실감을 극복하는 정상적인 과정을 의미하며, 비록 외관상으로는 비탄과 낙심상태에 빠지고 현실생활에 무관심해짐으로써 우울증처럼 보이기도 하나 병적으로 장기간 지속되는 것은 아니다. 애도 과정에서는 죽은 사람에 대한 집착이나 회상, 심지어는 죽은 사람과 자신을 동일시하기도 한다.

에로스(Eros): 리비도를 중심으로 삶에 활력을 주는 본능 에너지를 말하며 삶을 해체하는 파괴적 본능 타나토스에 반대되는 개념으로 그래서 삶의 본능으로 번역되기도 한다. 에로스는 개인의 생존을 보존하는 역할뿐 아니라 종족 보존을 목표로 하기도 한다.

오이디푸스 콤플렉스(Oedipus complex): 이성의 부모에게 이끌리고 동성의 부모에게 경쟁심을 갖게 되는 아동기 시절의 갈등상황을 가리키는 용어로 프로이트는 이러한 갈등적 삼각관계에 빠진 시기를 오이디푸스 단계로 부르고 인류에게 보편적인 현상이라고 했으나 말리노프스키 등 인류학자들은 그런 주장에 반기를 들기도 했다.

외상이론(trauma theory): 프로이트가 오이디푸스 콤플렉스 이론이 나오기 전에 주장한 초기 이론으로 부모의 성적인 유혹으로 인해 아이가 심리적 외상을 받는다는 내용이지만, 그 후 견해를 수정해 부모의 태도보다는 오히려 아이 자신이 갖는 환상과 욕망을 더욱 강조하게 되었다.

이중구속(double bind): 서로 상반되고 모순된 메시지를 동시에 전달하는 상황을 뜻하는 것으로 영국의 인류학자 그레고리 베이트슨이 소개한 용어이며 정신분석 용어는 아니다. 부모가 아이에게 이런 식의 메시지를 반복해서 전할 경우 정신적 혼란을 초래할 수 있음을 말한 것이다.

이차적 이득(secondary gain): 심리적 원인에 의해 나타난 증상을 자신의 개인적 이득을 위해 사용하는 경우를 말하며, 그런 의도가 받아들여지지 않을 때는 증상이 더욱 악화되거나 호전되지 않고 장기화되는 경우가 많다. 예를 들어 부부싸움 끝에 혀가 마비된 여성 환자가 남편이 사과하지 않을 경우 증상의 호전을 보이지 않다가 자신의 요구가 받아들여지면 곧바로 증상이 풀리는 경우, 이차적 이득이 충족되었기 때문이다.

이타주의(altruism): 승화와 마찬가지로 가장 건전한 방어기제의 하나다. 예를 들어 자신의 불운을 남의 탓으로 돌리거나 세상을 원망하는 쪽으로 해소하는 게 아니라 오히려 역으로 남을 이롭게 하는 행위를 통해 해소하는 경우가 이에 속한다.

자기 징벌 환상(self-punishment fantasy): 자신의 공격성 표출이 여의치 않을 경우 그런 공격의 대상이 오히려 자기에게로 쏠리거나 또는 극심한 죄의식으로 인해 자기 자신을 스스로 처벌하고자 하는 자학적인 환상을 말하는데, 심할 경우에는 자살로 이어지기도 한다.

자아, 이드, 초자아(Ego, Id, Super-ego): 프로이트가 후기에 수정한 구조이론의 핵심으로 인격의 구조를 자아와 이드, 초자아로 구분했다. 여기서 이드는 무의식적 욕망과 충동을 말하며, 초자아는 도덕적인 양심을 이루는 부분으로 자아에게 끊임없이 압력을 행사한다. 자아는 그런 이드와 초자아 사이에서 적절한 균형을 이루기 위해 타협을 모색하는 의식 세계의 주체라 할 수 있는데, 현실과의 타협도 추구한다.

자유연상(free association): 정신분석에서 가장 핵심적인 치료방법 가운데 하나로 환자는 카우치에 누워 마음속에 떠오르는 모든 생각과 감정을 그 어떤 제약 없이 자유롭게 이야기하도록 되어 있는데, 그것을 자유연상이라고 한다. 그러나 실제로 자유연상은 생각처럼 그렇게 쉽지가 않다.

전지전능감(omnipotence): 유아기 시절의 특징 가운데 하나는 자신이 세상에서 가장 최고이며, 자기가 마음먹은 대로 무엇이든 할 수 있다는 자아도취적인 상태에 빠지는데, 일종의 마술적인 과대평가를 스스로에게 적용시켜 외부의 도움 없이 혼자만의 힘으로 자신의 모든 소원을 이룰 수 있다는 착각에 빠지기도 한다.

정신-성 발달(psycho-sexual development): 프로이트의 초기이론 가운데 하나로 인격의 발달과정을 리비도의 발전과정과 결합시켜 설명하고자 했는데, 구순기, 항문기, 남근기, 잠재기, 성기기 등 5단계로 구분하였으나 오늘날에 와서는 이런 이론이 전적으로 받아들여지지는 않고 있다.

정체성 혼란(identity confusion): 미국의 정신분석가 에릭 에릭슨이 소개한 개념. 그는 정체성의 확립이 청소년기에 마주치고 해결해야 할 가장 중요한 심리적 과제라고 설명했다. 자기 자신의 정체가 과연 무엇인지 혼란을 일으키며 정신적 방황을 겪는 시기가 청소년기라는 점에서 이런 개념을 소개한 것이다.

조증적 방어(manic defense): 영국의 여성분석가 멜라니 클라인이 소개한 방어기제이며, 우울을 극복하기 위한 반동으로 고양된 기분인 조증상태를 취하는 방어적 수단을 가리킨 용어이지만, 정신의학적으로 수용되는 용어는 아니다.

쥐 사나이 증례(Rat Man case): 프로이트의 환자 중 매우 강박적인 성격의 소유자였던 에른스트 란처의 별명이다. 그는 매우 복잡다단한 사고의 틀에 얽매여 사는 인물이었는데, 쥐 사나이라는 별명이 붙여진 이유는 그의 주된 증상 가운데 하나였던 매우 특이한 강박사고에서 기인한 것으로 자신의 항문을 파먹는 쥐에 대한 공상에 그가 항상 시달렸기 때문이다. 그의 주된 갈등의 근원은 거세공포로 자신의 성기가 제자리에 붙어 있는지 매일 확인하는 버릇도 지니고 있었다.

지성화(intellectualization): 강박적인 사람이 주로 사용하는 방어기제의 하나로 자신의 감정으로부터 회피하기 위해 지적인 사고의 세계에 지나치게 매달리는 경우를 말한다. 그러나 엄밀히 말하자면 감정과 사고를 따로 분리시키는 기제는 격리(isolation)라고 부르며, 지성화의 기제를 반드시 병적으로만 볼 수는 없다. 왜냐하면 적절한 승화의 형태로 볼 수도 있기 때문이다.

카우치(couch): 정신분석에서 환자의 자유연상을 돕기 위해 눕게 만드는 서양의 가구로 침대와 소파의 중간 정도의 기능을 하는 치료 도구다. 카우치에 누운 환자는 정신분석가를 바라볼 수 없으며 눈을 감거나 천정을 바라보고 자유롭게 연상할 것을 요구받는다.

쾌락 원리(pleasure principle): 무의식의 특징 가운데 하나로 현실 판단에 치중하는 의식에 비해 무의식은 원초적인 쾌락을 만족시키려는 쪽으로 항상 움직인다는 점에서 붙여진 용어다. 이처럼 쾌락 지향적인 무의식적 성향이 충족되지 못할 때 고통이나 불쾌감에 빠지며 그런 긴장에서 벗어나기 위해 여러 다양한 방어기제가 동원되기 마련이다.

타나토스(Thanatos): 삶을 지속시키려는 에로스에 반대되는 본능적 에너지로 삶을 파괴하고 해체시키고자 하는 특성을 지니기 때문에 죽음의 본능으로 번역되기도 한다. 따라서 폭력이나 적개심 등 모든 공격적 성향의 출현은 타나토스의 표출로 간주된다. 그러나 오늘날 에로스와 타나토스 개념은 받아들여지지 않고 있다.

타조 기제(ostrich mechanism): 방어기제 가운데 합리화의 일종에 속하는 것으로 의식에 받아들이기 어려운 고통스럽거나 위험한 현실을 부정하고 스스로 안전하다고 믿는 방어기제를 말한다. 프로이트는 타조가 위험에 부딪쳤을 때 모래 속에 고개를 처박고 안심하는 모습에서 타조 기제라 명명했다.

퇴행(regression): 예기치 못한 위기나 곤경에 처했을 때 자신을 스스로 방어하기 위해 심리적으로 마치 어린아이처럼 행동하는 경우를 말하는데, 더 이상 앞으로 나아가지 못하고 어린 시절로 되돌아가기 때문에 퇴행이라고 부른다. 가장 전형적인 경우는 정신병 환자에서 볼 수 있으나 정상인에서도 흔히 나타나는 방어기제로 예를 들어 술에 취해 어린애처럼 굴거나 연인끼리 사랑을 나눌 때도 퇴행적인 모습을 보이기 쉽다.

투사적 질투(projective jealousy): 질투의 한 형태로 자신의 내면에 간직된 결함을 상대방에게 투사함으로써 자신은 결백하며 오히려 상대가 결함을 지닌 존재로 인식하는 경우를 말하는데, 예를 들어 성적인 불만 때문에 불륜을 저지르고 싶은 욕구에 사로잡힌 사람이 스스로 그런 욕구 자체를 부정하고 배우자에게 투사한 결과 배우자가 불륜을 저지르고 있다고 믿는 의처증이나 의부증 환자에서 볼 수 있는 현상이다.

페도필리아(pedophilia): 소아기호증이라고 번역되는 성도착 증세로 성인과는 정상적인 성관계를 맺지 못하는 사람이 소아에게서 성적인 매력을 느끼고 행동으로 옮기는 경우를 말한다. 영국의 아동문학가 루이스 캐롤이 페도필리아 경향을 지닌 인물로 알려져 있는데, 나보코프의 소설 『롤리타』에서 유래된 롤리타 증후군으로 불리기도 한다.

　페티시즘(fetishism): 성도착증의 하나로 정상적인 성관계를 회피하고 성적인 대치물을 통해 성적인 만족이나 쾌감을 느끼는 현상을 말한다. 예를 들어 여성의 속옷을 훔쳐서 성적인 대리만족을 구하거나 성기가 아닌 다리, 머리카락 등 신체일부를 통해 성적인 쾌락을 느끼는 경우가 이에 해당된다.

　편집증(paranoia): 기본적으로 사람을 믿지 못하고 의심하며 매우 경직된 사고와 감정의 특성을 보이는 성격을 편집성 인격이라 부르는데, 이들은 자신의 결함을 남의 탓으로 돌리기 쉬우며, 항상 타인들이 자신을 음해하려 들지도 모른다는 피해의식을 갖기 쉽다. 그러나 그런 피해의식이 깊어지면 망상단계로까지 진전되어 피해망상에 사로잡히게 되는데, 그런 경우를 편집증 상태라고 부른다.

　해석과 공감(interpretation, empathy): 해석은 정신분석 기법에서 가장 중요하게 사용되는 도구로 환자의 갈등이 어디에서 비롯된 것인지 역동적 차원에서 이해한 내용을 정신분석가가 설명해 주는 것을 말한다. 이런 해석을 통해 환자는 자신의 모순된 문제점의 기원을 깨닫고 비로소 갈등에서 자유로워진다. 그러나 해석만으로는 충분치 않은 경우가 많기 때문에 오늘날에 와서는 정신분석가가 환자의 입장에 서서 공감적 이해를 할 필요가 있다는 주장도 만만치 않다. 물론 정신분석에서는 공감이라는 용어보다는 감정이입이라는 용어를 더욱 선호한다.

　현실 원리(reality principle): 무의식이 쾌락 원리의 지배를 받는다면, 의식 세계는 현실 지향적인 원리에 지배를 받는다. 따라서 의식은 원초적인 충동을 억압하고 조절하는 가운데 자신에게 주어진 현실에 보다 효과적으로 적응하기 위해 적절한 타협과 합리적인 수단을 강구한다.

　희생양(scapegoating): 집단 전체의 문제나 결함을 어느 한 사람의 탓으로 돌리는 병적인 방어기제를 뜻한다. 이런 현상은 가정이나 학교, 직장 등에서도 흔히 나타나는데, 최근 사회문제가 되고 있는 왕따 현상도 일종의 희생양 만들기의 결과로 볼 수 있다. 이것과 반대되는 기제는 일반화(generalization)라고 할 수 있는데, 이는 한 개인의 문제를 집단 전체의 문제 탓으로 돌리는 경우를 말한다.

　히스테리(hysteria): 감정적으로 몹시 풍부하고 쾌활한 모습을 보여 겉으로 보기에는 상당히 매력적이긴 하나 사고 능력의 빈곤을 보이는 여성들의 성격을 말하는 것으로 타인의 시선을 끌기 위해 매우 극적이며 과장된 행동이나 제스처를 보이기 때문에 정신의학에서는 연극성 인격으로 부르기도 한다. 정서적으로 매우 불안정하며 변덕이 심하기 때문에 지속적인 애정관계의 유지에 어려움을 보이기도 한다.

참고문헌

김박병화(1995). 카프카. 서울: 건국대학교 출판부.

박지향(2002). 슬픈 아일랜드. 서울: 새물결.

이규명(2002). 예이츠와 정신분석학. 서울: 동인.

이명근(1984). "Tess"論. 경기대학논문집, 15(1), 63-88.

정경량(1997). 헤세와 신비주의. 서울: 한국문화사.

정경량(2000). 헤세의 〈데미안〉과 융의 종교심리학. 헤세연구, 4, 27-48.

정규웅(2003). 추리소설의 세계. 서울: 살림출판사.

Altman, L. L. (1975). *The Dream in Psychoanalysis*. New York: International University Press.

Alvarez, A. (1972). *The Savage God: A Study of Suicide*. New York: Random House.

Bateson, G. (1972). *Steps to an Ecology of Mind*. Chicago: University of Chicago Press.

Bergmann, M. S. (1987). *The Anatomy of Loving*. New York: Ballantine Books.

Bond, A. H. (2000). *Who Killed Virginia Woolf?: A Psychobiography*. New York: Human Sciences Press.

Bowlby, J. (1961). Processes of mourning. *International Journal of Psycho-Analysis, 42*, 317-340.

Dally, P. (1999). *The Marriage of Heaven and Hell: Manic Depression and the Life of Virginia Woolf*. New York: St. Martin's Press.

DeSalvo, L. (1989). *Virginia Woolf : The Impact of Childhood Sexual Abuse on Her Life and Work*. Boston: Beacon Press.

Eissler, K. (1963). *Goethe: A Psychoanalytic Study*. Detroit: Wayne State University Press.

Fenichel, O. (1945). *The Psychoanalytic Theory of Neurosis*. New York: W.W. Norton & Company.

Freud, S. (1918). From the History of an Infantile Neurosis. *Standard Edition, 17*, 7-122. London: Hogarth Press.

Freud, S. (1920). Beyond the Pleasure Principle. *Standard Edition 18*, 1-64. London: Hogarth Press.

Freud, S. (1922). Some Neurotic Mechanisms in Jeolousy, Paranoia and

Homosexuality. *Standard Editions, 18,* 223-232. London: Hogarth Press.

Freud, S. (1927). Future of an Illusion. *Standard Edition, 21,* 1-56. London: Hogarth Press.

Freud, S. (1928). Dostoevsky and Parricide. *Standard Edition, 21,* 173-194. London: Hogarth Press.

Fromm, E. (1961). *Afterward in 1984.* New York: New American Library.

Gordon, L. (2000). *T. S. Eliot: An Imperfect Life.* New York: W.W. Norton & Company.

Greenson, R. R. (1992). *The Technique and Practice of Psychoanalysis* (Vol I., pp. 350-353). Madison: International University Press.

Jacobs, D. (2006). Blanche, Stella, Tennessee and Rose: The Sibling Relationship in A Streetcar Named Desire. *Psychoanalytic Study of the Child, 61,* 320-333.

Jamison, K. R. (1996). *Touched With Fire: Manic Depressive Illness and the Artistic Temperament.* New York: Free Press.

Julius, A. (1995). *T. S. Eliot, Anti-Semitism, and Literary Form.* Cambridge: Cambridge University Press.

Kaufmann, W. (1992). *Freud, Adler and Jung. Discovering the Mind* (Vol 3). New Brunswick: Transaction.

Kligerman, C. (1987). Goethe: Sibling Rivalry and Faust. In G. Moraitis & G. H. Pollock (Eds.), *Psychoanalytic Studies of Biography* (pp. 169-189). Madison: International University Press.

London, C. (1921). *The Book of Jack London.* New York: The Century Co.

May, R. (1981). *Freedom and Destiny.* New York: WW Norton & Co.

Menninger, K. A. (1973). *Man Against Himself.* New York: Harcourt.

Noll, R. (1994). *The Jung Cult: origins of a charismatic movement.* New York: Princeton University Press.

Person, E. S. (1988). *Dreams of Love and Fateful Encounters: The Power of Romantic Passion.* New York: W.W. Norton & Co.

Pollock, G. H. (1975). On mourning, immortality, and utopia. *Journal of American Psychoanalytic Association, 23,* 334-362.

Trosman, H. (1974). T. S. Eliot and The Waste Land: psychopathological antecedents and transformations. *Archives of General Psychiatry, 30,* 709-717.

Reich, W. (1980). *Character Analysis.* New York: Farrar, Straus and Giroux.

Rolland, R. (1959). *The Journey Within.* New York: Philosophical Library.

Schneiderman, L. (1986). Tennessee Williams: The Incest-Motif and Fictional Love Relationships. *Psychoanalytic Review, 73A,* 97-110.

Segal, H. (1997). *Psychoanalysis, Literature and War.* London: Routledge.

Serrano, M. (1977). *Hermann Hesse and C. G. Jung: A Record of Two Friendships.* London: Routledge & Kegan Paul.

Skinner, B. F. (1971). *Beyond Freedom and Dignity.* Indianapolis: Hackett Publishing.

═══ ❖ ❧ **저자 소개** ❧ ❖ ═══

이 책의 저자 이병욱(Lee Byungwook)은 서울 출생으로 고려대학교 의과대학을 졸업하고 동 대학에서 박사학위를 받았다. 1985년부터 현재까지 한림대 정신건강의학과 교수로 재직하면서 정신치료와 정신분석에 주된 관심을 기울여 116편의 논문을 발표했다. 대한신경정신의학회 학술부장, 한국정신분석학회 간행위원장 및 회장을 역임하고 제1회 한국정신분석학회 학술상을 받았다.

〈주요 저서〉
프로이트, 인생에 답하다
마음의 상처, 영화로 힐링하기
정신분석을 통해 본 욕망과 환상의 세계
정신분석으로 본 한국인과 한국문화
세상을 놀라게 한 의사들의 발자취

프로이트와 함께하는 세계문학일주
The Famous Writers on the Couch

2014년 5월 9일 1판 1쇄 인쇄
2014년 5월 16일 1판 1쇄 발행

지은이 • 이병욱
펴낸이 • 김진환
펴낸곳 • (주) **학 지 사**

　　　　　121-837 서울시 마포구 양화로 15길 20 마인드월드빌딩
대표전화 • 02)330-5114　　　팩스 • 02)324-2345
등록번호 • 제313-2006-000265호

홈페이지 • http://www.hakjisa.co.kr
커뮤니티 • http://cafe.naver.com/hakjisa

ISBN 978-89-997-0360-7 03180

인터넷 학술논문 원문 서비스 **뉴논문** www.newnonmun.com

이 도서의 국립중앙도서관 출판시도서목록(CIP)은 서지정보유통지
원시스템 홈페이지(http://seoji.nl.go.kr)와 국가자료공동목록시스템
(http://www.nl.go.kr/kolisnet)에서 이용하실 수 있습니다.
(CIP 제어번호: CIP2014013417)